Kohlhammer

Leo Trepp

Lebendiges Judentum

Texte aus den Jahren 1943 bis 2010

Herausgegeben von Gunda Trepp

Mit einem Geleitwort von Karl Kardinal Lehmann

Verlag W. Kohlhammer

Reproduktionsvorlage: michon, Wickerer Weg 19, 65719 Hofheim/Ts.
Umschlag: Gestaltungskonzept Peter Horlacher
Gesamtherstellung:
W. Kohlhammer Druckerei GmbH + Co. KG, Stuttgart
Printed in Germany

ISBN 978-3-17-022499-5

Inhalt

Vorwort

Er hat einen Namen in Geschichte und Gegenwart des Judentums. So gibt es im „Neuen Lexikon des Judentums“, herausgegeben von Prof. Dr. Julius H. Schoeps (Gütersloh 1992) einen Namensartikel: Leo Trepp, geboren am 4. März 1913 in Mainz, letzter Landesrabbiner von Oldenburg, Verhaftung und Deportation in das KZ Sachsenhausen in der Reichspogromnacht. Freilassung durch Intervention des englischen Oberrabiners Joseph Hertz. Emigration zunächst nach England und dann 1940 in die USA, wo er als Rabbiner in verschiedenen Gemeinden tätig war. Nach erneuten Studien in Harvard und Berkeley 1951 Prof. für Philosophie und Geisteswissenschaften am Napa-College in Kalifornien. Er starb am 2. September 2010 im Alter von 97 Jahren in Kalifornien, bevor am folgenden Tag in seiner Mainzer Heimat die neue Synagoge eingeweiht wurde.

Er hat uns eine Reihe wichtiger Bücher geschenkt: über die Oldenburger Judenschaft (1965–1973), die Geschichte der Juden (1998/2006), die Geschichte der deutschen Juden (1996), den jüdischen Gottesdienst (1992, 2. erweiterte Auflage 2004), eine in vielen Jahren immer wieder überarbeitete Darstellung des Judentums (von 1966 in englischer Sprache bis zur deutschen Neubearbeitung 1998) und schließlich mit Gunda Wöbken-Ekert eine Einführung in die jüdische Glaubensgemeinschaft „Dein Gott ist mein Gott“ (2005). Eine besondere Kostbarkeit sind die „Nigune Magenza“, jüdische liturgische Gesänge aus Mainz (2004): Leo Trepp hörte diese Gesänge und Gebete als Kind in der Mainzer jüdischen Gemeinde, wurde tief von ihnen erfasst, liebte sie, sang sie, übte sie. Auch wenn es keine Noten mehr gab, diese Gesänge lebten im Herzen Leo Trepps und konnten nach 70 Jahren durch seinen Gesang aufgenommen, in Notenschrift umgesetzt und für die Nachwelt auf zwei CDs gerettet werden. Diese lebendige Erinnerung gehört wohl zu den größten Verdiensten Leo Trepps.

Schließlich – und das ist wohl das höchste und tiefste Erbe Leo Trepps – hat er bald nach dem Krieg schnell wieder Mainzer und deutschen Boden betreten. Andere große Juden übertraten nie mehr die Grenze zu Deutschland hin. Leo Trepp hat uns die Hand gereicht, obgleich seine geliebte Mutter Selma Zippora im KZ von Deutschen ermordet wurde. Seit 1951 hat er Jahr für Jahr im Sommer Studienkurse an der Mainzer Universität abgehalten sowie Universitäten und Hochschulen in Frankfurt, Heidelberg, Osnabrück, Oldenburg, Münster, Bonn, Hamburg, Innsbruck, Reutlingen, Tübingen und besonders Wuppertal besucht und dort Vorträge und Vorlesungen gehalten. Dazu kamen auch jüdische Gemeinden. Er hat dabei eine hohe Versöhnungsbereitschaft gezeigt und über alle Erinnerungen an das furchtbare Geschehen seiner Heimat eine ganz ungewöhnliche Treue erwiesen. Ich war für jede Begegnung mit ihm überaus dankbar.

Dieses Buch „Lebendiges Judentum“ vertieft und erweitert sein Vermächtnis. Aus vielen Bereichen sind seine Vorträge und Aufsätze gesammelt: Jüdische Philosophen; grundlegende Fragen des Judentums wie die nach Toleranz, der ständigen Erneuerung, nach Land, Nation und Volk Israel, der Messias-Idee, Juden und Christen in der Auslegung der Schrift, dem Judentum im Nachkriegsdeutschland. Vorschläge zum Dialog mit den christlichen Kirchen und gemeinsam mit dem Islam bilden einen gewissen Höhepunkt. Man wird in dieser Sammlung aus fast 70 Jahren durch ein reiches Leben und Denken mit vielen Einsichten beschenkt. Der beständige Brückenschlag zwischen Judentum, Europa, den Vereinigten Staaten von Amerika und dem Christentum hält den Leser auch heute noch in Bann.

Ich danke Frau Gunda Trepp – wie Leo Trepp schon früh und in anderen Büchern sagte: „Partnerin in Leben und Werk“ – für die Sammlung dieser anregenden Studien und Reflexionen. Sie gehören zum Vermächtnis eines Mannes, den wir nicht vergessen dürfen.

Mainz, im Januar 2013

+ Karl Kardinal Lehmann
Bischof von Mainz

Einleitung

Dieses Buch zeigt den offenen, nachdenklichen und manchmal provokativen Einblick eines deutschen Juden und Gelehrten in das jüdische Denken über die Jahrhunderte. Und es führt in das eigene Denken eines Mannes ein, der den Einfluss der großen jüdischen Philosophen des neunzehnten und zwanzigsten Jahrhunderts wie Hermann Cohen, Franz Rosenzweig, Martin Buber, Emmanuel Levinas oder in Amerika Mordecai Kaplan auf das Judentum als Zeitzeuge erlebte und mit einigen von ihnen noch selbst diskutierte und argumentierte. Der Rabbiner, Lehrer und Religionsphilosoph Leo Trepp hat bis kurz vor seinem Tod 2010 an der Universität Mainz gelehrt und Vorträge gehalten. Seine Interessen und Themen variierten – er beschäftigte sich mit dem rabbinischen Denken des Altertums genauso wie mit der Kabbala oder der Philosophie des bedeutenden jüdisch-französischen Denkers Emmanuel Levinas. Dennoch durchzog alle seine Vorlesungen, Vorträge und Publikationen eine rote Linie. Eine immer wieder neu zu beantwortende Frage: Wie verhält sich das Judentum und wie verhalten sich die Juden zu einer sich stets verändernden Welt und deren Prüfungen und Herausforderungen?

In einem seiner englischsprachigen Bücher, „The History of the Jewish Experience", also „Die Geschichte der Jüdischen Erfahrung und Praxis", schreibt Leo Trepp: „Was immer mit den Juden in einem historischen Augenblick passierte, hat ihren Blick auf die Welt geformt und ihre Gebete und ihre Praktiken beeinflusst, ihre Philosophie und ihre Hoffnungen verändert. Der kreative Beitrag eines jeden Juden in dieser Abfolge von Geschehnissen hat zu dieser lebendigen Geschichte beigetragen. Der Glaube hat die Menschen geformt, und die Menschen haben ihren Glauben geformt in einer nicht endenden Entwicklung. Judentum ist ewiger Glaube und ewiges Volk, ein nicht endender Dialog zwischen Gott und den Menschen."

Leo Trepp hat diesen Dialog bis zu seinem Tod geführt. Er stand tief im Glauben an den ewigen Einen, von dem er in seinen letzten Tagen sagte: „Was am Ende bleibt, ist Gott". Für Trepp war es der Gott der Tora: Liebend, verzeihend und die Menschen zu ethischem Handeln verpflichtend. Doch dieser Gott war für ihn nie statisch oder die Wahrnehmung von ihm unveränderbar. Die Menschen ändern sich, und so ändert sich ihre Haltung Gott gegenüber. Von früher Jugend an setzte sich Trepp mit den jüdischen Philosophen und Religionsgelehrten auseinander, die eine Offenheit dem Judentum gegenüber zeigten und es – den Bedürfnissen der Menschen entgegenkommend und einer sich modernisierenden Zeit gegenüber stellend – weiterentwickeln wollten, und damit den sich verändernden Bedürfnissen der Menschen entgegenkamen. Im Herbst 1971 diskutiert er in seiner Korrespondenz mit dem damals 90-jährigen Mordecai Kaplan, dem Begründer des Rekonstruktionismus, ob und inwieweit die persönliche Wahrnehmung Gottes tragfähig sei. Einige Jahre später wird er seinen Lehrer und Freund Kaplan mit einem kritisch geschriebenen Porträt bei den deutschen Juden einführen. Kaplan, der seines breiten Einflusses wegen als einer der wichtigsten amerikanischen Religionsphilosophen galt, sieht im Judentum eine sich entfaltende religiöse Zivilisation, die aus dem Geist des Volkes erwachsen ist und weiter erwächst. Auch der Gottesbegriff steht nicht fest, sondern erwächst aus diesem jüdischen Volksgeist. „Ich habe doch einige Schwierigkeiten damit", schreibt Trepp ihm in einem Brief. Doch dass diese Gedanken in der Welt sein müssen, dass man sie debattieren und wachsen lassen muss, um zu sehen, was sich daraus für die Juden ergeben kann, steht für ihn fest.

Trepp war in einer offenen Atmosphäre erzogen worden. Seine Familie lebte strikt orthodox und doch mit aller Hingabe der weltlichen Kultur zugewandt. Als Trepp sechs Jahre alt war, begann sein Vater nicht nur, ihn Tora und Talmud zu lehren, sondern nahm ihn mit in Konzerte und in die Oper, erklärte ihm in Kunstbänden Werke von Michelangelo und Rembrandt und erzählte ihm neben den Kindergeschichten des Mainzer Rabbiners auch die von Schillers Wilhelm Tell. Die Familie gehörte der neo-orthodoxen Synagoge in Mainz an, deren Mitglieder eine Orgel in den Gottesdiensten ablehnten und deshalb die Hauptsynagoge verlassen hatten. Doch bis zur Schoa teilten sich die beiden Gruppen alle Gemeindeeinrichtungen, die Mitglieder waren in Freundschaft verbunden.

Das von Samson Raphael Hirsch entwickelte Denken der Neo-Orthodoxie beeinflusste Leo Trepps eigenes Denken stark. Hirsch trat für die strenge Befolgung aller Mizwot ein, doch gleichzeitig dafür, dass die Juden engagierte Bürger des weltlichen Staates sein sollten, in dem sie lebten. Dem Gebot, den Fremden zu lieben, gab er eine neue Dimension: „Sey gerecht in That, sey wahr in Wort, trage Liebe im Herzen gegen deinen nichtjüdischen Bruder, wie es deine Thauroh dich lehrt – speise seine Hungrigen, kleide seine Nackten, erquicke seine Kranken, tröste seine Leidenden, berathe seine Unberathenen, springe ihm bei mit Rath und That, in Noth und Fahrniß, entfalte die ganze edle Fülle deines Jissroeleïlthums" schreibt Hirsch in dem 15. Brief seiner *Neunzehn Briefe über Judenthum*. Für Trepp blieb dies das Ideal der Orthodoxie. Mit einer sich völlig von der Umwelt zurückziehenden Orthodoxie konnte er nicht nur nichts anfangen – er hielt sie für unproduktiv. Das Konzept Hirschs konnte er zwar auch nicht uneingeschränkt akzeptieren, er erweiterte es stark für sich und modernisierte es. Doch der Kern blieb: Tora im Derech Eretz – Tora verbunden mit weltlicher Kultur.

Im Austausch mit anderen, auch mit den Nichtjuden, konnten Juden aus Trepps Sicht nur gewinnen. Wobei ihm selbst Kontakte, Diskussionen und Unterhaltungen ohnehin ein Vergnügen waren. Leo Trepp liebte die Menschen. Wenn ein Student eine Frage an ihn hatte, setzte er sich nach der Vorlesung noch einmal mit ihm hin und besprach sie. Wenn jemand in einem Problem nicht weiter wusste, hörte er zu und gab Rat und Trost. Und wenn er herausfand, dass den armenischen Arbeiter am Flughafen Verdi-Opern genauso faszinierten wie ihn selbst, verabschiedete er sich von ihm mit einer Umarmung. Jemand beschrieb diese Haltung einmal so: „Ob arm oder reich, schwarz oder weiß, Jude oder Nichtjude – Leo Trepps Tür steht offen." Diese Haltung zeichnet auch sein Werk aus. Er schrieb und sprach für die Menschen. Attitüden jeglicher Couleur waren ihm fremd. Ich habe versucht, in der Auswahl der Aufsätze dieser Haltung Trepps Respekt zu zollen. Einige Beiträge wenden sich ursprünglich an Kollegen und bedürfen einer gewissen Vorkenntnis. Doch die meisten Essays sind, so hoffe ich sehr, jedem interessierten Leser zugänglich. Um das Lesen zu erleichtern und Orientierungshilfe zu geben, habe ich die einzelnen Stücke jeweils um eine erklärende und hoffentlich der besseren Einordnung dienende Einleitung ergänzt.

Die für den vorliegenden Band ausgewählten Werke hat Leo Trepp in dem Zeitraum von 1943 bis 2010 geschrieben. Er ist in diesen Beiträgen nicht nur der jüdische Denker, der Philosophien und Geschehnisse beleuchtet und einordnet, neue Ideen entwirft und alte Ideen aus neuer Sicht interpretiert, sondern gleichzeitig analysierender Chronist einer Zeit, die für das Judentum und die Juden bis dahin ungeahnte Brüche und Herausforderungen mit sich bringt. So beschäftigt ihn die Frage, wie die Juden sich nach der Shoa den Deutschen gegenüber verhalten sollten genauso wie die Furcht, die Juden könnten irgendwann in der Shoa ein identifikationsstiftendes Moment sehen, oder die Überlegung, wie sich katholische Kirche und das Judentum nach der Shoa annähern können.

Das Buch unterteilt sich in drei Teile: Der erste führt den Leser in die Werke jüdischer Gelehrter ein, deren Gedanken Trepp beeinflussten und inspirierten. Trepp sah sich unter den Juden in den Vereinigten Staaten als Vorkämpfer für die Ideen, die das deutsche Judentum bis zu dessen Vernichtung ausgezeichnet hatten. Und in diesen Essays stellt er den Amerikanern die Männer vor, die das deutsche Judentum maßgeblich gestalteten. Mit einigen, neben Hirsch vor allem Cohen und Rosenzweig, sollte sich Trepp sein Leben lang beschäftigen. Im dritten Band der „Jüdischen Schriften" von Cohen, die Trepp aus Deutschland retten konnte, diente Trepp noch in 2010 eine Postkarte aus dem Jahr 1936 als Lesezeichen. Ein Jahr später bereits, 1937, schrieb Trepp als Landesrabbiner in Oldenburg zum ersten Mal über die Auseinandersetzung zwischen Hirsch und dem Historiker Heinrich Graetz, auf deren Verhältnis er auch in einem der Beiträge hier eingeht. In dem Disput zwischen Hirsch und Rabbiner Seligmann Baer Bamberger geht es um den von Hirsch angestrebten Austritt der Orthodoxen aus den Gemeinden, in denen es auch liberale Einrichtungen gibt. Trepp verehrt Hirsch und hält dessen Bemühen um eine Öffnung des Judentums unter Wahrung strikter Religiosität für bedeutend und zukunftsweisend. Doch am wichtigsten für Trepp ist die Einheit des Judentums unter Einschluss aller Strömungen und Ideen. So kann er den Schritt Hirschs hin zur Abspaltung weder verstehen noch rechtfertigen. In der Tat hat es nach Bambergers Einspruch in der Vorkriegszeit nur wenige Gemeinden gegeben, aus denen die Orthodoxen austraten. Stattdessen bildeten sich die Einheitsgemeinden, unter deren Dach die verschiedenen Richtungen wachsen konnten. Zu Trepps großem Kummer mutierten die Einheitsgemeinden im Nachkriegsdeutschland an vielen Orten zu Einrichtungen, unter deren Dach nur eine Richtung gedieh, nämlich eine Orthodoxie, die mit der offen gestalteten deutschen Vorkriegsorthodoxie nur den Namen gemeinsam hatte.

Immer wieder beschäftigte Trepp sich in Vorträgen oder Schriften mit Franz Rosenzweig. In diesem Band führt er in dessen Philosophie ein und vergleicht diese und auch das Aktionsprogramm Rosenzweigs mit Philosophie und Aktionsprogramm des Rekonstruktionismus. Sowohl Rosenzweig wie auch Kaplan legen den Fokus auf die Bildung. Wie vor ihnen schon Leopold Zunz und Hermann Cohen halten sie das Judentum ohne notwendiges wissenschaftliches Fundament auf Dauer nicht für gesichert. Es ist interessant zu sehen, wie zeitlos manche dieser Ideen sind. So funktionieren nach dem von Rosenzweig entworfenen Lehrplan heute Gruppen in Synagogen, deren Mitglieder im Wechsel füreinander als Lehrer agieren. Und die Texte zeigen, wie sich das Judentum und das Denken von Jahrzehnt zu Jahrzehnt verändern, doch sie zeigen auch, dass manche Probleme bleiben. Die Klage Rosenzweigs über eine intellektuelle Betriebsamkeit, die sich selbst genügt und die mit „zu viele Offiziere und zu wenige Soldaten" umschrieben wird, beschreibt immer noch den Zustand vieler jüdischer Gemeinschaften. Und genauso drängend bleibt die Notwendigkeit, den Nichtjuden die Ethik des Judentums nahezubringen. Für Trepp wurde dies nach der Schoa sogar noch drängender. Denn genauso wichtig wie das Wissen über die Ethik und die Werte des Judentums für die Juden ist, um die Religion von innen heraus zu erhalten, ist es für die Nichtjuden, um sie nicht von außen durch Ignoranz oder sogar Hass zu zerstören.

Gott hat mit den Juden einen Bund geschlossen. Die meisten Beiträge im zweiten Teil beschäftigen sich auf die eine oder andere Weise damit, was dies für die Juden bedeutet. Es geht um Israel. Um das Land, um die Religion und um das Volk. Wie die meisten Überlebenden hatte Trepp ein besonderes Verhältnis zum Staat Israel. Er war stolz auf dessen Errungenschaften. Und er sah ihn als natürliche Heimstätte für die Juden. Als diese im 19. Jahrhundert anfingen, dort Land zu kaufen, kamen sie nach Hause. Andere hatten das Land nie verlassen. Trepp beschreibt und analysiert die starke spirituelle Verbundenheit der Juden mit dem Land, das sie einst besessen hatten und das ihnen von Gott zugesagt worden war. Trepp stand Menschen mit Unverständnis gegenüber, die sich des biblischen Zusammenhangs nicht bewusst waren, und die auch von der historisch-völkerrechtlichen Entwicklung Israels nichts wussten, es aber als „Eindringling" in der Region ablehnten.

In weiteren Arbeiten setzt er sich mit Fragen der Beziehung zwischen Gott und dem Einzelnen, mit der Frage nach dem Messias im Judentum und mit der Überlieferung und Interpretation biblischer Texte auseinander, die auch für Nichtjuden von großem Interesse sind. Was bedeutet „Auge um Auge" wirklich?

Warum gibt es die Todesstrafe im Judentum nicht, wenn sie doch in der Hebräischen Bibel vorkommt? Und warum ist die Askese dem Juden fremd? Abgeschlossen wird dieser Teil mit der Reflexion über eine Frage, die Trepp seit Jahren umtrieb: Wie können die Juden die Shoa in einer Weise erinnern, die relevant ist, aber nicht selbstzerstörerisch wird, und die nicht Ressourcen und Energien dort abzieht, wo sie für die Entwicklung eines lebendigen Judentums besser eingesetzt wären.

Wie positioniert sich das Judentum der nichtjüdischen Gesellschaft gegenüber? Darum geht es im dritten Teil des Buches. Wenn es um Deutschland ging, hatte Trepp seine eigene Antwort gefunden: Er ging in seine „gestohlene Heimat", wie er es nannte, zurück und begann, den Menschen Wissen über das Judentum zu vermitteln. Aus seiner Sicht war das der einzige Weg, einem neuen Anwachsen des Antisemitismus vorzubeugen. Die verschiedenen Religionen sollen sich respektieren, weil sie einander verstehen und in der Lage sind, das Gute in der jeweils anderen Kultur zu erkennen. Ein Nebeneinander, in dem die eine die andere aus Gründen der Toleranz neben sich duldet, kam für Trepp nicht in Frage. Er stand dem Konzept der Toleranz grundsätzlich skeptisch gegenüber, weil es stets implizierte, dass ein Teil dem anderen überlegen war. Er hatte sich der Überzeugung George Washingtons angeschlossen, der nur ein echtes, vollkommen gleichberechtigtes Miteinander als Basis für ein friedliches Zusammenleben ansah. Doch dazu ist auf beiden Seiten ein Wissen über die jeweils andere Seite notwendig. Bildung ist für Trepp auch hier der Schlüssel für alles. Jede Seite muss in einem Dialog in der Lage sein, die andere Seite zu verstehen. Doch um überhaupt in den Dialog hineingehen zu können, muss erst einmal die eigene Religion durchdrungen worden sein. „Ohne religiöse Bildung, ohne ein lebendiges Wissen von unseren Ideen, von unserer Literatur und Geschichte bleibt die religiöse Gesittung ohne Halt und Inhalt", schreibt Hermann Cohen. Und Trepp fügt hinzu: „Vielleicht sogar gefährlich." Ein Jude muss Trepp zufolge in der Lage sein, aus seiner eigenen religiösen Festigkeit heraus den anderen ein Gegenüber zu sein. Der Band schließt mit einem Essay über die Wissenschaft des Judentums und die deutsche Universität. Trepp hat diese Rede gehalten, als ihm die Honorarprofessur an der Johannes Gutenberg-Universität Mainz verliehen wurde. Damit schließt sich ein Kreis. Ist es die Wissenschaft des Judentums, die Zunz und Cohen angestrebt haben? Kann sie es sein in einem Land, in dem diese Wissenschaft beinahe ausschließlich von Nichtjuden betrieben wird, was Cohen noch als ausgeschlossen angesehen hat? Leo Trepp nähert sich auch dieser Frage mit einer Offenheit, die einer lebendigen Entwicklung förderlich ist.

Bei der Auswahl habe ich einige Texte nicht berücksichtigen können, weil es Vorträge und Aufsätze zu einem Thema waren, die noch zu einem umfassenden Essay hätten zusammengefasst werden müssen. Es wären also neue Texte geworden, die Trepp vielleicht, vielleicht aber auch nicht so geschrieben hätte. Hinzu kommt, dass sowohl das Thema ‚Die Frau im Judentum' als auch die ‚Toleranz' aus jüdischer Sicht, wie auch andere Themen eine stärker fachbezogene

Aufmerksamkeit verdient haben, als ich ihnen hätte angedeihen lassen können. Zu gegebener Zeit wird eine solche Arbeit zusammen mit anderen in die Hände eines Doktoranden gelegt werden.

Die Arbeit an den Texten meines Mannes hat mir aus vielen Gründen große Befriedigung gegeben. Einer ist, dass ich die liebevolle Unterstützung meiner Freunde und Familie hatte, wofür ich mich an dieser Stelle herzlich bedanken möchte. Ein besonderer Dank geht an Professor Michael Tilly am Fachbereich ‚Antikes Judentum und hellenistische Religionsgeschichte' in Tübingen, der mich mit seinen beiden wissenschaftlichen Mitarbeitern Luke Neubert und Daniel Schumann in Kontakt brachte. Ich stehe tief in beider Schuld. Nicht nur haben sie den gesamten Text mit Fachwissen durchgesehen und, wenn nötig, korrigiert. Luke Neubert wurde nicht müde, wenn ich ihn zwischendurch als judaistisches Lexikon benutzte. Und Daniel Schumann hat mit großem Wissen und Fachverständnis das Glossar angefertigt. Ein großes Dankeschön geht an Professor Matthias Morgenstern in Tübingen, der mir sehr geholfen hat, einige Selichot und Kinot zu finden und mich dabei gleichzeitig auf bis dahin unentdeckte Schätze in meiner eigenen Bibliothek gestoßen hat. David Stephenson und Friederike Landau vom Institut für Strategieentwicklung in Berlin haben bei der Übersetzung der englischen Texte geholfen, wofür ich dankbar bin. Zu danken habe ich ebenfalls dem Leo Baeck Institut in New York, das mir beim Auffinden mancher Texte geholfen hat, sowie den Mitarbeitern des Jüdischen Museums in Berlin, die nicht müde wurden, in ihrem Archiv nach Texten für mich zu suchen. Hergen Wöbken und Robert Ferrer waren hilfreich bei der Auswahl der Texte und unersetzlich beim Lesen nach dem ersten Redigieren. Ich danke ihnen dafür, vor allem aber danke ich ihnen für ihre Geduld während Zeit des Schreibens. Und nicht zuletzt danke ich Frau Julia Zubcic, die den Arbeitsprozess mit hoher Kompetenz, Effizienz und netten Aufmunterungen zwischendurch begleitet hat.

Ich möchte dieses Buch unseren Freunden in Deutschland und in den Staaten widmen, unserer kleinen ‚gewählten Familie' mit der mein Mann und ich helle und dunkle Stunden geteilt haben, und die mich nach seinem Tod in das Leben zurückgetragen hat.

Gunda Trepp, San Francisco, im Januar 2013

ERSTER TEIL

ZUM EINFLUSS JÜDISCHER PHILOSOPHEN

Ein religiöser Evolutionist

Das Porträt von Michael Creizenach wurde 1944 im amerikanischen Magazin ‚Liberal Judaism' veröffentlicht. Zum einen ist es eine Hommage an einen Mann, der schon im frühen 19. Jahrhundert erkannt hatte, dass, wenn das Judentum für die Menschen Bedeutung behalten soll, es für sie bedeutend, interessant und praktizierbar gestaltet werden muss. Doch über diesen Grundgedanken hinaus weist es auf zwei wichtige Dinge hin: Der frühe Reformer versucht die Menschen „mitzunehmen", wie man heute sagen würde. Er hatte verstanden, dass eine Reform ohne die Menschen eine Reform gegen die Menschen ist und zu mehr Schaden als Nutzen führen konnte. Und Creizenach ist der festen Überzeugung, dass, um Dinge ändern zu können, man sie erst einmal verstehen und sie durchdrungen haben muss.

Beide Aspekte waren Trepp Zeit seines Lebens wichtig. Es konnte ihn stark frustrieren, wenn er merkte, dass Reformrabbiner einen Gottesdienst „light" hielten, und offensichtlich wurde, dass sie nicht wussten, was sie wann wegließen, und warum sie es taten. Dass er diese Seite an Creizenach so explizit beschreibt, kann durchaus damit zu tun haben, dass die Arbeit für ein Reformmagazin geschrieben worden war und er die Chance gern wahrnahm, den Reformrabbinern diese Charaktereigenschaft Creizenachs vorzustellen. Genauso wie ihn Unkenntnis auf Reformseite ärgern konnte, ließ er allerdings Orthodoxe abblitzen, wenn sie ihm erklärten, etwas müsse diesen oder jenen Weg gehen, ohne eine andere Begründung dafür zu haben, als dass ihre Großeltern es auch schon so gehandhabt hätten. Judentum sollte und musste laufend verändert werden und manches auch eben nicht, doch jeder, der es unternahm, musste, wie er es von Creizenach schreibt, „seinen Talmud" kennen und wissen, wovon er sprach.

Ab 1833 arbeitet Creizenach an seinem Schulchan Aruch – übersetzt: „gedeckter Tisch". Manche Leser werden mit diesem Terminus vertraut sein, denn der Schulchan Aruch, den Josef Karo im 16. Jahrhundert veröffentlichte, ist der wohl bekannteste und – mit Ergänzungen anderer Lehrer versehen – der immer noch meist benutzte Kodex der Halacha weltweit. Von Karo für das sephardische Judentum konzipiert, wurde er um Kommentare für das aschkenasische Judentum erweitert, dessen akzeptiertes Regelwerk sich in einigen Fragen von dem sephardischen unterschied. Wie aus dem folgenden Text hervorgeht, entwickelt Creizenach in seinem Schulchan Aruch neue Interpretationen der Halacha.

Michael Creizenach wurde am 16. Mai 1789 in Mainz geboren. Zu den wenigen Rechten, die Juden damals im Getto hatten, gehörte die Ausbildung ihrer Kinder an den öffentlichen Schulen der Erzdiözese. Es war jedoch nicht verpflichtend und nur sehr wenige nahmen dieses Recht auch tatsächlich in Anspruch. Doch die Saat, die der Erzbischof damit gesät hatte, sollte bald sprießen. Als Creizenach drei Jahre alt war, wurden die Juden in Mainz als vollwertige Bürger unter französischem Recht anerkannt und begannen sofort damit, die modernen Bildungswege für sich zu nutzen. Eine Reihe von Eltern schickten ihre Kinder auf das neu organisierte Lyzeum. Einer der neuen Schüler (in der Zeit von 1806 bis 1809) war Michael Creizenach, der die Schule schon nach zweieinhalb Jahren mit Auszeichnung verließ.

Seine Familie war ein alteingesessener Teil der Gemeinschaft – sehr angesehen und ziemlich wohlhabend. Bereits als kleiner Junge war er mit dem Studium hebräischer Themen vertraut gemacht worden. Im Laufe seiner Schulzeit kamen moderne Sprachen und Mathematik hinzu, ohne dass er darüber seine jüdischen Studien bei den Rabbinern der Gemeinde vernachlässigte. Für die Mathematik hatte er eine besondere Gabe, in einigen seiner zahlreichen Lehrbücher sollte er sich später mit mathematischen Themen beschäftigen, so schrieb er verschiedene Bücher zur Geometrie. Bei all dem erwarb er mehr als reines Wissen: Sein Studium ließ ihn die Bedeutung der Bildung an sich wertschätzen. Er vertiefte sich in die Schriften von Immanuel Kant und Jean-Jacques Rousseaus und genoss die Vielfalt verschiedener Sprachen. Creizenach wurde klar, dass eine neue Ära für das jüdische Volk angebrochen war, und dass Religion mit den modernen Ideen in Einklang gebracht werden musste, wenn die Juden unter den neuen Umständen ein stimmiges Leben führen wollten. Er hatte selbst gerade einmal die Schule abgeschlossen, da entschied er sich, Lehrer zu werden und seinem Volk durch Erziehung zu helfen, in den neuen Status hineinzuwachsen.

So organisierte der junge Mann – mittlerweile ebenso hochgewachsen wie stark und tatkräftig – im Jahr 1813 eine höhere Bildungsanstalt für die jüdischen Kinder. Sein Projekt stieß zunächst auf heftigen Widerstand der Gemeinde, gewann dann aber die Zustimmung der gesamten Gemeinschaft einschließlich des alteingesessenen Rabbiners. Der Lehrplan der Schule war revolutionär: anstatt auf Griechisch oder Latein lagen die Schwerpunkte auf modernen Sprachen, Mathematik, Geschichte und dem Naturstudium. Die Behörden der Stadt verfolgten die Unternehmung von Beginn an mit großem Interesse, bevor sie 1831 entschieden, selbst ähnliche Schulen für die allgemeine Bevölkerung einzurichten. Über ein Jahrhundert später hörte der Autor dieses Beitrags, wie Creizenach von der Stadt Mainz als Vater der modernen Pädagogik gelobt wurde.

Doch Jugendpädagogik war nur ein Abschnitt der Arbeit, der sich Creizenach verschrieben hatte, er erstrebte die Erziehung des ganzen Volkes. Er wurde Redner, veröffentlichte ein monatliches Magazin, in dem er seine Ideen formulierte und sich mit den praktischen Problemen der Gemeinde auseinandersetzte. Er schrieb Flugblätter und Broschüren und setzte alles dran, den eigenen kulturellen Horizont zu erweitern. Im Jahre 1824 erwarb er seinen Doktortitel an der Universität Gießen und wurde ein Jahr später an das Philanthropin nach Frankfurt gerufen, um zu helfen, diese jüdische Schule nach seinem Ansatz umzugestalten – mit ihrer modernen Pädagogik genoss die Institution dann über ein Jahrhundert lang große Wertschätzung und Berühmtheit weit über Frankfurt hinaus.

Von 1833 bis 1840 veröffentlichte er sein Hauptwerk „*Shulchan Aruch*, oder enzyklopädische Darstellung des mosaischen Gesetzes wie es durch die rabbinischen Satzungen sich ausgebildet hat, mit Hinweisung auf die Reformen, welche durch die Zeit nützlich und möglich geworden sind". In vier Bänden beschreibt Creizenach darin die Entwicklung des Talmuds, analysiert dessen Charakter und Struktur und zeigt auf, wie „durch ein Festhalten an der talmudischen Auslegung und eine Abschaffung talmudischer Einschränkungen der Kampf zwischen Leben und Gesetz erfolgreich ausgeglichen werden kann". Er schrieb mit großer wissenschaftlicher Erkenntnis und ging in der Forschung akribisch vor. Doch die Forschung war nicht das Ziel seiner Arbeit. Das Ziel war vielmehr, das Volk davon zu überzeugen, dass das mosaische Gesetz und das Judentum als Ganzes nur durch eine Reform des Rituals gestärkt werden könne.

Als er diese Bücher abgeschlossen hatte, spürte Creizenach, dass nun sein eigentliches Schaffenswerk beginnen würde – jetzt konnte er seine Ideen im Leben umsetzen. Plötzlich jedoch nahm seine Gesundheit rapide ab, und er verstarb am 5. August 1842. Die Grabrede hielt sein Freund, der Historiker Isaak Markus Jost. Er lobte Creizenach als einen Mann, der sich selbst, seine Generation und deren Bedürfnisse zutiefst gekannt hatte; als jemand, der die Beschränkungen des menschlichen Wissens verstand und aus diesem Grund ein wahrer Pädagoge war – fest in seinen Überzeugungen und doch vorsichtig und überlegt in seiner Kritik.

Das Wirken von Michael Creizenach kann am besten von seiner Rolle als Pädagoge her verstanden werden. Pädagogen mögen in der Theorie oft Revolutionäre sein, doch sind sie dies selten in der Praxis, denn der Prozess der Pädagogik ist viel mehr der einer Evolution als einer Revolution. Als Student hatte Creizenach einen tiefen, ehrfürchtigen Respekt vor der Kultur israelitischer Vergangenheit, die uns durch die Bibel wie auch den Talmud übermittelt worden ist. Er hatte hohe Achtung vor den gelehrten Rabbinern, unter denen er studierte und die, abseits ihrer religiösen Ansichten, aufgeschlossene Männer in der Stadt Mainz waren. Daher versuchte er eher, das Volk zu überzeugen anstatt es zu zwingen und zog es vor, alte Lehrmeinungen neu zu interpretieren, anstatt sie loszuwerden. Als Pädagoge vertrat er die Ansicht, dass nur derjenige, der die Thematik in der Tiefe durchdrungen und verstanden hatte, befähigt werden sollte, jüdische Institutionen zu reformieren. Darum müssten zwei Fragen bejaht werden, bevor irgendeine Reform angegangen werde: Schadet das alte Gesetz? Und kann die neue Idee in einem evolutionären Prozess entwickelt werden?

Während er Reformen grundsätzlich befürwortete und guthieß, warnte er zugleich vor jeglichem radikalen Wandel, für die die breite Masse und die Rabbiner nicht offen sein könnten. Solch ein Wandel würde lediglich für Zwietracht im Volk Israel sorgen, wenn doch Einheit das primäre Ziel bleiben müsse. Daher kritisierte er das Auslassen jeglicher Referenzen zum Messias und einer künftigen Volksgemeinschaft (im Staate Israel) im neuen Gebetbuch des Hamburger Tempels. Im Grunde könne jeder selbst diese Formulierungen als symbolisch oder wörtlich interpretieren, und durch das Auslassen hätten die Autoren „womöglich darin versagt, den fundamentalen Grundsatz aller religiösen Rekonstruktion zu beachten, der lautet, den Anhängern der Religion, die es zu reformieren gilt, eine umfassende Möglichkeit zu geben, an den geplanten Verbesserungen teilzunehmen".

Wo liegt dann sein Beitrag für die Liberalisierung des Judentums? Man könnte sagen: In der Tatsache, dass seine Werke belegen, wie ernst die Reformer ihre Aufgabe nahmen. Sie waren nicht von dem Wunsch nach Assimilierung getrieben, sondern von dem Bedürfnis, das Judentum neu zu beleben. Sie waren keine Männer, denen es an jüdischem Wissen mangelte, sondern Pioniere, die ihren Talmud kannten und gewissenhaft mit allen Problemen rangen, bevor sie Entscheidungen trafen.

Michael Creizenach ging noch einen Schritt weiter. Nachdem er die Irrtümer seiner Zeit aufgezeigt hatte, definierte er klar, was das Ziel aller Reform sein solle, nämlich: dem Durchschnittsbürger zu ermöglichen, ein normales Leben zu führen, ohne bei jedem Schritt von der Last überkommener Regeln und Vorschriften beschwert zu werden. Doch müsse man reformieren, ohne fundamentale Grundlagen unserer Religion zu kompromittieren oder zu opfern. Doch es sei besser, diese Regeln abzuschaffen, als zu sehen, wie die Menschen selbst sie irgendwann verwerfen und dabei die Religion an sich weniger und weniger respektieren. Doch Hand in Hand mit diesen negativen Reformen, die aussondern, sollten die positiven gehen. Die öffentlichen Gottesdienste müssten würdig gestaltet werden, und Creizenach entwarf eine Form des öffentlichen Gottesdienstes, die mit der Zeit allgemeine Anerkennung erfuhr und sogar noch heute Beachtung findet. All dies zeigt, wie revolutionär seine Ideen zu seiner Zeit waren. Ebenso müsse das Leben in jüdischen Haushalten erneuert werden. Selbst vor einem Jahrhundert scheint dies unter den orthodoxen Verhältnissen vernachlässigt worden zu sein, denn Creizenach betonte diesen Punkt besonders. Wie auch der Gottesdienst sollte es verschönert werden, um neue Würde und tiefere Bedeutung zu erhalten. Schließlich rief er dazu auf, die jüdische Schule zu reformieren, die sich ihrer Verantwortung bewusst werden müsse, den jüdischen Charakter ihrer Schüler zu formen und sich nicht nur der Lehre von Sprachtechniken und Ritualen verschreiben dürfe. Dem Lehrer müsse ermöglicht werden, so zu unterrichten, wie es ihm sein Gewissen vorschreibe, die Schule müsse die Einheit Israels vorantreiben und kontroverse Themen vermeiden. Der Rabbiner solle als Lehrer für Religion und Ethik auftreten und nicht für rituelle Handlungen. Wie der Lehrer so müsse auch er seine Gedanken frei äußern können, wie ihn sein Gewissen leite.

Diese Gedanken waren vor einhundert Jahren, als Creizenach sie mit Weitblick verkündete, nicht nur modern, sondern aufregend. Doch trotz ihrer Modernität schienen diese Ideen für Creizenach selbst nichts Neues. Denn er sah sie als vom Talmud selbst autorisierte Ansätze an. Der Talmud war für ihn „der einzig sinnvolle Ausgangspunkt, von dem eine Entwicklung unserer rituellen Formen entstammen kann, denn er ist durch Alter geheiligt und gebietet Ehrfurcht". Dies bedeutet jedoch nicht, dass der Talmud in allen seinen Entscheidungen bindenden Charakter hat. Es ist ein Buch, das über einen langen Zeitraum entstand und dessen Autoren Regeln aufsetzten – manche von ihnen restriktiv und andere das Gesetz abzuschwächen suchend. Es waren Regeln, die zu ihrer Zeit wichtig waren, manchmal nur für die jeweilige Generation; oft waren sich auch die Vertreter selbst nicht einig, von denen manche das Gesetz lockern wollten, während andere strikt dagegen waren.

Doch der Talmud wurde nie abgeschlossen. Noch immer haben wir das Recht, uns an seinen Auseinandersetzungen zu beteiligen und Entscheidungen in seinem Sinn zu treffen. Den älteren Generationen fehlte der Mut dazu, was dazu führte, dass die Religion zu verknöchern begann und durch eine tiefe Kluft von den Strömungen des Lebens abgetrennt wurde. Creizenach hielt die neue Generation dazu an, mutig zu sein und kühn in die Fußstapfen der talmudischen Vordenker zu treten, so dass selbst im Rahmen des Talmuds Reformen geschaffen würden. So könne das jüdische Leben wieder zu seiner Vitalität zurückfinden, die es noch hatte, als die führenden Denker Entscheidungen aus freien Stücken heraus trafen. Wie dies für einzelne Gesetze und Gepflogenheiten getan werden kann, zeigt Creizenach sehr detailliert in seinem *magnum opus* auf, das praktisch die gesamte Bandbreite jüdischer Gesetze und Gewohnheiten abdeckt. Es ist in der Tat eine Enzyklopädie.

Zusammen mit Jost veröffentlichte Creizenach eine Zeitschrift mit dem Titel *Zion*. Davor (1823–1824) gab er eine monatliche wissenschaftliche Zeitung unter dem Namen *Geist der pharisäischen Lehre* heraus. Anschließend erschienen einige seiner kühnsten Gedankengänge in den Kolumnen der *Wissenschaftlichen Zeitschrift für jüdische Theologie*. Im Jahre 1831 veröffentlichte er anonym die *Zweiunddreißig Thesen über den Talmud*. Daneben schrieb er einige Bücher zur Meditation an Bußtagen und für Konfirmationen. Kurz vor seinem Tod veröffentlichte er *Yesod Mora* (von Abraham ibn Ezra), indem er den von Heidenheim editierten Text benutzte.

Der Pädagoge Creizenach ging behutsam vor, immer bedacht auf die Menschen, die in seinen Augen eine Bildung benötigten, und die selbst langsame Fortschritte machten. Er wollte nie den Bezug zur breiten Masse verlieren. Auch aus diesem Grund versuchte er stets, seine eigenen Ansichten mit denen traditioneller Autoritäten zu untermauern – weshalb er wahrscheinlich von seinen großen revolutionären Freunden und Zeitgenossen in den Schatten gestellt wurde.

Doch gerade aufgrund dieser Vorsicht war sein Einfluss unter den Menschen zu seiner Zeit womöglich weitreichender. Viele von Michael Creizenachs Ideen sind heutzutage anerkanntes Allgemeinwissen, was für einen Pädagogen der größtmögliche Lohn ist. Aus den Grundsteinen der Tradition errichtete er mit Sorgfalt und doch großem Mut ein neues Bauwerk, in dem Leben und das Gesetz der Tradition in Harmonie miteinander existieren können.

Leopold Zunz – Vorkämpfer der Wissenschaft des Judentums

Eine Einführung in sein Wollen und Wirken

Leopold Zunz gehörte zu den ersten Juden, die vertraten, dass das Judentum mit wissenschaftlichen Ansätzen untersucht werden müsse, um es zu verstehen, und um es angemessen weiter entwickeln zu können. Wie wichtig seine Gedanken waren, kann man unter anderem daran sehen, dass nicht nur Rosenzweig seine Idee eines „Lehrstuhls für Judentum" aufgriff. Einige Anmerkungen zu diesem Text: Wie unschwer zu erkennen ist, benutzte Trepp den Begriff „Genie" im philosophischen Sinn (jemand hat ein gegebenes Talent für etwas). Er hat den Aufsatz im Jahr 1972 für das deutsche Magazin „Emuna – Horizonte zur Diskussion über Israel und das Judentum" geschrieben. Schon damals war zu erkennen, wie sehr es ihn schmerzte, dass es das deutsche Judentum nicht mehr gab. Darüber wird es später mehr zu sagen geben. Im Hinblick auf die heftige – auf nichtjüdischer Seite oft unsachlich und mit stark antijüdischen Untertönen – geführte Debatte um die Beschneidung in Deutschland im Jahr 2012 ist die von Trepp beschriebene Auseinandersetzung zwischen Geiger und Zunz interessant: Geiger sprach sich strikt gegen die Beschneidung aus, während Zunz den Standpunkt vertrat, den auch die heutigen Juden einnehmen: Die Beschneidung ist ein essentieller Teil des Judentums, ein jüdisches „Grundgesetz", das auch im Interesse einer sonst wünschenswerten Modernisierung nicht verändert werden dürfe. Neben dem hier zu erkennenden Umstand, dass die Diskussion offensichtlich Jahrhunderte alt ist, gibt es einen wichtigeren Punkt: Sie wurde unter Juden geführt, mit unterschiedlichen Ansichten und Interessen auf beiden Seiten. Die Juden sind auch heute diejenigen, die eine Diskussion über die Beschneidung haben sollten, wenn sie es denn wünschen. „Aufklärung" von Menschen, die oft nicht einmal wissen, worüber sie sprechen, brauchten sie zu Zunzens und Geigers Zeiten nicht, und sie ist auch heute verzichtbar.

Im Jahre 1819 gründete eine Gruppe junger idealistischer Juden den „Verein für Kultur und Wissenschaft des Judentums". Es war ihre Hoffnung, durch ihn den Juden wie der christlichen Umwelt ein wissenschaftlich begründetes Bild des Judentums zu geben, frei von jeder theologischen Schattierung. Sie hofften, damit der Unwissenheit der Juden entgegentreten zu können, denn der Durchschnittsjude wusste wenig von seiner Tradition, und die Rabbiner waren wissenschaftlich ebenfalls ungeschult und ergingen sich in spitzfindiger Talmudauslegung. Gleichzeitig erwartete diese Gruppe junger Männer, dass eine wissenschaftliche Darlegung des Judentums ihm Anerkennung und Respekt unter den Christen erwirken würde, und dass daraus eine wirkliche Gleichberechtigung für Juden erstehen könne. Gerade hier war Aufklärung notwendig, denn das Missverständnis des Judentums hatte zum Vorurteil gegen Juden geführt. Selbst Gelehrte schöpften ihre Kenntnis aus zweiter Hand, oftmals aus judenfeindlichen Quellen. „Aus Unwissenheit oder schlechtem Willen schuf man daher ein Gemisch aus einem eingebildeten Judentum und dem eigenen Christentum, um daraus ein System zu bilden, das entweder den Übertritt der Juden fordern sollte, oder den Schluss berechtigte, dass Sondergesetze notwendig seien.“[1] Die Gründer des Vereins hatten dabei allerdings auch ihre eigene Zukunft im Auge. Bisher war ihnen der Eintritt in die Gesellschaft verschlossen, und die Tore beruflichen Fortkommens blieben verriegelt. Vielleicht konnte eine wissenschaftliche Darstellung des Judentums diese Lage ändern und zum Entreebillet in die Gesellschaft werden. Der erste Vorsitzende des Vereins, dem wahrscheinlich auch der Vereinsname zuzuschreiben ist, war ein junger Jurist und Hegelianer, Eduard Gans, ein Freund Heinrich Heines, den er eventuell auch zum Beitritt bewog. Leider war der Vereinigung nur ein kurzes Leben beschieden. Die Verbundenheit dieser jungen Männer mit dem Judentum beruhte nur auf einem ererbten Gefühl des Jude-Seins. Als ihre Hoffnung fehlschlug und ihre Zukunftserwartungen innerhalb der Gesellschaft nach wie vor unerfüllt blieben, solange sie Juden waren, entschlossen sie sich zum Übertritt zum Christentum. Eduard Gans war der erste, der 1825 übertrat, um sich eine Universitätslaufbahn schaffen zu können. Ihm bleibt daher lediglich das Verdienst, den Namen „Wissenschaft des Judentums“ geprägt zu haben, und durch den Verein den Anstoß zu einer wissenschaftlichen Erforschung gegeben zu haben. Der wirkliche Gründer und Vorkämpfer dieser Wissenschaft war Leopold Zunz, ebenfalls ein Gründungsmitglied des Vereins und der Herausgeber des kurzlebigen Vereinsorgans, *Zeitschrift für die Wissenschaft des Judentums.* Die Zeitschrift hatte keine weite Verbreitung, ihr Einfluss war gering, und dennoch war sie bahnbrechend. Am 10. August 1864 schrieb Abraham Geiger ein Glückwunschschreiben an Zunz zu dessen 70. Geburtstage, in dem er erklärte, dass es diese Zeitschrift gewesen sei, die ihm, wie ein Lichtstrahl Aufklärung gebracht habe. „[...] Und hier fand ich Ihr epochemachendes Werk über Raschi. Er war wie ein Gebirgswasser, das umso stärkender und erfrischender wirkt auf Grund der Widerstände, die es hat überwinden müssen [...] In meinen eigenen unabhängigen wissenschaftlichen und praktischen Tätigkeiten konnte ich nicht immer dem gleichen Pfade folgen,

1 Zunz: *Die gottesdienstlichen Vorträge der Juden;* Einführung.

den Sie genommen […] doch habe ich immer mit ehrfurchtsvoller Aufmerksamkeit zu Ihnen aufgeblickt."[2]

Leopold Zunz ist der Vater des neuzeitlichen Judentums. Er wurde 1794 in Detmold geboren und starb 1886 in Berlin. Sein Vater war Lehrer und Kantor der Detmolder jüdischen Gemeinde. Da der Knabe die Eltern früh verlor, kam er neunjährig in die Pensionatsschule nach Wolfenbüttel. Dort erhielt er eine gute grundlegende Ausbildung, sowohl in allgemeinen wie in jüdischen Fächern. Er absolvierte dann das Gymnasium der Stadt, besuchte die Universitäten Berlin und Halle, und empfing gleichzeitig eine rabbinische Ausbildung. Unter seinen Lehrern war Samuel Meyer Ehrenberg, der Urgroßvater Franz Rosenzweigs. Später traute Zunz Rosenzweigs Großeltern. Durch diese Beziehungen wurde er der „Familienheilige" der Rosenzweig-Familie, und mag dadurch die Entwicklung Franz Rosenzweigs, wenn auch nur indirekt, beeinflusst haben.[3]

Dem neuzeitlich ausgerichteten jungen Zunz waren keine dauernden Anstellungsmöglichkeiten im Rabbineramt gegeben. Er bemühte sich vergeblich um eine Stelle in Deutschland, wirkte für eine Zeit an der kleinen Reformgemeinde in Berlin als Prediger, allerdings ohne Gehalt. In diese Zeit fällt die Gründung des „Vereins für Kultur und Wissenschaft des Judentums". Durch das Bemühen seiner Freunde erhielt er schließlich eine Predigerstelle in Prag, erkannte jedoch beinahe unmittelbar, dass er die innere Berufung zum Rabbineramt und dessen täglicher Routine nicht besaß, und trat daher schon im gleichen Jahre, 1836, zurück. Schließlich wurde er 1841 als Lehrer an das von der jüdischen Gemeinde Berlin neu geschaffene jüdische Lehrerseminar berufen, wo er bis zu seinem Lebensende blieb. Die Jahre des Ruhestandes blieben für ihn fruchtreich, da er sich jetzt ungestört der Forschung widmen konnte.

Das Ziel und die Aufgabe seines Lebens waren ihm – vielleicht als einzigem der Gründungsmitglieder des „Vereins für Kultur und Wissenschaft" – zur Zeit der Schaffung der Gemeinschaft schon völlig zum Bewusstsein gekommen. Es kann sein, dass auch seine Tätigkeit als Herausgeber des Magazins half, dieses Bewusstsein in dieser Form zu prägen. Bereits 1818 hatte Zunz eine Schrift veröffentlicht, die als Programmschrift angesehen werden kann. Der Titel war *Etwas über die rabbinische Literatur.* Hier forderte er die wissenschaftliche Erforschung des Judentums in der Gesamtheit seiner Erscheinungsformen: Mythologie und Dogma, Riten und Liturgie, Bräuche und Sitten. Doch sollte die Forschung nicht auf die religiösen Gebiete beschränkt bleiben. Neben der Ethik waren die Lebensformen des Judentums auf allen Gebieten zu erforschen, von Mathematik und Medizin bis zur Naturkunde, Kunst und Musik. Das Gesamtgebäude steht der Untersuchung offen, denn das Judentum ist Zivilisation, ein Volksgebilde, und muss als solches durch die Wissenschaft erhellt werden. Zunz sieht die Juden als eine schöpferische Volksgemeinschaft, die aus ihrem inneren,

2 Max Wiener: *Abraham Geiger* (englisch); S. 142, 146.
3 Franz Rosenzweig: *Briefe,* 5, 499.

volkhaften Genie eine Gesamtkultur bildete. Diese Kultur und ihr Werden aus dem Wesen des Volkes bedürfen der Erforschung.

Das konservative Judentum, das in Deutschland von Zacharias Frankel sein Programm erhielt und sich in Amerika weiter entfaltete, steht auf dieser von Zunz geschaffenen Grundlage. Der neuzeitliche Rekonstruktionismus, von Mordechai Kaplan geschaffen, sieht die Idee des Judentums als einer sich entfaltenden, religiösen Zivilisation als den Kernpunkt seiner Ideologie. Allerdings besteht hierbei ein großer Unterschied: Zunz stand der Zukunft pessimistisch gegenüber und sah daher in der Erforschung der Vergangenheit die einzige noch verbleibende Aufgabe eines geschwächten Geschlechtes. Der amerikanische Konservativismus wie der Rekonstruktionismus sind von einem grundlegenden Optimismus über die Zukunft des Judentums getragen. Daher ist Forschung nur ein Teil der Aufgabe, wenn auch ein wesentlicher. Bedeutsamer ist das schöpferische Wirken der Juden auf allen Gebieten dieser Zivilisation, und gemäß dem Rekonstruktionismus in der gegenseitigen Befruchtung von jüdischer und weltlicher Zivilisation – an beiden hat der Jude teil und muss an ihnen teilhaben.

Mag Zunz ursprünglich an eine reine, tendenzlose Wissenschaft gedacht haben, so verdichteten sich Anschauung und Zweck der Aufgabe schon durch das Programm des Vereins: Wissenschaft wurde zur Apologetik im besten Sinne des Wortes.

Der Verein der jungen Juden entsprang dem Bewusstsein einer doppelten Vereinsamung. Als Juden standen sie außerhalb der Gemeinschaft allgemeiner Kultur, da das Wesen des Judentums der Umwelt ganz unbekannt war. Durch wissenschaftliche Erhellung konnte der Platz des Judentums in der Kultur des Westens aufgezeigt, sein Beitrag zu dieser Kultur demonstriert, seine Anerkennung als berechtigt sowohl gefordert wie erwartet werden. Und als neuzeitliche Juden sahen sie sich als Gegner der vorherrschenden Orthodoxie und ihrer Formen; der „Rabbinismus" erschien ihnen allen als eine Trübung des echten jüdischen Geistes. Dabei wussten sie, dass viele zeitgenössische Juden ihrem Traditionsgut verachtend gegenüber standen – einfach, weil sie es nicht kannten. Waren die Namen „Maimonides" und „Mendelssohn" den Juden vertraut, so war es eben dadurch, dass diese Namen aus der Gesamtphilosophie des Westens den Juden nahegebracht wurden. Durch Wissenschaft, und nicht durch Religion, konnten Kenntnis, Selbstbewusstsein und Stolz im Juden neu erweckt werden. Jedenfalls konnte es nicht durch Religion geschehen, wie sie damals gepflegt wurde. „Die physischen Bedürfnisse der jüdischen Gemeinden werden durch Kranken- und Waisenhäuser, Armenhäuser und Friedhofe bedient. Jedoch Religion und Wissenschaft, Bürgerrechte und geistiger Fortschritt benötigen Schulen, Seminarien und Synagogen; sie ruhen auf der Arbeit fähiger Gemeindeführer, kompetenter Lehrer und gut ausgebildeter Rabbiner. Falls Emanzipation und Wissenschaft nicht leere Worte bleiben sollen [...] dann müssen sie Institutionen befruchten, Institutionen höchsten Ranges, religiöse Erziehung für alle, würdige

Gottesdienste, angebrachte Predigten."[4] Zunz erkannte ganz deutlich, dass der politischen Emanzipation der Juden die geistige angegliedert werden müsse. Damit allein war die Gleichstellung der Juden zu voller Wirklichkeit zu bringen. Das bedeutete: Erkenntnis der jüdischen Werte durch Juden.

Dieser Idee folgend, stellte Zunz einen Antrag auf Gründung eines Lehrstuhls für Judentum an der Universität Berlin. Erst dann, wenn das Judentum zum Gegenstand wissenschaftlicher Forschung an den Universitäten geworden war, konnte man von innerer und äußerer Emanzipation reden. Die Universität wies den Antrag zurück. Das Streben wurde jedoch weitergeführt. Hermann Cohen, im Vorschlag „zur Sicherung unseres Fortbestandes", erklärte kategorisch: „Es *muß* daher unser Bestreben werden, die Wissenschaft des Judentums an den Universitäten einzubürgern", und, indem er sich auf Zunz stützte, „Die Gleichstellung der Juden in Sitte und Leben wird aus der Gleichstellung der Wissenschaft des Judentums hervorgehen" [...] „Die Gleichstellung der Wissenschaft aber kann in Deutschland [...] nur auf der Universität erzielt werden. Und auch in Amerika geht man jetzt denselben Weg."[5]

In Deutschland sollte sich diese Hoffnung – bis auf Martin Bubers Berufung an die Universität Frankfurt – erst nach dem zweiten Weltkrieg erfüllen. Aber jetzt, wo sie zur Wirklichkeit wurde, fehlt es an einem lebendigen Judentum als Resonanz.

In Amerika folgte die Entwicklung ganz der Voraussage von Zunz und Cohen und gab ihnen recht: die Schaffung von Lehrstühlen, die sich weit verbreitet hat, ist Spiegelbild und Ausdruck jüdischer Gleichberechtigung, im Geistigen wie im Politischen. Gleichzeitig brachte sie viele junge Juden durch das Studium des Judentums auf den Universitäten zu ihrem Erbgut zurück. Gerade aus jüdischen Studentenkreisen kann gegenwärtig ein bedeutsamer Beitrag zur Erneuerung des Judentums erwartet werden.

Auch in Zunzens Tagen konnte Anerkennung von außen schon der inneren Erneuerung dienen. In diesem Sinne veröffentlichte er 1832 die Schrift *Die gottesdienstlichen Vorträge der Juden.* Auf Ansuchen der Orthodoxie hatte die preußische Regierung die deutsche Predigt in der Synagoge verboten, da sie eine Nachahmung der christlichen Predigt sei. Zur Aufklärung der Regierung wie seiner orthodoxen Brüder wies Zunz in einer umfassenden und tiefgehenden Arbeit darauf hin, dass die Predigt in Wirklichkeit jüdischen Ursprungs ist. Die Synagoge war ja nicht als Bet ha-Tefila, Haus des Gebets, angesehen, sondern als Bet ha-Knesset, Haus der Volksversammlung. Hier stand, seit Esra, die Lesung der Schrift im Mittelpunkt des Gottesdienstes. Der Targum, als Übersetzung des Textes, diente dem Volksverständnis. Griechisch war Sprache der Derascha, der Schrifterklärung, wo immer diese Sprache gängig war. Waren die Priester einst

---

4 Nahum N. Glatzer: *The Dynamics of Emancipation;* S. 13 (aus: *Die gottesdienstlichen Vorträge der Juden,* englisch).

5 Hermann Cohen: *Zwei Vorschläge zur Sicherung unseres Fortbestandes; Gesammelte Schriften II. Band,* 139; geschrieben 1907.

die Hüter des Gesetzes gewesen, so waren die Propheten die Hüter des Geistes. Die Schriftgelehrten waren die Nachfolger beider, sie bestimmten das Gesetz in Halacha, und den Geist in Aggada. Die Tora wurde dem Volk im Gotteshaus nahegebracht. Dies war der Ursprung der Predigt; in ihr lag Entwicklung und Weiterbildung des Geistes. Trotz seiner historisch-sachlichen Darstellung besteht Zunz mit Festigkeit darauf, dass man dem Judentum die Predigt nicht nur erlaube, weil sie sein Erbgut sei, sondern dass man ihm dafür Anerkennung zukommen lasse müsse. Mit der Anerkennung von außen verband sich Aufklärung nach innen; den Orthodoxen wurde klargemacht, dass die Predigt jüdisches Erbgut ist. So wurde sie auch in der orthodoxen Synagoge Deutschlands fest verankert.

Die große Lebensaufgabe, die sich Zunz in seiner Frühschrift stellte, hat er nicht zu Ende geführt. Er schrieb in der Tat über viele Gegenstände, beschränkte sich jedoch im Hauptwerk auf die Erforschung der Liturgie und des Ritus, an denen er mit pedantischer Genauigkeit arbeitete. Er veröffentlichte Werke über *Geschichte und Literatur* (1845), mit eingehender Darstellung der Juden Frankreichs und Deutschlands im Mittelalter, *Die synagogale Poesie des Mittelalters* (1855), mit systematischer Forschung über die Pijutim, die Dichtungen für den Gottesdienst der Festtage, und er schrieb *Der Ritus der Juden, Literaturgeschichte der synagogalen Poesie* und *Essays über jüdische Geschichte und Literatur* (1874/75). Hermann Cohen sagte Rosenzweig zufolge von ihm: „Er hätte ein großer Historiker werden können und war doch nur ein – Antiquar."[6] Allerdings war es seine Aufgabe, neuen Boden zu brechen. Der Historiker kann erst dann zuwege gehen, wenn er die Materialien besitzt, die aus Quellen und Quellenforschung in seine Hände kommen. Dieser Aufgabe musste sich Zunz widmen.

Darüber hinaus war jedoch seine Selbstbeschränkung auf synagogale Poesie und Ritus ein bewusster Akt. „Die Einschaltungen (in den Gottesdienst der Festtage) [...] und dramatischen Elegien, (welche) Israels Geschichte und Heiligtümern ein durch Kunst geadeltes und durch Gesang verschöntes Aussehen verliehen, und aus dem gebotenen Dienst eine freie Huldigung machten, (erhoben) dem Juden die Synagoge zu dem [...] was einst dem Hellenen olympische Spiele und Tragödien gewesen, zu einer Stätte, wo das Nationale verkörpert und zugleich vergeistigt, als Kleinod der Gesamtheit wie jedes Einzelnen empfunden wurde."[7] In der synagogalen Poesie verkörpert sich der Geist des jüdischen Volkes, das Nationale des jüdischen Seins. Hier also war der Kern jüdisch-nationalen schöpferischen Wesens. Im Gottesdienst enthüllt sich die Seele des jüdischen Volkes, wie sich ihre Seele den Griechen einst in den olympischen Spielen und den Tragödien offenbarte. Hier wird sie auch dem Forscher offenbar. Im Gottesdienst liegt volkhafte Selbsterkenntnis.

6 Franz Rosenzweig: *Kleinere Schriften* S. 308.

7 Zunz: *Zur Geschichte und Literatur*, S. 22–23, zitiert bei Max Wiener: *Jüdische Religion im Zeitalter der Emanzipation*, dessen Abhandlung dieser Artikel wertvolle Anregungen verdankt.

Zunz sieht das jüdische Volk als eine Nation, deren Leben mit dem Zusammenbruch des jüdischen Staates nicht zu Ende kam. Zwar war ihm die politische Ausdrucksmöglichkeit entzogen, doch wurde sie ersetzt. Im Gefühl, im Buch und im gemeinsamen Leid blieb sie erhalten. Wo immer der Jude lebt, reagiert er aus jüdischer Kraft schöpferisch auf sein Schicksal; Gedanke und Leid sind die Kräfte seines Lebens und führen zur Tat. Da diese Schöpferkräfte dem intuitiven Lebensgefühl entsprangen, entwickelte sich der Geist, der in der Poesie zum Ausdruck kam, konsequent aus der Entwicklung des Lebens. Wir finden daher keine Brüche in dieser Entwicklung. „Alle Produktionen des jüdischen Geistes, Talmud, Midrasch, jüngere Haggada, Massora, Geheimlehre, Grammatik, Exegese, Philosophie, Piut, Poesie hängen je untereinander zusammen.“[8] Die Kraft der Juden ist religiösen Charakters. Doch blieben sie von der Einwirkung des äußeren Schicksals nicht unbeeinflusst. So schreibt Zunz ein Werk *Über die in hebräisch-jüdischen Schriften vorkommenden hispanischen Ortsnamen*, in dem er den Einfluss Spaniens darstellt. In seiner *Literaturgeschichte der synagogalen Poesie* erklärt er: „ […] Bücherzensur und Revision, Angeberei der Abtrünnigen und Aufsicht boshafter Beamter, die verscheuchten jeden Gedanken, der nationalen Ausdruck hatte […] Auch in Italien verstummte die hebräische Muse beim Anblick des kirchlichen Medusenhauptes […]“[9] So erklärt sich der Verfall der synagogalen Poesie zwischen dem 16. und 18. Jahrhundert. Der Einfluss dieser Auffassung ging tief. Abraham Geiger sah daher im jüdischen Volk ein naturgegebenes Genie für Religion. Heinrich Graetz, der große jüdische Historiker, sah die jüdische Geschichte des Mittelalters als Gelehrten- und Leidensgeschichte, und wurde darum der Einseitigkeit beschuldigt. Hermann Cohen sah das Leben der Juden im Exil als einen Dauerzustand des Leidens an und sah im Leiden die Weltaufgabe der Juden. Im Mitleid mit dem Armen und dem Heimatlosen erhebt sich die Ethik in die Sphäre der Religion. Mitleid entfacht im Menschen das tief-religiöse Gefühl, aus dem sich die Willenskraft erzeugt, das Leid zu bannen. Dadurch, dass die Juden immer die Fremden sind, erlauben sie der Menschheit, in deren Mitte sie wohnen, Mitleid zu üben, und damit wahre Religion ins Leben zu rufen. Eine solche Haltung ist nicht tragbar, vor allem nicht nach Auschwitz, denn sie setzt einen Gott voraus, der selbst Auschwitz dulden kann, und eine völlig unbelehrbare Menschheit. Doch Cohen sah Auschwitz nicht, und das Leiden, dem er als Jude ausgesetzt war, konnte ertragen werden. Im Grunde ruht der Gedanke doch wohl auf Zunz, obgleich Zunz ein dauerndes Exil keineswegs anerkennt. Aber auch im weiteren Sinn bewies sich Zunz mit seiner Analyse der Vergangenheit als einsichtsvoller Verkünder der Zukunft. Die religiöse Poesie spiegelt in der Tat den Geist der Judenheit wider. Die deutschen Gebete der Reformsynagoge des 19. Jahrhunderts bezeugen die Unsicherheit, und die durch sie hervorgerufene superpatriotische Haltung der deutschen Juden. Die Gleich-

8 Zunz: *Literaturgeschichte der synagogalen Poesie;* S. 26.

9 A.a.O.: S. 439.

berechtigung der Juden in Amerika hat zu einer Erneuerung synagogaler Poesie geführt. Meist in Englisch, schöpft sie doch aus einem authentisch-jüdischen Erlebnis, und findet ihre Quellen sowohl in Werken jüdischer Dichter Amerikas, wie in jüdischer Dichtung aus dem Lande Israel. In jüdischer Musik ist diese Erneuerung noch deutlicher erkennbar. Der Gottesdienst der gegenwärtigen deutschen Judengemeinschaft zeigt im Gegensatz dazu keine neuen Formen, was ein Zeugnis verminderter Lebenskraft ist.

Zunzens grundlegende Erkenntnis, dass jüdische Religion die Schöpfung des jüdischen Volksgeistes ist, musste ihn zwangsläufig aus seiner Reformstellung hinausführen. An sich ging es ihm selbst in seiner Frühzeit, wie wir oben sahen, hauptsachlich um die Erneuerung des Gottesdienstes in würdiger Form. Wie die Liturgie, so ist auch das Gesetz als Schöpfung des Volkes anzusehen; seine Erhaltung und Befolgung dient dem Überleben des Judentums. Daher erklärt er 1843 in einem Artikel über die Tefillin (Gebetsriemen), dass man nicht Gottesvolk sein könne, ohne dieses Volkstum in seinen äußeren Zeichen zu üben: das Gebot verlangt daher Erfüllung. Daher ist es die Pflicht jedes Juden, die Tefillin, „Zeichen" der Zugehörigkeit zum jüdischen Volk, an jedem Werktag anzulegen.[10]

1844 wendet er sich scharf gegen Abraham Geiger. Nachdem sich gerade zu dieser Zeit einige Unfälle bei Beschneidungen ereignet hatten, sprach sich Geiger gegen die Beschneidung als eine barbarische Sitte aus. Zunz hielt ihm entgegen, dass selbst irrationale Gesetze und Zeremonien den Charakter des Volkes bestimmen, aus dem sie entstanden sind. Zudem sei die Beschneidung ja nicht lediglich Sitte, sondern, wie auch der Schabbat, ein Grundgesetz. „Wir müssen uns reformieren, nicht die Religion, lediglich ihre Auswüchse. Das Gesetz trug die Juden über den Abgrund als Diener Gottes. Das Gesetz dient der Lebenserhaltung." Nicht ein einziges Gesetz dürfe am Altar der bürgerlichen Freiheit geopfert werden, erklärte er, wie es auch Moses Mendelssohn getan hatte, der es der Welt klargemacht hatte, dass er lieber auf seine Bürgerrechte verzichten wolle, als seinen Glauben aufzugeben. Zunz spricht nicht nur vom Glauben, sondern vom einzelnen Gesetz, und sieht in den jüdischen Attacken gegen den Talmud einen Ausdruck der Abwendung. Der Rabbinismus, den er ursprünglich bekämpft hatte, bekam nun wieder seinen Platz im jüdischen Leben.

Aus einem Gefühl der Ehrfurcht mag es daher stammen, dass Zunz seine Aufmerksamkeit der nachbiblischen Literatur zuwendet, und nicht der Bibel selbst. Die Schrift war zu heilig. Wir finden Ähnliches bei Graetz, der zwar die Hagiographen einer scharfkritischen Analyse unterzieht, dem Pentateuch gegenüber jedoch konservativ bleibt. Im Endergebnis blieb daher die Bibelkritik der protestantischen Forschung des 19. Jahrhunderts überlassen.

10 Tefillin, in Buschs: *Jahrbuch für Israeliten,* 1843; ursprünglich eine Predigt aus dem Jahre 1823; *Ges. Schriften* Ü, 133–134 s. auch Meyer Waxman: *A History of Jewish Literature,* ÜI, 376 und Margolis and Marx: *History of the Jewish People,* S. 638–41, 660f. auch für den Konflikt über die Beschneidung.

Dem gleichen Gefühl der Ehrung der Schrift mag dann aber die Herausgabe der Zunzschen Bibelübersetzung entsprungen sein, die 1838 erschien, und ein Jahrhundert lang in jedem jüdischen Hause zu finden war. Zunz übersetzte nur die Bücher der Chronik, andere jüdische Gelehrte, einschließlich Michael Sachs, übernahmen den Rest, doch gab Zunz dem Werk als Herausgeber die Einheit.

Franz Rosenzweig sah im Zeitalter Zunzens den Höhepunkt origineller jüdischer Forschung. Seit dieser Zeit müsse man mit Bedauern feststellen: „unsere Wissenschaft läuft hinter anderen her". Wiederholt bezieht er sich in großer Ehrfurcht auf Zunz.[11] Heute könnte Rosenzweig das über die Wissenschaft so nicht mehr sagen, und er selbst hat dazu beigetragen, dass sich die Lage geändert hat.

In der Einleitung *Zur Geschichte und Literatur* erklärte Zunz: „Vor dem intuitiven Geist breitet sich, einem lebendigen Kunstwerk gleich, die Geschichte der Menschheit aus, also sogleich die Geschichte des Menschengeistes, in der Gesamtliteratur erschlossen. Außerstande, bis zu dieser vollkommenen Geschichte unmittelbar vorzudringen, indem das Geschlecht der Menschen bis jetzt das Bewusstsein von seiner Ganzheit weder errungen, noch dargestellt hat, müssen wir, auf gegebene Sonderheiten achtend von den Gliedern zu dem Ganzen vorzuschreiten uns bemühen, damit die erkannten Spuren des Geistes in den Gliedern diese zu organischen Teilen eines Gesamtbaues erheben […] die Ideale des Geistes, erkannt und empfunden, werden dem Gedanken Freiheit, dem Gefühl Schönheit verleihen; die Schifffahrt auf dem einen Strome kann zu der Urquelle führen, aus der aller Geist entströmt […]"

Nicht den Juden und dem jüdischen Geist allein wollte Zunz dienen, sondern dem Geist der Menschheit. Rosenzweig erklärt es, wenn er sagt, dass Zunz und die jüdischen Führer des 19. Jahrhunderts im Grunde genommen der Welt das gleiche Wort zuriefen, das einst Rabbi Jehuda, der Prinz, dem Kaiser Antoninus gegenüber aussprach, als er ihn als den Führer unter den Frommen der künftigen Welt versicherte (*Talmud Jeruschalmi*, Megillah 1, Paragraph 13). Was Rabbi Jehuda sagen wollte, und die Führer des 19. Jahrhunderts mit ihrem Nachdruck aufs Ethische im Sinn hatten, welches das Judentum auszeichnet, war in Rosenzweigs Worten der Aufruf: „Werdet wie wir". In diesem Urteil findet Zunzens Werk und Geist seine höchste Anerkennung, darin liegt auch die wirkliche Erfüllung der Gleichberechtigung, wenn der Jude aus innerem Stolz der Welt sagen kann und darf: „Werdet wie wir!"

11 Franz Rosenzweig: *Briefe*, S. 279, 300.

Samson Raphael Hirsch, Neo-Orthodoxer Reformer und der Weg in die Gegenwart

Zeit seines Lebens hat Leo Trepp Samson Raphael Hirsch verehrt, obgleich er ein gespaltenes Verhältnis zu ihm hatte: Auf der einen Seite bewunderte er den Mut Hirschs, aus einer strikt orthodoxen Tradition kommend, die Brücke zur Gesellschaft zu bauen und es aus der Tora – aus dem jüdischen Sein – heraus zu begründen. Auf der anderen Seite war er enttäuscht, dass Hirsch auf halbem Wege stehenblieb. Und doch hielt er Hirschs Tora im Derech Eretz für den einzigen Weg, den Juden in der Diaspora gehen sollten. Ihn schmerzte es, dass viele Reformjuden in den Vereinigten Staaten sich zwar in die Gesellschaft integriert hatten, dafür aber das „Jüdischsein" für sie kaum noch eine Rolle spielte. Doch genauso schmerzte ihn die Entwicklung des orthodoxen Judentums, in dem auch zu Trepps Zeiten noch oft die von Hirschs beschriebenen und kritisierten Zustände herrschten. Besonders den Juden, die nach der Schoa nach Deutschland gekommen waren, versuchte Trepp zu vermitteln, dass das Judentum im Leben mit Leben gefüllt werden müsse, und dass Hirsch selbst heute wahrscheinlich nicht mehr dort stehen geblieben wäre, wo er vor über 150 Jahren Halt gemacht hatte. Trepp selbst hat sich eine Synthese gewünscht zwischen den Gedanken Hirschs und denen Geigers. Das war es, was er selbst immer anstrebte, um das Judentum bedeutungsvoll zu erhalten, besonders für die jüdische Jugend: Eine tiefe Verwurzlung im Judentum, mit einem offenen Blick für die Welt, und der Bereitschaft, aus der jüdischen Verwurzlung heraus notwendige Veränderungen vorzunehmen. Zum 200. Geburtstag von Hirsch schrieb Trepp einen Essay über ihn für die ‚Zeit'. Der damalige Ressortleiter war begeistert von dem Stück und von Hirsch, weil er dessen Denken und Handeln als hochaktuell und potentiell beispielgebend ansah für muslimische Immigranten heute. Er ist es immer noch. Das ist der Grund, dass dieser Vortrag aufgenommen wurde. Trepp hielt ihn als Charles Brown Memorial Lecture am 29. Februar 1968 an der University of Judaism. Die Fußnoten stehen im Text, wie Trepp es in diesem Fall selbst gehandhabt hat. Das Leo-Baeck-Institut hat mir mit vielen Originaltexten geholfen, so auch mit den Neunzehn Briefen, *dafür bin ich dankbar. Kurz darauf habe ich sie allerdings, wie zahlreiche andere Originaltexte, die aus Europa gerettet wurden, in einem unserer Buchregale gefunden. Ich hoffe von Herzen, dass sich einige Leser animiert fühlen, die* Neunzehn Briefe *zu lesen. Es ist faszinierend zu verfolgen, wie fortschrittlich das orthodoxe Judentum einmal war. Die Hirsch-Zitate sind wörtlich in Altdeutsch übernommen. Golufs heißt heute Galut, und Thauroh ist die Tora, die anderen Begriffe sind m. E. zu verstehen.*

Um Samson Raphael Hirsch soll es heute gehen, der sich bereits vor hundert Jahren mit der Frage beschäftigte, die heute zu den drängendsten gehören, mit denen sich die amerikanischen Juden auseinandersetzen sollten: Wie kann ich Jude sein, meiner Religion hingegeben, aus ihr Kraft und Ethik schöpfend – und gleichzeitig ein voll integrierter Staatsbürger, engagiert im gesellschaftlichen Leben und um das Wohl dieser Gesellschaft besorgt? Wie es aussieht, müssen wir uns heute meist für das eine oder andere entscheiden. Wie können wir es zusammenbringen? Außer dem Rekonstruktionismus hat sich noch keine jüdische Richtung in den Vereinigten Staaten grundlegend mit dieser Frage auseinandergesetzt, die Hirsch für Deutschland im Rahmen seiner Möglichkeiten löste.

Bevor ich in die Vereinigten Staaten kam, kannte ich nur das Bild, das die Juden in Europa vom amerikanischen Judentum hatten: Vereint und bereit, Opfer zu bringen. Amerika und die amerikanischen Juden halfen mir und retteten mein Leben, und dafür werde ich immer dankbar sein. Doch die amerikanisch-jüdische Gesellschaft bot ein Bild, das für mich verwirrend und beunruhigend war. Wo war die Einheit? In lebensrettender Philanthropie vereint, taten sich aus religiöser Sicht tiefe Gräben zwischen den Juden auf, und die einzelnen Richtungen lieferten sich einen heftigen Wettbewerb. Ich war aufgewachsen in einem Judentum, das Welt und Religion verbinden wollte. Meine jüdische Bildung, so unzureichend sie auch gewesen sein mag, übertraf immer noch die der meisten Menschen, die ich antraf. Ich war es gewohnt gewesen, dass mein Judentum der Maßstab meines Tuns war, es reichte in jede Facette des privaten und gemeinschaftlichen Lebens hinein. Die amerikanische Realität sah anders aus. Was ich erlebte und hier beschreiben werde, mag generalisierend wirken, doch dies ist, was der Neuling auf seiner Suche vorfand:

Die Orthodoxie erschien in der Zeit vor Mendelssohn. Ihr Gottesdienst was ästhetisch unbefriedigend und ihre Ausübung zu häufig „Mizwat Anashim melumada". Entstanden in den Jahren in Osteuropa als ein Verteidigungsmechanismus gegen die psychologischen Auswirkungen der Verfolgung, war es schwierig, ihre Bedeutung in diesem Umfeld zu sehen. Ihr Wertesystem reichte nicht bis ins Leben des Juden und in seinen täglichen Kontakt mit dem amerikanischen Leben. Das führte zu einer Spaltung, jemand war jüdisch im Judentum und amerikanisch in allem anderen. Orthodoxie war eine legalistische Religion, die von der nostalgischen Romantik der älteren Generation am Leben gehalten wurde, die aber nicht an die neue Generation weitergegeben werden konnte. Daher schien sie nicht in der Lage, sich in die Zukunft zu katapultieren. Ihre „Gedele Yisrael" waren Menschen, die in der Vergangenheit lebten. Diese zweigeteilte Lebensform unterstützte die verzerrte Wahrnehmung vieler Christen vom Judentum.

Die Reform repräsentierte das andere Ende des Spektrums. Sie war noch in der Hand des universellen Humanismus. Dieser wurde von den extremen deutschen Reform-Rabbinern in dieses Land gebracht, die im 19. Jahrhundert nach Amerika kamen, da ihre Ideen in Deutschland als zu radikal und entleert betrachtet wurden, hier aber auf fruchtbaren Nährboden fielen. Diese Reform begegnete den Herausforderungen Amerikas mit größter Ernsthaftigkeit, vernachlässigte aber die Ansprüche einer lebendigen Religion, so vertrat sie das Minimum des Judentums, das von der sozialen Elite praktiziert wurde. Mizwot hatten kaum Bedeutung, zumindest wenn es um die jüdische Identifikation ging. In ihrer Ausrichtung war die Reform von einem legalistischen zum vorexilischen, prophetischen Judentum gewechselt und verleugnete damit die Kreativität, mit der die Entwicklung der Diaspora in zwei Jahrtausenden vollzogen worden war. In all dem Bemühen, sich mit diesem Zugeständnis in die Gesellschaft zu integrieren, bestätigte auch sie so ironischerweise die verzerrte Wahrnehmung der Christen – denn sie verleugnete damit ihre eigene lebendige, offene Entwicklung in der vor- und nachchristlichen Zeit. Der Prozess, der zu der Zeit die Reform wieder in die Mitte bringen sollte, hatte gerade erst mit Persönlichkeiten wie Joshua Loth Liebman begonnen.

Das konservative Judentum beruhte auf dem romantischen Konzept des „Volksgeistes“: Das jüdische Volk entwickelt seine Institutionen beständig weiter. Es wird jedoch übersehen, dass das Judentum kontinuierlich durch Führung verändert wird, die oftmals im Gegensatz zu dem Pragmatismus des „Volksgeistes“ steht. Schon Elijah, der den Ruf der Stunde erkannte, jüdisches Recht anzupassen, hatte die Menschen für genau dieses Verhalten gescholten, nämlich abzuwarten, „stockend zwischen zwei Meinungen“. Ohne die Zurechtweisung der Propheten und die klar artikulierte Führung durch die Rabbiner mag das Volk sehr wohl eine Form von synkretistischer Religion ohne Überlebenschance entwickelt haben. Gleichzeitig schaffte die Dichotomie zwischen der Philosophie und den Lebenswirklichkeiten einer christlichen Umwelt nicht nur Spannungen innerhalb der Gemeinden, da Meinungen und Ideologien aufeinander prallten, sondern auch Spannungen zwischen den Gemeinden und der Fakultät des konservativen Seminars, bestehend aus Männern, deren Führungspflichten der Orthodoxie entsprachen, die aber dem Druck der konstituierenden Gemeinden stattgeben mussten. Sie waren gezwungen, Weiterentwicklungen zu akzeptieren, und taten dies und willigten ein, Haltungen und Praktiken abzusegnen, die von den Gemeinden bereits bewilligt worden waren – wenn sie auch wegen der Einwilligung von Schuldgefühlen geplagt wurden. Die Weiterentwicklung war kein organischer Prozess. Gleichzeitig war das Wachstum des Konservatismus vorhersehbar, denn ihre romantischen Elemente und ihre Breite ermöglichten es Individuen, eindeutigen Entscheidungen aus dem Weg zu gehen.

Vielleicht hätte die Breite der Richtungen der Entwicklung des Judentums nicht einmal geschadet, wenn sie untereinander hätten kooperieren können. Doch sie waren gefangen in einem Konkurrenzdenken. Jede Richtung versuchte, ihre Mitglieder zu halten, besonders die einflussreichen und wohlhabenden. Es war jedoch klar, dass die organische jüdische Gemeinschaft, die der Grundstein des jüdischen Lebens in Deutschland gewesen war, einer Umsetzung fern war. Und der Immigrant wunderte sich: Warum war es hier nicht möglich, eine Kehille zu etablieren? Das deutsche Judentum hatte dies mit den Einheitsgemeinden geschafft. Die verschiedenen Gruppen stritten sich untereinander, oftmals in bitteren Auseinandersetzungen – doch als Gemeinde hielt man zusammen. Austrittsgemeinden, die sich dem Prinzip einer gemeinsamen Verwaltung und eines als Gemeinschaft angesehenen „Ortsjudentums" nicht unterwerfen wollten, waren in der absoluten Minderheit.

Dieses allgemeine und folglich generalisierende Bild war es, das die amerikanischen Juden dem Immigranten präsentierten. Es ist ein persönliches Bild, gesehen durch die Gläser meiner eigenen Erziehung. Das Judentum war eine Form des Gottesdienstes, eines Gebrauchs oder Ritualen, aber kein Wertesystem. Wenige Juden stellten sich die grundsätzlichen Fragen des Leben aus einer jüdischen Überzeugung „Lo berekhu al ha-Torah tehilah". Fragen, wie diejenigen, die Kant als Grundlage aller Philosophie und Weltanschauung dienten: Wer bin ich? Was sollte ich nun tun? Was ist mein Schicksal?

Und doch gab es einen beispiellosen Notfall. Die Ressourcen des jüdischen Lebens in Europa wurden in diesen Jahren von den Nazis vernichtet. Effizient und engagiert brachte das amerikanische Judentum Juden nach Amerika, doch nahm es sich dann nicht der Aufgabe an, die jüdischen Amerikaner zum Judentum zu bringen. Dabei gab es auch einen „spirituellen Notfall". Die Zeit lief ab, die junge Generation – wahrscheinlich ebenso verwirrt wie der Immigrant, doch ohne sein jüdisches Wissen – drohte verlorenzugehen. Spirituelle und intellektuelle Ressourcen und Material wurden verschwendet. War es unmöglich, eine Philosophie des jüdischen Lebens zu entwickeln, die Religion und westliche Kultur zusammenbrachte, wie es das deutsche Judentum getan hatte? Gleichzeitig würde man damit die Pflöcke des Judentums stärken und sein Dach erweitern, dass es auch der neuen Generation Schutz geben konnte, die unter anderen Umständen aufgewachsen war. Zurückblickend versuchte der Immigrant, den Ansatz des deutschen Judentums zu untersuchen und die Leitlinien, die es bieten könne. Gleichzeitig in die Gegenwart und Zukunft schauend entdeckte er den Rekonstruktionismus, eine Schule, die sich der Probleme und Gefahren bewusst war, und die bereit war, mit einer stringent durchdachten und ständig überarbeiteten Philosophie und einem Aktionsprogramm Lösungen anzubieten.

In der Zwischenzeit hat sich vieles verändert. Die Veränderungen würde ich zum großen Teil dem Rekonstruktionismus zuschreiben, der sich unter anderem dem maßgebenden Problem gestellt hat: Wie können Juden in zwei Kulturen leben? Diese Frage hat mich selbst mein Leben lang – schon in Deutschland – begleitet, so zog mich der Rekonstruktionismus von Beginn an. Es ist wahr, dass die Bedingungen dort anders waren, die Gesellschaft stabiler war und es dem jüdischen Volk nie erlaubt gewesen war, sich vollständig zu integrieren. Nichtsdestotrotz war dies innerhalb des Rahmens der bestehenden Möglichkeiten geschehen. Nach Mendelssohn, der die Tore öffnete, gibt es zwei weitere Männer, die einen großen Anteil an der geistlichen Entwicklung der deutschen Juden leisteten, Abraham Geiger und Samson Raphael Hirsch, die zwei großen Antagonisten. Mit Hirsch möchte ich mich beschäftigen. Auch ihn bewegte die schon in seiner Zeit außerordentlich wichtige Frage: „Wie kann das deutsche jüdische Volk in zwei Kulturen zu leben?" Doch nicht nur deshalb fühle ich mich ihm nahe:

Vor 30 Jahren, im November 1938, gingen die Synagogen Oldenburgs in Flammen auf und die Gemeinden, die Hirsch von 1830 bis 1841 geführt hatte, wurden zerstört. Hirsch war der zweite Landesrabbiner dort, und seine Jahre in Oldenburg gehörten zu den schöpferischsten seines kreativen Lebens. Ich selber war der letzte Landesrabbiner.

Es gibt enorme Unterschiede zwischen Hirsch und dem Rekonstruktionismus. Dessen Begründer, Mordecai Kaplan, sieht in Hirsch keinen „Weg in die Gegenwart“ sondern eine „Weg-Sperre zur Gegenwart“. Ich neige dazu, ihn als beides zu sehen. Er hat immer eine Faszination auf mich ausgeübt. Ich bin in seiner Tradition aufgewachsen und erzogen worden, habe die Jeschiva besucht, die von seinen Nachfolgern gegründet worden ist, und habe Jahre später die Stelle übernommen, die er einst als Rabbiner innehatte. Doch von dieser persönlichen Affinität abgesehen, war Hirsch wahrscheinlich die schillerndste Persönlichkeit im Judentum des 19. Jahrhunderts. Er hatte eine immense Begabung für das Schreiben, konnte sich in der Politik durchsetzen und zog die Menschen durch seine Wärme an. Und: Er war nie zaghaft, wenn es darum ging, anderen die Werte des Judentums zu vermitteln, und er rechtfertigte das Judentum und seinen Glauben nie. Heute ist er nicht so bekannt, wie andere seiner Zeitgenossen. Das mag an seinem Hang zur Romantik liegen – es war schwer, ihn in eine andere Sprache und eine andere Zeit zu übersetzen. Als die Romantik zu Ende ging, zeigte selbst seine eigene Gemeinde Zeichen der Müdigkeit. Seine Ideen jedoch bleiben zum größten Teil wertvoll, und die Philosophie, die er zugrunde legt, verdient immer noch Beachtung, besonders da einige seiner Ideen – wie Tora im Derech Eretz – den deutschen Juden eine Synthese geboten haben, die von allen Richtungen akzeptiert wurde und nicht nur zu ihrem Überleben beigetragen, sondern sie oft zum Blühen gebracht hat.

Die Ideen seines jungen Lebens bewegen sich nach vorne, doch dann bleibt Hirsch stehen und entwickelt sich später zurück. Beachtlich ist die Spannbreite von Schülern, die er anzog: es waren bedeutende Männer, die sich zu ihm hingezogen fühlten – doch niemand blieb in seinem Lager: Heinrich Graetz und Kaufmann Kohler, die direkte Schüler waren; Anton Nehemiah Nobel – laut Ernst Simon der bewusste Vertreter von Hirschs Ideen, obgleich er der Rabbiner der nicht separatistischen Gemeinde in Frankfurt war, doch in zwei Kulturen lebend, er war außerdem einer der Lehrer Franz Rosenzweigs – Ernst Simon selbst und Erich Fromm. Diese Männer folgten Hirsch, da er neue Wege ebnete. Sie mussten ihn verlassen, da Hirsch die Ideen und die Position, die er in seiner Jugend erlangt hatte, nicht weiterentwickeln konnte – möglicherweise wegen seiner Veranlagung, sicherlich wegen seiner Erziehung. Hirsch nimmt seinen Standpunkt als *die Wahrheit* wahr, anstatt ihn als *eine Wahrheit* zu sehen. Daher endete er letztendlich als unversöhnlicher Isolationist. Bedauerlicherweise wird er so von der Geschichte wahrgenommen.

Der Sohn seiner Zeit

Hirsch war der Sohn seiner Zeit, er selbst benutzte diesen Begriff oft. Im Jahr 1808 in Hamburg geboren, war er Erbe einer etablierten Gemeinschaftstradition, Zeuge tiefgründiger ideologischer Kämpfe im jüdischen Volk und Vertreter des Geistes der Romantik, die die Zeit seiner Jugend und die Hälfte seines Erwachsenenlebens durchdringt. Hamburgs jüdische Gemeinschaft bestand seit dem 17. Jahrhundert und war gut integriert. Die Sephardim waren die Elite, die Aschkenasim waren dabei, schnell aufzuholen. Glückel von Hameln repräsentiert den Geist ihrer Hamburger Umwelt. In ihrer Zeit wurden viele von Schahhtai Zvis messianischer Bewegung mitgerissen, und viele waren ihm gefolgt – zu ihrer tiefen Ernüchterung. Der Nachklang wurde noch in der bitteren Kontroverse um Jonathan Eybeschütz, den Großrabbiner Hamburgs, gespürt. Ihm wurde vorgeworfen, Amulette mit kabbalistischen Inhalten, anspielend auf Schabbtai Zvi, an gebärende Frauen gegeben zu haben. Der Streit erreichte um 1750 herum seinen Höhepunkt und musste von der dänischen Regierung geklärt werden.

Eine Folge ist, dass Hirsch, wie auch die anderen deutsch-jüdischen Führer, dem Mystizismus, dem „Amulett-Gewerbe“ und ähnlichen Praktiken feindlich gesinnt war. Die Ereignisse könnten Hirschs Weigerung erklären, Juden zu erlauben, sich aktiv für die Rückkehr in das Land Israel zu engagieren. Dieser „Obskurantismus“ mag auch einer der Gründe für den neuen Reformtempel in Hamburg gewesen sein. Das altertümliche Rabbinat war in Verruf geraten. Der progressive Teil wollte einen zeitgenössischen Gottesdienst. Im neuen Tempel wurde eine Orgel eingeführt sowie ein neues Gebetsbuch mit vielen deutschen Gebeten und eine Transliteration des Hebräischen analog zu der ästhetischeren sephardischen Aussprache. Die orthodoxe Reaktion war furios. Die Reaktionen, voller persönlicher Invektiven, wurden in dem Band „Ele Divre ha-Brit“ gesammelt. Die heftigsten Reaktionen kamen von den Rabbinern aus Nickelsburg in Böhmen und aus Triesch in Mähren. Zur Zeit der Kontroverse war Hirsch etwa neun oder zehn Jahre alt.

Die Antwort der Orthodoxie war die Ernennung Isaak Bernays’ zum rabbinischen Führer. Bernays verabscheute den Geist der Reform so sehr, dass er sich weigerte den Titel „Rabbiner“ zu tragen, da dieser von den Reformern genutzt und somit verdorben war. Er ließ sich mit dem sephardischen Titel „Chacham“ ansprechen. Diese Entscheidung sollte vielleicht aussagen, dass zwar Aschkenasim und Sephardim Teile eines Körpers waren – die Reform sich jedoch außerhalb dieses Körpers bewegte. Bernays verbot den Gebrauch des Gebetsbuchs der Reform nach jüdischem Gesetz. Lange wurde er als Autor des Werks „Der Biblische Orient“ angesehen. Heute wissen wir, dass er es vermutlich nicht geschrieben hat, aber schon die Tatsache, dass es ihm zugeschrieben wird, spricht für sich. In ihm wird das Hebräische als Ausdruck des jüdischen Volksgeistes angesehen, als Sprache für die Menschheit, die einen göttlichen Geist in sich trage und geschaffen sei, die Menschen zu Gott zu führen. Wir werden einige dieser Gedanken in Hirsch wiederfinden. Doch war Bernays in anderer Hinsicht durchaus modern. Vielen gilt er als Wegbereiter der modernen Orthodoxie. Er setzte sich über die Opposition vieler seiner Gemeindemitglieder hinweg und predigte regelmäßig auf Deutsch. Seine Predigen genossen das Ansehen Heinrich Heines und wurden von Graetz rundum verurteilt. Er etablierte Deutsch als Unterrichtssprache in seiner Schule und führte weltliche Fächer ein. Er was ein Romantiker. Doch gleichzeitig war er moderat progressiv und erkannte an, dass sich einiges weiterentwickelt hatte.

Hirsch war sein Schüler, und der Einfluss muss sehr groß gewesen sein. In Hirsch finden wir den gleichen Geist der Romantik, den Gebrauch der romantischen Sprache, deren Klang allein schon Gefühle wecken kann, die Liebe zur hebräischen Sprache und den Widerstand gegen die Reform. Bedeutenderweise ruft Hirsch zur deutsch-jüdischen Aussprache des Hebräischen auf (gegen den Widerstand nicht nur seiner Synagoge), da es korrekt ausgesprochen ästhetisch gesehen genauso schön wie Sephardisch sei. Er fühlt sich stark zu Schiller hingezogen, der die Ideen der Aufklärung mit den Flügeln einer sehr emotionalen Sprache schmückte. Hirsch tut das gleiche für die Ideen des Judentums. Auf eine unbekümmerte Art und Weise versuchte Bernays in zwei Kulturen zu leben; Hirsch systematisiert diese Idee.

Im Jahr 1829 studierte Hirsch an der Universität Bonn, wo er sich wahrscheinlich mit den Schriften Kants und Hegels vertraut machte. Er bewegte sich in den Kreisen seines Kommilitonen Abraham Geiger, befreundete sich mit ihm, und ich gehe davon aus, dass er bis zu einem gewissen Punkt Geigers hochgeistige Motivationen nachvollziehen konnte. Er lehnte die Praktiken der Reform ab, doch verstand der junge Hirsch ihre Ziele und oft ihre Notwendigkeit, wie seine frühen Werke zeigen, und wie wir noch sehen werden.

Der junge Rabbiner

1830 trat Hirsch die Nachfolge von Nathan Marcus Adler in Oldenburg an. Adler, der später der erste Großrabbiner des Britischen Empires werden sollte, war, laut Leopold Zunz, der erste deutsche Rabbiner, der einen Doktortitel einer deutschen Universität hatte. Die Regierung und Gemeinde waren progressiv, obwohl Reste von Unfähigkeiten, wie auch der besondere jüdische Schwur, noch präsent waren. Es wurde im Glauben auferlegt, dass Juden mit dem Kol Nidre Gebet von falschen Schwüren befreit werden. Um die Emanzipation in Oldenburg voranzubringen, schaffte Hirsch das Kol Nidre ab. Das hatte allerdings schon sein Vorgänger vorgesehen, Adler war aber nur kurz in Oldenburg gewesen und konnte sein Vorhaben wahrscheinlich nicht mehr zu Ende bringen. In Oldenburg entwarf Hirsch seine *Neunzehn Briefe*, die möglicherweise sein kreativstes Werk waren, und die wir noch besprechen werden. Er schrieb daneben „Choreb' – Aufsätze über Israels Pflichten". Die Idee der *Neunzehn Briefe* und ihre Wärme bewegen Heinrich Graetz dazu, ein Schüler Hirschs zu werden, später wird er sagen, das Werk habe ihn von seinem Weg in die Apostasie abgebracht. Er verbringt drei Jahre mit Hirsch, und obgleich der ihn als rebellischen, kritischen Studenten kennenlernt, der über Bernays sagt, er sei das Brot nicht wert, das er esse, versteht er es, Herz und Verstand von Graetz zu berühren. Schließlich trennen sich ihre Wege, da Graetz in Hirschs Orthodoxie *eine* Wahrheit und nicht *die* Wahrheit sieht. Der Einfluss von Hirsch prägt ihn jedoch für immer; ohne ihn wäre Graetz nur ein weiterer Professor ohne jüdische Bindungen geworden.

Im Jahr 1846 wird Hirsch nach Nickelsburg als Landesrabbiner von Böhmen und Mähren berufen. Diese Gemeinden waren jene, die die harten Invektiven gegen den Hamburger Tempel herausgegeben hatten; sie waren die Festung des Alten. Hirschs Bemühungen, sie in ein neo-orthodoxes Muster zu bringen, scheitern. Seine Ideen wurden missverstanden. „Er lernt Tillim und sogt Gemore", lästerten einige, womit sie bedeuten wollten, dass er zu wenig Wert auf das Lernen lege. Kurz: Für die Gemeinde war er zu modern. Man kann nicht ausschließen, dass sich sein Widerstand zur Reform wegen dieser Erfahrung verfestigte und er den Gedanken hegte, dass, sollte er jemals Hoffnung haben können, die europäischen Juden zu beeinflussen, er seine neuen Ideen mit einem starren Widerstand gegen die Reform zusammen bringen, sowie sie strikt von der Reform getrennt halten musste.

Fünf Jahre nach seiner Berufung nach Nickelsburg folgt Hirsch 1851 dem Ruf der berühmten *Elf Männer* nach Frankfurt. Die Hauptgemeinde Frankfurts war mit hohem Enthusiasmus reformiert. Frankfurt war Geigers Heimat, und die Gemeinde sah in ihm ihren Führer, schon bevor er von 1863 bis 1869 ihr Rabbiner wurde. Laut Deutschem Gesetz musste jeder Jude einer Gemeinde angehören – außer er verließ den jüdischen Glauben. Elf Männer der Frankfurter Gemeinde, die die Orthodoxie bewahren wollten, schlossen sich zusammen und ernannten Hirsch zu ihrem Rabbiner. Ihre Anfrage, ein leerstehendes Gebäude, das der Gemeinde gehörte, zu nutzen, wurde aus praktischen Gründen abgelehnt. Sie bauten also ihre eigene Synagoge und beantragten bei der Hauptgemeinde den von ihnen gezahlten Anteil der Steuer, der für den Unterhalt des Gottesdienstes in der Hauptsynagoge genutzt wurde. Dem Antrag wurde nicht stattgegeben. Wir können Hirsch nicht vorwerfen, die Verbindung mit der Kehille gebrochen zu haben, obwohl es durchaus möglich ist, dass er mit den Entwicklungen alles andere als unzufrieden war. Jetzt hatte er die Grundlage, eine rechtliche Trennung zu beantragen, und bekam schließlich, dank geschickter Lobbyarbeit, sein sogenanntes Austrittsgesetz. Das Gesetz wurde im Jahr 1870 vom Preußischen Landtag verabschiedet und erlaubte Juden, aus einer Gemeinde auszutreten, ohne ihre Bindung zum Judentum zu lösen. Zu diesem Zeitpunkt waren Führungskräfte der Hauptgemeinde bereit, orthodoxe Institutionen innerhalb der Einheitsgemeinde zu etablieren. Doch Hirschs Position hatte sich im Laufe des Konflikts weiter verhärtet. Er lehnte jeden Kompromiss ab – obgleich man mit einer solchen Einigung in Breslau seit 1852 miteinander auskam – und ging noch weiter. Sein Ziel war es zu beweisen, dass, laut jüdischem

Gesetz, jeder orthodoxe Jude, der einer Einheitsgemeinde angehörte, ein Komplize der Awera war, weil er zu nicht-orthodoxen Formen des Judentums beitrug. In einer hitzigen Auseinandersetzung mit Rabbiner Seligmann Bär Bamberger versuchte Hirsch die Auffassung zu widerlegen, dass orthodoxe Juden in einer Gemeinde mit anderen Gruppierungen bleiben könnten, wenn sie alles bekommen, was sie brauchen. Der Bruch war komplett. Glücklicherweise folgten nur wenige Hirschs Beispiel. Das historische Bild von ihm basiert auf diesen letzten Jahren. Wir können die Ehrlichkeit und Ernsthaftigkeit beider Seiten nicht leugnen, obwohl beiden die Vision fehlte. Es ist bedauerlich, dass man Zuflucht bei der Staatsmacht suchte, besonders auf der Seite der Gemeinde, um Überzeugung zu erzwingen. Hätte es eine Trennung von Staat und Religion gegeben, wären die Dinge vielleicht anders verlaufen.

Die Herausforderung der Emanzipation

Die Emanzipation brachte keine vollständige Gleichheit für die Juden mit sich, weder auf dem Papier noch in der Praxis. Theoretisch mussten Juden beweisen, dass sie es „wert" waren. Dies war schwierig, da Regierung und Bevölkerung ihnen im Wesentlichen feindlich gesinnt waren. Den *Juden* und nicht dem *jüdischen Volk* war die Emanzipation bewilligt worden und Juden mussten nun zeigen, dass ihnen die Mitgliedschaft in der Volksgemeinschaft nicht wichtiger als die bürgerlichen Pflichten war. Da Staat und Religion schon immer eng miteinander verbunden waren, mussten Juden nun auch beweisen, dass das Judentum nicht geringwertiger als das Christentum war. Auch das Judentum musste „emanzipiert" werden.

Dies war eine extrem schwierige Aufgabe, die dadurch erschwert wurde, dass Juden die Emanzipation begeistert befürworteten und oftmals bereit waren, das Judentum abzuschwächen, um so gleiche Rechte für die Juden zu erhalten. Vertraut mit der westlichen Welt forderten sie ein Judentum, das sich wissenschaftlich belegen ließ, das für die westliche Denkweise ästhetisch sein würde, ein Judentum, das sie als moderne Juden zufrieden stellen und das gleichzeitig ein gutes Licht auf sie in der nicht jüdischen Welt werfen würde. Die Forderung nach Integration in die deutsche Gesellschaft war so übermächtig, dass man befürchtete, das Judentum würde den Prozess der Anpassung in dieser Form nicht überleben. Obwohl klar war, dass altertümliche Gesetze reformiert werden mussten, bestand die echte Gefahr, dass eine Reform zu weit gehen würde.

Angesichts der zweiseitigen Aufgabe glaubte die Reform, dass die Emanzipation unumkehrbar war und die Menschheit zwangsläufig aufgeklärt denken und handeln würde. Die Aufgabe, das Judentum zu emanzipieren, sollte Hand in Hand mit der Anpassung des jüdischen Gesetzes an die Neuzeit gehen. Für Geiger war das Judentum eine universelle Religion, die immer mehr ihrer zeitgebundenen Gesetze und Praktiken ablegen würde. Letztendlich würde es nur noch eine humanistische Religion geben, die alle anderen übertrifft, und in der alle Religionen vereint würden. Hirsch war ein Anhänger der Emanzipation, und er war ein Reformer. Seine für die damalige Orthodoxie neue Philosophie, seine Methoden und Lehren gehen am besten aus seinen *Neunzehn Briefen* hervor, deren Analyse die Basis für diesen Versuch ist, Hirsch einzuordnen. Er plädierte dafür, für deutsche Juden in Deutsch zu schreiben – „Ich muß, will ich zu den Söhnen der Zeit reden, in deutscher Sprache und in deutscher Schrift reden" (19. Brief) – er führte eine grundsätzliche Änderung in der jüdischen Erziehung ein, er erkennt die Wichtigkeit der Wissenschaft an. Erst später, unter dem Stress von Lebensnotwendigkeiten, den Kämpfen und Konflikten, verhärtet sich sein Blick, bis seine Ansichten irgendwann unklar und obskur werden.

Doch schon zu Beginn war er deutlich vorsichtiger als seine Gegenspieler. Er befasste sich nicht damit, das Judentum zu einer Religion zu machen, die die Welt verstehen und akzeptieren würde, sondern damit, den Juden seiner Zeit einen Sinn für ihr Judentum zu geben. Diese Juden würden dann ein solches Leben führen, dass der Rest der Welt sie respektieren und daraus schließen würde, dass sie einer guten Religion angehörten. Falls der Geist der Emanzipation sich in Luft auflösen sollte, gäbe es immer noch bewusste Juden. Die Geschichte zeigt uns, dass diese Vorsicht begründet war. Während sowohl Hirsch als auch Geiger einen religiösen Humanismus ausriefen, glaubte Geiger, dass im Gleichschritt damit jüdische Besonderheiten abgebaut werden müssten, während Hirsch der Ansicht war, dass diese bestehen bleiben müssten. Unglücklicherweise glaubte Hirsch, dass es das Gesetz sei, das die jüdische Identität bewahren würde, und sie nur bewahren würde, wenn es unverändert bleibe. Es konnte neu interpretiert, aber nicht angepasst werden. „Ich segne die Emancipation […] – aber – für Jissroeïl – segne ich sie nur, wenn vor Allem in Jissroeïl gleichzeitig der wahre Geist erwacht ist, der, unabhängig von Emancipation oder Nichtemancipation, auf Erreichung des Jissroeïlberufes hinarbeitet […] wenn Jissroeïl die Emancipation nicht als Ende seines Berufs, sondern als eine neue Seite seiner Aufgabe, als eine neue Prüfung, und als eine viel schwerere, als die des Drucks (der Vergangenheit, Verf.) entgegennimmt – aber ich trauerte – wenn so wenig Jissroeïl sich selbst begriffe, so wenig seinen Geist mehr hätte, dass es Emanzipation als Ende seines Golúß begrüßte, als höchstes Ziel seines geschichtlichen Berufs: […] aber ich trauerte wehmüthig, wenn Jissroeïl so weit sich verkennen sollte; Emancipation, von ungerechtem Drucke befreieten Raum für Besitzes- und Genußstreben – nicht zu theuer erkauft zu haben glauben sollte durch willkürliches Beschneiden der Thauróh, durch willkürliches Aufgeben unserer Lebensseele. – Juden müssen wir werden, im wahren Sinne Juden, von der Thauróh' Geist durchdrungen, sie als Quelle des Lebens aufnehmen; – dann wird auch der Geist des Judenthums Emancipation freudig begrüßen als eine nun größere Bahn zur Erfüllung ihrer Anforderung, – zur Verwirklichung ihres Lebensbildes" (16. Brief).

Hätte es eine Willenseinigung zwischen Hirsch und Geiger gegeben, eine Synthese zwischen der Anpassung des Gesetzes und der Anerkennung der ewigen Volksgemeinschaft Israels, wäre ein wahrer Weg für unsere Zeit geebnet worden. Wie sich herausstellt, liegt es nun an uns, diese Synthese zu erlangen.

Hirsch und Reform

Hirsch ist sich bewusst, dass das Judentum eine Bedeutung für die Juden seiner Zeit haben muss. Die Orthodoxie war daran gescheitert, und seine Kritik an ihr ist scharf. Tatsächlich beinhaltete sie nicht mehr als das mechanische Befolgen der Mizwot. Nachdem Zwänge und Verfolgungen dem jüdischen Volk jahrhundertelang den Kontakt mit der lebendigen Welt vorenthalten hatten, hatte es sich selbst verloren. Man sehe „nur Beten und beschauendes Leben und dazu begriffswidrige Forderungen und geistlose Übungen". Und er fragt, wie jemand, der das orthodoxe Judentum kenne, lebendiges Wissen und lebendige Anleitung aus ihm erhalten solle. „Wie? […] Wenn nun Jissroeïl (über die Jahrhunderte der Verfolgung, d. Verf.), aus dem Leben verbannt, der Welt und dem Leben entfremdet, Anschauung der Welt und des Lebens verloren und sie in letzter Zeit nicht mit hinzu mehr brachte bei der Erfassung dieser Lehre – und sich glücklich pries, nur das Aeußere gerettet zu haben? Wenn nun ein geistloser Geist die lebensvollsten Gesetze erfaßt hat und sie zur Mumie versteinert […]?" (10. Brief). Der Talmud werde als praktischer Führer durch das Leben ausgeschöpft, und die intellektuellen Bedürfnisse der Juden würden durch Übungen in talmudischer Wortklauberei befriedigt. Das Studieren des Tanachs sei wegen eines Missverständnisses eines talmudischen Diktums vom Lehrplan ausgeschlossen. Die trockenen Regeln des Schulchan Aruch, der eigentlich ein Handbuch für den Gelehrten war, werde nun tägliche Lektüre vieler Menschen und, da nur die Teile über Gebete und Feiertage gelesen wurden, reduziere man das Judentum praktisch aufs Beten und Feiern. Hirsch beklagt all dies und schlussfolgert, dass die Orthodoxen sich Anleitung für die Praxis aus Handbüchern holten, „ohne Begriff und Geist" (17. Brief). Er setzte sich damit in radikale Opposition zur herkömmlichen Orthodoxie. Vielleicht kann man verstehen, dass er so als Landesrabbiner in Böhmen nicht glücklich war, und vielleicht kann man auch die Verwirrung und Bestürzung des Immigranten aus Deutschland verstehen, der in Hirschs Tradition großgeworden war und sich in den Vereinigten Staaten nun derselben, von Hirsch so scharf kritisierten, Art von Orthodoxie gegenüber sah, einer Orthodoxie, die es in Israel immer noch in weiten Teilen gibt, was wir nur bedauern können.

Hirsch sieht sich zwei Kräften gegenüber, mit denen er beide nicht einverstanden ist, und die er so beschreibt: „die eine, das unbegriffene Judenthum als ‚Mizwot Anashim Melumada' (Mizwot aus Gewohnheit, d. Verf.) ererbt, ohne den Geist als heilige Mumie in Händen tragend, fürchtend, den Geist zu wecken; – die andere, zum Theil in edlem Feuer glühend für der Juden Wohl, aber das Judenthum nur als geistlose Erscheinung, als einer längst zu Grabe gegangenen Zeit angehörig achtend, – den Geist suchend und nicht findend, – und im besten

Streben Gefahr laufend, den Juden zu helfen und auf dem Weg dahin des Judenthums letzten Nerv zu durchschneiden – aus Unkenntniß!"

Diese Äußerung allein zeigt ein tieferes Verständnis und eine größere Empathie für die Reformbewegung als für die alte Orthodoxie. Er steht ihr offener gegenüber, vielleicht zeigen sich darin die Effekte seiner Freundschaft mit Geiger. Im 17. Brief fordert er Respekt für alles ehrliche Bestreben, „[...] denn Alle fühlen sie einen Schaden, – Alle wollen das Gute wie sie es erkannt, – Alle meinen das Heil der Brüder". Wenn die Führer der Reform falsch lägen, trage die gesamte Vergangenheit die Verantwortung mit ihnen. Man müsse den Willen respektieren, wenn man die Bewegung auch missbillige. „Darum achten Sie die Gesinnung! – aber bedauern, weinen mögen Sie, wenn Sie sie prüfen diese Bestrebungen." Selbst in den zunehmenden Variationen des Gottesdienstes sieht er etwas Gutes; immerhin geben sich die Anderen Mühe.

Zwei Einrichtungen der Reform lehnt er strikt ab:

1. Rabbinerkonferenzen oder Synoden. Ohne diese können Individuen ausprobieren und feststellen, was sich an Ideen verwirklichen lässt und was nicht. Doch Experimente von Einzelpersonen lassen Themen und Probleme offen. Diese Versuche sind Hirsch zufolge unvermeidlich in der Entwicklung des Judentums: „Freuen wir uns der Regsamkeit im Bau des Judenthums, wenn es auch zum Theil uns Niederreißen oder Uebertünchen morscher Stellen erscheint; – es ist Bürgschaft einer besseren Zeit" (17. Brief). Letztendlich werde ein Ausgleich erreicht werden. Konferenzen aber segnen Ideen und Praktiken ab, die eigentlich noch im Entstehen und im Wandel sind, und geben ihnen dadurch Beständigkeit. Auch tendieren Konferenzen dazu, entweder extreme Ansichten zu akzeptieren oder mittelmäßige Kompromisse auszuhandeln. „[...] und dann werden Sie auch anders würdigen, was ich sonst mit Ihnen bedauerte, den scheinbar rathlosen Zustand dieser geistigen Angelegenheit unseres Volkes; keine Behörde, keine Autorität, Alles nur Bestrebung von Einzelnen, und in diesem Reformationstreben bald der Gottesdienst, um den sich Alles zu drehen scheint, so buntscheckig, daß ein Jude durch Deutschland's Gauen reisend bald in jeder Gemeinde ihn anders findet; – sehen Sie nicht, wie auch das sein Gutes hat? Ich bin es überzeugt, daß Keiner von uns Allen, die wir jetzt leben, das Judenthum in seiner Reinheit und Wahrheit erfaßt; nehmen Sie dabey die Divergenz der Ansichten, die auch natürlich ist, da fast jeder Rabbine sich selbst den Weg bahnen muß und keine Schule ihn leitet; gedenken Sie überhaupt, daß wir erst in der Zeit des Kreisens sind; so wäre es ja unglückselig, wenn jetzt eine Autorität etwas begründete; ... so werden sie eine Halbheit verewigen und den Strom der Entwicklung hemmen [...]" (18. Brief). Kurz: Ein statisches, von Oben kommendes Diktum hilft den Juden bei ihren Fragen nicht, sondern schadet dem Prozess.

2. Hirsch verurteilt *diejenige* Wissenschaft des Judentums, die ihre Ergebnisse auf *nicht jüdischer* Recherche basieren, auf Materialien, die dem Judentum sogar feindlich gesinnt sein mögen. Aus praktischen Gründen schreitet die Wissenschaft – selbst die nicht voreingenommene unabhängige Wissenschaft – zu

langsam voran. Während die Gelehrten nachdenken, greifen erodierende Kräfte die Strukturen des Judentums an. Wir werden also gezwungen zu handeln. Hirsch erkennt die Notwendigkeit eines wissenschaftlichen Ansatzes und definiert so die Wissenschaft selber – und beginnt sie umzusetzen.

Die Wissenschaft des Judentums

Geiger behauptete, dass Reformen auf einer wahrhaftig unparteiischen wissenschaftlichen Analyse des Judentums, einem historischen und kritischen Ansatz, beruhen konnten. Hirsch bestreitet dies. Er lehnt Maimonides und Mendelssohn gerade deshalb ab, weil sie sich dem Judentum beide von außen nähern. Hirsch nimmt sich Judah Halevi, den großen sephardischen Philosophen zum Vorbild. Tatsächlich imitiert er Halevis Dialog im Kusari für die *Neunzehn Briefe*: „Wir müssen von innen heraus suchen [...] Jesaja muss mit Jesajas Geist studiert werden." Von innen zu suchen, bedeutete für Hirsch das intuitive Verständnis des Judentums im Gegensatz zur kühlen angewandten Recherche. Das ist pure Romantik. Dennoch verliert er sich nie, noch verliert er seine Ziele aus den Augen. Er ist ein rationaler Romantiker. Einige Kritiker haben seine ganze Lehre abgelehnt, weil er ein Romantiker und kein kritischer Denker und kein Lehrer der Wissenschaft gewesen sei. Das scheint mir nicht gerechtfertigt. Hirsch nutzte seine Romantik als Hebel, um jüdischer Tradition einen Sinn für seine Zeitgenossen zu geben. Er gab seinen Lehren damit eine Wärme und eine emotionale Anziehungskraft, die kalte wissenschaftliche Analysen niemals hätten erreichen können. Die Ergebnisse haben ihm Recht gegeben. Er hat diesen Weg bewusst gewählt, wie er in seinem 19. Brief klarstellt: „In Mendelssohns Tagen, da, als die neue Bewegung der Geister begann und unangetastet das Leben noch war, da hätte man das Judenthum als Wissenschaft erbauen und dem überall bestehenden Leben das Licht und die Wärme des Geistes bringen sollen; und anders stünde es jetzt um uns. – So aber nicht jetzt. – Ins Leben sind schon die dem wahren Judenthum nicht entsprungenen Ansichten getreten und arbeiten feindlich an Untergrabung desselben. Unmittelbar im Leben muß ihnen entgegen getreten werden; auf daß Mancher, der noch hält den Begriff, bekomme zu dem von ihm Gehaltenen; Mancher, der verwirft, stuzig werde und erst prüfe, was er verwerfe; aufgehalten werde manche zum Niederreißen oder Neuschaffen gehobene Hand, erst besonnen zu prüfen das Innere dessen, das niedergerissen, zu dem Neues hinzugeschaffen werden sollte. – Dann, wozu man unmittelbar im Leben aufgerufen, wäre dann für die Männer der Wissenschaft in der Wissenschaft und als Wissenschaft zu begründen. Das ist der Weg, den ich zu betreten gedenke." Aber kann Wissenschaft von innen arbeiten, wie Hirsch vorschlägt, und dennoch Wissenschaft bleiben? Zumindest steht Hirsch mit dieser Ansicht nicht allein. Man muss nur an Ralph Waldo Emerson und seinen berühmten Essay über die Natur denken. Er forderte in derselben Weise einen neuen Blick auf die Natur. Von außen betrachtet, mit Forscheraugen gesehen, ist die Natur fremd und feindlich, so Emerson. Von innen betrachtet, in dem wir sie intuitiv erkennen und Teil von ihr werden, zeigt sie ihre Wahrheit und Schönheit. Das ist Hirschs Auffassung vom Judentum.

Doch Hirsch kann sich in seiner Meinung gleichermaßen auf Lessing berufen, dem Vorbild der Aufklärung. In einer „Parabel" erzählt Lessing – in seiner Korrespondenz mit Johann Melchior Goeze, dem Pastor in Hamburg – von einem Palast mit vielen Türen und Zufahrtsstraßen, die sich architektonisch alle unterscheiden. Das Gebäude hat kaum Fenster. Außerhalb sitzen viele Möchtegern-Architekten, die alle jeweils für sich Pläne für einen Neubau anfertigen. Als Feueralarm gegeben wird, rennen sie und retten ihre Zeichnungen, in der Hoffnung, den anderen so am schnellsten zeigen zu können, an welcher Stelle der Palast wohl brenne. Glücklicherweise ist es ein Fehlalarm. Das Gebäude ist das Bauwerk Gottes, die Zufahrtsstraßen sind so angelegt, dass jeder den direkten Zugang zu Gott hat. Nur derjenige, der sich im Inneren befindet, weiß das und sieht auch das Tageslicht, das in das Bauwerk fällt. In anderen Worten, die außenstehenden Kritiker wissen nicht, was sie tun. Wäre es ein wirkliches Feuer gewesen, hätten sie das Gebäude niederbrennen lassen und hätten es nicht gerettet. Sie sind Zerstörer, sie irren in ihrem Ansatz.

Dies ist Hirschs Position. Kurz: Er steht auf solider Grundlage, er vertritt Meinungen, die andere teilen, Meinungen, die er verinnerlicht und nun seinen Zeitgenossen zu vermitteln versucht. Das ist der ausschlaggebende Faktor. Er lebt im Trend seiner Zeit. Würde er heute leben, könnte seine Annährung an die Probleme durchaus anders aussehen – mit denselben Prinzipien. „Von innen" bedeutet für Hirsch, aus einer Sicht, die sich zwar auf die Bedürfnisse der heutigen Zeit richtet, die aber gleichzeitig vorrangig das Judentum und sein Überleben im Auge hat, sowie die überragende Bedeutung des jüdischen Erbes.

Geiger war der Mann der Wissenschaft. Wie Max Wiener in seinem Werk „Abraham Geiger und das liberale Judentum" aufzeigt, ist Geiger „eines psychologischen Fehlers schuldig, den er wahrscheinlich den Rest seines Lebens weiterhin beging [...] Jüdische Rituale, die Hauptziele der Reform Geigers, haben ihre Wurzeln in der gleichen spirituellen Erde wie der Glaube in mysteriösem Dogma. Weder Philosophie noch die Naturwissenschaft konnten irrationale oder sogar antirationale Grundsätze des Glaubens aus den Herzen jener reißen, für die das Mysterium des Göttlichen die Grundlage ihrer Existenz ist" (S. 40).

Ebenso liegt der Romantiker Hirsch richtig, und die Geschichte hat seiner Ansicht Nahrung gegeben. Ein wissenschaftlich erklärtes Judentum hat es nicht geschafft, die Jugend anzuziehen, und heute können wir beobachten, wie unsere Jugend Zuflucht in den spirituellen Religionen des Ostens sucht. Und trotzdem wird die Sichtweise eines „inneren Lichtes der Wissenschaft" Hirsch vom Weg abkommen lassen. Er glaubt irgendwann, dass die romantische Interpretation den Mizwot Leben einhauchen wird, selbst denen, die völlig bedeutungslos geworden sind. Wenn der wissenschaftliche Ansatz einseitig ist, ist es der romantische ebenso. Und wieder können wir nur beklagen, dass Hirsch und Geiger sich nie hingesetzt und zusammen auf etwas verständigt haben.

Was Hirsch mit „der Wissenschaft von Innen“ meint, kann mit seiner Interpretation der Mizwot erklärt werden.

Die Mizwot

Für Hirsch ist das jüdische Leben nicht das Vorzimmer der Ewigkeit. Seine Philosophie bezieht sich nur auf diese Welt. Im Licht des religiösen Humanismus gesehen – was ist die Mizwa? „[…] was erwarten Sie in Thauróh? […] mit anderm Worte, wie Sie Gerechtigkeit und Liebe üben sollen mit Allem und gegen Alles? Nehmen Sie dies und noch dazu den Begriff Jissroeïls, daß nicht nur dies Alles im Leben verwirklichen, sondern auch die Idee desselben bewahren und aussprechen soll, sich und Anderen zur Erziehung; und endlich Alles, was aus dem Begriff seines einstigen Staatenleben fließt, welches Letztere natürlich außer dem Lande und Staate keine Anwendung findet; – und Sie haben den Inhalt der verpflichtenden Thauróh“ (10. Brief).

Die Mizwot funktionieren nur in dieser und für diese Welt und bestehen aus symbolischen Handlungen, die unsere Verpflichtungen gegenüber Gott und den Mitmenschen hervorbringen und uns daran erinnern. Die neue Freiheit der Juden, so Hirsch, gebe ihnen nun die Möglichkeit, die Mizwot in Verbindung mit ihrem Zweck zu verstehen und zu praktizieren. Über die Jahrhunderte der Unterdrückung und Verfolgung sei das nicht möglich gewesen. Und sei es natürlich, dass die Mizwot den heutigen Menschen fremd vorkämen. „[…] Wenn nun ein geistloser Geist die lebensvollsten Gesetze erfaßt hat und sie zur Mumie versteinert und von mancher Verirrung in Geistesbestrebungen geschreckt, wie Raubvögel scheuchte der Geist vom theuren Leichnam? […] und Sie so nur äußeres Judenthum und unerkanntes, unbegriffenes, missverstandenes Judenthum und nur Bruchstück von ihm kennen? – Vergessen Sie, was Sie davon wissen, hören Sie, als ob Sie noch nimmer gehört […]“ (10. Brief). Hirsch sieht sich so selbst veranlasst, den Rahmen der Mizwot, den Inhalt der Tora, umzuorganisieren. Ebenfalls im 10. Brief gruppiert er die Mizwot in sechs Rubriken und erläutert sie ausführlich. Wir stellen sie in seinen Worten vor, fassen dann aber die Erklärungen stark verkürzt zusammen:

1. Torot: „die geschichtlich offenbarten Ideen über Gott, Welt, Mensch- und Israeltum mit ihren Folgen; als anzuerkennende und mit Geist und Herz aufzunehmende Prinzipien des Lebens.“
   Erläuterung: Torot fordern uns auf, Gott zu verehren und unseren Nachbarn zu lieben. Sie vermitteln die Botschaft, dass Gott der Anker unseres gesamten Lebens ist, alle Wesen sind seine Diener. Seine Größe ruft unsere Ehrfurcht hervor, seine Güte führt uns zur Liebe, seine Wahrheit lässt uns vertrauen, so dass wir unseren Stolz und unsere Vergnügungssucht aufge-

ben – dass wir in Empathie die Leiden und Freuden der anderen nachempfinden und sie in Liebe als Gottes Kinder annehmen.

2. Mischpatim: „Aussprüche der Gerechtigkeit gegen Ihnen gleichgeordnete Wesen aus dem Grundsatze dieser Gleichheit, also der Gerechtigkeit gegen Menschen."
Erläuterung: Gerechtigkeit ist das grundlegende Gebot für diejenigen, die als Israel-Mensch leben wollen. Respekt für den Körper des anderen, für sein Leben, sein Besitz, seine Ehre, sein Frieden, seinen Wahrheitsanspruch, seine Freiheit, seine Lebensfreude, seinen Seelenfrieden. Die Aufforderung, die Schwächen des anderen oder unsere eigene gesetzlich höherstehende Macht nicht zu missbrauchen.
3. Chukim: „Aussprüche der Gerechtigkeit gegen Ihnen untergeordnete Wesen, aus dem Grundsatze der Gotteshörigkeit, also Gerechtigkeit gegen Erde, Pflanze, Tier und alle drei schon in Ihre Persönlichkeit übergegangen, gegen Ihren Besitz, gegen Ihren Körper, Ihr Gemüt und Ihren Geist."
Erläuterung: Respekt für alle Lebewesen; Respekt für das Tier, dessen Körper und dessen Bedürfnisse. Respekt vor dem menschlichen Körper im Leben und im Tod, den eigenen eingeschlossen. Die Unterordnung persönlicher und animalischer Triebe unter das Gesetz Gottes. Respekt vor der Spiritualität des Menschen, der sich auch darin zeigt, dass man sich um seinen Körper kümmert, der Träger dieser Spiritualität ist; Sublimierung der animalischen Teile des Menschen, um die Balance zu schaffen, so dass auch diese Anteile seiner Menschlichkeit dienen; Selbstrespekt, der sich in der reinsten Form zeigt, nämlich im gesprochenen Wort.
4. Mizwot: „Gebote der Liebe gegen alle Wesen ohne Anspruch derselben, rein aus Gottes Auftrag und dem Begriffe Ihrer Mensch-Israel."
Erläuterung: *Mizwot*, im engeren Sinn, fordern uns heraus, die Welt zu verbessern, um aus ihr eine echte „Wohnstätte des Menschen" zu machen. Die Vollendung des Lebens ist die Liebe. Sie beginnt damit, die Eltern zu ehren, das Alter zu respektieren, das Böse zu meiden und das Gute zu suchen und nachzuahmen, und sich selbst die Gelegenheit zum Wachstum zu geben. Die Erde und die Geschöpfe der Erde zu nutzen, dass der Mensch neben den inneren Werten auch genügend äußere Werte erlangen kann als Mittel zur Ernährung und zur Gründung eines Hausstandes. Die Kinder zu Menschen Israels – was hier heißt zu guten Menschen – zu erziehen, die später einmal tun, was den Juden, so Hirsch, nun aufgetragen ist: wo er kann, „eines Menschen Leben, Eigenthum, Glück retten; – leidendem Thiere helfen; – Unternehmungen eines Menschen mit Kraft und Vermögen fördern; – oder, wie immer, mit deinem Vermögen und mit der Kraft deines Körpers, Geistes, Wortes Arme unterstützen, Nackte kleiden, Hungrige speisen, Leidende trösten, Kranke heilen, Unversorgten Versorgung, Unberathenen Rath, Unbelehrten Belehrung spenden, Entzweite vereinen, *Segen werden*, wie und wo du kannst" (12. Brief). Die Menschen sollen sich der Gemeinschaft an-

schließen, zum einen der Gemeinde, aber auch Staatsorganen, da sie nur so sowohl für die Gesamtheit als Ganzes als auch für die Ewigkeit arbeiten können.

5. Edot: „Denkmale für Mensch- und Israeltum begründende Wahrheiten durch Darstellungen in Wort – und Tatsymbol für den Einzelnen, für Israel und über Israel hinaus."
Erläuterung: Durch *Edot* wird in uns in der Form symbolischer Handlungen die Bedeutung dieser Grundwahrheiten immer und immer wieder klargemacht. „Aber zu solchem Wirken in Gerechtigkeit und Liebe genügt das einmalige Anerkennen der Lebensgrundwahrheiten nicht; [...] für jenes und für dieses sollst du jene Grundideen und ihre Folgen wiederholt in Wort und Thatsymbol in die Seele prägen und dadurch dir und Anderen sie festhalten" (13. Brief). Hirsch geht in Details, von denen einige angedeutet werden sollen: Der Schabbat zum Beispiel symbolisiert den Gedanken, dass die Erde Gott gehört, und der Mensch nur der Verwalter. „Diese Idee zu beleben, soll er an diesem Tage seine Menschenherrscherkraft über die Dinge nicht üben; soll keine Hand an irgend einen Gegenstand legen, ihn menschlich zu beherrschen, d. h., ihn zu einem Menschenzweck umzuwandeln; also gleichsam zurückgeben die geliehene Welt; dass es stets ihm inne bleibe: nur geliehen sey sie ihm" (13. Brief).
Die Mesusa heiligt unsere Häuser als göttliche Tempel. Rosch ha-Schana und Jom Kippur fordern uns auf, unser Leben zu reflektieren. Wir sollen erkennen, dass wir unser Anrecht auf Leben verloren haben, weil wir unserer menschlichen Berufung unter Gott nicht gerecht geworden sind, und wir sollen erkennen, dass uns diese Tage erneuern, um es erneut zu versuchen und in eine bessere Zukunft zu gehen.
Alles Genannte beinhaltet einen Appell an die Seele durch symbolische Handlungen.
6. Avoda: „Erhebung und Weihe des inneren Lebens für die Berufserfüllung im äußeren Leben durch Urteilsläuterung in Symbolhandlung und Wort. Tefila führt uns durch Selbstanalyse zu einer Heiligung unseres inneren Lebens."
Erläuterung: Sich ausdrückend im Gebet soll es uns in die Lage versetzen, uns selbst in der Begegnung mit Gott, der Welt und der Menschheit richtig einzuschätzen. Historische symbolische Opfer sind, in Darstellung und Handlung, nur symbolisch. Das Ziel von Gebeten ist: „Läuterung, Erleuchtung, Wiedererhebung des Innern zur Anerkenntniß der Wahrheit; nicht Rührung und verfliegende Andacht und Gefühlsschwärmerei und Thränengenuß, sondern Gedanken und Herzensreinigung" (14. Brief).

Hirschs Ideen zu Mizwot sind für uns von außerordentlicher Wichtigkeit. Sie scheinen ihre Wurzeln in Kants Werk „Religion innerhalb der Grenzen der bloßen Vernunft" zu haben. Wie Kant bekräftigt Hirsch, dass alle Religion auf Moral basiert, und dass alle biblischen Wahrheiten auf der Basis untersucht werden müssen, inwiefern sie zur moralischen Vervollkommnung des Menschen beitragen können. Kant weist darauf hin, dass die Glaubenslehre der Kirche lediglich symbolisch sei – Hirsch hat die gleiche Ansicht, wenn es um die Mizwot geht. Für Kant bezwecken Gebete nicht, die Welt um uns herum zu verändern, sondern uns zu verändern und ein wahres Verständnis des Kategorischen Imperativs zu geben. Hirsch fordert, durch das Gebet eine Katharsis anzustreben. Ungeachtet seines Rufes nach einer „Wissenschaft von Innen", benutzt Hirsch dafür Kants „Wissenschaft von außen". Daher sind Todot und Bakashot – Dank- und Bittgebete – nichts weiter als die Anerkennung, dass alles aus der Hand Gottes kommt. Der Schabbat, der Ruhetag für alle, sogar das Vieh, und damit eine der größten sozialen Errungenschaften, soll uns daran erinnern, dass wir soziale Pflichten zu erfüllen haben. Rosch ha-Schana, das Königtum Gottes verkündend, ist ein Ruf nach sozialer Erneuerung. Mit keinem Wort tauchen himmlische Belohnungen auf, die künftige Welt wird lediglich als ein Ziel der Geschichte erwähnt – und zwar in dieser Welt.

Es ist wichtig und bedeutend, dass es mit dem Rekonstruktionismus eine Lehre gibt, die sich mit diesen Problem in unserer heutigen Zeit beschäftigt. Wir könnten einfach Mordecai Kaplans Werk „Die Bedeutung Gottes in moderner jüdischer Religion" zitieren, und an vielen Stellen Hirschs Ansichten finden. Zum Beispiel: „Die jüdische Nation funktioniert [...] als ein Instrument für soziale Kooperation und persönliche Selbstverwirklichung" (S. 314), oder „es gibt kaum eine wichtigere Funktion einer Religion, als die Sehnsucht nach Selbsterneuerung am Leben zu halten und sie in den Dienst des Fortschritts des Menschen zu stellen" (S. 63). Hirsch fasst die Rolle des Juden als Mensch Israel oder Israel-Mensch zusammen, er benutzt beide Begriffe. Er wünscht sich, dass jeder Jude durch regelmäßige Ausübung symbolisch verstandener Mizwot Leitsätze für sein Verhalten Mitmenschen gegenüber formuliert. „Hilf deinem nichtjüdischen Bruder aus der Fülle deines Reiches Israel, bekleide seine Blöße, stille seinen Hunger, stehe ihm mit Rat und Tat zur Seite, wann immer er dich braucht." *Ideologisch* ist Hirsch *mit seinem Ziel* in dem Lager der Reformer. *Praktisch gesehen* widerspricht er ihnen. Die Reform sah manche Mizwot als unwesentlich an und schaffte sie ab. Hirsch verbindet Mizwot mit dem Leben und platziert sie in einem humanistischen Kontext. Von dieser Position aus greift er Maimonides und Moses Mendelssohn heftig an. Mendelssohn, weil der behauptet, dass das Judentum nur offenbartes Gesetz sei, das als göttliche Verordnung und um des jüdischen Überlebenswillen wegen befolgt werden muss. Das Judentum als einfaches Gesetz steht in keiner Verbindung zu philosophischen Ideen oder ethischen Prinzipien, die auf Vernunft basieren, und die das universelle Erbe aller Menschen sind. Das Judentum lässt Denken und Ideen vollständig frei. Mendelssohn, der die Entwicklung heute noch leite, habe sich dem Judentum von außen genähert, kritisiert Hirsch. „[...] trat wieder eine hochhervorglänzende, höchst achtbare Persönlichkeit auf [...] ihre freiere Geistesentwicklung auch nicht aus dem Judenthum geschöpft habend, eigentlich groß in philosophischen Disciplinen der Metaphysik und Aesthetik, Th'nach nur philologischästhetisch entwickelnd, das Judenthum als Wissenschaft nicht aus sich selber erbauend, sondern nur gegen politischen Unverstand und frommchristliche Zumuthungen vertheidigend, dabey persönlich ein practisch religiöser Jude, zeigte ihren Brüdern und der Welt: man könne streng religiöser Jude seyn und doch hochgeachtet hervorglänzen als deutscher Plato! – Dies „und doch!" entschied. – Seine Nachfolger begnügten sich [...] – und doch humanistische Studien anzubauen und zu verbreiten, – aber das Judenthum, Thanach und Schaß als Wissenschaft – blieb verwahrlost" (18. Brief). Hirsch glaubt, dass er Mizwot *und* Ethik sowie Ideen – die Wissenschaft des Judentums wie er sie sieht – *und* Handlungen zusammen geführt hat.

Hirsch greift Maimonides wegen einer ähnlichen Dichotomie zwischen der Philosophie und den Mizwot an. Für Maimonides sei die Erkenntnis der Wahrheit das höchste Ziel gewesen, nicht das Zusammenspiel von Judentum und Leben. „Dieser große Mann, wie wir ihm, und nur ihm, die Erhaltung des praktischen Judenthums bis auf unsere Zeit verdanken, hat gerade darin, und daß er auf anderer Seite nur ausglich, nicht schöpferisch das Judenthum aus sich selbst entwickelte, und wie er es ausglich, – alles Gute und Böse geboren. – Seine eigenthümliche Geistesrichtung war arabischgriechisch, auch sein Lebensbegriff war es. Er drang von außen ins Judenthum und brachte Ansichten mit, die ihm *anderweitig* feststanden – und glich damit aus" (18. Brief). Seine Philosophie zieht Schlussfolgerungen aus Wahrheiten, die außerhalb des Judentums liegen und die – laut Hirsch – Juden auf Abwege führen könnten. Um Maimonides' Einfluss entgegen zu steuern, mussten die jüdischen Praktiken im Mittelalter verfestigt werden bis zu dem Punkt, an dem alle Fragen zu den Gründen der Mizwot verboten wurden. Dies war der Grund für die mechanische Einhaltung in der Vergangenheit. Jetzt hatte er, Hirsch, einen Weg gefunden, die Philosophie – die Erklärung der Mizwot – mit der Praxis zu vereinbaren. Vielleicht glaubte er sogar, sich Schleiermachers, des „Kirchenvaters des 19. Jahrhunderts", entledigt zu haben, der behauptete, dass dogmatische Theologie die Lehre von der Beziehung einer Epoche zu einer bestimmten Lehrmeinung war. Er erreichte, dass Theologen ihre Armbanduhren nach dem letzten Nachrichtenbericht stellten, während evangelische Pfarrer ihr wissenschaftliches Gewissen von ihrem religiösen Glauben trennten (Friedrich Heer: *The Intellectual History of Modern Europe*, S. 509ff.).

Pragmatisch gesehen, lag Hirsch gar nicht so falsch, aber nur, wenn er sich auf die jüdische Gemeinschaft bezog, die orthodox bleiben wollte, wenn die Mizwot für sie zumindest eine gewisse Bedeutung hatte, ein romantisches jüdisches Volk. Auch wenn man bedenkt, dass die deutschen Juden nach der Emanzipation immer noch eine abgekapselte Körperschaft waren, die das umgebende Leben stets nur begrenzt erreichte, konnte man ihn zumindest verstehen. Doch prinzipiell lag er falsch. Er täuschte sich mit der Annahme, dass eine Reinterpretation jeder Mizwa einen Bezug zum Leben geben konnte. Um ein Ergebnis zu erzielen, musste er Bedeutungen unendlich verbiegen, um einen Sinn zu bekommen. Gid Hanashe, zum Beispiel, symbolisiert, dass Israel keine äußere Kraft hat, um seine Berufung auszuüben – es humpelt, doch nach innen hin ist es stark. Diese Idee ist so weit hergeholt, dass sie absurd wird.

Letztendlich ist seine Position noch weniger tragbar als die von Maimonides. Wenn man Maimonides vorwerfen kann, dass er die Philosophie und das Gesetz voneinander getrennt hat, muss man Hirsch den Vorwurf machen, dass er die Vernunft verbog, so dass sie sich den Geboten anpasste. Maimonides und Mendelssohn mögen gesagt haben: Du kannst denken, was du willst, doch die Mizwot Gottes müssen befolgt werden. Das Ergebnis war eine Sackgasse. Hirsch kam zu dem Ergebnis, dass die Mizwot befolgt werden müssen, und dass man in der Lage sein muss, sie mit Vernunft zu begründen, auch wenn man dafür abenteuerliche Verrenkungen machen muss. Doch diese Art von Begründung wird niemanden überzeugen und halten können, der die Mizwot nicht ohnehin schon befolgt, und wird diejenigen abschrecken, die auf der Suche nach wirklich sinnvollen Antworten sind.

Und trotzdem kann Hirschs Ansicht immer noch als ein Weg in die Zukunft angesehen werden. Erstens hatte er in seinem Umfeld Erfolg. Doch noch wichtiger ist zu sehen, *wie weit* er mit seiner Interpretation ging. Ein Blick in die Gegenwart lässt uns den Grad seines Mutes erkennen: Mordecai Kaplan bezeichnet die Mizwot als Sancta – als heilige Symbole. Sie sind Traditionen, die für die Menschen eine Bedeutung haben müssen. Wenn es seinen Sinn verliert und nicht mehr als heiliges Symbol für etwas angesehen werden kann, steht es den Juden frei, es zu verwerfen und es durch etwas zu ersetzen, was ihnen an diesem Punkt ihrer Geschichte mehr Sinn vermittelt. Diese Ansicht setzt eine organische Entwicklung des Judentums voraus. Wir sehen, dass Hirsch *beinahe* an dem Punkt angelangt wäre, an dem er Mizwot als Sancta ansah. Immerhin hatte er sie symbolische Akte genannt. Hätte er diesen Schritt gemacht, wäre eine Umgestaltung der Mizwot selber möglich gewesen. Er wusste, dass er an diesem Punkt angelangt war, und zog sich zurück. In einer Fußnote seines 18. Briefes schreibt er: „Der Ausspruch, daß nicht ‚En darshinan taame di-kra', der mir nicht selten entgegnet wurde, heißt ja ohnehin nichts weiter als der sehr richtige Satz, man dürfe der muthmaßlich geschöpften Ansicht des Grundes einer Mizwóh in practischer Entscheidung keine Folge geben, eben weil es nur Muthmaßung ist." Hirsch muss mit dem Gedanken gespielt haben. Die Angst, dass eine Verfälschung der Mizwot das Einzige zerstören könnte, was das jüdische Volk in der Diaspora noch hatte, hielt ihn davon ab – hinzu kam die Furcht, dass es gegen den Willen Gottes sein könnte. Doch für den Mut, den er in seiner Zeit zeigte, können wir ihm nur Respekt zollen.

Hirschs Position ist stark, weil er erkannte, dass die Mizwot und das Leben im Judentum in Verbindung sein und miteinander agieren müssen. Seine tödliche Schwäche jedoch liegt darin, dass die zeitgenössischen Ideen und Wissenschaft gebogen und verändert werden müssen, um einen Sinn in die gottgegebenen unveränderbaren Mizwot zu pressen. Das Ergebnis ist eine romantische Phantasie. Er bietet keine Wege für ein wahres Zusammenspiel an, in dem alle Elemente subtil genug sein müssen, um verändert zu werden, damit eine Entwicklung gesichert ist.

Doch gibt es in der lutherischen Theologie nicht etwas Ähnliches? Der Individualismus wird betont – aber nur innerhalb des Textes, der von außen gereicht wird. Es besteht das Primat der religiösen Erfahrungen – bei Hirsch durch die Mizwot. Es gibt die Offenbarung und den Zeitgeist des Wortes – bei Hirsch ebenfalls durch die Mizwot. Dies würde ihn an Schleiermacher oder Luther heranrücken. Luther zum Beispiel glaubt, dass bloßer Verstand gefährlich ist. Die Tora ist dynamisch. Die Gesamtheit des Lebens, in Treue und Liebe gelebt, bringt Erlösung. In dieser Hinsicht würde Hirsch mehr in der deutschen protestantischen Kultur leben als Geiger!

Das Konzept des Jüdischen Volkes

In seinem Konzept des jüdischen Volkes zeigt sich wieder, dass Hirsch ein Kind der Emanzipation ist. Doch zeigt er mehr Weitsicht und Überzeugung als viele seiner Zeitgenossen. Wieder beschränkte er sich weise darauf, *Juden* zu antworten, die Fragen stellen könnten, und gab sich keine Mühe, das Judentum für die Welt verständlicher und genehmer zu machen. Er wollte nur erklären, dass Juden gute Bürger und stolz auf ihre Herkunft sein konnten, und sich gleichzeitig dem jüdischen Volk angehörig fühlen konnten.

In der Tat mussten Hirsch und seine Zeitgenossen sich mit zwei Problemen auseinander setzen. Sie mussten die historische Gegebenheit der jüdischen Völkerschaft erklären und sie mussten sich mit der Aussage, dass das Judentum in Wirklichkeit eine minderwertige Religion sei, auseinander setzen, die hauptsächlich von Hegel aus ging.

Hegel sah Gott oder das Allmächtige als immanent, die Geschichte war die Entfaltung des Allmächtigen in These, Antithese und Synthese. Eine der Triaden, die Hegels System bekränzten, bezog sich auf die Religion. Die These war: Gott, der allmächtige Geist, ist mehr als der Mensch; die Antithese besagte: Der Mensch, begrenzt und gegensätzlich zu Gott; die Synthese lautete: Gott wird Mensch, was das Christentum darstellt. Das Judentum war offensichtlich minderwertig, da es die Synthese noch nicht erreicht hatte.

Die Antwort der Reform wurde von Samuel Formstecher veranschaulicht. Formstecher stellte die folgende Triade auf: Ein übermächtiger Gott kann entweder durch die Natur mit einer ästhetischen Sichtweise oder durch die Religion in ethischer Sichtweise wahrgenommen werden. Die heidnische Welt der Antike nahm Gott nur ästhetisch wahr. Die Juden, auf der anderen Seite, nahmen ihn durch Ethik oder ihre Religion wahr. Am Anfang waren die Juden durch theokratische Gesetze und Staat zusammengehalten worden, um eine Kontaminierung des Judentums durch heidnische Formen zu verhindern. Letztendlich durfte Israel in die Welt hinausgehen, um der Welt darin zu helfen, eine ethische Sicht auf Gott zu bekommen neben dem ästhetischen Eindruck, den sie von ihm schon hatte. Schließlich würde die ganze Menschheit Gott sowohl ethisch als auch ästhetisch wahrnehmen, in der Natur und durch die Religion. Dann wird es für das jüdische Volk keinen weiteren Existenzgrund geben. Formstecher betrachtete die Emanzipation als ein Zeichen, dass dieses Ziel schnell erreicht werden würde. Also konnten die Juden die religiösen Gesetze, die sie beschränkten, abbauen und mit der gesamten Menschheit in einer Religion zusammen kommen. So erklärte Formstecher, warum die Juden einmal ein Volk gewesen waren, aber es nicht mehr seien, und er hoffte, die Gleichwertigkeit oder sogar Überlegenheit des Judentums zu zeigen, wenn es um die Suche nach Gott ging. Der Preis war die Auslöschung des jüdischen Volkes; es würde keine Rückkehr in das Land Israels geben, Mizwot und jüdische Identität könnten und sollten langsam abgebaut werden. Im Jahr 1844 formalisierte die Synode Braunschweigs dieses Prinzip.

Für Hirsch war diese selbstzerstörerische Philosophie unakzeptabel. Er findet einen Dreischritt, der das Judentum lebendig erhält und ihm gleichzeitig einen ebenbürtigen und wichtigen Platz in der Welt gibt. Es ist die Aufgabe des Menschen, ein ethisches Leben zu führen – als Einzelner und als Gesellschaft. Doch die Menschheit fehlte darin. Sie erkannte Gott nicht, weder in der Schönheit und den Wundern der Natur noch sonst, sie sah den Sinn des Lebens in Besitz und Genuss. Das Leben wurde zu einem Produkt der großen Spannbreite menschlicher Begehren. Das jüdische Volk ist geschaffen worden, so sagt er, um zu zeigen, dass es möglich ist, einen Staat und eine Gesellschaft auf dem Grundstein gottgegebener Ethik zu bauen. „Hatte man Gott aus dem Leben, ja aus der Natur zurückgewiesen und des Lebens Grund im Besitz, des Lebens Ziel im Genuß gefunden, also, daß das Leben Product der Vielheit der Menschentriebe ward, wie die Natur als Product der Vielgötter dastand; sollte ein Volk eingeführt werden in der Völker Reihen, daß durch Geschick und Leben den alleinigen Gott als des Lebens einzigen Grund, Erfüllung Seines Willens als des Lebens einziges Ziel darstellen sollte […] und so durch dieses Volkes Geschick und That die Lehre über Gott und Menschenberuf unmittelbar zur Anschauung gebracht werden, zu der auf anderem Wege mittelbar durch Geschichtserfahrung die Menschheit heranerzogen werden soll: „Ein Gott aller Wesen Schöpfer, Gesetzgeber, Richter und Lenker und Erhalter, Vater, alle Wesen seine Kinder, seine Diener […]“ (7. Brief).

Doch Israel, fehlgeleitet durch das Beispiel der restlichen Welt, für die Vergnügen und Besitz die höchsten Ziele waren, wurde in seinem Land seiner Berufung untreu. Als Strafe und Mission wurden die Juden ihres Landes verwiesen. In der Diaspora sollen sie büßen. Gleichzeitig sollten integrierte Individuen in den verschiedenen Ländern ihrer Zerstreuung als Juden ihren Nachbarn ein Vorbild für eine ethische, von Gott geführte Lebensweise sein. Wenn Gott schließlich entscheidet, dass die Prüfungen Israels ihrem Zweck gedient haben, wird Israel in sein Land zurückgerufen werden, um dort erneut einen Staat zu etablieren, der wieder und diesmal für ewig Gottes Willen in der Politik, Gesellschaft und in individuellen Beziehungen darstellen würde.

Der Dreischritt würde also so aussehen:

These: Israel ist in seinem Land, um zum gesellschaftlichen Modell für eine ethische Menschheit zu werden.

Antithese: Israel in der Diaspora, um sich von seinem Versagen zu reinigen und – und zwar gleichzeitig – um der Gesellschaft und den Einzelnen durch die Juden ein Beispiel für ein ethisches Leben zu geben.

Synthese: Israel ist wieder in seinem Land und soll dort – beide: Land und Volk – als Inbegriff für eine ethische Nation zwischen den Nationen der Welt stehen.

Die jüdische Aufgabe ist eine von ewiger Dauer, das jüdische Volk wird nie verschwinden. Die Gleichwertigkeit des Judentums wurde gezeigt, seine weltweite Aufgabe bestätigt. Seine Rückkehr wurde auf einen Zeitpunkt in der Zukunft vertagt, in der die gesamte Menschheit zu vollständiger Brüderschaft unter Gott erhoben würde. Wir sehen in Hirsch den Spiegel der Emanzipation verbunden mit einer gesunden Portion Skepsis, wenn es um die Unmittelbarkeit der verbesserten Zukunft für die gesamte Menschheit geht; wir erkennen die Nacheffekte des Schabbtai Zvi-Desasters in der Vorschrift, dass Juden die Rückkehr nach Israel nicht vorantreiben dürften. „Nie war Land und Boden sein Einigungsband, sondern die gemeinsame Aufgabe der Thauróh; darum ja auch eine Einheit noch, wenn auch fern vom Lande, – und drum noch Einheit, wenn auch überall in der Zerstreuung angebürgert; (nenne man diese Einheit hebr. ‚Am' und ‚Goy', nicht deutsch ‚Volk', wenn man von diesem deutschen Worte das Merkmal gemeinsamen Bodens nicht zu trennen vermag); bis sie einmal Gott auch äußerlich als Volk auf einem Boden vereinigen und die Lehre der Thauróh wieder als Princip eines Staates dastehen werde, zum Muster und zur Offenbarung Gottes und des Menschenberufs. – Eine Zukunft, die als Ziel des Golúß gesteckt, verheißen ist, aber ja nicht thätig von uns gefördert werden darf, nur erhofft; […] eine Zukunft, die ja Hand in Hand gehet mit Erhebung der Allmenschheit zur Allverbrüderung unter Gott, dem Alleinen! Eben dieser rein geistigen Natur der Volksthümlichkeit Jissroeïl halber ist es darum auch überall zum innigen Anschluß an Staaten fähig; […]" (16. Brief). Dies war eine tragische Philosophie, soweit es die deutsche Orthodoxie betrifft. Doch das Konzept der jüdischen Volksgemeinschaft, mit der die Reform so bitter zu kämpfen hatte, hielt die Verbindung zu allen Juden in der Welt und mit der Zukunft aufrecht.

Dass Hirsch der Idee eines jüdischen Volkes so hingegeben war, resultierte aus seiner absoluten Orthodoxie. Im Gegensatz zu Zacharias Frankel, der dasselbe Bild von den Juden hatte, der aber auch aus dem Osten Europas stammte, wo andere Bedingungen für Juden herrschten, kam Hirsch aus einer der emanzipiertesten Gegenden des Kontinents und hatte ihre Macht mit aller Wucht erlebt.

Uns mag es verwirren, welche Wirkung Hegels Philosophie hatte, und wie groß das Bedürfnis war, sich mit ihr auseinanderzusetzen, doch das Judentum hatte sich schon mit Aristoteles auseinandersetzen müssen und später mit dem amerikanischen Pragmatismus – und Hegel war der Gigant der modernen Philosophie. Wenn man seine Situation bedenkt, glaube ich, dass Hirsch die Herausforderung nobel angegangen ist, und zwar ohne einen „Ausverkauf" des Judentums. Seine Auseinandersetzung mit Hegel und der Reaktion der Reform darauf führte ihn zu seiner eigenen Theorie des Lebens in zwei Gesellschaften.

Das Leben in zwei Gesellschaften

Sieht man von der Idee des Rekonstruktionismus ab, sind die amerikanischen Juden mit diesem Problem noch nicht zurechtgekommen. Wir leben nicht in zwei Gesellschaften – wir wechseln von einer Seite auf die andere, je nachdem wie es die Situation erfordert. Hirschs Vorgänger handhabten es ebenso, besonders Mendelssohn. Er war Philosoph und – zu Hause – ein guter Jude. Hirsch wollte mehr. Sein Ideal war der Israel-Mensch, der Jude, der in zwei Zivilisationen lebt, sich völlig mit beiden identifiziert und in beiden umfassend gebildet ist.

Gegen diese neuen Ideen musste er orthodoxe Einwände zerstreuen, und er tat es, indem er eine Äußerung in Jeremia und ein talmudisches Zitat gewagt re-interpretierte. Hier zeigte er eine Kühnheit, die ihn zu einem wahren Reformer des jüdischen Lebens hätte machen können, hätte er sie allgemein gezeigt. Er meinte, dass es Juden nicht nur erlaubt sei, sich dem Staat und seiner Gesellschaft anzuschließen, sondern dass es ihre religiöse Pflicht sei, das zu tun. Er zitiert: „Bauet Häuser und lasset euch nieder; pflanzet Gärten an und genießet ihre Frucht; nehmet Frauen und zeuget Söhne und Töchter, und nehmet für eure Söhne Frauen, und eure Töchter gebet Männern, daß sie gebären Söhne und Töchter, und vermehrt euch dort, und mindert euch nicht. *Und strebet für das Wohl der Stadt, dahin ich euch vertrieben, und betet für sie zum Herrn, denn in ihrem Heile wird euch Heil*" (16. Brief). Die Nuancen und die Betonung der Übersetzung sind von Hirsch. Wir bemerken, dass Hirsch den vorhergehenden Vers dieses Briefes von Jeremia an das babylonische jüdische Volk (Jer. 29: 5–7) weglässt, in dem steht: So sprach Gott zu der vertriebenen Gemeinschaft, die ich aus Jerusalem ins Exil nach Babylon geschickt habe. Er übersetzt auch den letzten Satz *vedirshu ot shalom ha-ir asher higloti etchem shama*, auf eine mühsame Art, denn wortwörtlich heißt es: Und suchet den Frieden der Stadt, in die ich euch vertrieben habe. Hirsch liest ihn so: Und suchet das Wohl der Stadt, in die ich euch vertrieben habe.

Jeremia betont den Exil-Charakter der Siedlung, Hirsch unterdrückt ihn. Jeremia rät den Menschen dafür zu sorgen, dass Frieden in der Gesellschaft herrsche, da sie unter Unruhen und Chaos leiden würden, weil sie die fremde Minderheit sind. Hirsch liest hieraus einen Aufruf zum aktiven Mitwirken an dem Wohlergehen der Gesellschaft. Jeremia gibt der damaligen Gesellschaft weisen

Rat, Hirsch leitet daraus ein göttliches Gebot für alle Juden aller Zeiten, und zwar: „die Pflicht ein vollständiger Bürger des Staates zu sein, der uns akzeptiert hat […] das Ziel des Staates zu fördern und das eigene Wohlergehen niemals getrennt vom Wohlergehen des Staates zu sehen." Mit Hirschs neuer Konstruktion des Satzes entsteht ein Aufruf an alle Juden, sich völlig mit dem Staat und seinen Bürgern zu identifizieren (wie es Mendelssohn schon getan hatte). Soziales Handeln und die einzelnen Pflichten der Staatsbürgerschaft sind ein göttliches Gebot.

Doch das vollständige Eintauchen in die weltliche Zivilisation lässt sich gleichzeitig aus einer jüdischen Verordnung ableiten. In Pirke Avot (II, 2) lesen wir: Rabban Gamaliel, der Sohn von Rabbi Judah ha-Nasi, sagte einst: „Wunderschön ist die Lehre der Tora, wenn sie mit Derech Eretz zusammengeführt wird, einer weltlichen Beschäftigung, denn die Auseinandersetzung mit beiden verbannt die Sünde aus dem Gedächtnis; doch Tora, die nicht mit physischer Arbeit verbunden ist, könnte am Ende nutzlos sein und sogar zur Sünde führen." Der Text ist deutlich, der Rabbiner ermahnt seine Schüler, tägliche Arbeit zu verrichten. Doch Hirsch liest nur: Yafeh Talmud Tora im Derech Eretz: Schön, im Sinne von begehrenswert, ist Tora in Verbindung mit „dem Lauf der Dinge", nämlich der Kultur der Welt.

Das Studieren der Tora *und* der westlichen Kultur werden somit zu Pflichten. Dies spiegelt sich in seinem Bildungsprogramm wider. Ich glaube, dass Hirsch *ernsthaft* eine Form der Bildung für das Leben in zwei Zivilisationen vorschwebt. „An Einem großen Bau arbeiten wir alle, alle Völker, die waren und sind in Ost und West, in Süd und Nord, – jedes mit seinem Daseyn und Schwinden von der Bühne der Geschichte, mit dem, was es erringt und verliert, mit seinen Tugenden und Fehlern, seiner Weisheit und seinem Wahn, mit seinem Steigen und Fallen, und mit dem, was es als Summe seines Daseyns seiner Nachwelt vermacht: – Alles Beitrag zu Einem Bau der Menschheit; Alle hinauferzogen zu Einem Gott! Dafür werden alle Guten unter allen Völkern gelebt haben, die das Beispiel gaben uneigennütziger Gerechtigkeit und wahrer Menschenwürde; dafür werden gewirkt haben die Erleuchteten aller Menschenvölker […] dazu wird auch der Griechen Kunst […] der Römer Schwerdt […] friedlicher der Europäer Handel dazu Nationen verbrüdert haben; – und dazu wird auch Jissroeïl sein Theil auf seine Weise lösen. –" (15. Brief).

Hirschs Ziel war es, den Juden zu erziehen, der in beiden Kulturen leben konnte. Dies war das Ziel seines Bildungsprogramms. Gleichzeitig sieht er Mängel in der jüdischen Bildung, die abgeschafft werden müssen. Er lehnt das Studieren des Judentums nur um Apologetik zu betreiben ab, genauso wie das Studieren des Tanach mit rein philologischen und ästhetischen Ansätzen, und noch kategorischer wendet er sich gegen das Studium des Talmuds nach Pilpul Methoden. Sicherlich wünscht er sich von uns ein Verständnis des Tanach aus der Gesamtsituation seiner Zeit heraus. Er fordert eine Bildung, die die Disziplinen des jüdischen Denkens zusammenbringt in eine „Gestalt", in eine gesamte Weltanschauung, in einem vollständigen Verständnis des Schicksals und der Weisheit Israels und des Lebens als eine Widerspieglung dieser Wünsche, die durch und durch von seinem Geist sind vom Bauwerk der Sprache bis zum Bauwerk des Handlungen des Lebens; das Ziel seiner Bildung ist die Ausbildung der Jugend. „Schulen für Juden! Die jungen Sprößlinge eures Volkes erzogen zu Juden, – zu Söhnen und Töchtern des Judenthums, wie Ihrs erkannt und begriffen und achten und lieben gelernt als das Leben eures Lebens; – die Sprache Th'nach's, wie die Sprache ihres Landes, ihnen eigen, in beiden sie denken gelernt, ihr Herz dem Fühlen, ihr Geist dem Denken zuerzogen [...] ihr Auge geöffnet zur Anschauung der Welt um sich als einer Gotteswelt [...]" (18. Brief).

Wieder ist seine Absicht zu begrenzt. Ihm ist nicht einmal bewusst, wie viele Möglichkeiten in einer Kultur es neben dem Literarischen gibt sich auszudrücken; er schließt alle aus, die nicht religiös sind; er verstößt die objektive Wissenschaft and will, dass der moderne Mensch die Welt mit den Augen Jesajas betrachtet, so wie die orthodoxe Tradition den Propheten sieht, unter Zurückweisung aller Erkenntnisse kritischer Studien. Überzeugt von der Ewigkeit und der Unwandelbarkeit des göttlichen Gesetzes ist sein Evolutionskonzept so minimal und fremd, dass es praktisch gesehen gar nicht existiert. Das Judentum bleibt statisch. Und trotzdem – wenn man die Zeit und Situation miteinbezieht – gibt es einen Durchbruch. Denn immer noch versucht er – in seinem Rahmen – Judentum und weltliche Kultur zu verbinden. Seine Zeitgenossen dagegen wollen jüdische Bildung reduzieren, jüdische Schulen abschaffen, einem Judentum ohne jüdische Völkerschaft ein Minimum an Lehre anbieten, nicht mehr als das Anhängsel „Religion".

Und wir dürfen nicht vergessen, dass er überhaupt erst zu diesem Punkt gelangte, indem er die jüdischen Quellen in Tora und Talmud rekonstruierte. Das war Reform. Es war, in Theorie und der folgenden Praxis, eine radikale Abwendung von der Vergangenheit. Es war mutig. Und es war durch seine Ergebnisse gerechtfertigt. Die Prinzipien von Tora im Derech Eretz und Israel Mensch sind die Grundsteine seiner Gedanken und seines Aktionsprogramms.

Ich glaube, dass die kühne Reform von Hirsch deshalb die Einheit der deutschen Juden bewahrt hat, weil sie die Frage löste, was wichtiger sei – Religion oder Kultur. Ob orthodox oder liberal – der deutsche Jude bekam eine gründliche weltliche Erziehung. Der Lehrer an der Jüdischen Volksschule hatte eine allgemeine Lehrerausbildung. Nicht Vorrangigkeit, sondern das Eintauchen in beide Zivilisationen war die Antwort. Wir dürfen nicht vergessen, dass Mendelssohns Bibelübersetzung scharf attackiert worden war, und Bernays sich Schwierigkeiten und heftigen Widerständen ausgesetzt sah, als er Deutsch als Sprache in seine Schule und für seine Predigten einführte. Diese Innovationen hatten im Prinzip keine Grundlagen, sie waren Flickwerk, Anpassung und Kompromiss. Hirschs Reform bot ein Fundament. Es ist wahr, es mag einfacher für ihn gewesen sein, Akzeptanz zu finden, solange er die Mizwot nicht antastete. Hatte nicht Mendelssohn verkündet, dass die Juden keine Dogmen hätten, nur Gesetze? Und

Hirsch hat es aufgegriffen. „Satzungen? Glaubenssatzungen? 613 Pflichten kennt das Judenthum, keine Glaubensgebote [...]" (15. Brief). Und dennoch war es eine weitaus radikalere Reform, als ein Gebet in der Synagoge wegzulassen oder es in Deutsch zu interpretieren. Wir müssen bedenken: Dies waren die Jahre, in denen es dem jungen Juden im Osten verboten war, weltliche Literatur zu lesen, und er im Geheimen über Schiller oder Marx brütete – mit niemandem an seiner Seite, der ihn hätte leiten können. Dort gab es immer noch das Entweder – Oder, in Deutschland war es eine Mizwa, Schiller zu lesen. Und Hirsch selbst übersetzte die Tora.

Das ‚Entweder – Oder' blieb. Die Welt und ihre Weisheit verschloss sich dem Immigranten aus dem Osten vor sechzig, siebzig Jahren. Es gab keine Brücke und darum brachen viele Söhne der Immigranten mit ihrem Judentum. Sie fühlten sich dem Erbe der westlichen Welt hingezogen. Die Balance im Zusammenspiel der beiden Kräfte war noch nicht erreicht worden. Auch heute noch scheint die Orthodoxie die Herausforderungen der Welt nicht ernst zu nehmen, in der Reform senkt sich die Waage zur westlichen Welt, und die Konservativen beschäftigen sich mit individuellen Fragen, um sich immer neu anzupassen und kreieren dabei ein Flickwerk von ad-hoc Lösungen. Was vor allem zu fehlen scheint, ist der Mut, wirklich einen Schnitt zu machen, wie es Hirsch getan hat, und Prinzipien für unsere Zeit zu etablieren, wie er es tat. Nur der Rekonstruktionismus hat das getan. Nicht nur hat diese Bewegung betont, dass wir in zwei Zivilisationen leben müssen, sondern hat – mit Gedanken und Ideen aus beiden Kulturen ein System für unsere heutige Zeit entwickelt, für die jüdischen Menschen und für die jüdischen Bürger, die in beiden Welten zu Hause sein können und sollen. Die Lösung für die Probleme unserer Tage liegt nicht darin, Hirsch und seine Einrichtungen zu kopieren – sie waren geschaffen für und waren effektiv in seiner Zeit – sondern das Prinzip des Rekonstruierens zum Leitmotiv für unsere Handlungen zu machen. Es könnte sein, dass wir auf sehr ähnliche Ideen wie Hirsch kommen würden – angepasst an die moderne Zeit.

Hirsch war erfolglos, weil seine Lösung oberflächlich war; auf der anderen Seite war auch der Kontakt der deutsch-jüdischen Gesellschaft mit dieser Welt oberflächlich und hauptsächlich intellektueller Natur. Dies ging nicht von den Juden aus, sondern war von den Bedingungen und Einschränkungen vorgegeben, denen sie sich ausgesetzt sahen.

Weil er Romantiker und weil er orthodox war, fühlte sich Hirsch noch einer Epoche des jüdischen Lebens verbunden, die damals gerade erst vorbei gegangen war, als das Judentum in der Tat eine unabhängige Gesellschaft in der Abgeschiedenheit des Gettos war. Er sah den Wert eines Judentums in der jeweiligen Zeit und war doch in seinen eigenen Begrenzungen und Unzulänglichkeiten gefangen. So scheiterte er daran, seine Ideen logisch zu Ende zu führen. Doch es macht ihm alle Ehre, dass er sich gegen den Strom der Zeit bewegte, um das Judentum als ein allumfassendes Ganzes zu etablieren.

Auf der anderen Seite waren die Reform Rabbiner realistischer, da sie die praktischen Veränderungen in Gesetz und Philosophie einbezogen, die das moderne Leben mit sich brachte. Sie erkannten, dass offene, hypothetische Fragen notwendig waren. Unglücklicherweise verloren sie sich selbst in Nichtigkeiten, und ihre Begeisterung für die „Welt" führte sie in die Irre. Die ultimative Tragödie der deutschen Juden des 19. Jahrhunderts ist für mich, dass ihre Führer keinen Weg zum Dialog finden konnten. In seinen *Neunzehn Briefen* des Jahres 1838 echot Hirsch immer noch die Worte eines Briefes, den Geiger ihm im Jahr 1833 geschrieben hatte, und in dem Geiger Hirschs Überzeugungskraft bewundert, „[...] wenn des Menschen Geist und Gemüt so verschmolzen ist, dass seine Gedanken auch zugleich seine Gefühle sind und jeder Zwiespalt in ihm ausgesöhnt ist [...]". Er lässt Hirsch wissen, wie wichtig ihm dessen Meinung ist und fragt sich und Hirsch, ob dieser nicht zu abweisend anderen Meinungen gegenüber sei. „Aber von solchen, deren kräftiger Willen ihm bekannt ist, möchte er gerne auch zuerst die feste Zusicherung haben, dass sie nach dem Wahren wirken, nicht gewaltsam ausreißen, nicht gewaltsam erhalten, nicht gewaltsam aufbauen. Ob jedoch diese Bangigkeit nicht zu weit bei Ihnen geht, ob sie nicht zu einem unüberwindbaren Misstrauen führt, ob Sie nicht zu sehr auf die Richtigkeit Ihrer Ansicht pochen und die Anders- gesinnten geradezu als schlechte Hirten verwerfen, möchte ich Ihnen zu bedenken geben." Er fügt hinzu: „aber überall, wo ein reiner, guter Willen entgegenkommt, da heiße ich ihn willkommen: ist ja unser Aller Endziel eines, so denke ich dann, wollen wir Alle ja das wahre Gute befördern, ist es ja ein ernstes Streben, das von ernstem Sinn und religiösem Gemüt herstammt, und da wird auch das wahre religiöse Gefühl geweckt, genährt und gestärkt werden. Mag die Richtung auch gar oft eine verschiedene sein, ist nur jenes begründet, was die einzig wahre Richtung ja erst erzeugen muss, so wird auch diese folgen" (Abraham Geigers Leben in Briefen, Brief an Samson Raphael Hirsch, 24. März 1833).

Noch im Jahr 1838 kann Hirsch von der Reform schreiben: „Zürnen Sie Keinem! Achten Sie Alle! Alle meinen das Heil der Brüder [...]" (17. Brief). So verschieden sie waren, so sind beide Männer doch ehrlich und offen miteinander und hätten einander ergänzen können.

Für Hirsch, wie auch für Geiger, wurde das jüdische Volk vom Geist gestaltet. Für Geiger sind die Juden kein Volk mehr, für Hirsch sind sie es weiterhin. Hirsch verlangte nach jüdischen Schulen, die das jüdische Kind in einem gewissen Sinne vom Rest der Gesellschaft fernhielten. Geiger hoffte, dass jüdische Theologie irgendwann an Universitäten unterrichtet werden würde, zwar von Juden, aber in einem Rahmen allgemeiner philosophischer und religiöser Studien, so dass beide Religionen (Judentum und Christentum, d. Verf.) einander beeinflussen könnten und die Entwicklung des Judentums gesichert sei. Er hatte die Universität Marburg gewählt, an der später Hermann Cohen diese Hoffnung für eine kurze Zeit erfüllte – nur um herauszufinden, dass dies in Deutschland nicht möglich war.

Tatsächlich wurden beide gebraucht. Hirsch war der Romantiker und mit einem Instinkt für die psychologischen Bedürfnisse anderer Menschen ausgestattet – mit denen er sich auf einer emotionalen Ebene auseinandersetzen musste, um sich sowohl mit ihrer Vergangenheit als auch mit dem Mysterium der Religion als Teil ihrer emotionalen Bedürfnisse identifizieren zu können. Geiger war der Wissenschaftler, der die Emotionalität der *Neunzehn Briefe* ablehnte, doch ihm mangelte es an psychologischen Erkenntnissen, und er „unterschätzte die psychologischen Schwierigkeiten, die mit dem Erreichen seiner Ziele verbunden waren" (Wiener).

Ihrem Temperament geschuldet war jeder davon überzeugt, dass er allein die Wahrheit kannte. Und durch ihre Lebensumstände und ihre Umwelt blieben die zwei Männer – beide brillant, beide die Führer ihrer Bewegung, beide Reformer, beide einige Jahre in derselben Stadt – getrennt und wendeten sich, je verhärteter sie in ihren Ansichten wurden, immer mehr voneinander ab. Beide tragen die Verantwortung, doch keiner von ihnen konnte es ändern.

Hätten sie ihre Meinungen im Dialog in Einklang bringen können, wären sie vielleicht *die* Wegbereiter der Gegenwart geworden. Wie sich herausstellte, waren sie beide selbst in ihrer eigenen Zeit und ihrem eigenen Umfeld Wegweiser und Weg-Sperre zugleich.

Vor dreißig Jahren schien mir, als habe das amerikanische Judentum die Ideen der deutschen Führer einfach in die USA versetzt – und mit ihnen ihre Konflikte. Während das deutsche Judentum, dank 1500 Jahren gemeinsamer Geschichte und dem Leben in einer stabilen Gesellschaft, ein Volk bleiben konnte – unglücklicherweise eine Gesellschaft, die von außen belagert wurde, was den Zusammenhalt aber stärkte – brach das amerikanische Judentum – Menschen unterschiedlicher Hintergründe, die sich frei entfalten konnten, in einer sich stetig veränderten Gesellschaft lebten und sich in einem System der Trennung von Staat und Religion immer weiter entwickelten – auseinander. Die organische jüdische Gemeinschaft zerfiel.

Sie musste zerfallen, da sie an einem geschlossenen System des Glaubens und der Ideen festhielt, und das in einer offenen Gesellschaft, in der einer abgeschlossenen Aufgabe weniger Stolz zukam als der offenen Flexibilität, eine Gesellschaft, die den unvollendeten Charakter des Universums und der Gesellschaft betonte. Der amerikanische Geist, vertreten durch den Philosophen William James, hatte zwar etwas vom deutschen Idealismus gelernt, doch ohne seinen metaphysischen Charakter und das Absolute, das von Kant und Hegel etabliert worden war. Er betrachtete die Wahrheit, die es in eine Quelle für unvoreingenommenen Idealismus umformte, als einen Prozess, die im Prozess gefunden wird. Mit dem Übergang des 19. in das 20. Jahrhundert veränderte sich der amerikanische Pragmatismus selbst, von James individualistischen Liberalismus hin zur Betonung gesellschaftlicher Bedürfnisse in Doweys Ideen.

Was das amerikanische Judentum brauchte, war ein Roscoe Pound des jüdischen Gesetzes und der jüdischen Lehre, der sich im Gesetz vom Absoluten zum

Relativen und in Konzepten von der Lehre hin zu Anforderungen und Bedürfnissen bewegte. Hirsch und Geiger hätten Führer sein können. Beide sahen, dass Wahrheit und Weisheit des Judentums von der Praxis beeinflusst werden. Doch sahen sie dies nur innerhalb der Grenzen ihres deutschen Umfelds, sowohl ideologisch – Hegels System – als auch soziologisch – die stabile Gesellschaft.

Es war das großartige Verdienst Mordechai Kaplans, die Bedürfnisse der amerikanischen Juden zu sehen und mit einer Philosophie und Praxis des Judentums darauf zu antworten. Obwohl er den individuellen Menschen direkt anspricht, scheint mir seine Lehre eher in die Richtung Doweys als die James' zu gehen, was nachzuvollziehen ist, da wir das Judentum als die Zivilisation eines *Volkes* sehen. Nichtsdestotrotz wirft die intensive Suche der Jugend nach dem Sinn ihres eigenen Lebens eine Frage auf, die ich nur stellen und zu diesem Zeitpunkt nicht beantworten kann. Sollte Kaplan seine Philosophie durch die Einbeziehung einzelner Elemente Bubers oder Elemente der heutigen protestantischen Denker weiterentwickeln? Im Gegensatz zum Judentum ist der Protestantismus stärker auf das Individuum ausgerichtet. Meine eigene Erfahrung in diesem Land sagt mir, dass wir uns im Vergleich zur Auseinandersetzung mit dem jüdischen Volk noch immer zu wenig mit dem einzelnen Juden beschäftigen.

In diesem Zusammenhang ist interessant, dass Rudolf Bultmann (ein weiterer Oldenburger) einen Ansatz geboten zu haben scheint, Hirsch und Geiger in unserer Zeit zusammenzuführen. Seine Bemühungen, das Neue Testament zu entmythologisieren, erinnern an Geigers wissenschaftlichen Ansatz, und an den der biblischen Kritik. Aber gleichzeitig behauptet er, dass das wahre Ziel des Neuen Testaments sei, die innere Natur des menschlichen Seins darzulegen, sowie ihm dabei zu helfen, den tieferen Charakter seines Selbstverständnisses und seiner religiösen Bindung zu verstehen. Die Historie als Dokumentation vergangener Geschehnisse wird *Geschichte*, ein Führer durch die Symbole für die gegenwärtige Erfahrung. Im Wesentlichen ist dies Hirschs Absicht in seiner Interpretation der Mizwot. In beiden Fällen handelt es sich um ein Sehen und ein Verständnis von innen, außer dass Hirsch nicht in der Lage ist, auch von außen zu sehen.

Dies soll allerdings nicht heißen, dass ich Hirschs Orthopraxis oder seinen gequälten Symbolismus befürworte, doch ich zolle ihm hohe Anerkennung dafür, dass er über den einzelnen Juden und dessen Belange nachgedacht hat, und dass es ihm gelang, der Praxis des Judentums eine tiefe emotionale Komponente einzuflößen. Ich denke nicht, dass der Rekonstruktionismus in dieser Hinsicht gescheitert ist. Doch ich habe die Idee, diese Komponente aufzunehmen, die das Bedürfnis der Jugend nach einer Individualisierung der jüdischen Führung sowie nach emotionalen Formen, vielleicht aufgreifen kann und insgesamt in eine neue Richtung weist. Durch seinen offenen Charakter ist der Rekonstruktionismus sehr wohl in der Lage, die Frage nach einem solch potentiellen Wert zu erforschen.

Vielleicht sehen wir, dass Geiger und Hirsch historisch gesehen beide notwendig waren, dass sie die These und Antithese und die Debatte geschaffen haben, die das jüdische Volk – in mehr als 1500 Jahren gemeinsamer Entwicklung zu einer monolithischen Einheit geformt – brauchte. Letztendlich hat die Einheit den Streit überwunden – wenn auch unzulänglich, dieses Thema bedürfte eines weiteren Vortrags. Dieselbe Einheit brauchen wir nun für das zergliederte amerikanische Judentum, wenn es sich organisch entwickeln soll. Es scheint zum Beispiel unbedingt notwendig, dass die Reform und die Konservativen enger zusammen arbeiten, und dass sie ihre institutionelle Trennung überwinden. Wir brauchen, um Geigers Linie zu folgen, eine engere Anbindung an Universitäten, die wir zum Teil schon haben, und von der wir profitieren. Und wir brauchen, und damit folgen wir Hirschs Linie, eine stärkere Orientierung auf die individuelle Person und ihre Bedürfnisse. Wir brauchen ein Judentum, das die Welt beeinflusst und formt, und das von der Welt, in der wir leben, beeinflusst und geformt wird. Dies könnte uns, im Dialog und Handeln, einen Weg in die Zukunft weisen.

Spaltung oder Einheit in Vielfalt

„Die Kontroverse zwischen Samson Raphael Hirsch und Seligmann Baer Bamberger und ihre Bedeutung“ – so lautete der Untertitel zu diesem Beitrag, den Trepp ursprünglich in Englisch schrieb. Ihn hat dieser Konflikt vor allem beschäftigt, weil er beide Seiten sehen und verstehen wollte – und sah und verstand. Er wurde nicht müde, besonders den heutigen Juden in Deutschland die Ideen Hirschs zu vermitteln: Aus der Tora heraus die Umwelt anzugehen und zu verstehen, doch sich keinesfalls von der Umwelt und deren Kultur zu distanzieren. Wie die Reformer und Mendelssohn auch war Hirsch der Ansicht, dass es die Aufgabe der Juden war, jedem Menschen zu helfen, die höchste ethische Stufe seines Seins zu erreichen. Doch musste für die Juden diese Ethik laut Hirsch immer aus der Tora kommen. Trepp hielt Hirsch in seiner Offenheit zur Umwelt für aufgeschlossener als Zacharias Frankel, den Begründer der konservativen Bewegung. Bamberger ist es wohl nicht nur Trepps Überzeugung nach zu verdanken, dass die jüdischen Gemeinden in Deutschland damals nicht auseinanderbrachen. Manches in diesem Beitrag ist im vorherigen bereits angesprochen worden. Doch stellt dieser Essay eingehend die Probleme dar, über die auch heute zwischen Orthodoxen und Liberalen noch gestritten wird, im Kern: Was erhält das Judentum? Der Leser mag die Intentionen der Orthoxen in Israel zum Beispiel nach dem Lesen besser verstehen. Frau Dr. Bettina Hofmann hat den Aufsatz von Trepp ins Deutsche übersetzt. Er ist 1996 in ‚Trumah‘ veröffentlicht worden, der Zeitschrift der Hochschule für Jüdische Studien in Heidelberg.

Am 28. Juli 1876 erreichte Samson Raphael Hirsch sein lang verfolgtes Ziel. An diesem Tag verabschiedete der Preußische Landtag ein Gesetz, das Juden erlaubte, aus Gewissengründen aus ihren Gemeinden auszutreten, ohne dass sie gleichzeitig das Judentum verlassen mussten.[12] Hirsch und seine Gemeinde, die Israelitische Religionsgesellschaft zu Frankfurt, lösten sofort alle organisatorischen Verbindungen zu der existierenden Gemeinde der Stadt. Diese Trennung hatte bedeutende gesellschaftliche, religiöse und halachische Konsequenzen, die bis heute in Israel und der Diaspora nachwirken. Für Hirsch bildete die Abspaltung den Höhepunkt seines Lebens, den krönenden Abschluss der Entwicklung seiner Gedanken und Taten.

Hintergrund des Konflikts

Bis zur Verabschiedung des Gesetzes musste jeder Jude Mitglied der örtlichen Gemeinde sein oder aus dem Judentum austreten. Diese Gemeinden wurden vom preußischen Staat und anderen deutschen Staaten errichtet und waren ermächtigt, ihren Mitgliedern Steuern aufzuerlegen, die vom Staat eingezogen wurden.

Die staatlichen Autoritäten waren sehr an der Assimilation der Juden an die moderne Kultur interessiert und begünstigten weitreichende Reformen beim jüdischen Kultus und in der Religionsausübung. Die Juden reagierten aus zwei Gründen mit Begeisterung darauf. Sie wollten gerne als gleichberechtigte Bürger anerkannt werden, und das beinhaltete, dass sie die Normen und Formen ihrer Umgebung annahmen, besonders beim Ritus. Sie erkannten auch, dass sich die Jugend nicht in der Tradition halten ließ. Die Verführung, zum Christentum zu konvertieren, war besonders groß für diejenigen, die Karrieren im öffentlichen Dienst oder an der Universität anstrebten, die ihnen als Juden verschlossen waren. Ein modernisiertes Judentum, so hoffte man, würde ihnen die Tore öffnen. Akkulturation war unvermeidbar. Hirsch selbst hatte sich ihr verschrieben.

Hirschs Leben in Oldenburg und seine Theologie

Hirsch wurde 1808 in Hamburg geboren. Seit früher Kindheit und in den prägenden Jahren war er Zeuge des Aufeinanderstoßens der Orthodoxie auf die neue Tempelbewegung. Sein Vater war ein Protagonist der militanten Orthodoxie, an deren Spitze Rabbi Isaac Bernays stand. Bernays war in jüdischen wie auch säkularen Gebieten kompetent, hatte einige Zeit an einer deutschen Universität studiert und sah es als erlaubt an, sich mit weltlichen Studien zu befassen und die Tora mit einem begrenzten Maß an weltlicher Weisheit zu verbinden.

12 Siehe Samson Raphael Hirsch: *Gesammelte Schriften,* Bd. IV, Frankfurt 1922, S. 250 ff., bezüglich Hirschs Antrag an den Preußischen Landtag; S. 267 und passim beinhalten den Text des erlassenen Gesetzes.

Hirsch studierte einige Semester an der Bonner Universität. Aufgrund seiner Universitätsstudien wurde er 1830 Landesrabbiner des Großherzogtums Oldenburg.[13] Die staatlichen Autoritäten zögerten wegen seiner aggressiven Orthodoxie mit seiner Ernennung und akzeptierten ihn nur auf die besondere Empfehlung seines Vorgängers, Dr. Nathan Adler, hin. Man hoffte, dass, „da er in Bonn zu den Studien zugelassen worden, [...] er die dort herrschenden gelinderen Ansichten mit den orthodoxen [...] zu vereinigen wissen wird".[14] Aber zuerst musste er eine Prüfung der staatlichen Aufsicht über die Kirchen bestehen. Auf die Frage, was der Zweck des Menschen sei, antwortete er: „Glauben in das offenbarte Gesetz." [15] Das Wort „Glaube" ist wichtig. Durch dieses Wort schloss Hirsch jede entgegengesetzte Schlussfolgerung der Jüdischen Wissenschaft aus. Er hatte gelernt, dass der Kontakt mit weltlichem Wissen das Eintrittsbillet auch für einen Rabbiner in die Gesellschaft war, aber er behauptete, keine Konzession bei seinem eigenen Festhalten an der Überlieferung gemacht zu haben.

Hirsch begriff, dass das Judentum, wenn es von der Entwicklung der allgemeinen Kultur abgeschnitten wird, nicht überleben konnte. Er fand seine Rechtfertigung in der Äußerung Rabban Gamaliels ben Rabbi Jehudah, dem Prinzen: Jafe Talmud Tora im Derech Erez – „das Studium der Tora im Zusammenhang mit einem weltlichen Beruf ist gestattet, da das Arbeiten in beiden die Sünde vergessen macht" (Awot 2:2). Lange Zeit war man davon ausgegangen, dass beide Tätigkeiten den Juden ehrlich und rechtschaffen in seinem weltlichen Streben machen, da er dabei von dem Wort der Tora geleitet wird.[16] Hirsch verlieh dieser Aussage jedoch eine ganz neue Bedeutung: „Es ist angemessen, dass die Tora mit weltlicher Kultur verbunden werde."

Von da an trug Hirsch den Talar, der für die Geistlichen vorgeschrieben war, predigte auf Deutsch, führte einen Chor ein und verlieh dem liturgischen Gesang der Synagoge ein deutsches Gepräge. Auch mit der Aussprache des Hebräischen beschäftigte er sich. Er räumte ein, dass es durch Vernachlässigung verunstaltet sei und machte so deutlich, dass er die Meinung seiner aufgeklärten Zeitgenossen teilte, die das Jiddisch-Hebräische ablehnten.[17] Andererseits wollte er nicht die sephardische Aussprache einführen, vielleicht weil er sich von der vorherrschenden Forschungsmeinung absetzen wollte, die die sephardische Lautung übernommen hatte, und vor allem von der Reformbewegung, denn der

13 Leo Trepp: *Die Oldenburger Judenschaft*, Oldenburg 1973, S. 119 ff. Hirsch hatte diese Stelle bis 1841 inne, ohne jemals eine Gehaltserhöhung von der ablehnend eingestellten Regierung zu bekommen. Dann trieb ihn materielle Not ins nahe gelegene Emden, wo er bis 1845 Rabbiner blieb, danach nach Nikolsburg, wo er als Oberrabbiner von Böhmen und Mähren bis 1851 wirkte, als die Gründer der orthodoxen Gemeinde in Frankfurt ihn zu ihrem Rabbiner ernannten.

14 a.a.O.

15 Für den Text der Prüfung, s. Trepp: S. 123.

16 *Machsor Vitry*, Berlin 1893, S. 494.

17 Ismar Schorsch: The Myth of Sephardic supremacy, in: *LBI-YB* XXXIV, London 1989, S. 53 ff.

Hamburger Tempel benutzte sie in seinem Gottesdienst. Das Ergebnis war eine typisch deutsche Aussprache, weich, melodisch und „romantisch".

Auf Anweisung seiner staatlichen Vorgesetzten in Oldenburg entwickelte Hirsch ein Schulsystem, das Allgemeinbildung beinhaltete, ein System, das er schließlich nach Frankfurt übertrug. Im Gegensatz zu den vormodernen, traditionell eingestellten Rabbinern, die sich auf den Talmud konzentrierten, betonte er das Studium der Hebräischen Bibel und schrieb Kommentare dazu – was ihn später in Konflikt mit seinen Gemeindemitgliedern bringen sollte, als er Oberrabbiner von Böhmen und Mähren war (1846–1851). Tadelnd sagten sie über ihn: „Er lernt Tillim und sogt Gemore" – er studiere Psalmen und zitiere nur den Talmud, während es in der Tradition natürlich heißt: „Man sogt Tillim und lernt Gemore" – man zitiert die Psalmen und studiert den Talmud. Hirsch hatte sich selbst gegen die „althergebrachten" jüdischen Sitten, „Amulettenkram zur Abwehrung physischer Übel oder zum Aufbau mystischer Welten", gestellt.[18] Gleichzeitig blieb seine Haltung gegenüber der Halacha kompromisslos orthodox. Seine einzige Verbindung zum organisierten Judentum bestand also im orthodoxen Teil. Das mag teilweise seine auch bis ins einzelne geführte halachische Position erklären, die er der Abspaltung gegenüber einnahm (wir werden das weiter unten erläutern). Er musste dem Rabbiner vom „alten Schlag", Rabbiner Seligmann Bamberger, beweisen, dass seine Gelehrsamkeit in Talmud und den Schriften genauso groß war wie die seines Herausforderers.

Hirschs Vorgesetzte im Religionsministerium waren sehr ungehalten. Sie dachten, dass Hirsch seiner Pflicht, die Juden zu akkulturieren und zu loyalen Untertanen zu erziehen, nicht nachkomme. Im Jahre 1831 empfahl das Ministerium dem Großherzog, Hirsch zu entlassen.[19] Dies geschah dann zwar nicht, aber Hirsch musste wesentliche Einschränkungen hinnehmen, und die Entlassungsdrohung hing für den Rest seiner Amtszeit in Oldenburg über ihm wie ein Damoklesschwert. Schließlich war er gezwungen, Oldenburg zu verlassen.

1836, kurz nachdem die Einlassung abgewendet worden war, veröffentlichte Hirsch sein erstes Buch, *Neunzehn Briefe über Judentum*. Man kann es als eine apologia pro vita sua betrachten, die nicht nur an die Juden, sondern auch an seine Vorgesetzten gerichtet war.

Die *Neunzehn Briefe* zeigten im Wesentlichen, dass die Orthodoxie der einzig wahre Weg zur Staatsbürgerschaft sei, weil die Tora befehle, dass der Jude sich mit ganzem Herzen dem Staat verpflichten müssen. Die Gebote der Tora, die Hirsch skizzierte, waren Mittel zur Akkulturation und dienten der Sicherung bleibender Loyalität. Er griff die Reformbewegung als zerstörerisch für das Judentum an. Wir können daraus schließen, dass Hirsch implizit auch vermitteln wollte, dass der Patriotismus nichtorthodoxer Juden nicht einwandfrei war;

18 Samson Raphael Hirsch: *Neunzehn Briefe über Judentum*, Berlin 1920, 3. und 17. Brief.

19 Trepp a.a.O.: S. 126 ff.; Hirsch: *Neunzehn Briefe*, 15. Brief.

vielleicht hat er sich selbst eingeredet, dass Loyalität dem Staat gegenüber die Abspaltung von nichtorthodoxen Juden verlangte.

Hirsch Einstellung war, dass das Judentum den „Israel-Menschen", den *Jissroel-Mensch,* hervorbringen würde, der gegen seinen „nicht-jüdischen Bruder Liebe im Herzen trägt [...] in Tat und Wort [...] wie es deine Thauroh dich lehrt".[20] Eine Grabsteininschrift, die er entworfen hatte, pries den Verschiedenen dafür, dass er das „Wohlergehen der Nichtjuden gefördert habe".[21] Hirsch bezog sich auf Jeremia 29:5–7 und betonte, dass es dem Juden von der Tora geboten war, ganz im Staat aufzugehen und niemals „das eigene Wohl [...] getrennt von des Staates Wohl zu achten".[22] Dem Juden war es also nicht gestattet, seine Rückkehr in das Land Israel voranzutreiben, ein Ereignis, das wunderbarerweise am Ende der Zeit geschehen würde. Er war jedoch verpflichtet, für das Nahen dieser Zeit zu beten.

Hirschs *Neunzehn Briefe* zeigen, dass er zu diesem Zeitpunkt schon militant gegen die Reformbewegung eingestellt war, dass er die Notwendigkeit erkannt hatte, die weltliche Kultur mit dem Judentum zu verbinden, dass er die Macht des säkularen Staates erkannt hatte, ihn bei der Verwirklichung seiner Ziele zu unterstützen oder zu behindern, und dass er schon großes Selbstvertrauen erworben hatte. Er glorifizierte sich als einsamen Streiter, der die ganze Welt gegen sich hatte: „Ich habe den Weg zum Aufbau des Judentums [als Wissenschaft in meinem Innern] fast ganz allein gemacht."[23] Widerspruch konnte er nicht ertragen, und er hatte unter den Oldenburger Juden, deren absolutistischer Herrscher er per Gesetz war, auch keinen kennengelernt. Diese Charaktereigenschaften kamen zur vollen Entfaltung, als er sich endgültig von der Frankfurter Gemeinde trennte – mit Hilfe des Staates – sowie in seiner Kontroverse mit Bamberger. Hirsch „deutschte" die Orthodoxie „ein" und konnte das nur erreichen, weil er an einer radikalen orthodoxen Position festhielt, die ihn aller Zweifel an halachischen Kompromissen mit der nicht-jüdischen Welt von vornherein enthob. Gleichzeitig standen einige seiner Ideen der Reformbewegung nahe. So verschob er die Hoffnung auf *Schiwat Zion* in eine eschatologische Zukunft, verbunden mit dem Verbot, etwas für das Nahen dieser Zeit zu tun, und führte Veränderungen in den äußeren Formen des Synagogengottesdienstes ein.

Liberale Rabbiner und liberale Gemeinden

Viele seiner Rabbinerkollegen teilten Hirschs Ansichten nicht. Einige, wie Geiger und Holdheim, waren Anhänger radikalerer Reformen. Wieder andere, angeführt von Zacharias Frankel und dem Historiker Heinrich Graetz, einem Schüler Hirschs, begründeten eine „positivistisch-historische" Bewegung, die

20 Hirsch: *ebd.*
21 Trepp: S. 202 ff.
22 Hirsch: *ebd.*, 16. Brief.
23 Hirsch: *ebd.*, 19. Brief.

ein ideologischer Wegbereiter dessen war, was man heutzutage das „konservative Judentum“ nennt. Sie wurde das vorherrschende „Bekenntnis“ des deutschen Judentums. Für Hirsch gehörten alle gleichermaßen zur Reformbewegung und fielen unter den Bann. Hirsch nahm an keiner Rabbinersynode teil.

Gemeindereformen

Anfangs waren viele Rabbiner und Laien unter den Gemeindevorstehern radikal eingestellt. Diese Männer hatten es sich mit großem Eifer zur Aufgabe gemacht, das Judentum an ihre neue Umgebung anzupassen. Für sie war die messianische Zeit mit der Emanzipation angebrochen, und Deutschland wurde nun als das Heimatland angesehen. Gebete für *Schiwat Zion,* die Rückkehr in das Land Israel, sowie für das Kommen des Messias und die Wiederherstellung des Tempels mit dem Opfergottesdienst sollten abgeschafft werden. Die Halacha sollte radikal revidiert werden.

Die missliche Lage der orthodoxen Juden

Die orthodoxen Juden fühlten sich um ihre Rechte betrogen. Wenn sie eine orthodoxe Synagoge und orthodoxe Institutionen wie Mikwe, Schechita etc. beizubehalten versuchten, mussten sie diese als private Gesellschaften aus eigenen Mitteln finanzieren, während sie gleichzeitig gezwungen waren, Steuern an die Gemeinde abzuführen. Sie wurden schikaniert. Als die orthodoxen Juden von Mainz eine solche Gesellschaft gründeten, wurde es ihrem Rabbiner Dr. Markus Lehmann auf Wunsch des „großherzoglichen Oberrabbiners“ der Hauptgemeinde Aub verboten, sich „Rabbiner“ zu nennen. Er war höchstens „Prediger *in* der Gesellschaft“.[24]

In Frankfurt baute eine private Religionsgesellschaft, die unter Hirschs Führung 1851 gegründet wurde, eine Synagoge mit tausend Plätzen, öffnete eine bald anerkannte Oberschule mit einer Schülerzahl von 470 Zöglingen und sorgte für alle Bedürfnisse orthodoxer Juden.[25] Verärgert über die Verpflichtung, an die staatlich anerkannte Gemeinde Steuern zu zahlen, arbeitete Hirsch auf eine Gesetzesvorlage hin, die eine Abspaltung erlauben würde, und erreichte sie. Sein Ruf war nicht weniger als die Forderung nach Gewissensfreiheit für alle.[26] Diese Abspaltung gereichte so zum dauernden Vorteil für das deutsche Judentum und für das Judentum als Ganzes. Sie zwang die offiziellen Gemeinden, die Bedürfnisse ihrer orthodoxen Mitglieder zu berücksichtigen, wenn diese wünschten, sie beizubehalten. Das Vorherrschen eines traditionellen Judentums in Deutschland mag sehr wohl eine ihrer Folgen darstellen.

---

24 Paul Arnsberg: *Die jüdischen Gemeinden in Hessen*, Frankfurt 1971, S. 22 ff.

25 Hirsch: Der Austritt aus der Gemeinde, in: ders., *Gesammelte Schriften*, IV, S. 317.

26 Hirsch: Das Prinzip der Gewissensfreiheit, in: *ebd.*, S. 267 ff.

Die ersten Folgen der Spaltung und der Konflikt mit Bamberger

Aufgrund des Gesetzes von 1876 waren die orthodoxen Juden Frankfurts in der Lage, sich von der Gemeinde zu trennen und Hirschs Religionsgemeinschaft beizutreten. Die führenden Mitglieder der Gemeinde hatten Angst, eine große Anzahl angesehener und reicher Juden zu verlieren, und waren daher nun zu weitreichenden Zugeständnissen bereit. Der orthodoxen Gruppe wurde verbindlich zugesichert, dass ihr alle Institutionen, die sie benötigte, zugestanden würden und dass diese einzig und allein der Führung und Aufsicht eines orthodoxen Rabbiners und einer Kommission unterstehen würden, obwohl sie ganz von der Gemeinde finanziert werden sollten. Jüdische Einheit würde in der Einheitsgemeinde erhalten bleiben. In flammenden Worten ließ Hirsch seine offizielle Entscheidung als מרא דאתרא, Rabbiner seiner Religionsgesellschaft, verlauten, dass die Halacha jeden Anschluss an die Gemeinde, sogar unter diesen Bedingungen, untersage. Eine Anzahl angesehener Mitglieder von Hirschs Gemeinde jedoch blieb unwillig: Sie wollten nicht, indem sie sich abspalten, einen Bruch innerhalb des jüdischen Volkes vollziehen und entschieden sich zur Mitgliedschaft in beiden Gemeinden, was ein Rückschlag für Hirsch bedeutete. Um sie von der halachischen Notwendigkeit der Spaltung zu überzeugen, gingen einige gute Freunde Hirschs, wahrscheinlich auf Anregung von Hirsch selbst, nach Würzburg, um Rabbiner Seligmann Baer Bamberger zu überreden, nach Frankfurt zu kommen, die Situation zu untersuchen und dann ein halachisches Urteil zu verkünden.

Seligmann Baer Bamberger[27]

Bamberger (1807–1878) war die führende talmudische Autorität in Deutschland. Als Gelehrter der „alten Schule“ stand er nichtsdestotrotz in engem Kontakt mit der Welt. 1836 hatte er die Interessen des „toratreuen“ Segments bei einer Konferenz von Honoratioren vertreten, die der bayerische König einberufen hatte. 1840 wurde er zum Rabbiner von Würzburg gewählt, gegen die Opposition des liberal eingestellten Teils der Gemeinde. Offensichtlich war er fähig, mit ihnen auszukommen, was diplomatisches Geschick erforderte. Die Würzburger Gemeinde blieb bis zu ihrem Ende orthodox. Bamberger errichtete eine jüdische Grundschule in seiner Stadt und gründete später ein Lehrerseminar zur Ausbildung staatlich anerkannter Volksschullehrer, die gleichzeitig streng orthodox waren und in den Gemeinden als *Chasanim* und *Schochatim* fungieren konnten.

Bamberger hatte 1872 ein Gutachten unterzeichnet, das von 390 Rabbinern als Antwort auf eine Anfrage von Rabbiner Solomon Spitzer aus Wien verfasst worden war. Das Gutachten bestimmte, dass ein orthodoxer Jude die Gemeinde verlassen musste, wenn sie Reformen verlangte wie die Eliminierung der Hoff-

27 Josef Heller: Art. Seligmann Baer Bamberger, in: *Encyclopädia Judaica, III*, (1929), S. 1016 f.

nung auf die Rückkehr der Juden ins Heilige Land, das Kommen eines persönlichen Messias und die Wiederherstellung des Opfergottesdienstes. Solche Reformen bedeuteten Abtrünnigkeit vom Glauben.[28] Hirschs Freunde waren daher sicher, dass Bamberger Hirschs Entscheidung unterstützen werde.[29] Seine Meinung würde Gewicht haben.

Der „Würzburger Rav" gab nach anfänglichem Zögern schließlich nach, kam nach Frankfurt, nahm Rücksprache mit mehreren orthodoxen Juden und ließ schließlich eine Entscheidung verlauten, die für Hirsch niederschmetternd war. Bamberger verfügte, dass angesichts der bindenden Zusagen, die den orthodoxen Mitgliedern von der Führung der Frankfurter Gemeinde gemacht worden waren, es halachisch unnötig sei, aus der Gemeinde auszutreten.

Die Konsequenzen aus Bambergers Schiedsspruch

Bambergers Entscheidung bewahrte die Einheit des jüdischen Volkes. In den größeren Städten wurden Einheitsgemeinden errichtet. Beziehungen zwischen den einzelnen Gruppen waren unvermeidlich. Während die liberale Fraktion von einer Radikalisierung ferngehalten wurde, blieb die orthodoxe Fraktion der allgemeinen Kultur eng verbunden. In der Regel verkündete das orthodoxe Rabbinat strenge halachische Entscheidungen, die die beiden Gruppen trennten.

Die orthodoxe Fraktion der Frankfurter Gemeinde wurde von herausragenden Männern und *Talmide Chachamim* geführt: Rabbiner Marcus Horowitz, Rabbiner Anton Nehemiah Nobel und Rabbiner Jacob Hoffmann. Hirschs Gemeinde blühte, und einige andere Gemeinden folgten diesem Vorbild. Die Adass-Jisroel-Gemeinde in Berlin war eine von ihnen, aber das Rabbinerseminar, ein Spross der Gemeinde, das von dem berühmten Rabbiner Ezriel Hildesheimer gegründet worden war, erlaubte seinen Abgängern, Stellen in den orthodoxen Synagogen der Einheitsgemeinden anzunehmen.

Die Bedeutung der Abspaltung Hirschs muss sehr hoch eingeschätzt werden. Nur durch Hirschs Erfolg war die liberale Führung bereit, den Bedürfnissen der orthodoxen Juden entgegenzukommen. Wenn der orthodoxe Teil gezwungen worden wäre, innerhalb der Gemeinde zu verbleiben, wäre er vielleicht langsam verschwunden.

Die Kontroverse – Hirschs Eingangsargumentation[30]

Hirsch unterscheidet zwischen Institutionen und einzelnen Personen. Was die Institutionen betrifft, ist jeder Kompromiss durch die Tora verboten, aber einzelne Personen brauchen nicht gemieden zu werden.

---

28 Gutachten, Nachdruck in: Hirsch: *Gesammelte Schriften, IV,* S. 359 f.

29 *Ebd.*: S. 340 f.

30 Hirsch: Offener Brief an Sr. Ehrwürden Herrn Distrikts-Rabbiner S.B. Bamberger, in: *ebd.*: S. 331–358.

Belegstellen

Hirsch gründet seine Einstellung auf das Prinzip מינות ואפיקורוסות, „Häresie und Apostasie". Eine Gemeinde, welche die Hoffnung auf das Kommen des Messias sowie auf die Einsammlung des jüdischen Volkes aus dem Exil und die Wiederherstellung des Opfergottesdienstes aufgibt und welche die Vorstellung propagiert, daß die *Mizwot* der Tora veraltete Praktiken darstellen, ist der מינות schuldig. Im Umgang mit solch einer Gemeinde ist empfohlen: הרחק מעליה דרכך („wahre Abstand von [dieser Gemeinde]") und כל באיה לא ישובון („alle, die zu ihr kommen [sich mit ihr verbinden], sollen nicht zurückkehren [zum wahren Judentum]").

1. Er zitiert Rabbi Tarphon: „Selbst wenn jemand ihn verfolgt, um ihn zu töten, oder eine Schlange ihn verfolgt, um ihn zu beißen, soll er zu ihren [der Heiden] Häusern [Gotteshäusern] fliehen, aber nicht ihre Häuser [nämlich der מינים] betreten. Denn diese [Abtrünnigen] kennen Gott und leugnen ihn, während die anderen [die Heiden] Gott nicht kennen und ihn [deshalb] leugnen." (T.B. Schabat 116a). 2. Rabbi Ischmael ließ es nicht zu, dass sein Neffe, der von einer Schlange gebissen worden war, von einem Abtrünnigen geheilt werde, und zog es vor, ihn sterben zu lassen, obwohl er es zugelassen hätte, dass er von einem Götzenanbeter geheilt worden wäre, „denn Häresie ist verführerisch, und man kann von ihr angelockt werden" (T.B. Awoda Sara 27b). 3. Jeder Anschein von Anerkennung von Awoda Sara muss peinlich genau vermieden werden. Der Schulchan Aruch bestimmt daher: „Ein Jude soll nicht an einem Essen teilnehmen, das von einem Götzendiener gegeben wird, selbst wenn der Jude sein eigenes koscheres Essen mitbringt und seinen eigenen Diener, der ihn bedienen soll" (Jore Dea 152:1). „Er soll sich nicht als Götzendiener bekennen, selbst wenn es ihn das Leben kosten könne, und er soll den Eindruck, einer [ein Götzendiener] zu sein, nur vermitteln, wenn sein Leben tatsächlich in Gefahr ist" (Jore Dea 157:2).

Hirschs Kommentar

Die Kultstätte eines Götzendieners ändert nicht ihren Charakter, auch wenn eine Mesusa an der Tür befestigt ist. König Ahabs Schandtaten wurden nicht durch die Tatsache gemildert, dass er den Altar Gottes nicht vom Tempel entfernt und „nur" einen heidnischen Altar daneben errichtete (II Könige 16).

Hirsch übersetzt אלה אלהיך ישראל (Ex 32:4) so: „Man kann mit verschiedenen Arten der Anbetung Gott dienen, die unterschiedlich in ihren Grundsätzen sind, aber mit jeder kann man seine Pflichten Gott gegenüber erfüllen." Das ist absurd: Das Vorhandensein einer orthodoxen Synagoge neben einer liberalen erscheint Hirsch genauso absurd wie das Nebeneinander der zehn Gebote mit dem goldenen Kalb. Die Mehrheit der Mitglieder der offiziellen Gemeinde kann eine עיר נידחת (Dtn 13:13ff.) darstellen, eine Gemeinde, die von Schurken unterwandert ist und völlige Ausrottung verdient. Solch eine Gemeinde würde dieses Merkmal nicht verlieren, selbst wenn sie eine orthodoxe Gemeinde und ein Bet ha-midrasch für die Minderheit tolerierte.

Was einzelne Personen betrifft, ist Kompromiss möglich

Während jedweder Kontakt mit „Reformiertem" verboten ist, erstreckt sich dies nicht auf die Juden, die der Reformbewegung folgen. Es wird gelehrt, נכרים שבחוץ לארץ לאו עובדי עבודה זרה נינהו („Nichtjuden außerhalb des Landes Israel werden nicht als Götzendiener betrachtet") und אין מינין באומות („es gibt keine Häretiker unter den Nichtjuden"), da sie nichts anderes tun, als den Sitten ihrer Eltern zu folgen. Dasselbe gilt für die zweite und dritte Generation der zeitgenössischen nichtorthodoxen Juden. Hirsch zitiert als Beleg Maimonides:

Die Kinder und Kindeskinder derjenigen, die vom Wege abgewichen sind, deren Eltern sie auf Irrwege geführt haben und sie als Karaiten erzogen haben [...] , können betrachtet werden, als ob sie in Haft wären [...] es ist angebracht, dass wir sie zur Reue führen und sie uns mit Worten des Friedens nahebringen, bis sie zu den Grundlagen der Tora zurückkehren (Hilchot Mamrim 3:2).

Bambergers Meinung[31]

Bamberger verurteilt die Änderungen im Reformgebetbuch als מינות ואפיקורוסות, vorausgesetzt, sie haben sich nicht aus Unwissenheit, sondern mit Absicht ergeben, להכעיס. Im wirklichen Leben kann dieser Unterschied einfach ermittelt werden. Wenn eine Gemeinde die Mittel hat, ihren orthodoxen Mitgliedern gerecht zu werden, indem sie die Institutionen errichtet, die sie benötigen, aber die Tora leugnet und sie willentlich ihrer Institutionen beraubt, fällt sie in die Kategorie der מינות ואפיקורוסות. Wenn sie jedoch verbindliche Garantien anbietet, dass sie aus dem Gemeindebudget alle Institutionen bezahlt, die die orthodoxen Mitglieder benötigen und sie diese unter die Jurisdiktion eines eigenen orthodoxen Rabbiners und einer Kommission stellt, kann sie nicht der מינות angeklagt werden. Solch eine Gemeinde erkennt die Forderungen der Tora, die sie an ihre Mitglieder stellt, als richtig an und ist sogar bereit, sie zu unterstützen. Auf diese Weise entfernt sie von sich den Makel, eine willentliche Leugnerin der Wahrheit der Tora zu sein. Bamberger scheint darauf hinzuweisen, dass vom orthodoxen Standpunkt die Reformen auf ein anderes, wenn auch falsches, Verständnis von פוסקים und אגדה gegründet sind, aber dass der Anspruch der Tora nichtsdestoweniger anerkannt wird. Daher ist eine Abspaltung der orthodoxen Juden nicht länger erforderlich.

31 Offene Antwort des Distrikts-Rabbiners Seligmann Baer Bamberger zu Würzburg auf den an ihn gerichteten offenen Brief Sr. Ehrwürden des Herrn S.R. Hirsch, in: *ebd.*: (Anhang), S. 539–567.

Belege

Als Beleg zitiert er die Kontroverse zwischen Maimonides und seinen Nachfolgern. Für Maimonides ist ein Jude, der Gott einen Körper zuschreibt, ein מין (Hilchot T'schuwah 3:7). Dies wurde jedoch von Rabbi Abraham ben David aus Posquières, „Rabad", angefochten, der vorgebracht hatte, dass viele große Meister diesen Glauben gehabt hätten (nämlich den, Gott einen Körper zuzuschreiben). Solch ein Irrtum, der von einem fehlerhaften Verständnis von פוסקים oder דברי אגדה herrührt, macht einen Menschen nicht zu einem מין (siehe Rabads Glosse zu Maimonides). Josef Karo in einer Glosse in *Kessef Mischne* wiederholte Rabads Meinung und fügte hinzu, dass selbst Maimonides, wenn man ihn richtig lese, so verstanden werde könne. Bamberger führt als weiteren Beweis die *T'schuwot Maharil* zu Kelim 17:16 an. Jemand, der die Tora übertritt, nicht, weil er sie leugnet, sondern weil er sie missversteht, handelt verwerflich, ist aber kein Häretiker, und es wird nicht verlangt, dass man sich von ihm absondert.

Gegen Hirschs Belege

Rabbi Tarphons Erklärung (Schabat 116a) bezieht sich nicht auf Juden, die unautorisierten Wegen innerhalb des Judentums folgen, sondern auf diejenigen, die zum Götzendienst konvertiert und daher keine Juden mehr waren. Wie Raschi erläuterte, hatten sie überarbeitete Exemplare des Tanach hergestellt, die ihre Forderungen unterstützen sollten, um Juden für ihre Ideologie zu gewinnen. Sie sollten noch rigoroser als die Heiden gemieden werden.[32]

Rabbi Ischmaels Fall (Awoda Sara 27b) bezieht sich auf dieselbe Personengruppe, wie es klar aus Raschis Erklärung und auch aus der Rambans, Ritwas und Tur Schulchan Aruch 155 hervorgeht. Der Rabbi hinderte seinen Neffen daran, einen Arzt aufzusuchen, der das Judentum zugunsten eines anderen Glaubens verlassen hatte, damit man nicht glauben solle, daß dieser ihn durch die Kraft seiner neuen Religion geheilt hätte. Nach Raschis Meinung bezieht sich der Terminus מין nur auf einen abgefallenen Juden, der danach strebt, einen Juden zu einer fremden Religion zu konvertieren.[33] Solche Stellen lassen sich nicht auf die

32 In Wirklichkeit gibt nicht Raschi diese Erläuterung, sondern die Gemara, die weiter unten auf derselben Seite in diesem Zusammenhang fortfährt, daß Rav niemals zu *le ve nizfe* ging, womit das Haus der Nazarener gemeint ist, d. h. der Judenchristen, und der Rabbi Meir nannte das Testament des Hl. Matthäus Even gilajon – einen Stolperstein aus Papier, während Rabbi Jochanan es *Avon gilajon* – Sündenpapiere – nannte. Dieser Text taucht nicht in den gängigen, zensierten Ausgaben des Talmud auf, sondern wird in der Übersetzung von Lazarus Goldschmidt wiedergegeben, die auf der Bombergedition und verschiedenen Manuskripten beruht. Hirsch und Bamberger haben sie wahrscheinlich nicht gekannt.

33 Der Arzt, der sich anbot, den jungen Mann zu heilen, wird Jakob von Kfar Hanania genannt, also der Apostel Jakob (T.B. Awoda Sara 27a). Die Judenchristen nahmen an vielen Disputationen mit den Rabbinen teil: „Rabbi Eliezer sagte: Einmal ging ich zum oberen Markt von Sepphoris und traf dort einen *der Schüler des Jesus von Nazareth,* dessen Name Jakob aus

Reformjuden anwenden, sondern beziehen sich auf die Judenchristen, obwohl Bamberger es vermeidet, die frühen Christen zu erwähnen, da er damit rechnet, dass sein offener Brief in der allgemeinen Presse veröffentlicht werden würde.

Der Schiedsspruch des Schulchan Aruch, der es einem Juden verbiete, den Eindruck zu erwecken, er sei mit Götzendienern einer Meinung, ist nicht anwendbar, zunächst, weil Reformjuden keine Götzendiener sind. Darüber hinaus machen es die orthodoxen Juden, die in der offiziellen Gemeinde unter der Bedingung verbleiben, dass sie ihre eigenen Institutionen haben, offenkundig, dass sie der Reform entgegentreten und sie verabscheuen und dass ihre Verbindung den Zweck hat, die Einheit die jüdischen Volkes zu erhalten und ihre nichtorthodoxen Freunde auf die Wege des traditionellen Judentums zurückzuführen. Das ist im Sinne des Maimonides. „Spaltung wird daher nicht verlangt, noch können nicht Spaltungswillige als Böswillige betrachtet werden."

Hirschs Gegenrede

Hirsch greift diese Belegstelle auf und versichert, dass sie seine Haltung bekräftigen. Er stellt fest, dass min nur ein höherer Grad von מומר ist, und dass die Termini מין und אפיקורוס, weil schlecht definiert, untereinander austauschbar sind. Dies ermöglicht ihm, jede Quelle zu benutzen, in der einer der beiden Termini auftaucht. Diese Termini beziehen sich nur auf Juden, was bedeutet, dass man sie auf Reformjuden anwenden kann. Der Fall Rabbi Eliezers untermauert dies (siehe Fußnote 33). Es ist irrelevant, ob ein Jude offiziell zu einem anderen Glauben konvertiert ist oder nicht. Nach jüdischem Gesetz bleibt er Jude. Diese Termini können allerdings nur auf Juden angewendet werden. Und diese Juden befinden sich außerhalb der Gemeinschaft: „Ein Jude, der bereitwillig Götzendienst angenommen hat, hat die ganze Tora verworfen, und genauso ist es mit den Abtrünnigen unter den Juden. Solch eine Person soll nicht mehr betrachtet werden, als gehöre sie zu Israel" (Mischne Tora, Awoda Sara 2:5); „jeder, der nicht [den göttlichen Ursprung der] mündlichen Lehre bekräftigt [...] und jeder, der sagt, dass die Tora nicht vom Himmel kommt [...] und die Götzendiener; all diese sind aus der jüdischen Gemeinschaft ausgeschlossen" (Mischne Tora, Mamrim 3:1–2).

Nach Hirsch gibt es keinen Unterschied zwischen einem מומר עבודה זרה, einem Juden, der freiwillig den Götzendienst angenommen hat, und einem מומר לחלל שבת, einem, der den Schabbat übertritt, auch wenn es sich um לתיאבון, per-

---

Kfar Hanania war'" (Awoda Sara 17a). Nach Raschi war es „dieselbe Person, die unten auf Seite 27a erwähnt wird." Rabbi Eliezer ließ sich auf eine Diskussion mit ihm ein und wurde später während der Zeit der Christenverfolgungen als Christ festgenommen. Er betrachtete diese Prüfung als Strafe für seinen Umgang. Die oben kursiv gesetzten Worte sind in den meisten Talmudausgaben zensiert worden, so z. B. (Verlag Biblion, 1934) *Awoda Sara*, S. 483f. und Anm. 350, 518 und 113. Auch wenn weder Bamberger noch Hirsch diese Stelle gekannt haben, bekräftigt sie Bambergers Ansicht, dass der Talmud Juden meint, die formal zum Christentum konvertiert und aktiv in der Mission tätig waren. In Bezug auf Reformjuden können wir keine Schlussfolgerungen daraus ziehen.

sönlichen Vorteil oder „Appetit“ handelt (im Gegensatz zu ideologischen Gründen), und besonders, wenn dies aus Bosheit, להכעיס, geschieht. Reformjuden haben willentlich Häresien angenommen. Dies geht nach Hirsch aus ihren Gebetbüchern hervor, ihren Predigten etc. Ihre Erziehung propagiert Abweichung vom traditionellen Judentum. Sie sind daher gleichzusetzen mit jenen, die Götzendienst begehen, ja, sie sind eigentlich noch schlimmer. Jeder Kontakt mit ihnen muss vermieden werden: „Und die Abtrünnigen (אפיקורוס) [...] weichen vom Wege ab durch die törichten Begierden ihres Herzens, wie wir gesagt haben, bis sie aus Bosheit [oder willentlich] die Satzungen die Tora übertreten und [sogar] behaupten, ‚Es liegt keine Übertretung darin‘ [die Tora zu verleugnen]. Und es ist verboten, mit ihnen zu sprechen oder auf irgendeine Weise ihnen zu antworten“ (Mischne Tora, Awoda Sara 2:5).

Hirschs Argument, dass die Reformjuden mit Abtrünnigen gleichgesetzt werden sollen, die aktiv für den neuen Glauben unter den Juden missionierten, ist willkürlich. Ansonsten ist seine Argumentation wohl begründet und überzeugender als die Bambergers, besonders, wenn man bedenkt, dass auch Bamberger die Änderungen im Reformgebetbuch als häretisch verdammt, wenn sie nicht aus Unwissenheit, sondern willentlich (להכעיס) vorgenommen wurden.

Wir müssen annehmen, dass Bamberger von der Sorge um die Einheit Israels und von der Liebe zum jüdischen Volk motiviert war. Er wollte keinen Bruch herbeiführen. Letztendlich war er der Rabbiner einer Einheitsgemeinde, wenn auch einer orthodoxen mit einer größeren Anzahl nichtorthodoxer Mitglieder, für die er sorgen musste. Hirsch musste, im Gegensatz zu ihm, seine Entscheidung verteidigen und, wichtiger noch, das Überleben seiner eigenen, separatistischen Gemeinde. Hirschs Befürchtungen werden deutlich, wenn er zugibt, dass eine Abspaltung nur selten in einer kleineren Gemeinde vorkommen würde, in der der orthodoxen Minderheit die Mittel fehlten, alle benötigten Institutionen zu unterhalten.[34] Von seiner Argumentation und seinen Schlussfolgerungen ausgehend, hatte er keine Rechtfertigung dafür, orthodoxen Juden irgendwo zu erlauben, in einer Gemeinde zu verbleiben, die eine liberale Fraktion hatte. Wenn sie Verbindung mit „Götzendienern“ hatten, dann mussten diese Juden eben den Ort wechseln, wie Maimonides es in seinem Brief den jemenitischen Juden geraten hatte.[35] Wohl wissend, dass sie dies nicht tun würden, solange all ihre Bedürfnisse von der offiziellen Gemeinde erfüllt wurden, schloss er diesen Kompromiss, der seine ganze Argumentation in ein zweifelhaftes Licht rückt. Dieselben Überlegungen spielten sich vielleicht in Bambergers Kopf ab; unter diesem Aspekt erscheint seine Entscheidung logisch und mitfühlend. Er zog es vor, dass die Juden, die zu kleinen Gemeinden gehörten, mit rabbinischer Billigung statt mit Gewissensqualen in ihren örtlichen Gemeinden verblieben.

34 Hirsch: Prinzip, *ebd.*, S. 291.

35 „Epistle to Yemen“, in: Isadore Twersky, *A Maimonides Reader*, New York, 1972, S. 448 f.

Das Prinzip der Tora im Derech Erez

Hirsch äußerte Zweifel daran, dass Bamberger das Prinzip תורה עם דרך ארץ vertrete und machte ihn deshalb darauf aufmerksam, dass dies „das einzig wahre Prinzip“ sei, das zu „Wahrheit und Friede, zu Heilung und Genesung aus allem Siechtum und allen religiösen Wirren der Gegenwart führe.“[36] Er gab einen Überblick über die Tätigkeit seiner Gemeinde und hob besonders das Schulsystem hervor, das den Jugendlichen feste jüdische Überzeugungen und gleichzeitig eine menschlich-staatsbürgerliche Bildung vermittelte – eine Bildung, die dem Wahren und Guten in nichts nachstand. Diese jungen Leute, betonte er, seien „ein weithin leuchtendes, Begeisterung und Nachahmung weckendes Beispiel für die Neuerstehung und treue Bewährung des alten ewigen Judentums in allen Strömungen der Zeit“.[37]

Es ist schwer zu verstehen, warum Hirsch diese lange Erklärung in seine halachische Analyse einfügte. Er tat dies vielleicht, um die Öffentlichkeit auf seine Gemeindeinstitutionen aufmerksam zu machen. Letztendlich wurde sein Brief ja von einer allgemeinen Zeitung gedruckt. Aber warum beschuldigte er Bamberger, den Gedanken תורה עם דרך ארץ „nicht zu begünstigen“? Welche Verbindung bestand darin zu *Bambergers Schiedsspruch*?

Hirsch mag geglaubt haben, dass Bamberger den Gedanken der תורה עם דרך ארץ nicht als Aufgabe einer orthodoxen Gemeinde verstand, sondern darin ein Bedürfnis sah, das von der offiziellen Gemeinde befriedigt werden könnte. Wenn dies der Fall war, bekräftigt es Hirschs Überzeugung, dass das orthodoxe Judentum nicht überleben werde, es sei denn, es würde in die weltliche Kultur integriert. Eingedenk seiner traurigen Erfahrungen als Oberrabbiner von Böhmen und Mähren mag Hirsch vielleicht geglaubt haben, dass Bamberger seinen neuen Ideen feindlich gegenüber eingestellt war und ihre Verwirklichung in einer orthodoxen Gemeinde zu verhindern suchte. Bamberger antwortete, dass er den Gedanken unterstütze und verwies auf den Erfolg des Lehrerseminars, das er für jüdische Volksschullehrer gegründet hatte. Religionslehrer und Rabbiner brauchten eine gute weltliche Erziehung; jüdische Schulen müssten gegründet werden und wissenschaftliche und naturwissenschaftliche Disziplinen entwickeln – aber nicht auf Kosten einer gründlichen Pflege jüdischen Lernens. Bamberger und Hirsch betonen beide die Notwendigkeit einer weltlichen Bildung für Rabbiner, Lehrer und Juden im Allgemeinen, um das Überleben des Judentums zu garantieren.

36 Hirsch: *Offener Brief*, *ebd.* S. 354.
37 *Ebd:* S. 353.

Die Autorität des örtlichen Rabbiners

Bamberger hatte seine Rolle als Schlichter nur sehr zögernd angenommen. Er hatte Juden mit hoher Bildung befragt, die ihm ihre Gründe darlegten, warum sie in der staatlich anerkannten Gemeinde zu verbleiben wünschten. Er hatte Hirsch vorgeschlagen, einer jüdischen Tradition zu folgen, die auf die Zeit der Geonim zurückgeht, und drei Rabbiner einzuladen, die sich die Angelegenheit anhören sollten und dann einen für alle Parteien verbindlichen Schiedsspruch fällen würden. Hirsch wies den Vorschlag zurück und beharrte auf seinem Recht als מרא דאתרא und argumentierte gemäß Chulin 44: „Wenn ein Weiser entscheidet zu verbieten, ist sein Kollege nicht frei zu erlauben" – es sei denn, er kann beweisen, dass der, der entscheidet, Fehler in der Mischna, den Dezisoren oder in logischen Schlussfolgerungen gemacht hatte: טעות בדבר משנה פוסקים או בשקול דעתה (Schulchan Aruch, Jore Dea 242:31). Kein Rabbiner darf das Urteil eines Kollegen anfechten. Besonders als außenstehender Rabbiner hatte Bamberger also kein Recht, etwas für erlaubt zu erklären, was Hirsch als verboten erklärt hatte.

Bambergers Antwort

Bamberger seinerseits argumentierte so:

1. Der Chulin-Schiedsspruch existiere nirgends in der Lehre des Maimonides. Wenn man vom Grundsatz ausgehe, dass Rambam jede Halacha, die im Talmud zu finden ist, aufgenommen habe, bedeute ihr Nichtvorhandensein in der Mischne Tora, daß sie im Talmud selbst nicht vorkomme. Sie könne weder in Bet Josef noch im Schulchan Aruch (Jore Dea 242:31) gefunden werden. Daher gehöre sie nicht zum Kanon der grundlegenden Halacha. Da Rabbi Isserles sie in seine Kommentare aufnimmt, muss sie ernsthaft bedacht werden, aber Isserles entschied auch, daß bei Kontroversen zwischen Rabbinern folgender Grundsatz gilt: „Ein Verbot, das auf der Tora gegründet ist, soll streng ausgelegt werden; eines, das auf den Rabbinen gegründet ist [d.h. auf rabbinischen Quellen] soll weniger streng gehandhabt werden" (Choschen Mischpat 25:1). Es ist klar, dass der Grundsatz rabbinischer Autorität auf rabbinisches, nicht auf biblisches Gebot zurückzuführen sei" (ספיקא לקולא דרבנן: siehe T.B. Schabbat 34a: Eruvin 45b; Tohorot 4:11).
2. Darüber hinaus gelte das Prinzip nur, wenn beide Schlichter gleichen rabbinischen Rang hätten; wenn jedoch einer höher qualifiziert sei, würde nicht von ihm verlangt, sich dem Schiedsspruch des anderen zu unterwerfen. יש אומרים שאפילו השני גדול ממנו בחכמה ובמנין אינו יכול להתיר ויש מתירים בגדול ממנו – „Einige meinen, dass selbst wenn die zweite Autorität die erste an Weisheit oder Erfahrung übertrifft, kann sie nicht ein weniger strenges Urteil fällen, während die anderen das Recht der größeren [d.h. der angeseheneren] Autorität akzeptieren, ein weniger strenges Urteil zu fällen" (Choschen Mischpat 25:1; Sifte Kohen 50:3). Nach der Entscheidung von Rabbi Moses

Isserles, der oben erwähnt wurde, muss die Entscheidung לקולא sein, d.h. nach ויש מתירים בגדול ממנו.

3. Eine weitere Forderung wird in den Kodizes erhoben: חכם שאסר וחלה הוראתו ונתפשטה – „ein Weiser, der [etwas] verbot und dessen Urteil angenommen wurde und [weit] verbreitet wurde“ (Sifte Kohen Kizur, *Issur weheter*). Das wird von Bamberger so interpretiert, dass der Schiedsspruch allgemeine Akzeptanz und Verbreitung gefunden haben muss. Dies war nicht der Fall, besonders da angesehene תלמידי חכמים in Frankfurt von Anfang an dagegen gewesen waren: Bamberger erwähnt Rabbi Moscheh Mainz, den er als Halachisten für nicht weniger kompetent hielt als Hirsch. Mainz hatte Hirschs Schiedsspruch abgelehnt und gewünscht, in der Hauptgemeinde zu verbleiben. Hirschs Entscheidung sei deshalb analog dem Grundsatz שניהם היו בבית המדרש („sie beide waren im Lehrhaus“): d.h., solange die Angelegenheit noch im בית מדרש, in einem akademischen Kontext, diskutiert wird, darf jeder seinen Kollegen anfechten (Sifte Kohen, Anmerkung 52 und 55). Darüber hinaus fällt dies unter den Grundsatz des לא נתפשטה: Mangel an Verbreitung.
4. Außerdem lehrte Rabbi Isaak ben Joseph aus Corbeil, einer der Tosafisten, in seinem *Sefer Mizwot Katan* (S'mak, Par. 111), daß eine Autorität in der Tora für jeden, der um Rat frage, eine Entscheidung fällen müsse.
5. Schließlich beruht die Autorität des מרא דאתרא nach Talmud und Kodizes nicht auf einem Gesetz, Din, sondern auf Brauch, auch wenn es nicht üblich ist – לאו אורח ארעא – seine Autorität in Frage zu stellen. Bamberger brauchte deshalb Hirsch nicht einen Fehler in der Mischna, den Kodizes oder seinen eigenen logischen Schlussfolgerungen nachzuweisen – in welchem Fall sein Recht, Hirsch anzufechten, jenseits jeden Disputs war (loc. cit. Rema, Beer Hetev, Anmerkung 34, etc.). Bamberger, um ein Urteil gebeten, war sowohl berechtigt als auch verpflichtet, eine Entscheidung zu fällen – wenn auch seine Begründungen schwach sind, woraus man schließen kann, daß er sie einer bereits gefällten Entscheidung angepasst hat. Dies kann man aus Hirschs Entgegnung ersehen.

Hirschs Entgegnung

Hirsch eröffnet mit einem scharfen Angriff gegen Bambergers Anspruch, ihm an Weisheit und Gelehrsamkeit überlegen zu sein. Bamberger hatte dies tatsächlich hervorheben wollen, obwohl er diese Weisheit Rabbiner Mainz zugeschrieben hatte. Hirsch zitiert eine Baraita: „Da Schmeicheln sich sehr ausgebreitet hat [...] soll niemand zu seinem Freund sagen, ‚meine Werke sind besser als deine‘“ (T.B. Sota 41b – Hirsch lässt den mittleren Teil aus: „Gerechtigkeit wurde pervertiert und Werke korrumpiert.“ Er konnte davon ausgehen, daß Bamberger den gesamten Abschnitt kannte und die Anspielung verstehen würde). Es führt zur Selbsttäuschung. Wahrnehmung wird zu חריפות של הבל; Mangel an Fachwissen über eine Situation führt zu חריפתא שבישתא, der Rabbiner wird zum תלמיד חכם שאין בו דעה. Für sich selbst, so sagt Hirsch, beanspruche er keine Größe. Er preist jene, die eine Auseinandersetzung schmeichelnder Anerkennung vorziehen, die nicht brillieren in „Wettkämpfen von Schlauheit", die aber wissen, „wie man die Tradition der Halacha angemessen auswählt" und die wie der junge David den richtigen Stein für den richtigen Wurf wählen.

1. Bezüglich Bambergers Rat, drei Rabbiner zu einer bindenden Entscheidung zusammenzurufen, weist Hirsch auf die Meinung der „400" Rabbiner hin, die schon ihr Urteil im Falle Rabbi Spitzers getroffen hätten; er wirft Bamberger Arroganz vor, da er sich selbst als ein weiterer Eliezer ben Horkenos betrachte, dessen Meinung die aller anderen aufwiege (Awot 2:12).
2. Hirsch weist darauf hin, dass das Zitat von Choschen Mischpat (25:1) und Sifte Kohen (50:3) nur als Fazit verschiedener Entscheidungen verstanden werden soll, die im vorangegangenen Text gefällt wurden, und nicht als unabhängiger Schiedsspruch: Eine Entscheidung sagt aus, dass der Grundsatz *nicht* auf der Anerkennung der Ehre des ersten Rabbiners beruhe, der entschieden hatte zu verbieten, sondern auf der Tatsache, dass zum Zeitpunkt seiner Entscheidung der fragliche Gegenstand für immer verboten wurde; daher habe der zweite Rabbiner, auch wenn er gelehrter sei, keine Macht, diese Tatsache zu verändern. Die zweite Entscheidung berücksichtige in der Tat die Ehre des ersten Rabbiners. Diese Ehre wird nicht angetastet, wenn ein anderer Rabbiner, der anerkanntermaßen überlegen ist, eine Entscheidung gegen ihn fällt. Die Entscheidung des zweiten Rabbiners soll sich dann durchsetzen.
   Bamberger war der zweiten Entscheidung aufgrund der איסור דרבנן לקולא, איסור דאורייתא לחומרא gefolgt. Hirsch wirft die Frage auf, ob man es hier überhaupt mit איסור דרבנן zu tun habe. Er weist auf eine Entscheidung in Jore Dea (1:12) hin. Ein Schochet hat in Anwesenheit von Zeugen ein Tier geschlachtet. Ein Jude kommt und möchte Fleisch kaufen, aber der Schochet erklärt: „Du kannst es nicht kaufen, weil ich an ihm keine שחיטה vollzogen habe"; dann kann der Kunde das Fleisch kaufen und es essen, da der Schochet nicht als glaubwürdig betrachtet wird. Der Schochet selbst jedoch darf es nicht essen: שויה אנפשיה התיכה דאיסורא. Das ist מדאורייתא, aus der Schrift, und bildet die Grundlage von נדרי איסור im Allgemeinen, nämlich, dass נדרי איסור מדאורייתא ist. Jeder, der zu einem Rabbiner mit einer Frage geht, akzeptiert dessen Antwort als verbindlich. Das trifft umso mehr zu, wenn eine Gemeinde in ihren Statuten festlegt, dass ihr Rabbiner die ausschließliche Autorität in allen Gemeinde- und Privatangelegenheiten ist, die halachische Entscheidungen erfordern.

Hirsch bezieht sich auf den Grundsatz des Talmud:

הנשאל לחכם וטימא לא ישאל לחכם ויטהר לחכם ואסר לא ישאל לחכם ויתיר:

„Wenn ein Weiser etwas als unrein erklärt hat, soll der, der die Frage gestellt hat, nicht zu einem anderen Weisen gehen und ihn bitten, es für rein zu erklären; wenn einer [ein Weiser] es verboten hat, soll er nicht zu einem anderen gehen [mit der Bitte], er möge es erlauben" (Awoda Sara 7a).[38] Der gleiche Grundsatz, hebt Hirsch hervor, wird an anderen Stellen angeführt: Nida 20b, Chulin 44a und 49a, etc. In all diesen Fällen gilt die Entscheidung des ersten Rabbiners als endgültig, auch wenn der Fragende sie nicht annimmt, sondern zu einem zweiten Rabbiner geht. Darüber hinaus kann man nicht sagen, dass die Gültigkeit einer Entscheidung davon abhängt, ob sie weithin akzeptiert wird, denn alle diese Fälle sind Einzelfälle.

In den Fällen, die der Talmud behandelt, lebten beide Rabbiner in derselben Stadt. Die Entscheidung des ersten wurde sofort vor den zweiten gebracht, der das Urteil seines Kollegen als irrig betrachtete. Nichtsdestoweniger war es ihm nicht gestattet, es zu verwerfen. Der gelehrte Jude in Frankfurt hätte daher kein Recht, Hirschs Entscheidung zu verwerfen. Dies wäre nur möglich, wenn beide Rabbiner im Bet Midrasch sind und ihre Diskussion noch anhält; dann hat jeder das Recht, seine Meinung zu äußern.

3. חכם שאסר וחלה הוראתו ונתפשטה bedeutet nicht, dass „die Entscheidung allgemeine Zustimmung und Verbreitung gefunden haben müsse". חלה הוראתו bedeutet einfach, dass die Entscheidung gefällt worden ist, dass das Verbot ausgesprochen wurde. ונתפשטה bedeutet nur, dass die Angelegenheit sich bis außerhalb der Grenzen des Bet Midrasch erstreckt und nicht mehr von den Gelehrten dort diskutiert wird. Außerdem findet man ונתפשטה nicht im Kommentar des Sifte Kohen.

   Bamberger machte sich schuldig, talmudisches Gesetz zu übertreten, umso mehr, als er noch nicht einmal in derselben Stadt wohnte. Hirsch beschäftigt sich mit der Frage der Autorität des örtlichen Rabbiners, des מרא דאתרא. Das ist verständlich. Er hatte Grund zu befürchten, dass sich in wichtigen Fällen seine Mitglieder an einen anderen Rabbiner wenden würden, besonders wenn ein anderer orthodoxer Rabbiner als מרא דאתרא in einer halachisch legitimierten Gemeinde in Frankfurt eingesetzt würde, was auch tatsächlich geschah. Aufgrund seines Temperaments war er außerdem nicht in der Lage, eine andere Autorität zu dulden.

4. Bezüglich der Frage nach דרך ארץ eröffnet Hirsch seine Argumentation mit einem homiletischen Argument, das auf לאו אורח ארעא basiert. In Leviticus Raba 9 steht, dass sechsundzwanzig Generationen der Menschheit, die vor der Offenbarung der Tora gelebt hatten, von Gott am Leben erhalten wurden, weil sie דרך ארץ hatten; letzteres ist die Grundlage aller menschlichen Beziehungen und noch viel mehr unter Gelehrten. Hirsch zitiert die Mei-

38 Hirsch lässt den weitergehenden Text aus: „Das trifft nur zu, wenn beide, der, der es als unrein erklärt und der, der es als rein erklärt, der eine, der es verbietet und der andere, der es erlaubt, gleich sind. Wenn jedoch einer von ihnen größer an Weisheit oder Alter ist, folge man ihm; sonst folge man dem, der strenger ist."

> nung, „Kein Talmid Chacham hat das Recht, eine Entscheidung in der Gemeinde eines anderen zu fällen, weil dies nicht אורח ארעא (דרך ארץ ‚Höflichkeit‘) ist. Obwohl es nicht verboten ist, belegen wir ihn mit Bann und erlauben ihm aus diesem Grund nicht, es zu tun, weil die Gemeinde ihren ernannten Rabbiner hat“ (*Knesset ha-G'dola* zu Jore Dea 242:10). Hirsch lässt jedoch aus, dass diese Verfügung nur gilt, wenn die andere aufhebende Entscheidung ohne detaillierte Angabe von Gründen verkündet wird; wird jedoch eine Begründung gegeben, würde es erlaubt sein. Das war der Grund, warum Rav nicht die Erlaubnis erhielt, Entscheidungen über erstgeborene Tiere zu fällen (T.B. Sanhedrin 5a), weil er sich so gut auskannte, dass er sie ohne Erklärung fällte (Sifte Kohen, Anmerkung 17). Hirsch lässt auch eine Anzahl anderer Meinungen außer Acht (loc cit.).
>
> Durch eine Diskussion in Chulin 18b zeigt er, dass die Regel der örtlichen Praxis gelten soll, selbst wenn sie sich von anderen Ortschaften unterscheidet, was er wie folgt interpretiert: „In einem Ort, in dem ein Rabbiner eine Halacha zur Anwendung einführt, muss man seiner Entscheidung folgen, auch wenn die Praxis in anderen Gemeinden anders ist“ (Schilte Giborim). Auch wenn beide in *derselben* Gemeinde leben, hat der von der Meinung abweichende Rabbiner, der glaubt, dass sich sein Kollege in Angelegenheiten der Mischna geirrt habe, die Pflicht, zu ihm zu gehen und die Angelegenheit zu besprechen. Wenn es offensichtlich ist, daß der Rabbiner, der die Entscheidung getroffen hat, sich nicht geirrt hat, aber bei der Interpretation der richtigen Quellen zu einer anderen Schlussfolgerung gekommen ist, muss der andere einräumen, dass er, obwohl er anderer Meinung ist, nicht die Entscheidung seines Kollegen aufheben wird (*Rosch* zu Awoda Sara 100).

Mit diesen und ähnlichen Argumenten beweist er nicht nur Bamberger, sondern auch den Lesern seines Briefes in der Presse, dass Bamberger keinerlei Autorität hatte, dass sein Urteil nichtig wäre, selbst wenn er ein örtlicher Rabbiner wäre, und *a fortiori* nichtig ist, da es von einem Rabbiner stammt, der nicht aus demselben Ort ist, der die örtlichen Gegebenheiten nicht kennen kann. Gleichzeitig hat Hirsch sich gegen anderslautende Entscheidungen abgesichert, die an anderen Orten in Kraft treten. Sie wirken sich nicht auf Frankfurt aus.

Die innere Geschlossenheit von Bambergers Auffassung

Hirschs Argumente sind stärker und besser begründet als Bambergers. Beide boten natürlich die Belegtexte an, die ihre jeweiligen Behauptungen erhärteten. Hirsch konzentrierte sich dabei vorwiegend auf eine Frage: Wie konnte Bamberger, Mitunterzeichner der Antwort der „400“ Rabbiner an den Rabbiner von Wien, kategorisch zu erklären, dass es die Pflicht eines orthodoxen Juden sei, sich von der Gemeinde zu trennen, falls diese grundlegende Änderungen einführte, und dann diesem Juden zu erlauben, seine Mitgliedschaft in einer Frankfurter Gemeinde zu behalten, die genau dasselbe tat?

Hirsch übersah die Unterschiede zwischen den beiden Situationen. Wien hatte eine Gemeinde. Wenn sie ihre religiöse Praxis änderte, hatte ein orthodoxer Jude nur die Wahl auszutreten. Sonst hätte er keine spirituelle Heimat mehr. Die Frankfurter Gemeinde war bereit, diese Heimat zu schaffen. In Wien hatten diese Änderungen noch nicht stattgefunden. Es bestand die Hoffnung, dass eine eindringliche Warnung von einer großen Anzahl an Rabbinern sie verhindern könnte. In Frankfurt waren die Veränderungen schon eingetreten, und nun gab es unter den führenden Gemeindemitgliedern eine Bewegung, ihre Haltung zu revidieren und das Recht der Orthodoxen, einige Institutionen auf Kosten der Gemeinde einzurichten, anzuerkennen. Das war nun wirklich eine Form von *T'schuwah,* die unterstützt werden sollte, ungeachtet ihrer Motive. Schließlich hat Bamberger vielleicht bei seinem Besuch in Frankfurt eingesehen, dass eine Anzahl Juden, einschließlich Männer von großer talmudischer Gelehrsamkeit, einfach die Hauptgemeinde nicht verlassen wollten, um keine Spaltung innerhalb der Judenheit zu bewirken. Bamberger betrachtete es als wünschenswert, diesen Juden ein *heter* zu geben, statt ihr Gewissen zu belasten.

Die innere Geschlossenheit von Hirschs Auffassung

Hirsch hatte schon in seinen *Neunzehn Briefen* den Grundsatz verteidigt, dass Israel seit seiner Vertreibung aus seinem Land „kein anderes Einigungsband habe fortan als ‚Gott und seinen Beruf', das unverwüstlich, – weil Geist."[39] Ausgehend von dieser Hegelianischen Prämisse betrachtete er seine eigene Ideologie als Synthese, mit dem prä-Mendelssohnschen Judentum als These und dem Reformjudentum als Antithese. Für die Judenheit als Ganzes waren die Waagschalen noch in Bewegung. Er war sicher, dass sie sich zu seinen Gunsten neigen würden: „würden sie stillstehen, würden unsere Enkel in eine Sackgasse geraten, wie wir".[40] Die Einheit von Orthodoxie und Reform unter einem Dach behinderte jetzt jegliche Bewegung der Waagschalen. Dem musste man entgegentreten.

Hirsch, der ein scharfer Gegner der organisierten Reformbewegung war, hatte an keiner der Synoden teilgenommen. Mit der Errichtung einer Einheitsgemeinde wurde die Orthodoxie anerkannt, aber auch die Reformbewegung. Hirsch hat vielleicht die Reformjuden auch als unzulängliche Patrioten angesehen. Immer handelte er zuerst und fand die Gründe dann später. „Dann, wozu man unmittelbar im Leben aufgerufen, wäre dann für die Männer der Wissenschaft in der Wissenschaft und als Wissenschaft zu begründen. Das ist der Weg, den ich zu betreten gedenke."[41] In diesem Fall war der Weg die Halacha.

39 Hirsch: *Neunter Brief.*

40 Hirsch: *Achtzehnter Brief.*

41 Hirsch: *Neunzehnter Brief.*

Das Leben forderte nicht nur Hirschs Prinzipien, sondern auch seine Ängste heraus. Würde seine Gemeinde überleben, wenn eine andere orthodoxe Gemeinde gegründet und legitimiert würde? Während die Kontroverse auf halachischer Grundlage ausgetragen wurde, waren ihre Wurzeln soziologischer und psychologischer Natur. Sie verkörperten die Lebenserfahrungen beider Männer.

Einige Schlussfolgerungen

Sowohl Hirsch als auch Bamberger fordern ein Judentum, das ganz in die weltliche Kultur integriert ist. Hirsch hatte dieses Bedürfnis sein ganzes Leben hindurch erkannt, und seine Theologie baute darauf auf. Bamberger hatte dies aus pragmatischen Gründen akzeptiert. Weder Bamberger noch Hirsch jedoch billigten ein nichtorthodoxes Judentum als Lebensform. Beide Männer erkannten die ernste Gefahr, die dem Judentum durch einen unangefochtenen Alleinherrschaftsanspruch einer Richtung drohte. Der Alleinherrschaftsanspruch der Reformbewegung des 19. Jahrhunderts, ihr Bestreben, die orthodoxen Juden zu entrechten und sie ihrer lebensnotwendigen Institutionen zu berauben und dadurch Generationen von der heiligen Tradition zu entfernen, stellte eine ernsthafte Gefahr für das jüdische Volk dar. Bamberger stimmte zu, dass Hirsch recht getan hatte, das Gesetz von 1876 durchzusetzen und seine unabhängige Gemeinde als Herausforderung der offiziellen Gemeinde gegenüberzustellen. Hirschs eigener Alleinherrschaftsanspruch jedoch, der darin bestand, das nichtorthodoxe Judentum abzuschaffen, ist Bamberger wahrscheinlich als ebenso gefährlich für die Zukunft des jüdischen Volkes erschienen. Er selbst hatte ja alle Fraktionen seiner Gemeinde zufriedenstellen können.

Ein wichtiger, dauerhafter Kompromiss wurde von Bamberger gefunden: Ein Reformjudentum, welches das Recht der Orthodoxen auf ihre Lebensart anerkennt und dafür sorgt, ihre Bedürfnisse zu befriedigen, soll nicht gebannt werden. Es geht seinen Weg aufgrund von Interpretationen, die fehlerhaft sind, und indem es die Rechte der Orthodoxen billigt, erkennt es als legitim an, dass man das Judentum verschieden interpretieren kann. Orthodoxe Juden, die durch Organisationen an nichtorthodoxe Institutionen gebunden sind, können die Einheit des jüdischen Volkes erhalten und bringen vielleicht mit Erfolg einige ihrer nichtorthodoxen Brüder und Schwestern in den Schoß des traditionellen Judentums zurück.

Die Autorität des örtlichen Rabbiners kann in Frage gestellt werden. *Derech Eretz* zwischen Diskussionspartnern und verschiedenen Geistesschulen bildet die Grundlage des Gemeindelebens, wie Hirsch es richtig ausgedrückt hatte. Dagegen wird, zum Nachteil des jüdischen Anliegens, in der Praxis oft verstoßen, wie der Briefwechsel zwischen Bamberger und Hirsch zeigt.

Zudem kann man erkennen, wie flexibel die Halacha ist. Wenn die jüdischen Gemeinden unabhängig und frei von staatlicher Kontrolle, staatlicher Gesetzgebung und Aufsicht gewesen wären, wenn Rabbiner nicht von der Regierung ernannt worden wären, hätte sich das jüdische Leben in Deutschland des 19. Jahrhunderts in eine ganz andere Richtung entwickeln können. Es hätte sich vielleicht unmittelbar, pragmatisch und ohne Bitterkeit entfaltet.

Entwicklungen

Es war genau die Einheitsgemeinde zu Frankfurt, die sich an alle Juden wandte. Das Lehrhaus wuchs auf ihrem Boden und trug auf materielle Weise dazu bei, dass das Judentum in Deutschland eine neue Blüte erlebte und viele in seinen Schoß zurückkehrten. Rabbiner Anton Nehemiah Nobel zog viele Persönlichkeiten wie Franz Rosenzweig und Ernst Simon an und leitete sie auf ihrem Weg zurück zum Herzen des Judentums. Nobel beeinflusste auch Männer wie Martin Buber und Erich Fromm. Nobels Position als Rav einer in Klal Israel stehenden orthodoxen Gemeinde mag ihn als einen bewussten Zionisten auch bewogen haben, über seinen Lehrer David Hoffmann hinausgehend nicht nur das aktive Frauenwahlrecht, welches dieser gewährte, sondern auch das passive für erlaubt zu erklären.[42]

Hirschs Gemeinde fand sich selbst schließlich auf dem Weg zu osteuropäischer Frömmigkeit und Gelehrsamkeit, was sich in seiner Jeschiwa ausdrückt, die den Analysemethoden des Pilpul folgte, und was durch die Berufung eines Rabbiners deutlich wird, der hohes Prestige als Talmudgelehrter genoss, aber nur begrenzt mit der deutschen Kultur und Sprache vertraut war. Die Tragödie des Holocaust führte zu deren Ende und erlaubt uns nicht, eine mögliche Entwicklung zu verfolgen.

Hirschs Vision verwirklichte sich nicht – seine Vision einer integrierten Judenheit, die von der Welt geehrt und anerkannt wurde als ein Vorbild an Ethik („entfalte die edle Fülle deines *Jissroeltums* und [welcher Nichtjude] könnte dich dann nicht anerkennen und dich lieben?").[43] Seine halachischen Urteile haben Bestand. Das israelische Rabbinat lehnt in der Ära nach dem Holocaust Kontakt mit der weltlichen Kultur ab. Darin liegt eine gewisse Logik, wenn man die Verbrechen bedenkt, die diese Welt an den Juden verübt hat. Dabei wird jedoch übersehen, dass das Judentum innerhalb der Welt lebt. Das israelische Rabbinat besteht – wie Hirsch – auf einer radikalen Trennung vom nichtorthodoxen Judentum. Es unterschätzt, im Gegensatz zu Hirsch, die Bedeutung der ethischen Verpflichtung gegenüber Nichtjuden.

42 Ernst Simon: *Brücken*, Heidelberg 1965, S, 380. Ernst Simon schreibt darüber: „Daraufhin zog zum ersten Male eine gesetzestreue Frau in den Gemeindevorstand ein." Vertraulich erklärte er mir sein Motiv: „Frankfurt hätte noch warten können, aber Eretz Israel kann nicht mehr warten. Wir können das Land nicht aufbauen, ohne unseren Mädchen und Frauen Gleichberechtigung zu geben. Ich habe es für das Land getan." Hirschs Ausrichtung gegen den Zionismus, welche jede Aktivität zum Aufbau des Landes verbot, hätte diese Frage nicht aufkommen lassen. Das Rabbinat des Staates Israel ist bisher der Entscheidung Nobels nicht gefolgt.

43 Hirsch: *Fünfzehnter Brief.*

Bambergers pragmatischer Ansatz hat den Test der Zeit bestanden. Juden müssen miteinander in Verbindung bleiben. Das Judentum muss mit der Welt die Verbindung halten. Heute kann man beobachten, wie nichtorthodoxe Juden zu Grundsätzen zurückkehren, die früher abgelehnt wurden. Allen voran wird Klal Jisrael betont, der Glaube an die Rückkehr ins Land, die Anerkennung der Gültigkeit der Orthodoxie, eine erneute Wertschätzung des Hebräischen, das Studiums der Tora, traditionelle Formen beim Gottesdienst und im Leben. Die Beschäftigung mit Ethik als wesentliches Anliegen ist geblieben. Auch wenn Bambergers Hoffnungen Früchte getragen haben, sind seine Vorstellungen doch nur unvollständig realisiert worden.

Heinrich Graetz – Interpret der jüdischen Geschichte

Wie sich aus Trepps Zeilen ergibt, resümiert er mit diesem Beitrag, den er 1967 schrieb, nicht nur die Werke des Historikers Heinrich Graetz, sondern vor allem auch die Arbeit des Juden, der es verstand, für andere Juden so zu schreiben und ihnen etwas so mitzuteilen, dass sie es in ihrer Lebenswelt verstehen konnten. Im Grunde genommen schreibt Graetz ‚modern', so wie es heute viele renommierte Wissenschaftler tun, wenn sie einen populär-wissenschaftlichen Text veröffentlichen: Sie bringen sich selbst und ihre Erfahrungen ein. Schon damals haben die Menschen das als warm und ihnen entgegenkommend empfunden. Auch wenn Trepp mit den meisten seiner Ideen nicht einverstanden war, hielt er Graetz' Beitrag für wichtig – als einen Baustein für das große, nie fertige Bauwerk des Judentums. Mag er sich auch als auf Dauer nicht tragbar erwiesen haben, vielleicht war es gerade Graetz' gedanklicher Beitrag – durchdacht von ihm als einem hingebenden Juden – der andere Ideen hervorbrachte und zu anderen Gedanken führte, die sich als fruchtbar erwiesen. Nicht aufzuhören, neu zu denken, sich weiterzuentwickeln, Ideen zu entwerfen, Ideen zu verwerfen – das ist es, was aus Trepps Sicht das Judentum lebendig hält. Und er ehrt Heinrich Graetz für dessen Beitrag dazu.

Der 150. Geburtstag von Heinrich Graetz findet am 31. Oktober 1967 statt. Dieser Tag bietet Anlass für eine Bestandsaufnahme. Welchen Einfluss hatte er? Graetz war ein erfolgreicher Autor, biblischer Gelehrter, Lehrer und Historiker. Er ist am besten als Historiker bekannt. Sein umfassendes Werk „Geschichte der Juden von den ältesten Zeiten bis auf die Gegenwart", im Jahre 1848 verfasst, und sein dreibändiges Werk „Volkstümliche Geschichte der Juden" aus dem Jahre 1888 wurden weitläufig gelesen und in viele Sprachen übersetzt, unter anderem ins Englische. Sie sind immer noch verfügbar und werden auch benutzt. Besonders seine „Geschichte" wurde weithin von den jüdischen Immigranten, die aus Osteuropa kamen, gelesen. Für sie wurde dieses Werk zur Quelle der Stärke und Inspiration. Man kann auch heute noch mit alten Menschen sprechen, deren Worte des Lobes eine beinahe persönliche Zuneigung zum längst verstorbenen Autor ausdrücken. Beim Durchblättern der Seiten seines Werkes fanden sie den Mann und Menschen und entdecken in ihm einen Freund, einen Führer, und eine Quelle der Stärke in Zeiten der Not und des harten Kampfes, und vor allem durch die schmerzhafte Phase der Umstellung und allzu oft Anpassung hindurch.

Während Graetz von Tausenden einfacher Leute geliebt wurde, wurde er zur selben Zeit von Gelehrten scharf angegriffen. Subjektivität wurde ihm vorgeworfen, er erlaube es seinen eigenen Vorstellungen, seine Schriften einzufärben; er wurde für das Versagen kritisiert, sich selbst ausreichend mit der Geschichte der osteuropäischen Länder vertraut gemacht zu haben, und für sein Versäumnis, den ökonomischen und sozialen Kräften, die das Judentum gestaltet hatten, entsprechende Beachtung zu schenken. Sein Werk wurde schlicht als „Geschichte des Leidens und der Gelehrten“ bezeichnet.

Es ist denkbar, dass genau diese Subjektivität, die manchen Gelehrten ärgerte, den gemeinen Leser anzog. Denn durch die Seiten seines Werkes sprach nicht nur der Mann, sondern er sprach zu ihnen mit einer tiefen jüdischen Inbrunst. Graetz' Lebensgeschichte war in die Seiten seines Werkes eingewoben. Und dieser Mann spiegelte in seinem Leben und seiner Suche das jüdische Volk wider, in seinem Kampf um Anpassung, in der Suche nach der Bedeutung jüdischen Lebens in der modernen Welt und in der Sorge um das jüdische Überleben.

Der junge Graetz wuchs in der „Provinz Posen“ auf, einer polnischen Region mit großer jüdischer Bevölkerung. Die Provinz war jüngst Preußen einverleibt und somit in den Einflussbereich des Westens gebracht worden. Hier trafen westliche Kultur und jahrhundertealte jüdische Tradition aufeinander und begegneten sich in Dialog und Konflikt. Graetzs frühe offizielle Ausbildung lag ganz auf dem Feld traditioneller talmudischer Studien. Aber das Interesse für westliche Kultur führte ihn dazu, sich nebenher mit weltlicher Literatur und fremden Sprachen auseinanderzusetzen. Unvermeidlich fand er sich in einer spirituellen Krise wieder und war beinahe bereit, das traditionelle Judentum zugunsten der modernen und säkularen Lehre aufzugeben. Doch genau in diesem Zeit fiel ihm das Werk eines jungen deutschen Rabbiners in die Hände, Samson Raphael Hirsch, damals Landesrabbiner des Staates Oldenburg, der später Gründer und Anführer der Neo-Orthodoxie werden sollte. Hirsch war kompromisslos orthodox, und gleichzeitig offen für die Welt des Westens. Die Arbeit, die Graetz mit Leidenschaft studierte, trug den Namen *Neunzehn Briefe über Judent(h)um*. Darin machte Hirsch deutlich, dass das göttlich verwurzelte Erbe des Judentums mit all seinen Gesetzen und Regeln unantastbar und ewig war. Mit dieser Haltung war die Teilnahme des Juden an der Welt, ihrer Kultur, ihren Angelegenheiten, einschließlich der Auseinandersetzung mit ihrer Literatur und Kunst, nicht nur statthaft; sie war jüdischem Gesetz und jüdischer Tradition nach sogar Pflicht. Zu dieser Zeit war dies, wenn er auch notwendig war, ein revolutionärer Schritt; es ging darum, das orthodoxe Judentum in die moderne Welt zu bringen, man passte es an und bewahrte es so.

Für Graetz kam das Buch wie „ein rettender Engel [...] das das Eis der harten und furchtbaren Skepsis von meinem Herz abschmolz". In einem Brief bat er Hirsch, ihn als seinen Schüler anzunehmen. Hirsch willigte ein. Graetz ging nach Oldenburg, wo er drei Jahre blieb und einen Unterricht und ein Studium von einmaliger Intensität erhielt.

Schließlich jedoch wuchsen neue Zweifel in Graetz. Die Männer trennten sich als Freunde, Hirsch empfahl ihn sogar für einige Lehraufträge. Graetz ging nach einer Weile nach Breslau, wo er Erlaubnis erhalten hatte, sich zu immatrikulieren, obwohl er keinen höheren Schulabschluss hatte. Er war immer noch streng orthodox und verteidigte die Orthodoxie in mehreren Schriften gegen die Reformbewegung und ihre Vertreter. An der Universität lernte er die Philosophie Hegels kennen, ihr Eindruck war bleibend. Hegel hatte eine Philosophie der Geschichte entwickelt, er sah die Geschichte als Entfaltung des Absoluten, eine Rechtfertigung von Gott. Aber die Geschichte entwickelt sich nicht in einer geraden Linie. Es bewegt sich in These und Antithese zur Synthese, und jede Synthese wird zu einer neuen These in der aufwärts kreisenden Spirale der Geschichte. Geschichte entfaltet sich deshalb durch einen „Dialog" zwischen gegensätzlichen Ideologien und Ereignissen, die alle ihre Rechtfertigung im göttlichen Plan haben. Hegels Geschichtsphilosophie kann in Graetz' Werk wiedergefunden werden. Es sollte ihn in Konflikt mit der Orthodoxie und der Reformbewegung bringen, deren Vertreter in ihrer jeweiligen Form die einzig legitime Ausdrucksform des Judentums sahen, während Graetz sie angesichts der Gegebenheiten alle als rechtmäßig ansah. Doch sie sollten ihm zufolge zu einer Synthese führen, nämlich dem Konservatismus, der beide Elemente miteinander verband.

Hegel war nicht die einzige Kraft, die Graetz' Ideen formte. Da waren andere, wie zum Beispiel der große Historiker Ranke, und Leopold Zunz, der die wissenschaftliche Beobachtung des Judentums initiiert hatte und deswegen seinen Ansatz und sein Werk möglich machte. Aber Hegels Einfluss war tief. Wir verstehen jetzt, warum Graetz eine Geschichte über den jüdischen Geist schrieb, während er soziologische und wirtschaftliche Faktoren umging – Hegel hatte die Geschichte als Entfaltung des Geistes verstanden hatte. Und wir verstehen, warum Graetz aus beiden Lagern angegriffen werden sollte, Reformern und Orthodoxen. Aber wir können auch verstehen, dass das Konzept der Synthese unter der breiten Masse der Juden Anklang fand, denn diese Juden mussten sich selbst in einer neuen Welt finden.

Im Jahre 1853 wurde Graetz als Professor der jüdischen Geschichte an das neu gegründete, konservative „Jüdisch-Theologische Seminar" in Breslau berufen. Neben seiner Arbeit am Seminar, wo er für den Rest seines Lebens verblieb, fungierte er später als Honorarprofessor an der Universität. Er wurde schließlich einer der Organisatoren des konservativen Judentums.

Für den Konservatismus und für dessen Gründer Zachariah Frankel, Präsident des Breslauer Seminars, lag der Fokus des Judentums auf den Menschen, die es entwickelt hatten. Graetz schloss sich dieser Idee an und begann, eine kraftvolle Rolle im Land Israel zu sehen. Er besuchte Palästina im Jahr 1872 und wurde „Zionist", lange bevor es Herzl gab und der Begriff des „Zionismus" entstand. In einer Zeit, als besonders das deutsche Judentum darauf beharrte, dass sein Heimatland „hier" sei, und Hoffnung auf das Wachstum der Aufklärung und Gleichheit in der Welt hatte, sollte Graetz dafür als „nationalistischer Jude" attackiert werden. Er jedoch spürte den Herzschlag des jüdischen Volkes, er fand Worte für ihn in seinem Werk, und spätere Generationen sollten ihn dafür lieben.

Zu Anfang seiner Karriere, 1846, veröffentlichte Graetz einen Essay namens „Die Konstruktion der jüdischen Geschichte" eine grundlegende Darstellung seiner Prinzipien. Die Geschichte war der Schmelztiegel, in dem Ideen getestet wurden, die jüdische Geschichte war da keine Ausnahme. Bis zum Auftreten der Juden auf der Bühne der Geschichte hatte das Heidentum Gott mit Natur gleichgesetzt. Die Juden waren die ersten „Protestanten", denn für sie war Gott das Zentrum und der Schöpfer des Lebens und der Natur. Das jüdische Gesetz – geschaffen, um die Triebe zu kontrollieren – befreit den Menschen somit von der moralischen Knechtschaft, die natürliche Bedürfnisse ihm aufzwingen, und bereichert das Leben durch die Herrlichkeit des Göttlichen. Diese neue Weltsicht ist der wahre jüdische Beitrag, die Idee des Einen Gottes ist zweitrangig. Im Staat wird die göttliche Präsenz manifest, deswegen ist jüdische Religion eine gesellschaftliche Religion, entstanden als Staatsgesetz. Die gebotenen Belohnungen und Bestrafungen gelten nicht so sehr dem Individuum, sondern vielmehr der Gesellschaft als Ganzes.

Im Land Israel sollte das Zusammenwirken von Tora und Staat vollendet werden. „Die Tora ist die Seele, das Heilige Land der Leib dieses einzigartigen Staatsorganismus [...] Die Tora, die israelische Nation und das Heilige Land stehen in einer magischen Verbindung und sind durch ein unsichtbares Band untrennbar miteinander verbunden."

Auf der Grundlage dieses Konzepts konstruiert Graetz die jüdische Geschichte, so wie er sie und ihre Bedeutung auffasst. Er teilt sie in zwei Teile mit dem babylonischen Exil als trennende Linie. Während der ersten Hälfte ist das politische Element vorherrschend, in der zweiten das religiöse. Im ersten Teil beschäftigen wir uns mit der Zeit der Richter, die Probleme im Alltag lösen mussten, deren Lösungen aber einen andauernden Einfluss hatten. Dann folgt die Phase der Könige, ein Höhepunkt in der Geschichte, obwohl das Königtum als ursprünglich fremdartige Institution missbilligt worden war. Dennoch haben wir mit den Psalmen einen Höhepunkt religiöser Leidenschaft erreicht, und mit Salomons Tempel wird ein sichtbares Zentrum des Glaubens errichtet. Aber nun setzt der Verfall ein, das Reich wird gespalten, die politische Stärke schwindet, obwohl der religiöse Geist in den Propheten seinen höchsten Ausdruck findet. Mit dem Fall Judahs endet die erste Hälfte der jüdischen Geschichte.

Während der zweiten Hälfte sind wir zunächst wieder mit der Notwendigkeit von Sofort-Lösungen konfrontiert, die Männer der Großen Synagoge nehmen sich dieser Aufgabe an, die derjenigen ähnelt, der sich die Richter in der ersten Hälfte gegenüber sahen. Dann geraten Hellenismus und Judentum in einen spirituellen Konflikt, so wie ihn Könige und Propheten einst in der politischen Arena hatten. Schließlich, im Streit zwischen den Pharisäern, den Bauherren des Judentums, und den Sadduzäern, seinen assimilatorischen Zerstörern, finden wir eine Spaltung, die der zwischen den beiden Königreichen ähnlich ist.

Aber eine weitere Phase muss hinzugefügt werden: 1700 Jahre Diaspora-Leben. Nun vertiefen Juden die theoretischen Grundlagen des Judentums. Die Kräfte der Assimilierung stehen denen der Bewahrung gegenüber, die sich aus den Lehren des Talmuds ableiten. Am Ende wird der universelle Charakter des Judentums in der messianischen Periode anerkannt werden. Das Judentum wird dann eine Synthese von Geist und Staat entwickelt haben, die die gesamte Menschheit anleiten wird.

Diese Konstruktion ist sicherlich hochgradig willkürlich. Wir nehmen darin den Einfluss Hegels wahr, der im Staat die höchste Verkörperung des Ideals der spirituellen Gesellschaft sah. Aber ebenso mögen wir darin die Überzeugung eines Juden sehen, der brennend auf die Erneuerung der jüdischen Staatlichkeit in Israel hofft. Wir können uns die Freude nur vorstellen, die es Graetz gemacht hätte, wäre ihm vergönnt gewesen, diesen Traum als Realität zu erleben.

Wieder sehen wir, dass er das Herz der jüdischen Massen traf, und verstehen gleichzeitig, warum er angegriffen wurde. Samson Raphael Hirsch wandte sich gegen sein Werk als „ein Stück der Phantasie, das aus Oberflächlichkeit und einem Zwang, Mustern zu folgen, resultiert". Abraham Geiger bezeichnete es als „Geschichten, aber nicht Geschichte". Hermann Cohen, der große jüdische Philosoph, der selbst ein Schüler von Graetz gewesen war, ist tief verstört, dass Graetz das Judentum als Staatsgesetz ansieht – eine Ansicht, die ihn nach Cohens Aussage gefährlich nahe an die Meinungen Spinozas, den Ketzer, heranbrachten. Er ist gleichermaßen verwirrt über die Tatsache, dass die Weltmission des Judentums, ausgedrückt in der messianischen Idee, nicht genügend betont wird, obwohl er anerkennt, dass Graetz sie nicht völlig ausgelassen hat. Zachariah Frankel stört sich sehr daran, dass der Monotheismus für Graetz kein erstrangiger, sondern nur ein zweitrangiger Beitrag des Judentums war.

Diesen Kritikpunkten kann hinzugefügt werden, dass Graetz wenig von Jiddisch hält, das Hebräische jedoch hervorhebt. Doch Jiddisch hatte sich damals zu einer großartigen Möglichkeit entwickelt, dem jüdischen Geist Ausdruck zu verleihen. Des Weiteren wurde Graetz nie warm mit den mystischen Bewegungen im Judentum. Doch beides mag sein eigenes Schicksal spiegeln. Er musste sich durch harte Arbeit den exzellenten Schreibstil im Deutschen aneignen, in dem er selbst schrieb, und mag, da die zwei Sprachen einander so ähnlich waren, im Jiddischen nur eine Verirrung gesehen haben. Kraft seines eigenen intellektuellen Strebens hatte er seinen Weg in die Welt gefunden und die Hindernisse seiner eigenen Zweifel und des Widerstandes von außen überwunden.

Deshalb war es das intellektuelle Element des Judentums, das – für ihn – das Überleben bedeutete.

Die Menschen jedoch mögen in Graetz einen Mensch wie sie selbst gesehen haben. Von den Zeiten, Bedingungen und Umständen gebeutelt, hatte er sich als Jude in der modernen Welt durchgesetzt, getragen von seinem Willen, Jude zu sein, als Jude zu leben und das Judentum zu erneuern. Er hatte von allen gelernt und war dann dem Stern seiner eigenen jüdischen Überzeugungen gefolgt und zu einer Synthese der Ideologien gelangt. Er lehnte jeden Dogmatismus ab und war entsetzt über die Kämpfe der verschiedenen Ideologien. Wie die Menschen, die ihn liebten, konnte er jeden Juden und jede Form eines lebendigen Judentums als legitim akzeptieren, da für ihn das Zentrum des jüdischen Lebens und der jüdischen Evolution in den Menschen selbst lag. Die Liebe zum Land hatte seine Vorstellung seiner Wiedergeburt geprägt – im Geist einer sich stets weiterentwickelnden Tora. Wenn er jüdische Geschichte in der Diaspora als Geschichte des Leidens und Studierens sah, und als Geschichte von Menschen, die es durch unsagbare Opfer heiligten – war das nicht wahr, wie ihre eigenen Erfahrungen bezeugten? Und da war der Mann hinter dem Werk, stolz, individualistisch, der es als sein gutes Recht ansah, *seine* Interpretation der Geschichte zu präsentieren, der bewusst an seinen Überzeugungen hing, selbst als er von allen Seiten attackiert wurde. Stand er nicht sinnbildlich für den Juden in der Welt, der angesichts widriger, endloser und mächtiger Opposition dennoch für sich in Anspruch nahm, den Sinn seines Daseins selbst zu interpretieren? Er war ein Mann, der versuchte, den Sinn des Lebens in jüdischen Begriffen und unter jüdischen Umständen zu finden, während er unentwegt neuen Einflüssen von außen ausgesetzt und gezwungen war, eine jüdischen Abgleich vorzunehmen, der die Welt einbezog und dennoch dem eigenen heiligen Erbe treu blieb. Dies war ein Mann wie sie selbst, der aus den Seiten seiner Bücher sprach. Sie mögen dies nicht bewusst realisiert, aber sie werden es sehr wohl gefühlt haben.

Die kleinen Leute liebten diesen stolzen und eigenwilligen Mann mit seinem liebenden jüdischen Herzen. Er gab ihnen Anleitung und Hoffnung in Ländern, die er selbst niemals gesehen hatte; er zeigte ihnen eine jüdische Lebensart. Sein Einfluss mag viel größer gewesen sein, als wir jemals werden herausfinden können. Aus diesem Grund – selbst wenn andere Geschichtswerke seines übertroffen haben mögen – verdient er unsere Anerkennung und liebevolles Gedenken an seinem 150. Geburtstag.

Hermann Cohen als Philosoph und Ben B'rith

B'nai B'rith, was übersetzt ‚Söhne des Bundes' bedeutet, ist vor 200 Jahren gegründet worden und damit die älteste jüdische Hilfsorganisation der Welt. Heute steht sie nicht nur Juden bei, sondern setzt sich für Menschen aller Religionen ein, egal ob sie von Naturkatastrophen oder dem Elend der Armut getroffen sind. 1913 wur-

de ihr bekanntester Ableger gegründet, die Anti-Defamation-League, die Antisemitismus und Rassismus weltweit bekämpft. Trepp schrieb diesen kurzen Überblick für amerikanische Juden über Hermann Cohens Schaffen für das Magazin ‚The National Jewish Monthly', das Magazin, das von der Organisation herausgegeben wird. Das war sicherlich ein Grund, warum Trepp, der Hermann Cohen verehrte, dessen Werke immer wieder las, und Vorträge über ihn und sein Denken hielt, die Verbindung von B'nai B'rith und Cohen als rote Linie für diese Einführung wählte. Doch wählte er damit auch einen Aspekt in Cohens Leben, der ihm selbst wichtig war: Wenn das Judentum überleben will, muss es von solidem Wissen und Solidarität unter den verschiedensten Gruppen der Juden und praktizierter Liebe zueinander getragen sein. Cohen fand zum Judentum als Religion und Kultur erst als Erwachsener wieder zurück und nannte sich seitdem einen Baal Teschuwa, einen ‚Meister der Umkehr'. Wahre Teschuwa leistet der Jude, wenn er nicht nur mit Worten, sondern mit dem Herzen und mit Taten zeigt, dass er einen neuen Weg gehen will. Cohen tat dies. Er widmete sich ausführlich der Verbreitung jüdischen Wissens. Für die Juden selbst, doch auch, weil er glaubte, dass dies aus verschiedenen Gründen ein Weg sei, den Antisemitismus zu bekämpfen. Den spürte er oft selbst nur allzu deutlich. Es wird die Geschichte erzählt, dass er seine Professur in Marburg erst bekam, als sein sterbender Mentor für ihn warb. Kollegen an der Universität verließen oft den Raum, wenn er ihn betrat. Doch umso mehr Liebe sollte er später von den osteuropäischen Juden bekommen, denen er jüdisches Wissen bringen wollte, und die ihn als Übervater verehrten. Wenn Trepp schreibt, dass – hätte Cohen für dieses Projekt mehr Lebenszeit gehabt – vieles sich unter den amerikanischen Juden aus Osteuropa anders entwickelt hätte, bezieht er sich auf die Form des Judentums, die Cohen diesen Juden vermitteln wollte: Verpflichtend, doch gleichzeitig offen für Erneuerungen und die Umwelt. Doch viele osteuropäische Juden lernten diese Sichtweise nicht und blieben einer strikten Orthodoxie verhaftet, deren Sinn sie intellektuell oft nicht verstanden. So waren sie laut Trepp nicht in der Lage, ihren Kindern ein Judentum zu vermitteln, das diese in der modernen und säkularen, doch christlich dominierten, Umwelt leben konnten. Wie sich aus dem Essay über Samson Raphael Hirsch ersehen lässt, ist dieser Konflikt alt und vielerorts immer noch ungelöst. Trepp schrieb den Beitrag 1967.

Einer der unbekanntesten Vordenker modernen Judentums ist Hermann Cohen, und doch gehört er zu den Größen der jüdischen Philosophie. Ich erinnere mich noch gut an meinen eigenen Lehrer und damaligen Rektor des Orthodoxen Rabbinerseminars in Berlin, Rabbiner Jacob Weinberg z'l, der den liberalen Hermann Cohen als einen der größten Philosophen seit Maimonides bezeichnete. Mordecai M. Kaplan hat mit „Die Bedeutung der Jüdischen Existenz" eine Kritik von Cohens Werk „Die Religion der Vernunft aus den Quellen des Judentums" geschrieben. Auch ist Cohen denen bekannt, die seine Buchserie zu großen jüdischen Denkern gelesen haben, die von der Jüdischen Bildungskommission für Erwachsene von B'nai B'rith publiziert wurde. Der Durchschnittsleser hingegen kennt ihn kaum, womöglich nicht einmal seinen Namen.

Hermann Cohen war ein leidenschaftlicher Ben B'rith, und erst vor kurzem habe ich einen Essay von ihm gelesen, der zwar nicht zu seinen größten Werken zählt, aber weitreichende Herausforderungen des Ordens beschreibt – und erfreulicherweise sind diese Herausforderungen angegangen worden. Der pompöse Titel des Essays lautet: „*Die Bedeutung des Ordens Bnei Briss für die Harmonisierung der religioesen, sozialen und internationalen Gegensaetze*". Es wurde 1914 verfasst, und eine kurze Analyse mag hier als grundlegende Einführung zu Hermann Cohen und dessen Arbeit dienen.

Vom Rabbiner zum Philosophen

Cohen wurde 1842 in Coswig, einer kleinen Stadt in Mitteldeutschland, geboren. Sein Vater war Kantor und Hebräischlehrer in seiner Gemeinde. Von seinen frühen Kindertagen an nahm er sowohl die deutsche Kultur als auch die jüdische Tradition in sich auf, einschließlich des Talmuds und bekannter Werke jüdischer Philosophen – und er sollte in beiden Kulturen verwurzelt bleiben. Es waren intellektuell äußerst spannende Zeiten für die jüdische Gemeinschaft, die stärker in die westliche (weltliche) Zivilisation hineinwuchs und nun gezwungen war, sich mit ihr auseinanderzusetzen.

Der junge Cohen entschied sich, Rabbiner zu werden und schrieb sich am Jüdischen Theologischen Seminar in Breslau ein. Er vergötterte dessen Gründer, Zacharias Frankel, und wurde bald stark von Heinrich Graetz, der damals als Geschichtslehrer am Seminar tätig war, beeinflusst. Und er traf auf Leopold Zunz, den Vater der Neuaufbruchs und Begründer der „Wissenschaft des Judentums". Nach einiger Zeit jedoch ließ Cohen seine rabbinischen Studien hinter sich, um Philosoph zu werden, wahrscheinlich berauscht von den aufregenden neuen philosophischen Denkansätzen in Deutschland und der Anziehungskraft dieser deutschen Kultur. Sein Ziel war kein geringeres, als die Entwicklung einer neuen philosophischen Geschichte des menschlichen Geistes.

Im Jahr 1873 wurde er als Lehrer an der Universität Marburg zugelassen, die er während seiner langen Zeit dort in ein Zentrum moderner Philosophie verwandeln sollte. Mit traditionellen Philosophien brechend, die auf Kant basierten und von Vertretern wie Hegel, Schopenhauer und anderen vertreten wurden, begann er von Neuem und entwickelte eine Schule des Neukantianismus. Drei Jahre nachdem er nach Marburg gewechselt hatte, stieg er zum ordentlichen Professor und Leiter der Fachschaft auf. So etwas hatte es noch nicht gegeben, besonders nicht für einen Juden, da Juden gewöhnlich abgelehnt wurden, wenn sie sich für ordentliche Professuren in Vollzeit bewarben, es sei denn sie konvertierten zum Christentum.

Was war aus seinem Jüdischsein geworden? Es war noch immer in ihm, doch mehr oder weniger als eine Art emotionaler Anhang. Die kleine jüdische

Gemeinde in Marburg sah ihn an den Hohen Feiertagen nie. War der „Herr Professor Cohen" zu gut für sie geworden? Was sie nicht wussten, war, dass er jedes Jahr nach Coswig fuhr, um dort seinen alternden Vater bei dessen Kantortätigkeiten am Jom Kippur zu unterstützen. Während dieser frühen Jahre war sein Bund zum Judentum schwach. Er selbst nannte ihn schlicht „eine Art emotionale Ehrfurcht, die man nicht beschreiben kann, die aber durch die Erfahrungen, mit denen wir aufgewachsen sind, zutage tritt". Dann folgten die antisemitischen Angriffe auf das Judentum, initiiert und angeführt von einem der gefeiertsten deutschen Historiker, Heinrich von Treitschke. Cohen antwortete mit seinem Aufsatz „*Bekenntniß in der Judenfrage*". In der Tat war es ein Bekenntnis und er datierte seine *Teschuwa* – seine Umkehr – auf den Tag der Veröffentlichung im Jahre 1880 und nannte sich fortan einen *Baal Teschuwa* in Abkehr zu seiner vorherigen Position, die ihm nun für einen bekennenden Juden als unwürdig schien.

Sein Weg der Umkehr und Rückkehr sollte ihn zu dem Kern des Judentums führen, wenn er auch nie seine tiefe Liebe zur deutschen Kultur aufgab und sein Gefühl, dazuzugehören – ein Standpunkt, der ihn zu einem Antagonisten von Martin Bubers zionistischen Anschauungen werden ließ. Für Cohen musste das Judentum sowohl auf dem Glauben als auch auf der Vernunft ruhen. Es lehrt Menschlichkeit und gibt ein Beispiel für soziale Gerechtigkeit. Gott, der Eine Gott, ist die krönende Vollendung des Universums, denn *Seine Einheit* bestätigt die perfekte Koordination zwischen der Welt der Natur und der Welt der Ethik. Während die Gerechtigkeit, die auf Ethik aufbaut, die Rechte jeder einzelnen Person in der Gesellschaft schützt, führt nur die Religion zu Mitgefühl und Liebe. Das Judentum muss die Menschheit hinführen zu dem Ideal von Gerechtigkeit und Liebe – ein Ideal, das im messianischen Konzept zum Ausdruck kommt. Für das Judentum ist der Messias die Zukunft der Menschheit, und das messianische Zeitalter das Ziel.

Seine Lehren am Reformseminar

Während er sich immer mehr dem Judentum verschrieb, wurde sein Leben in Marburg zunehmend einsam. Schließlich legte er sein Amt nieder, als ihm die volle Anerkennung der Fachschaft in seinem Bereich der Philosophie verwehrt wurde. Er zog nach Berlin und wurde dort Dozent an der Hochschule für die Wissenschaft des Judentums, dem Reformseminar. Unter der kleinen Anzahl der Studenten, die seinen visionären Gedanken über die Jahre folgen konnten, war Franz Rosenzweig.

Im Jahre 1914 ging er als alter Mann nach Polen, getrieben von einer Sehnsucht nach seinen jüdischen Brüdern in den Zentren jüdischen Lebens und jüdischer Frömmigkeit. Neue Vorschriften der Regierung hatten einer Mehrheit der Juden in Russland, von dem Polen ein Teil war, den Zugang zu öffentlichen Schulen verwehrt. Warum nicht ein jüdisches Schulsystem entwerfen, das den

Juden eine Teilhabe an der Kultur des Westens gewähren und doch die Fülle ihres Erbes erhalten würde? Neue Zeiten würden mit Sicherheit kommen, und die Juden mussten sowohl auf sie vorbereitet als auch gegen ihre Gefahren immunisiert werden. Cohen wurde mit tiefster Liebe und Zuneigung empfangen. Bedauerlicherweise zerstörte der Erste Weltkrieg seine Pläne. Wir können nur erahnen, was geschehen wäre, wenn er Erfolg gehabt hätte. Viele der jüdischen Auswanderer aus Osteuropa, die letztlich von Amerika geblendet und überwältigt wurden und ihre Bindung zum Judentum aufgaben, wären ihm womöglich treu geblieben. Und viele der Probleme, die unsere Bemühungen um eine Synthese von Kultur und Religion heute erschweren, wären nicht aufgekommen. In seinen letzten Jahren stand er denjenigen mit Rat und Tat zur Seite, die jüdische Bildung wiederbeleben wollten. Er starb im Jahre 1918.

Seine Hingabe zu B'nai B'rith

Hermann Cohen hatte sich ganz dem B'nai B'rith verschrieben und wirkte an den Publikationen des Ordens mit. Einen seiner Artikel verfasste er für die Jubiläumsausgabe des Magazins der Großen Landesloge von Deutschland, der im Jahre 1907, dem 25-jährigen Jubiläum der deutschen B'nai B'rith, erschien. Der Titel des Artikels ist „Zwei Vorschläge zur Sicherung unseres Fortbestandes". Von diesen Vorschlägen ist vor allem der zweite von großer Bedeutung. Cohen ruft in diesem zu einer Einrichtung von Lehrstühlen für Jüdische Wissenschaft an deutschen Universitäten auf, was ein für die damalige Zeit des kaiserlichen Deutschlands unerhört gewagter Vorstoß war. Er schreibt: „[…] nach dem Beispiel der großen Stifter in Amerika […] Gelder gestiftet werden, mit denen eine Besoldung derjenigen Gelehrten bewirkt werden könnte, welche unsere Wissenschaft, als die der lebendigen Religion des Judentums, an den Universitäten zu dozieren befähigt und gewillt sind." Es ist ein erfreulicher Gedanke für uns zu wissen, dass die B'nai B'rith durch ihre Hillel Stiftungen noch mehr als das getan haben, und dass viele Universitäten mit öffentlichen Geldern oder privaten Spenden solche Lehrstühle eingerichtet haben.

Als ein scharfsinniger und besorgter Beobachter jüdischen Lebens erkannte Cohen die inneren Kämpfe und Konflikte, die die Gemeinschaft permanent in Unruhe versetzten, doch das entmutigte ihn nicht. Kämpfe waren für ihn ein zwangsläufiges Zeichen des Lebendigseins und die Konflikte, die innerhalb des Judentums zutage traten, bestätigten lediglich dessen Lebendigkeit. Cohen fühlte, dass wir auch in der Hitze des Gefechts mit unseren Gegnern unser gemeinsames Ziel im Kopf behalten und seine Position genau abwägen müssen, denn es kann immer ein Maß an Wert und Wahrheit darin liegen. Für Cohen durfte sich eine moderne Religion nie als vollendet betrachten und sollte immer wieder die Grundfesten und Prinzipien ihrer Existenz hinterfragen und neu erschaffen.

Das Ziel von Religion besteht nicht einfach darin, dem einzelnen Zuflucht und Sicherheit durch seinen persönlichen Glauben zu gewähren; vielmehr ist das

Ziel, die Religion für die Gemeinschaft zu errichten, denn nur in einer vereinten Gemeinschaft kann die Einzelperson Kraft finden. Der liberale Jude, der stolz ist auf die Freiheit, die ihm das Judentum vermittelt, muss sich stets vor Augen halten, dass seine religiöse Existenz auf dem historischen Fundament von Lehre und religiösen Regeln beruht, mit denen er verbunden bleiben muss. Er muss sich ebenso bewusst sein, dass er nie seinen Sinn für die Zugehörigkeit zur Gemeinde verlieren darf.

Der Talmud macht deutlich: „Er, der das Sh'ma spricht, ist Jude". Das Entscheidende sind nicht die 613 Gebote und Verbote, sondern die Einheit Gottes. Dies schafft eine zweigleisige Situation. Der liberale Jude hat ein Recht darauf, vom Orthodoxen zu fordern, dass dieser ihn nicht nur ohne Vorbehalte als Jude anerkennt sondern, dass er akzeptiert, dass es zwischen allen Juden eine unzerstörbare Verbindung gibt. Andererseits muss sich der Liberale dieser Einheit ebenso bewusst sein. Und es darf sich nicht nur darum gehen, dass der eine den anderen toleriert, sondern die Beziehung sollte von Wärme und Zuneigung geprägt sein. Der Gegenpart ist immer auch Glaubensbruder. Der Kampf wird nur mit der Absicht eines gemeinsamen Sieges angegangen. Für sich allein kann keine Gruppe den Sieg erringen oder einen solchen Sieg überhaupt wollen.

In seinem oben genannten Artikel nannte Cohen die B'nai B'rith als die folgerichtige Umgebung, dies zu üben und sich in religiöser Politik zu schulen. Der orthodoxe Jude sitzt Seite an Seite mit dem liberalen und erkennt ihn so als seinen Mit-Juden an, obgleich er den Drang in sich hat, die traditionellen Formen des Judentums zu stärken, die aus seiner Sicht das Überleben der Religion sichern. Was schuldet der liberale Jude seinem orthodoxen Bruder im Gegenzug?

Ein anspruchsvolles Judentum

Hier spricht Cohen eines der zentralen Themen unseres eigenen, heutigen Lebens an. Wir alle befassen uns stark mit allgemeiner Bildung und den Problemen unserer Gesellschaft. Sobald es jedoch um unsere Religion geht, versagen wir. Wir geben uns mit den paar Krümeln zufrieden, seien es jüdische Zeitungen oder Predigten. Jüdisches Wissen aber ist der großen Masse unserer Gemeinden verlorengegangen. Cohen betonte, dass es mit einer gestutzten Form unserer Rituale und Gottesdienste unmöglich sein werde, eine lebendige, streitbare und belastbare Religion entwickeln und erhalten zu können, wenn wir nicht grundsätzlich die Bildungsstandards für alle Teile des liberalen Judentums verbessern.

Ohne eine Kenntnis der grundlegenden Passagen im hebräischen Original fehlten unseren Gebeten die volle Kraft jüdischer Emotion, warnte Cohen. Die elementaren Ideen des Judentums müssten erlernt und am Leben gehalten werden. Der Konflikt zwischen den religiösen Gruppen wird abnehmen und die Einheit wachsen – ohne irgendeine Art von formalem Abkommen – wenn dies zunehmend als Ziel religiöser Ausbildung und Gottesdienstpraxis angesehen wird.

Mit seinem zweiten Punkt wandte sich Cohen an die deutsche B'nai B'rith, die in Städten hauptsächlich aus Eliten bestand und sich durch Wohlstand und Intellekt auszeichnete. Mit Nachdruck rief er: Denkt an den Schaden, der den ärmeren Juden zugemutet wird, wenn die Wohlhabenden sich von ihnen absondern, hier hat unser Orden eine Funktion von allergrößter Wichtigkeit.

Er forderte für diejenigen, die es sich nicht leisten konnten, eine Absenkung der hohen Mitgliedschaftsbeiträge, die zu der damaligen Zeit in Deutschland verbreitet waren. Kontakte zwischen Menschen unterschiedlichen Ranges würden den höherrangigen Mitgliedern zu tieferer Menschlichkeit verhelfen und diejenigen mit einem niedrigeren Status stärken, indem sie ihnen Eigenständigkeit und geistiges Wachstum geben würden, was sie beides als Kämpfer für unseren Glauben brauchten. Außerdem werde ihr Selbstbewusstsein gestärkt. Als Juden haben sie alle Ablehnung erfahren, aber die ärmeren leiden stärker darunter. Ihnen muss eine liebende Hand entgegengestreckt werden.

Helfen über Staatsgrenzen hinweg

Schließlich befasste sich Cohen mit einem damals aktuellen Problem. Osteuropäischen Juden wurde in ihren Heimatländern eine höhere Ausbildung verwehrt, und auch wenn sie nach Deutschland kamen, blieben die Universitäten den meisten von ihnen verschlossen. Cohen drängte die B'nai B'rith dazu, die Bewegung anzuführen, die diese Diskriminierung bekämpft. Sein Vorschlag beinhaltete jedoch eine fundamentale Herausforderung: Lasst B'nai B'rith alle jüdischen Organisationen zusammenrufen, um Mittel und Wege für die Lösung dieses Problems zu finden.

Wenn wir Cohens Ideen und Vorschläge betrachten, sehen wir, dass er eine nahezu prophetische Gabe hatte, die Probleme der Zukunft zu erkennen – die internen und externen – und Lösungen für sie hat. Es ist beachtlich, wie viele seiner Ideen vom Orden seit dem Tag, als er sie vorgeschlagen hat, in die Tat umgesetzt worden sind.

Der Kampf zwischen den Ideologien ist nicht abgeebbt, aber B'nai B'rith ist zunehmend zu einem sicheren Hafen für alle Juden, ungeachtet ihrer ideologischen Strömung, geworden. In vielen Fällen ist der Orden der einzige Ort, an dem Juden verschiedener religiöser Richtungen zusammenkommen, und somit der einzige Ort, an dem ein Bewusstsein für die Einheit des jüdischen Volkes bewahrt und gestärkt wird. Mithilfe der Hillel Stiftungen und der BB Jugendorganisation hat der B'nai B'rith tatsächlich Mittel geschaffen, um zukünftige Führungspersönlichkeiten des Judentums zu finden und zu fördern, ohne auf Kompromisse zu beharren. Der B'nai B'rith hat den Bedarf an verbesserter jüdischer Ausbildung, sowohl in Breite als auch in Tiefe, vollständig erkannt und ist mit seinen Programmen und Publikationen aktiv.

Der B'nai B'rith ist inzwischen so demokratisch geworden, dass Cohens zweiter Punkt nun fast etwas befremdlich wirkt. Schon lange ist der Bund ein Ort, an dem alle Menschen und Ideen des jüdischen Lebens zusammenkommen.

Was Cohens dritten Punkt anbelangt, ist der B'nai B'rith sehr viel weiter gegangen als er einst vorgeschlagen hatte. In der Tat sah er bereits damals voraus, dass der Orden gegen Diskriminierung vorzugehen habe, doch hätte er nur schwer vorhersehen können, zu welch entschlossenen Verfechtern und Kämpfern sich der B'nai B'rith und dessen Antidiffamierungsliga entwickeln sollten – im Kampf für jüdische Rechte in allen Bereichen des öffentlichen Lebens und für die Rechte aller Unterdrückten. Doch er sah den B'nai B'rith als einen natürlichen Anführer, wenn es darum ging, Gruppen und Organisationen des jüdischen Lebens zusammenzurufen und sie in gemeinsamen Aktionen anzuleiten. Cohen würde sich bestimmt über die Fortschritte des Ordens seit seiner Zeit freuen und über die glaubensstarke Entschlossenheit, mit der er das Motto von Pirke Avot in die Tat umsetzt, das Cohen in seinem Artikel erwähnte: „Es mag ihnen nicht obliegen, diese Arbeit zu vollenden, doch sie haben auch nicht die Freiheit, von ihr abzusehen."

Die spirituelle Biografie von Franz Rosenzweig

Neben Samson Raphael Hirsch und Hermann Cohen hat wohl kaum ein jüdischer Denker Leo Trepp so angezogen wie Cohens Schüler, Franz Rosenzweig. Mehr noch als in anderen Fragen fühlte sich Trepp mit Rosenzweigs Denken verbunden, wenn es darum ging, das Judentum für die Juden als eine lebendig bleibende Quelle der Inspiration und Kraft zu gestalten. Es hat ihn beeindruckt und gerührt, dass Rosenzweig auf seiner Suche bereit war, das Judentum aufzugeben und zum Christentum zu konvertieren, doch dann letztlich aus Überzeugung, nicht aus Prinzip, dem Judentum treu blieb. Nach vielen Gesprächen mit seinem Cousin, der Christ geworden war, hatte Rosenzweig sich für die Konversion entschieden. Seine Mutter – die aus Prinzip gegen einen Übertritt war – bat ihn, bis nach Jom Kippur abzuwarten. Er besuchte zum Feiertag 1913 einen Gottesdienst in einer kleinen orthodoxen Synagoge in Berlin und hatte dort ein mystisches Erlebnis. Es ist nie öffentlich geworden, was dort passiert ist und welche Erfahrung er gemacht hat. Doch danach war es ihm nicht mehr möglich, das Judentum zu verlassen. Mit diesem Essay versuchte Trepp, Rosenzweig den Amerikanern nahe zu bringen. Für deutsche Leser von heute ist der Beitrag interessant, weil er den Ansatz der damals neuesten religiösen Bewegung des Judentums, den Rekonstruktionismus, mit Rosenzweigs Gedanken vergleicht. Schon einige Jahre nachdem er in die Vereinigten Staaten gekommen war, traf Trepp Mordecai Kaplan, den charismatischen Begründer des Rekonstruktionismus, der ihn wenig später als Redakteur für das Magazin „The Reconstructionist" verpflichtete. Kaplan sah im Judentum eine sich entfaltende religiöse Zivilisation, die alles einbezog: Religion, Kunst, Sprache, Volkstum. Er sieht die Juden nicht als „erwähltes Volk" und lehnt ein persönliches Gottesbild ab. Den Juden ist die Aufgabe gegeben, ein ethisches Nationalbewusstsein zu bilden, deren Sinn es ist, „Menschheit und Nationen dazu zu bewegen, in einer Weise zu handeln, dass sie die Ressourcen dieser Welt schützen, einer Überbevölkerung vorbeugen und ihre Wünsche auf das Notwendige reduzieren", wie Kaplan in einer Notiz festhält. Im Zentrum des Rekonstruktionismus steht Israel (noch im hohen Alter ging Kaplan in das Land, um dort zu lehren). Da auch Gott ein Gott der Ethik ist, und dieses Gottesbild auf das Zusammenwirken des jüdischen Volkes als Ganzes im Streben nach einer ethischen Gesellschaft beruht, ist das Kollektiv, die Nation, für die Religion (über)lebenswichtig. Der folgende Artikel ist der erste von dreien, die sich mit Franz Rosenzweig und dem Rekonstruktionismus auseinandersetzen. Die anderen Artikel der Serie sind „Die Prinzipien von Rosenzweigs Philosophie und die des Rekonstruktionismus" und „Franz Rosenzweigs Aktionsprogramm und das des Rekonstruktionismus", die ebenfalls beide in diesem Band aufgenommen worden sind. Dieser Aufsatz wurde Anfang Oktober 1947 im „Reconstructionist" veröffentlicht. Leser sollten diese Jahreszahl im Kopf haben, sie werden der Zeit entsprechend vorwiegend auf die männliche Geschlechtsform stoßen, wenn Verhaltensweisen beschrieben werden.

Franz Rosenzweig war eine religiöse Persönlichkeit, die einen tiefen Eindruck bei den Juden in Deutschland zwischen den beiden Weltkriegen hinterließ. Für die amerikanischen Juden jedoch ist seine Arbeit immer noch recht unbekannt. Da er seine Aufgabe darin sah, das jüdische Leben zu rekonstruieren und neu zu beleben, sollte eine Zusammenfassung seines Lebens und Schaffens den interessierten Leser von *The Reconstructionist* interessieren.

Es ist kein Risiko, zu behaupten, dass die Philosophie Franz Rosenzweigs das Denken der amerikanischen Juden beeinflussen wird, sobald seine Werke im Englischen zugänglich sein werden. Er hinterließ seine Spuren in der deutsch-jüdischen Generation seiner Zeit, einer Generation, die dazu bestimmt war, Zeugin der Vitalität des Judentums unter den widrigsten Umständen zu sein.

Zusammen mit Hermann Cohen und Martin Buber war er eine der größten Führungspersönlichkeiten seiner Zeit. Alle drei können als *Baal Teschuwa* bezeichnet werden. Hermann Cohen hat sich selbst als solcher bezeichnet. Martin Buber, der Mystiker, musste stets auf der Suche sein. Das Leben von Franz Rosenzweig zeigt ihn als jemanden, der sich von der Peripherie zum Kern des jüdischen Lebens – zu Gott – bewegt.

Teschuwa kann als eine Art Pilgerreise angesehen werden. Ihr Anfangspunkt ist der Zweifel, ihr Ziel sind Sicherheit und Frieden. Für Rosenzweig besteht dieses Ziel in der perfekten Selbstwahrnehmung des einzelnen Juden und des jüdischen Volkes unter Gott. Dieses Ziel lässt sich nie ganz erreichen – es kann nur angesteuert werden. Und es kann nicht allein durch philosophische Sinnieren erreicht werden; wir nähern uns diesem Stadium nur durch das Leben selbst. Rosenzweig betont die Tatsache, dass wir, um Gott und das wahre

Judentum zu finden, uns Gottes erst einmal bewusst werden müssen. Was dies bedeutet, lässt sich an einer Analyse von Rosenzweigs Leben und Gedanken veranschaulichen. Wir werden dies in diesem und den folgenden Texten unternehmen.

Der Rekonstruktionismus ist ebenfalls eine Bewegung der *Teschuwa*. Auch sein Ursprung liegt im Zweifel. Er hinterfragt den Sinn vieler Praktiken und die Angemessenheit der Lösungen, die wir bisher für eine Wiederbelebung des Judentums gefunden haben. Er beabsichtigt, diejenigen, die in unserer Generation verunsichert sind, wieder zu einem Judentum zurückzuführen, das ihnen inneren Frieden und Glück beschert. Das Judentum soll so wieder eine lebendige Kraft werden, sowohl im Leben des Einzelnen als auch dem der Gemeinschaft.

Beide Philosophien sind also verwandt. Jedoch sind die Zweifel Rosenzweigs metaphysischer Natur, während die des Rekonstruktionismus eher als praktisch angesehen werden können. Für Rosenzweig ist das jüdische Volk ein besonderes Instrument in den Händen Gottes. Seine Frage lautet daher: Wie kann das jüdische Volk am besten seine gottgewollte Aufgabe erfüllen? Der Rekonstruktionismus erkennt das Leben der Juden als eines an, das sich von der Mehrheitsgesellschaft unterscheidet und fragt: Wie kann das jüdische Volk zu einer Normalität finden, und wie kann die jüdische Religion ein Instrument im Hinblick auf dieses Ziel sein?

Sowohl Rosenzweig als auch der Rekonstruktionismus sehen das Judentum als eine religiöse Zivilisation an, und doch gibt es einen Unterschied. Das kreisförmige Siegel, das die Bewegung des Rekonstruktionismus als Symbol gewählt hat, bildet Eretz Israel in der Mitte ab. Denn Eretz Israel ist der Ort, an dem das Volk Israel ein wirklich normales – gewöhnliches – Leben führen und seine religiöse Zivilisation in völliger Freiheit entwickeln kann. Die Wahl Eretz Israels als zentrales Motiv ist daher logisch. Hätte Rosenzweig ein Siegel entworfen, hätte er Gott ins Zentrum hineingeschrieben. Für ihn bedeutet ein normales jüdisches Leben ein Leben, das vollkommen die Bedeutung widerspiegelt, die Gott im Sinn hatte, als er das jüdische Volk als ein besonderes, eben nicht „normales" Volk erschuf.

Doch dieser Unterschied zwischen Rosenzweigs Ansatz und dem des Rekonstruktionismus macht es noch bemerkenswerter, dass er in so vielen Punkten mit den Ideen des Rekonstruktionismus übereinzustimmen scheint. Es scheint mir somit interessant und lohnenswert, Rosenzweigs Leben zu betrachten und seine Ideen mit den rekonstruktionistischen Ansätzen zu vergleichen.

Wie Rosenzweig zu seiner Philosophie fand

Franz Rosenzweig wurde am 25. Dezember 1886 als Sohn wohlhabender und wohlsituierter liberaler Juden in Kassel geboren. Seine Eltern hatten wenig Schwierigkeiten, sich völlig mit ihrer Form eines „kultivierten" Judentums zufrieden zu geben, das ihren liberal-bourgeoisen Ideen und dem Geist entsprach, der zum Ende des Jahrhunderts herrschte. Das Judentum war präsent und wurde akzeptiert. Sie hielten daran fest und verleugneten es nicht. Es war ihnen kaum bewusst, dass sie nur eine abgemagerte Version ihrer Religion lebten. Sie zogen aus dem Judentum keinerlei Hilfe und erwarteten auch nicht, eine solche Hilfe zu erhalten.

Für ihren Sohn weckte diese Form des Judentums nur wenig Begeisterung. Von frühen Kindheitstagen an suchte er nach dem inneren Zusammenhalt des Lebens. Er liebte die Musik, in der die Seele ihren Ausdruck findet. Schließlich entschied er sich für ein Medizinstudium, jedoch nicht ohne Zweifel, denn er befürchtete, dass er ausschließlich mit *kranken Menschen* zu tun haben müsse und weniger in die inneren Geheimnisse der *Menschheit* vordringen könne. Merkwürdigerweise verstand ihn seine Mutter besser als er selbst. Sie dachte, dass ihn seine Neigungen eher zur Philologie (das Herz der Sprache als Ausdruck der menschlichen Seele) oder zur evangelischen Theologie hätten führen müssen. Die evangelische Theologie der damaligen Zeit sann über das Ultimative nach, das Judentum, wie es die Rosenzweigs kannten, tat dies nicht.

Wie sich herausstellte, hatte seine Mutter Recht gehabt. Die Medizin half Rosenzweig nicht, zur menschlichen Seele vorzudringen. Nach fünf Semestern wechselte er seine Kurse und belegte Philosophie und Geschichte. Hegel zog ihn an, der große Vordenker des philosophischen *Systems*. Rosenzweig hatte wenig Geduld mit seinen Professoren; er wünschte sich den Philosophen, der zu denken verstand und nicht nur den Professor, der erklärte.

Und dann entdeckte er den Hunger nach Religion in sich, die allein zum Letztendlichen führen kann. Es ging ihm aber noch nicht um die jüdische Religion als solche. Es war vielmehr das Wissen, dass sein Bedürfnis von einer Religion gedeckt werden musste, die wahre Bedeutung hat. Er erkannte die Fehler in seiner jüdischen Erziehung. Eltern müssten darüber klar werden, was sie wollten, schrieb er nach Hause. Wenn sie ihre Kinder als Juden erziehen wollten, müssten sie eine jüdische Atmosphäre um sie herum schaffen. Religiöse Anweisungen allein könnten das Verlangen der Kinder nach etwas Bedeutungsvollem nicht stillen. Könnten jüdische Eltern das nicht leisten, könnten sie ihre Kinder ebenso gut als Christen erziehen. Da wir in einer christlich geprägten Zivilisation leben, würden die spirituellen Bedürfnisse der Kinder dann zwangsläufig gestillt. Während Rosenzweigs Eltern tief verstört waren über einen Übertritt, der gerade in der Familie stattfand, und verärgert waren, da ein solcher Schritt konträr zu den jüdischen „Prinzipien“ verlief, antwortete Rosenzweig mit der pointierten Frage: Kann ein Prinzip inneren Hunger stillen?

Dieser Zwischenfall half ihm, seine eigenen Emotionen zu verorten. Mit all seinen Zweifeln wandte er sich der Religion im Allgemeinen und dem Judentum im Besonderen zu. Gott allein ist das Ultimative. Kann Judentum zu ihm führen? Er war sehr nahe dran, diese Frage zu verneinen. Von einem seiner Cousins erfuhr er in 1913, dass dieser den Protestantismus als einzige Lösung angenommen hatte. Rosenzweig hatte viele Gespräche mit ihm. Sein Cousin versuchte ihn davon zu überzeugen, dass ein Übertritt der einzige Ausweg aus dem schrecklichen spirituellen Dilemma sei, in dem er sich befand. Die Worte, mit denen Rosenzweig seinem Cousin seine letztendliche Entscheidung darlegt, sind bezeichnend: „ich bin in langer und, wie ich meine, gründlicher Überlegungen dazu gekommen, meinen Entschluss (die Entscheidung, dem Beispiel seines Cousins zu folgen) zurückzunehmen. Es scheint mir nicht mehr notwendig und daher, in meinem Fall, nicht mehr möglich. Ich bleibe also Jude."

Rosenzweigs Arbeiten

Hier liegt der Schlüssel zu Rosenzweigs Philosophie. Wenn es für den Juden nicht nötig ist, zu konvertieren, um eine Erlösung seines Geistes zu finden, dann ist es ihm auch nicht möglich, seinen Glauben zu ändern.

Da er nun sich selbst geltend gemacht hatte, dass die Kräfte der Erlösung im Judentum gefunden werden konnten, musste er weitergehen und diese Kräfte entdecken. Am äußersten Rand des Judentums stehend drang er tiefer und tiefer ein. Bald sah er sich in der Pflicht, anderen davon zu erzählen. Er musste hinausgehen und einer dahintreibenden Generation junger Menschen von dem Frieden erzählen, den sie im Judentum finden konnten. Er musste sicherstellen, dass sie ihr Erbe nicht aus reiner Verzweiflung verwarfen. Er musste ihnen eine Philosophie geben. Er musste zusehen, dass die Eltern um der Kinder Willen wieder zurückfanden, und er musste helfen, den Kindern eine jüdische Ausbildung zu ermöglichen, die ihnen in ihrem Aufwachsen keinen Raum für Zweifel und Verzweiflung lassen würde.

Der Krieg unterbrach seine Studien, jedoch nicht seine Überlegungen. Vor dem Krieg hatte er Hermann Cohen getroffen, einen weiteren großen *Baal Teschuwa*, der ein wahrer Philosoph und Jude war. Mit ihm konnte er die Fragen besprechen, die ihm auf der Seele lagen. Während des Krieges wurde er in die Balkanregion geschickt. Dort traf er auf Juden, die nicht von den Fragen gequält waren, denen sich die westlichen Juden ausgesetzt sahen, sie ruhten vielmehr in ihrem Judentum. Als Flugbeobachter hatte er viel Zeit, und er nutzte sie, um zu lesen und zu schreiben. In einem Brief an Hermann Cohen legte er sein Programm für eine völlige Neustrukturierung der jüdischen Ausbildung dar, von der Grundschule bis zur Universität, einschließlich der Forschung. Das Ziel dabei war nicht nur die Ausbildung von Wissenschaftlern, sondern die Wiederherstellung eines jüdischen Lebens für die Mehrheit. Der Jude sollte wieder einen Glauben haben, der ihm Kraft gibt.

Auf dem Balkan verfasste Rosenzweig sein Hauptwerk „Der Stern der Erlösung". Es beschreibt ein philosophisches System des Judentums. Das Judentum ist das Ultimative; Judentum füllt die Welt aus, Judentum hält die Antwort auf alle metaphysischen Fragen bereit und überliefert sie in der Symbolik des jüdischen Jahres mithilfe der Schabbatot und der Feiertage. Tatsächlich steht der Jude außerhalb der Welt, um – in seiner Einsamkeit und Abgeschiedenheit – die

Antworten zu finden und sie der Welt zu offenbaren, die durch ihr Treiben, ihre Ambitionen und Begierden daran gehindert wird, die Antworten zu finden. Israel ist das Volk Gottes, das Gott sucht und Ihn findet. Hier liegt das Ultimative, zu dem ihn der Zweifel geführt hatte, und hier fand Rosenzweig Frieden.

Dies bedeutet jedoch nicht, dass die Gesetze und Regeln des Judentums nicht mehr geändert werden können, sobald sie niedergeschrieben wurden. Sie können geändert werden und sie müssen geändert werden, wenn Israel seine Stellung bewahren will und die Söhne Israels in ihnen eine Orientierungshilfe für sich finden wollen. Rosenzweig blieb ein Liberaler, doch haben ihn sowohl orthodoxe als auch liberale Gruppen als einen von ihnen bezeichnet. Dies zeigt die Breite seines Ansatzes. Er wollte nicht nur Philosoph sein. Philosophie allein reicht nicht aus. Die letzten Worte aus „Der Stern der Erlösung" zeigen das deutlich. Wohin all das führe, fragt er, und antwortet, „*INS LEBEN*".

Als er vom Krieg zurückkehrte, begann er, jüdisches Leben zu rekonstruieren. Er zog nach Frankfurt, wo er das erste Jüdische Institut für Erwachsene gründete, das „*Lehrhaus*". Das Typische an seinem Ansatz war, dass er sich eine Lehrerschaft wünschte, die nicht zu fortgeschritten war, damit die Lehrer gemeinsam mit den Studierenden um Antworten zum jüdischen Leben ringen und zusammen zu Ergebnissen kommen konnten, auch wenn er selbst schon zu Schlussfolgerungen gekommen war.

In Frankfurt traf er auf Nehemia Anton Nobel, den konservativen Rabbiner der Gemeinde, der ein großer Prediger, Gelehrter und Mystiker war. Nobel hatte einen immensen Einfluss auf ihn. Eine Kleinigkeit in dieser Beziehung erzählt uns mehr über Rosenzweigs Haltung: Nobel war ein bedeutender Goethe-Experte. Doch seltsamerweise beeindruckte er Rosenzweig am wenigsten, wenn er über Goethe sprach. Rosenzweig erwähnte sogar, dass er es lieber hätte, Nobel würde es sein lassen. Nun war Rosenzweig selbst alles andere als ein jüdischer Isolationist. Noch während seiner letzten Lebensjahre schrieb er Bewertungen zu neuen Musikaufnahmen und zu Stefan George. Doch es kann sein, dass ihn Goethe ärgerte. Er mag Goethe, der mehr als jeder andere das Universum durchdrungen hatte – auf der Suche nach dem Absoluten – als Rivalen gesehen haben. Wozu sollte ein Mann wie Nobel, der alle Antworten im Judentum finden konnte, Goethe nötig haben?

In Frankfurt traf Rosenzweig auch Buber, mit dem er seine gewaltige Übersetzung der Schrift vorbereitete – ein Werk, das sein deutsches Wissen sowie seine außerordentlichen Kenntnisse des Judentums zeigte, die er sich angeeignet hatte. Auch andere Werke erschienen. Er unternahm all dies um der Juden willen, um ihnen ein Judentum und somit Leben zu geben.

Die Krankheit und der Tod Rosenzweigs

Ebenfalls in Frankfurt wurde Rosenzweig von einer schrecklichen Krankheit – Amyotrophe Lateralsklerose – heimgesucht, in deren Folge er bald völlig gelähmt sein würde, die seine Seele jedoch nicht brach. Seine Arbeit währte fort und diejenigen, die ihn trafen oder von ihm hörten, konnten dem Symbol folgen, das er dann wurde – das Symbol eines triumphierenden jüdischen Geistes.

Am Anfang war der Zweifel. Und dieser Zweifel, nämlich ob er erreicht hatte, was er erreichen wollte, trieb ihn an, nach einer Lösung zu suchen. Das Judentum muss rekonstruiert, zum Leben erweckt und mit einer Bedeutung versehen werden. Solange wir leben, nimmt diese Arbeit kein Ende.

Seine Ideen werden im folgenden Artikel behandelt. Es verwundert nicht, dass er die Antwort erst am Tag seines Todes fand. Diese Worte schrieb er nur wenige Stunden vor seinem Tod an Martin Buber, er musste zu schreiben aufhören, weil der Arzt kam: „und – jetzt kommt sie, die Pointe aller Pointen, die der Herr mir wirklich im Schlaf verliehen hat: Die Pointe aller Pointen für die es…"

Franz Rosenzweig hat es nicht mehr geschafft, diesen Satz im Leben zu beenden.

Mordecai Kaplan und der Rekonstruktionismus

Von Beginn an fühlte sich Leo Trepp vom Rekonstruktionismus angezogen. Wie Hirsch und später Rosenzweig beschäftigte sich Mordecai Kaplan unter anderem mit der Frage, die auch Trepp Zeit seines Lebens umtrieb: Wie kann jemand ein guter Jude sein, Pflichtbewusstsein, Ethik und Erfüllung daraus entwickeln, und auf derselben Seite ein guter Staatsbürger? Wie beeinflusst eines das andere? In welchem Spannungsverhältnis stehen Religion und Zivilisation zueinander? Nachdem Kaplan seine Karriere als Professor begonnen hatte, wurde er Rabbiner einer Gemeinde in New York, die nach Hirschs Vorbild neo-orthodox gestaltet war, also Tora und Kultur miteinander zu verbinden suchte. Kaplan brach bald mit diesem Konzept. Dass Tora auf der einen und weltliches Denken auf der anderen Seite standen, die irgendwie miteinander verbunden werden mussten, schien ihm „eine philosophische Persönlichkeitsspaltung", wie er Trepp einmal schrieb. In der Einführung des vorherigen Beitrags wurde Kaplans Philosophie bereits kurz dargestellt. Dafür, dass er Israel nicht als erwähltes Volk sah, und vor allem dafür, dass er das persönliche Gottesbild ablehnte, wurde er von der Orthodoxie heftig angegriffen. Auch Trepp stimmte darin nicht mit ihm überein. Doch wie in Hirsch und Rosenzweig sah der damals 30-jährige Trepp in Kaplan ein Vorbild. Ihn faszinierte dessen Suche, dessen Drang, dem Judentum Bedeutung für den Einzelnen zu geben und dessen unermüdlicher Einsatz. Neben seiner Tätigkeit als Autor und später als Mitglied des Herausgeberteams für das Magazin des Rekonstruktionimus entwickelte Trepp eine enge freundschaftliche Beziehung zu Kaplan und verabschiedete sich von diesem manchmal als „liebender Sohn". Diesen Beitrag schrieb er 1975 für das deutsche Magazin Emuna.

Man hat von Mordecai Kaplans Theologie gesagt, dass sie Lücken habe und rigoroser, systematischer Kritik gegenüber Schwächen zeige. Das mag wohl sein, und doch ist sie die erste systematische Theologie, die dem amerikanischen Judentum entsprang und in erster Linie an *es* gerichtet ist. Dennoch kann sie nicht nur dem amerikanischen, sondern dem Gesamtjudentum dienen.

Die Lücken und auch Widersprüche im Rekonstruktionismus beruhen nicht zuletzt auf der Persönlichkeit des Schöpfers, Mordecai Kaplan. Er ist von Anfang an Lehrer und Führer gewesen und immer geblieben. Sein Streben galt und gilt der Erneuerung des lebendigen jüdischen Volkes als Volk der Ethik. Dabei kam es ihm darauf an, hier und jetzt Wege zu finden, die unmittelbar zur Belebung und Entwicklung der jüdischen Gemeinschaft führen sollten. Ihm steht am Anfang die Tat und nicht die Theorie. Als Mensch hat er durch Güte, verbunden mit tiefstem Wissen, durch Liebe, die dem einzelnen gehört wie der Gesamtheit gilt, und durch absolute Ehrlichkeit des Denkens, die der Kritik und abweichenden Ansicht ihre Recht zuerkennt, ein so erhabenes Beispiel gesetzt, dass seine Schüler zu Jüngern geworden sind, und niemand sich dem Adel seiner Persönlichkeit zu entziehen vermag. Auch der Autor lebt in Ehrerbietung für Mordecai Kaplan als Lehrer, Helfer, Berater, als Jude und Mensch. Ich bewundere seine dem Geiste entspringende Lebenskraft, die ihn im 90. Lebensjahr noch in die Kibbuzim gehen ließ, um dort täglich über die Erneuerung des Judentums zu sprechen und zu lehren.

Mordecai Kaplan hat von seiner Theologie als einer Galilei-gleichen Revolution gesprochen, das macht ihn zum Rebellen. Doch hat er gleichzeitig das ungesprochene Selbstbewusstsein weitester Kreise der Juden, vor allem in Amerika, erschöpft und artikuliert. Das macht ihn zum Träger und Entwickler der sich endlos entwickelnden Tradition des jüdischen Volkes. Die Revolution, von der er spricht, beruht darin, dass er den Kern des Judentums nicht in Gott sieht, sondern in das jüdische Volk verlegt, und dass er das Ziel des Judentums darin sieht, dass seine Glieder ein glückliches, das heißt, sinnvolles Leben führen mögen. Für Kaplan ist das Judentum eine „sich entfaltende religiöse Zivilisation". Es ist nicht nur Religion, denn es hat ja auch Sprache, Kunst, Literatur, Musik, sogar jüdische Küche und vieles mehr hervorgebracht. Daher ist es Zivilisation. Es ist immer noch in Weiterbildung, daher ist es „evolving" in allen seinen Formen. Es ist religiös, denn ohne Religion bestünde es nicht. Der Urgrund liegt im Volk. Das Volk entwickelte seine Gottesidee. Es lebt aus einfachem Lebenswillen wie alle Völker. Es ist nicht auserwähltes Volk. Der Einzelne steht zum Volk, da er sich nur in einer Volksgemeinschaft geistig-schöpferisch finden und eine Orientierung im Leben erhalten kann. Hier spiegeln sich Ideen des Soziologen Durkheim, der die Volksgemeinschaft als notwendig ansah, damit jeder sich voll entfalten möge. Im praktischen Ziel des Glücklich-Werdens und der inneren Ruhe, die das Judentum seinen Mitgliedern hier auf Erden geben kann, erkennen wir den Pragmatismus von Wilhelm James und John Dewey, auf dem Kaplan – bewusst – ruht.

Zur Vollentfaltung des jüdischen Volkes gehört ebenfalls das Land Israel, Mittelpunkt des Zirkels, von dem, wie die Speichen eines Rades, Erziehung, die gleichgesetzt ist mit Tora, Volksformen und Lebenskräfte einer von außen nicht beeinflussten Gesellschaft hervorgehen. Israel ist zentral, wird als Brennpunkt innerer organischer Entwicklung des jüdischen Volkes angesehen. Hier folgt Kaplan Achad Ha-Am, der das Land als notwendig ansah, damit sich in ihm das Judentum unbeeinflusst von äußeren Bedingungen entwickeln könne. Das Land ist das Zentrum der jüdischen Kultur. Den Reifen des Rades formt die Judenschaft in der Diaspora. Auch sie ist nötig. Hier muss die Rationale des Judentums in Auseinandersetzung mit der Welt immer neu gefunden werden. Hier wird die Zivilisation des Judentums durch die sie umgebende Zivilisation ihrer Umwelt beeinflusst und geformt. Dieser Einfluss ist wichtig, die Juden in der Diaspora müssen ihm aufgeschlossen sein.

Von hier strömen wiederum Ideen und Kräfte nach Israel zurück. Eine Zweibahnstraße ist somit geschaffen: Israel – Diaspora – Israel. So wird Entfaltung möglich. Der Jude in der Diaspora muss daher *in zwei Zivilisationen leben* und aufgehen, in der seines Geburtsstandes oder des Landes seiner Bürgerschaft und der des Judentums. Kaplan spricht daher von den großen Dokumenten Amerikas als „Schrift", wie auch Tora „Schrift" ist. Da das Judentum Zivilisation ist, so gehören ihm nicht nur die Gläubigen als vollberechtige Glieder an, sondern alle, seien sie auch ohne Religion des Judentums, die das kraftvolle Überleben des jüdischen Volkes als Zivilisation erstreben und sich schöpferisch oder lernend dem Judentum hingeben. Vor allem das Lernen der jüdischen Erbschaft ist grundlegende Aufgabe aller. Nun sind das jüdische Volk und die Gemeinschaft sehr tief gespalten, vor allem religiös. Kaplan möchte das ändern. Er fordert die organische Gemeinschaft, z. B. die religiöse Einheitsschule in einer Gemeinde, die Zusammenarbeit aller. So wurde er zum Gründer des „Jüdischen Gemeinschaftszentrums" (Jewish Community Center), in dem sich alle treffen und alle Formen der Zivilisation Ausdruck finden. Die weite Verbreitung der „Center"-Bewegung gibt ihm Recht. Auf einer tieferen Ebene, fragt man einen amerikanischen Juden über seine tiefste Überzeugung hinsichtlich des Judentums, so stößt man bei einer großen Majorität auf Ideen, die durch Kaplan sowohl enthüllt wie auch geformt worden sind, einschließlich des Wunsches zur Einheit: Um die organische Entwicklung einer Gesamtjudenheit nicht zu verlangsamen, bestand Kaplan darauf, dass seine Bewegung nur eine Schule ohne formale Organisation bleiben müsste. Demnach oder daher sind die meisten amerikanischen Rabbiner von ihm beeinflusst, obgleich manche es nicht wissen und andere ihn ablehnen mögen. Nur in den letzten Jahren, dem Wunsche seiner Gefolgschaft auch seinerseits folgend, hat er es erlaubt, dass Gemeinden mit seinen – aus Arbeitsgemeinschaften entstandenen – Ideen sich formell organisierten. So besteht jetzt eine *organisierte* Bewegung: *Reconstructionism.*

Sie verfügt über eine gute Zeitschrift: „*The Reconstructionist*", hat ihre eigenen Gebetbücher und hat jetzt eine Rabbinische Schule gegründet, die Kaplans

Idee gemäß an die Temple Universität in Philadelphia angegliedert ist, damit die Studenten, die in zwei Zivilisationen leben, die grundlegenden, überkonfessionellen Fächer mit ihren christlichen Kommilitonen hören, und nur die speziell jüdischen im eigenen Seminar nehmen. Auch müssen alle ein Ph.D. (Dr. phil.) Programm an der Universität verfolgen, um sowohl als Rabbiner wie auch als Professoren an Universitäten dienen zu können.

Grundlegend in der Schaffung dieser Organisationen war die Erkenntnis, dass die bestehenden offiziellen Gruppen gegen den Einbau kaplanscher Ideen Widerstand leisten. So kann nur die eigene Organisation den Weiterbau verbürgen. Gleichzeitig dient sie durch ihren radikalen (zur Wurzel gehenden – „radix") und zur absoluten Ehrlichkeit drängenden Charakter dem Rest als Vorbild, zwingende Motivation zur Suche und Reform. Dem Experiment offen gegenüber, führt sie an, sei es im Gottesdienst, bei Fragen der Mizwa oder bei sozialen Aufgaben. Judentum „entfaltet" sich.

Die Grundfrage, die wir beantworten müssen, um das Konzept zu verstehen, ist die: Warum hat Kaplan diese „Revolution" unternommen? Und das bringt uns sofort zu Gott [...] Denn Kaplan erkannte, dass viele sich vom religiösen Judentum abwandten, weil sie in der Tradition Ideen über Gott als Person, über Schöpfung, Offenbarung, Lohn und Strafe, Tod und Auferstehung oder die Auserwähltheit Israels fanden, die sich mit wissenschaftlichen Fakten nicht vereinbaren lassen. Hinzu kommt, dass im jüdischen Gesetz vieles der Gegenwart ethisch nicht mehr entspricht, nehmen wir nur die Stellung der Frau als „zweites Geschlecht". Als Wissenschaftler erforschte Kaplan die Bibel und jüdisches Schrifttum, und ihm war es ebenfalls nicht möglich, die überlieferte Lehre unkritisch zu übernehmen. Das Problem beruhte auf dem Glauben an einen persönlichen Gott, in Orthodoxie mit Verbalinspiration der Schrift verbunden. Es führte zu einer Heimatlosigkeit solcher Juden, die diese Grundanschauungen nicht übernehmen konnten – vor allem der Wissenschaftler, und die sich dennoch als gute Juden bekannten. Kaplan fand sich daher zu einer neuen Gottesauffassung gezwungen, die sich im Praktischen auch auf die Bindekraft des Gesetzes auswirken musste: Gott wurde zur Schöpfung des jüdischen Volkes.

Das Gesetz wurde zum Ausdruck der jüdischen Zivilisation und war daher nicht auf die leichte Schulter zu nehmen. Jedoch ist es laut Kaplan nur gültig, soweit es dem Einzelnen zur Orientierung im Leben dienen kann, und der Gesamtheit als Lebenskraft zur Verwirklichung eines ethischen Volkstums. Jeder Mensch und jedes Volk haben Bedürfnisse, so nach Bekleidung, Nahrung, Beschützung und Betreuung, vor allem nach Orientierung im Leben. Die höchsten und letzten Lebensbedürfnisse und -belange wurden zu Göttern. So entstanden Zeus, Gott der Macht und des Rechts, Athene, Göttin der Weisheit, Aphrodite, Göttin der sinnlichen Befriedigung, und andere. Das Volk schuf die Götter aus seinem Geist, um höchstes Streben nach Erfüllung bildlich und dem einfachen Menschen geistig zu verkörpern. Das jüdische Volk hat das Bedürfnis, sowohl anderen zu helfen (the need to be needed), wie auch menschliche Ethik im vollsten Maße in der Welt zu verbreiten und zu verwurzeln. Daraus entstand das Gotteskonzept eines Gottes, der Ethik gebietet. In der primitiven Religion des alten Israels musste dieser Gott als Person, als Gebotsgeber erfasst werden. Eine andere Auffassung und Darstellung war der Antike nicht zugänglich. In persönlicher Anrede wurde er zum Förderer von Gehorsam, er versprach Belohnung und Strafe und gab denen, die ihm treu waren, Hoffnung aufs ewige Leben und Auferstehung, wenn sie seine Gebote befolgten.

Diese Entwicklung ging über viele Jahrhunderte hinaus vonstatten. Hierbei müssen wir der Wissenschaft folgen, die die Entfaltung des Judentums von primitiven, biblischen Konzepten zur Vollendung in nachbiblischer Zeit verfolgt und beschrieben hat. In Wirklichkeit, sagt Kaplan, wissen wir nicht, *was* Gott ist, wir wissen nur, *dass* Gott ist. Hier folgt Kaplan der Idee des Maimonides. Wir können Gott erfassen als die Kraft im Kosmos und damit im Menschen und in der Menschheit, die das *Sein,* das die Wissenschaft erforscht, in das *Sein-Sollen,* das die Ethik verlangt, umwandelt. Diese Kraft liegt *in* Welt und Mensch. In diesem Sinne ist Gott immanent. Der Mensch selbst erlöst diese Kraft in sich, indem er das Ethische verwirklicht. Um für diese Kraft in sich zu beten, ergibt er sich dem Gebet. Die Erlösung ist nicht nachweltlich. Sie ist in dieser Welt, nämlich einer Welt sozialer Gerechtigkeit und persönlicher Moralität. Das jüdische Volk erstrebt, diesen Zustand zu erschaffen. Die Gesellschaft im Staat Israel hat die Möglichkeit, die Ethik als Nation innenpolitisch und außenpolitisch zu verwirklichen. Solange das Volk diese Aufgabe nicht völlig erfüllt hat, ist es kein auserwähltes Volk. Wenn es sie einstmals erfüllt hat, darf es sich so nennen. Andere Völker haben ähnliche Aufgaben und Erwähltheit, doch liegt das Bedürfnis zur Ethik im besonderen Maße in den Juden. Kaplans Theologie ist vom Optimismus durchzogen, dass die Welt dem Ziel zustrebt und es einstmals erreichen wird – solange alle Kraft der Aufgabe zugewandt ist.

Mizwot, vom persönlichen Gott geboten und mit Lohn und Strafe verbunden, waren einst als gottgegeben angesehen. Dem Volk wurden Konsequenzen der Befolgung und Nichtbefolgung ausgemalt, um Gehorsam zu bedingen. In Wirklichkeit sind Mizwot aus dem Volk entstanden, sagt Kaplan. Für uns sind sie als *Sancta* zu betrachten. Jedes Volk hat Sancta, heilige Symbole, die eine Idee visuell und durch Tat vermitteln. So ist die Fahne eines Volkes ihm Sanctum. Sie übermittelt Geschichte, ruft zur Einheit, weist in die Zukunft, die es zu schaffen gilt. *„Mitzvot are Sancta."* Die Idee des Schabbat enthält die Idee der Menschenrechte mit der Gleichberechtigung in Arbeit, Lohn und Ruhe. *Jeder* soll und muss am Schabbat ruhen. Rosch ha-Schana offenbart das Königtum Gottes, das heißt der Ethik, in der Menschheit, die zu erstreben ist. Im Gebet wie in der Erfüllung der Sancta muss der Jude die *Idee* sehen und Gott als die Kraft in sich und der Gemeinschaft freisetzen, die ihm das Streben nach deren Verwirklichung ermöglicht. Mizwot, die nicht länger als Sancta wirken, Gesetze, die moderner Ethik nicht entsprechen, dürfen und müssen daher abgeschafft werden

– neue Sancta, die dem Leben in zwei Zivilisationen entspringen, dürfen und sollen eingeführt werden.

Die Begrenzung dieses Artikels erlaubt nur einige kurze, kritische Fragen: Wenn Gott als Person auch dem jüdischen Volke entsprang, so wurde er dennoch vom Volk als Person konzeptualisiert. Das hat Kaplan bejaht. Dann ist der transzendente Gott dennoch da. Ist Gott, darüber hinaus, Idee, und strebt Kaplan gegen seine Absicht dem Idealismus zu? Und da das jüdische Volk mit der besonderen inneren Notwendigkeit begabt ist, ethisches Volkstum und Menschentum anzustreben, ist es dann nicht einzigartig – „erwählt"? Kaplan mag darauf antworten, dass andere Völker durch ihre eigene Veranlagung gleichfalls „erwählt" sind, das hieße, kein Volk ist speziell erwählt. Dennoch ist die Ethik ein so hohes Ziel, dass eine besondere Erwählung des jüdischen Volkes gar nicht bezweifelt werden kann. Weiterhin: Sucht die gegenwärtige Jugend den Ausgleich von Wissenschaft und Religion oder vielmehr Glauben als Hilfe – daher der Existentialismus – selbst wenn es Glaube an Glauben ist? Dann wird sich allerdings der Rekonstruktionismus weiter in dieser Richtung entwickeln können, denn Rekonstruktion ist ja sein Prinzip, und daran arbeitet Kaplan zur Zeit. Schließlich: Können Menschen und eine Gemeinschaft über die in ihnen liegenden Triebe hinauswachsen? Ist der Volks-Gott nicht eben nur Projektion des eigenen Willens? Hat nicht Hitler gezeigt, dass die Vergöttlichung des eingeborenen oder eingezogenen Triebes zur völligen Zerstörung führen kann? Kaplan ruht auf den Idealen der amerikanischen Demokratie, die das Höchste in Synthese von individueller Freiheit und sozialer Gerechtigkeit erstrebt – obwohl sie es noch nicht erreicht hat. Ist seine Theologie zu amerikanisch? Ist sein Humanismus an seinem eigenen Wesen geprägt? Falls dieser Humanismus übertragbar ist, so kann Großes entstehen: ein sich entfaltendes Judentum menschlicher Einheit und sozialer Ethik, wissenschaftsbezogen, Werkstatt hier und in Israel. Dem Durchschnittsjuden in Amerika liegen diese Synthese und diese Hoffnung nahe: Rekonstruktionismus ist im Grunde Volksideologie geworden.

Für Kaplan ist Auschwitz der Menschheit, nicht Gott zuzuschreiben. Die Menschheit wandte sich vom ethischen Ideal ab. Auschwitz ist Kaplan zufolge der zu surrealistischem Terror gewachsene Egoismus der Menschheit. Dieser Egoismus ist auch anderweitig da und zeigt sich beispielsweise in Rassenproblemen und Kriegen und in internationalen Situationen, in denen Israel, trotz aller Nöte, ein Beispiel der Ethik zu setzen sucht. Kaplans Optimismus ist so unvermindert wie seine Tatkraft, die vor allem der Jugend dient, die er lehren und zurückführen möchte.

Streicht man jedoch den Optimismus, dann kommt man zur Theologie Richard Rubensteins, Kaplans Schüler. Auch ihm ist das jüdische Volk die Wurzel des Judentums. Es schuf den Gott der Geschichte, dem die Menschen im ethischen Aufstieg folgen sollten. Auschwitz zeigte jedoch, dass dieses Gotteskonzept falsch war. Der Mensch ist triebhaft das, was er ist. Er ändert sich nicht. Das Gottesexperiment des Judentums war ein 2000-jähriger Fehler. So mögen denn die Juden diesen Gott aufgeben, er ist tot – nach Auschwitz. Statt der Linie des historischen Fortschritts zu folgen, mögen sie wieder „Heiden" werden – im Sinne der Definition von Mircea Eleade. Im Land lebend sollen sie dem Zyklus des Lebens folgen, wie auch dem Zyklus des Jahres, und darin Erfüllung finden. Das tragische Wissen sei ihnen Begleiter, dass die Natur, die Geburt gibt, am Ende ihre Kinder verschlingt. Der Tod allein ist der Erlöser. Das heißt für Rubenstein nicht Aufgeben der Mizwot. Sie sind ja, wie es auch Kaplan sieht, Volksschöpfung. Die archaischen Bräuche sind daher sogar die wertvollsten. So bedeutet das Opfer in früheren Zeiten eine kontrollierte Brutalität, die die Brutalitätsgelüste des Einzelnen im Zaum hält – wenn auch nur für einige Zeit. Man darf daher nicht erwarten, dass etwa der Jom Kippur zu wirklicher Erneuerung wird: der Jude bleibt, was er ist – Mensch, und der Mensch kann sich nicht ändern, er kann nur kontrolliert werden – von Jahr zu Jahr. Das Sanctum ist laut Rubenstein Volksbrauch, es bildet nicht um. Man schließe sich im Leben dem Volk an, wisse von seiner Geschichte, seinen Schöpfungen, erfülle seine Bräuche als Mittel der Identifizierung – so sieht es auch Kaplan. Doch Hoffnung auf die Zukunft einer ethischen Menschheit gibt es bei Rubenstein nicht – das hat Auschwitz gezeigt. Trotz des Pessimismus waren Rubensteins Ideen offensichtlich von denen Kaplans geprägt und wären ohne ihn wohl kaum ins Leben gekommen.

Was ist die Zukunft des Rekonstruktionismus? Falls sich weiterhin die richtigen Führer finden, hat er Lebenskraft. Er befindet sich in einer eigenartig gestalteten günstigen Situation. Entwickelt er sich zur organisierten religiösen Richtung, wird er den Volkscharakter verlieren. Man muss sich ja einer „Denomination" anschließen. Aber er kann dann durch *seine Gemeinden* Einfluss in der Gesamtjudenheit bekommen, vor allem wenn die hohe jüdische Menschlichkeit Kaplans von seinen Schülern übernommen wird und auf diesem Weg die Gemeinschaft weiterhin inspiriert. Bleibt er „Schule der Ideen", so wirkt er dadurch weiter, vor allem durch die hochbegabten Rabbinatsstudenten an seiner Schule, die ja auch zu Professoren herangebildet werden. An ihren jeweiligen Lehrstühlen können sie seine Gedanken fortführen und weiterentwickeln und als Lehrer und menschliche Vorbilder im Judentum in Amerika und vielleicht in der Welt bahnbrechend wirken.

Die Philosophie von Franz Rosenzweig und die des Rekonstruktionismus

Dieser Beitrag Trepps wurde im späten Oktober 1947 im „Reconstructionist" gedruckt. Und so lautete damals die Einleitung dazu: „In unserem vorigen Kapitel behandelten wir ‚die spirituelle Biographie von Franz Rosenzweig', einem der spirituellen Vordenker des deutschen Judentums zwischen den beiden Kriegen, der einen bedeutenden religiösen Einfluss auf die Juden in Deutschland hatte. Der folgende Artikel wirft Licht auf einige der Prinzipien seiner Philosophie für die ame-

rikanischen Leser und stellt diese, mit Blick auf Ähnlichkeiten und Unterschiede, denen des Rekonstruktionismus gegenüber. In unserem nächsten Kapitel werden wir schließlich den letzten Artikel dieser Serie veröffentlichen, der sich mit dem Aktionsprogramm Rosenzweigs auseinandersetzen und es mit dem des Rekonstruktionismus vergleichen wird." Den anderen angesprochenen Beitrag haben wir ebenfalls für diesen Band ausgewählt. Er folgt diesem. Ein paar Anmerkungen zu diesem Text: Den Staat Israel gab es noch nicht, Trepp spricht also vom palästinensischen Judentum. Offensichtlich sieht Trepp den Rekonstruktionismus nicht so sehr als Richtung im Judentum, sondern als roten Faden, den man für alle Richtungen aufrollen kann, um ihnen Orientierung zu geben. Was ist wichtig im Judentum? An Rosenzweigs Kritik an Neo-Orthodoxie und Reform und an Kaplans Entwurf des Rekonstruktionismus sieht man, was sie verbindet: Für beide muss der Jude, der Mensch, im Vordergrund stehen. Der Elfenbeinturm, in dem Ideen entworfen werden, hilft dem Einzelnen nicht, wenn er nichts über die Ideen weiß, oder ihm kein Handwerkszeug gegeben wird, sie umzusetzen.

Um die Philosophie Franz Rosenzweigs zu verstehen, muss man sich die Erlebnisse seines Lebens vor Augen führen. Eines der entscheidendsten Erlebnisse war der Krieg. Er war ein jäher Schnitt in seine Lebensgestaltung, der ihn zwang, sich mit Fragen von Krieg und Frieden auseinanderzusetzen, wie auch wir heute wieder dazu genötigt werden. Diese Gedanken beeinflussten seine Sicht auf das Judentum. Man darf nicht vergessen, dass er sein Werk „Der Stern der Erlösung" inmitten des Krieges verfasste.

Zu Krieg und Frieden

Warum gibt es Kriege, fragt Rosenzweig und antwortet: Weil sich von allen Völkern der Welt jedes als das auserwählte Volk ansieht. Jedes sieht in seiner Ideologie und in den Prinzipien seiner Regierung die einzigen Wege, die Welt zum Frieden zu führen. Solche Einstellungen mögen nicht immer offen ausgedrückt werden, doch sie sind da, beeinflussen Nationen in ihren Sichtweisen und Haltungen, und offenbaren sich in entscheidenden Momenten. Im Krieg gelangen Völker an den Punkt, an dem sie ihre Existenz und die jeweilige Ideologie verknüpfen. In jedem Volk gibt es auch einen pazifistischen Zug. Auch das muss in der Kriegsführung berücksichtigt werden. Wenn der Wunsch nach Frieden so stark wird, dass die Opferbereitschaft vor ihm verblasst, wird Friede geschlossen. Die kriegsführenden Nationen versuchen jeweils, ihren Gegner mürbe zu machen, bis er dieses Stadium erreicht. Dann kann ein neuer Vertrag zwischen den Ländern geschlossen werden, ein Vertrag, in dem die unterlegene Nation die Idee des Auserwähltseins verwirft und die Prinzipien des Siegers annimmt.

Können ein solcher Vertrag und die Kriegserfahrung als solche Kriege beenden? Rosenzweig sagt: nein. Seiner Meinung nach kann auch der Pazifismus Kriege nicht beenden. Pazifismus nämlich vergleicht Kriege aus seiner Sicht mit körperlichen Krankheiten, die nur geheilt werden können, wenn Konflikte vermieden oder Völker voneinander ferngehalten werden. Diese Vorstellung, sagt er, ist falsch. Die Krankheit eines Menschen mag durchaus mit einfachen Mitteln geheilt werden können. Doch Krieg verändert den Menschen. So wie man durch das Erleben von Freundschaft zu einer freundlicheren Person wird, so wird eine Person durch die Kriegserfahrung kriegerischer. Krieg lasse sich mit trivialen Mitteln – und als solche sieht er die meisten der pazifistischen Ansätze – nicht abschaffen.

Einst gab es Frieden in der Welt, sagt Rosenzweig. Es war der Friede, der existierte, bevor es einen Geschmack von Krieg gab. Es ist der Frieden, den Steine untereinander haben, der Frieden des Paradieses. Eines Tages wird es wieder Frieden geben. Dieser Frieden wird dann kommen, wenn die Menschheit ihren Gang gegangen ist, die Idee des Krieges aus den Seelen der Menschen entfernt wurde, wenn die Menschheit nichts anderes mehr findet als den Frieden. Dies wird in der Zeit des Messias geschehen, in der Zeit des letzten Königreiches. Bis dahin wird der Mensch immer wieder Kriege führen. Er wird sich gezwungen dazu sehen. Solange sich Nationen an der Fülle ihres nationalen Lebens erfreuen und den natürlichen und damit einhergehenden Drang zu Wachstum und Ausweitung haben, werden sie mit dem Dilemma konfrontiert, entweder absolut ethisch zu handeln oder die nationalen Interessen wahrzunehmen. Krieg wird fortwähren, und die Kriege am Ende aller Tage werden nicht mehr ausgetragen, um der Menschheit zu zeigen, wie schrecklich der Krieg ist, sondern um das Schändliche endgültig auszumerzen.

Nur ein Volk, das auf sein normales Leben verzichtet hat, das keine Heimat, keine lebendige Sprache und keine Zukunft hat, kann sich erlauben, den Krieg zu vergessen. Das ist das jüdische Volk. Es hat keine Zukunft, da es am Ende seiner Entwicklung steht. Was auch immer mit dem jüdischen Volk passieren mag – es ist bloße Wiederholung. Es hat keine lebende Sprache, sondern nur eine heilige. Es ist heilig, es hat für diese Heiligkeit mit seinem natürlichen Leben bezahlt. Das jüdische Volk zeigt der Menschheit am Beispiel seines Lebens und Schicksals das ultimative Ziel auf. Wir leben unter uns, aber für die Menschheit.

Dieser Gedanke scheint von den rekonstruktionistischen Ansichten weit entfernt zu sein. Der Rekonstruktionismus will uns von einer unnatürlichen Existenz wegführen und bekräftigt, dass der Jude sehr wohl ein ganz normales Leben führen kann. Der Rekonstruktionismus verbindet sich mit Eretz Israel, wo die Geschichte der Juden neu geschrieben wird.

Doch es gibt Punkte, an denen die Analysen Rosenzweigs und die des Rekonstruktionismus übereinstimmen. Rosenzweigs Definition des jüdischen Volkes verdeutlicht, dass er im Judentum eine komplett in sich geschlossene Zivilisation sieht, die so stark ist, dass sie keinerlei Unterstützung von außen benötigt. Es ist eine religiöse Zivilisation und wie wir später sehen werden, eine, die sich, wenn auch nicht in der Theorie, so doch in der Praxis weiterentwickelt.

Juden und Judentum

Für Rosenzweig drückt sich Religion in der Tat aus und nicht nur im Glauben und in der Emotion. Sie wird durch Erfahrung geboren, erwächst zur Philosophie und entfaltet sich schließlich in Handlung und Leben. Religion hebt uns über den Status dahinvegetierender Lebewesen hinaus auf eine Ebene, in der wir Kinder Gottes sind. Es sind nicht wir, die Religion wählen, sondern Religion wählt uns. Kein Mensch kann durchs Leben gehen, ohne mit einer Offenbarung durch Gott konfrontiert zu werden. Doch der Ruf Gottes kann in Konflikt geraten mit dem „Streben nach Glück", mit dem Wunsch, glücklich zu leben, den wir als einfache Geschöpfe nun einmal haben. Und so versuchen Menschen immer wieder, dem Ruf zu entfliehen, sie betäuben ihren Geist, indem sie sich der Oberflächlichkeit des Lebens hingeben. Sobald wir aber ernsthaft über unser Leben nachdenken, begegnen wir Gott. Dann erkennen wir auch, dass unser Leben dem, was wir Menschen daraus machen, unwürdig ist. Zwangsläufig muss das erste Wort, das uns im Angesicht Gottes über die Lippen geht, eben diese Tatsache bekennen. Wir haben gesündigt.

Die Antwort auf Gottes Ruf ist das, was wir als Glaube bezeichnen. Der Glaube steht also am Anfang unserer Reise in dieser Welt als Kinder Gottes. Er führt uns zu Taten. In diesem Sinn führt er uns auf den Weg, der zur Erlösung führt. Am Ende des Weges steht die vollkommen gute Tat. Der Weg des Einzelnen und der Menschheit führt von Zwang zur Sehnsucht. Wir müssen uns dazu zwingen, Gottes Ruf zu hören. Haben wir ihn erst einmal gehört, müssen wir uns zwingen, danach zu handeln, denn Glaube ist nicht genug. Bald handeln wir aus einem Verlangen heraus in der Erkenntnis, dass das, was wir tun, gut für uns ist, und das Verlangen schafft wiederum neue Zwänge, die uns weiterbringen. Die Kräfte des Glaubens befinden sich also ständig im Konflikt mit den Kräften des Lebens – auf einer immer höheren Ebene. Glaube führt zur Handlung und Handlung zum Glauben. So schreitet die Menschheit voran.

Da das jüdische Volk seinen Weg abgeschlossen hat, müssen wir lediglich zurückkehren – die Juden nennen das *Teschuwa*. Die Kirche führt das Volk zu einer wiederholten „*metanoia*", einer Veränderung des Geistes. Diejenigen, die sich immerfort auf neue Ziele zubewegen, sind gezwungen, ihren Glauben ständig zu erneuern. Die Synagoge ruft zur „Teschuwa" auf. In diesen zwei Worten für Buße wird der Unterschied zwischen Judentum und Christentum deutlich. Zur gleichen Zeit sieht Rosenzweig es als einen Irrtum der Kirche anzunehmen, dass im Glauben allein die Errettung liegt.

Der Rekonstruktionismus kann als eine Teschuwa-Bewegung gesehen werden, die zur „inständigen und unermüdlichen Suche nach Gott" aufruft, was genau genommen dem Aufruf gleichkommt, Gott zu lieben. Wir finden Gott, indem wir uns mit den Menschen und ihren Angelegenheiten beschäftigen, also durch Taten, und die religiösen Handlungen, die wir traditionell begehen, werden zu Symbolen unserer Aufgabe. Das romantische oder mystische Gottesbewusstsein, sprich, der Glaube allein, reichen nicht aus. Der Rekonstruktionismus hält der Reform vor, den Glauben auf Kosten der Taten hervorzuheben. Was nicht verwunderlich ist. Der Rekonstruktionismus entstand ja als Gegenpol zu dem emotionalen Ansatz der amerikanischen Orthodoxie des Judentums, bei dem Handlung und religiöser Fortschritt ausgeklammert werden und nur deshalb am Bestehenden festgehalten wird, weil es schon immer so gemacht wurde. Wenn der Rekonstruktionismus vom jüdischen Volk spricht, das sich auf eine ideale Zukunft zubewegt, verkündet er letztlich die Idee von *Teschuwa*, denn jeder Weg hin zu einer Zukunft, die als *Idee* existiert, bedeutet eine Rückkehr zu dieser Idee. Das Aufkommen verschiedener Denominationen im Christentum würde Rosenzweig mit einem Bedürfnis nach einem neuen Glauben erklären. Demzufolge fordert uns der Rekonstruktionismus nicht auf, einen neuen Glauben oder eine neue Glaubensrichtung innerhalb des Judentums zu kreieren, sondern das Judentum so zu rekonstruieren, dass Glaube und Handlung wieder aufeinander abgestimmt werden.

Es ist wichtig zu betonen, dass der Rekonstruktionismus über keines der Ziele anderer jüdischer Denominationen streitet, genauso wenig wie Rosenzweig. Im Sinne ihrer Begründer sind sie alle *Teschuwa*-Bewegungen. Sowohl Rosenzweig als auch der Rekonstruktionismus, wollen das Judentum beleben, und zwar zum einen so, dass unser jeweiliges Leben und unsere Taten in Einklang gebracht werden mit den lebendigen Ideen des Judentums, und zum anderen, dass diese Ideen in einer zeitgemäßen Weise formuliert werden. Am Ende dieses Weges steht, was Rosenzweig die vollendet gute Tat nennt. Aus rekonstruktionistischer Sicht wartet am Ende des Weges die „Heiligkeit“, der Zustand, in dem die Wechselbeziehung von Wahrheit, Güte und Schönheit ihren wahren Ausdruck findet. Die Religion muss uns dahin führen, dahin also, die wahren Werte des Lebens anzuerkennen.

Die Rolle Israels in der modernen Welt

Es wird deutlich, dass sowohl für Rosenzweig als auch für den Rekonstruktionismus das Judentum keine Denomination darstellt, sondern eine der großen Unterkategorien der Menschheit ist, wie der Islam und das Christentum auch. Doch Rosenzweig geht weiter. Er sagt: Da die jüdische Persönlichkeit, aus spiritueller Sicht, eine besondere Spezies der Menschheit ausmacht, ist auch das jüdische Volk ein besonderes. Wir sind mehr als ein Volk, so wie der Begriff allgemein verstanden wird, wir sind mehr als eines vielen Völkern, die sich untereinander sehr ähnlich sind. Gleichzeitig sind wir weniger als andere Völker, denn unsere Eigentümlichkeit zwingt uns dazu, die Ambitionen und den Hunger nach Fortschritt zu verwerfen, die normale Völker charakterisieren. Wir haben weder Land noch Sprache, unsere Augen sind verbunden, wir leben für uns. So ist das jüdische Volk ein Paradoxon: weil wir mehr sind als ein Volk, sind wir weniger, und weil wir weniger sind, sind wir mehr. Allein dadurch, dass wir leben, erinnern wir die Welt an das letztendliche Ziel der Geschichte, zu dem sie sich noch bewegt, und an dem wir uns bereits befinden. Sehnsucht und Zwang sind eins geworden. Dem Judentum mögen die Augen verbunden sein, wie der symbolischen Figur am Straßburger Münster, seine Menschen mögen gebrochen sein, doch durch die bloße Existenz erfüllt es seine Aufgabe.

Das Judentum kann aus seiner eigenen Seele heraus leben. Es muss dies sogar tun. Andere Religionen wiederum basieren auf ihm, müssen auf ihm basieren und es zur Hilfe ziehen. Wir müssen die anderen nicht kennen, doch die anderen werden sich mit uns auseinandersetzen müssen. Für Rosenzweig spiegelt sich dieser Gedanke in den Worten Jesajas (55:5) wieder: „Gleichso wirst du herbeirufen manchen Stamm, den du nicht kanntest, zueilen werden sie dir, mancher Stamm, der dich nicht kannte." Israel muss sich nicht bewegen, denn die Geschichte bewegt sich zu ihm hin. Das Judentum der Vergangenheit dachte nicht einmal *über* sich selbst nach, so wie es die nichtjüdische Welt tut. Als die Juden unter sich lebten, hatten sie keine Philosophie, die *über* das Judentum sinnierte; sie dachten *im* Judentum, wenn sie „lernten". Nur aufgrund des Kontaktes zur Außenwelt entwickelten sie eine Philosophie und erkannten, dass es einen Bedarf dafür gab. So wurde das Studium zu einer Form des Gottesdienstes. Die Verbundenheit im „Lernen" ist dieselbe wie die Verbundenheit der Abendmahlsbesucher im Christentum. Dasselbe trifft zu, wenn es um Taten geht. Der fromme Jude der Vergangenheit *sehnte sich* danach, das zu tun, was das Gesetz ihm vorschrieb. Der Kreis war geschlossen, es gibt kein Fortschreiten, nur *Teschuwa*. Israel steht am Ende der Geschichte, andere werden folgen.

Bei der Auseinandersetzung mit Rosenzweigs Gedanken muss bedacht werden, dass dieser vom Judentum als einer Idee spricht. Mitnichten würde er behaupten, dass das heutige Judentum nicht verändert werden könnte oder sollte. Das Judentum, so wie wir es leben, ist nicht perfekt, und sicherlich sind auch die Juden nicht perfekt. Auch wenn sich das Volk als anders, als auserwählt ansieht – der einzelne Jude ist gewiss *nicht* auserwählt. Und dass Israel eine einmalige Stellung in der Welt genießt, dient allein dem Zweck, den einzelnen Juden psychisch stärker zu motivieren, für Israels Überleben zu arbeiten.

In der Bewertung dieser Philosophie und bei ihrer Gegenüberstellung zum Rekonstruktionismus ist es wichtig zu erinnern, dass Rosenzweig seine Gedanken im Verlauf einer Auseinandersetzung mit dem Christentum entwickelte. Auch sollten wir uns der Tatsache bewusst sein, dass die nationale Heimstätte in Palästina in Rosenzweigs Jugendjahren nur ein Traum war. Er musste eine Philosophie finden, die ihn stärken würde, ohne dass er in diesem Traum Zuflucht suchen musste. Rosenzweig sollte später Probleme bekommen, seinen Standpunkt innerhalb des Zionismus – einer immer stärker wachsenden Realität, der er zugeneigt war – abzustecken. Aus diesem Grund sehen wir zwei Unterschiede zwischen seiner Philosophie und der des Rekonstruktionismus.

Rosenzweig nähert sich dem Judentum aus einer theoretischen und philosophischen Perspektive, der Rekonstruktionismus eher aus einem praktischen

Blickwinkel heraus. Rosenzweig sieht die Tür zur Zukunft als verschlossen an und muss aus dem Defizit eine Tugend machen, darum seine Idee eines unveränderbaren Judentums. Für den Rekonstruktionismus steht die Tür offen. Das palästinensische Judentum kann sein eigenes Leben nach seinen eigenen inhärenten Gesetzen leben, und solange ein Teil des Volkes dies tun kann, ist das Volk als Ganzes frei, denn alle werden davon beeinflusst. Die einzige Antwort, die Rosenzweig daher finden kann, muss schließlich diese sein: Es muss Gottes Wille gewesen sein, dass unser anormaler Staat uns normal erscheint. Die gleiche Philosophie finden wir in Beer-Hofmanns „Jakobs Traum" wieder. Der Rekonstruktionismus hingegen kann von dem jüdischen Volk als einem normalen Volk mit einer langen Geschichte und von seinem Streben nach einer schöpferischen Zukunft sprechen. Dass die jüdische Heimstätte Wirklichkeit wird, gibt dem rekonstruktionistischen Ansatz mehr Optionen.

Für die Juden in der Diaspora ähnelt das Programm des Rekonstruktionismus dem von Rosenzweig sehr. Doch dazu gibt es den Beitrag des palästinensischen Judentums. Auch Rosenzweig hat sich intensiv mit dem beschäftigt, was von Zion kommt, doch für ihn war es ein Traum. Aufgrund dieses unterschiedlichen Ausblickes und dadurch, dass es sich um eine amerikanische Philosophie handelt, legt der Rekonstruktionismus aus Sicht des einzelnen Juden den Fokus auf Teilhabe an der allgemeinen Zivilisation. Durch diese wird er in seinem eigenen jüdischen Leben vorangebracht. Ein Jude in Deutschland konnte diesen Wunsch nicht zum Teil seiner religiösen Philosophie machen, denn sein Status war dazu nicht sicher genug. Letzten Endes beschäftigt sich eine Philosophie mit beständigen Werten. Sich daran zu beteiligen wird für den Zionisten einfacher, denn er läuft nicht Gefahr, sich selbst zu verlieren – eine Gefahr, die für einen liberalen Juden im vor-zionistischen Zeitalter sehr real war. Auf der anderen Seite fehlt dem Rekonstruktionismus als eine auf gesundem Nationalbewusstsein ruhende Denkrichtung die zentrale Gottesausrichtung, so wie sie Rosenzweigs Philosophie vorsieht. In der Philosophie Rosenzweigs ist Gott das Zentrum und der einzige stabilisierende Faktor im Leben, für den Rekonstruktionismus liegt dieser in Eretz Israel. Für Rosenzweig wird Religion zu *dem* treibenden und führenden Einfluss, aus rekonstruktionistischer Sicht ist sie nur ein Einfluss.

Trotz dieser Unterschiede jedoch sind Rosenzweigs praktische Ideen zur Wiederbelebung des Judentums identisch mit denen des Rekonstruktionismus, und wir werden sie als identisch erkennen, wenn wir uns ihnen nun zuwenden.

Herrschaft und Gesetz

Vor der Emanzipation waren Gesetz und Herrschaft genau genommen eins. Die Juden wollten tun, was das Gesetz ihnen vorschrieb. Nun jedoch muss derselbe Prozess – nämlich, dass sich aus einem Druck, einem Gesetz, ein Wille entwickelt, der dann in die Welt ausstrahlt – mit allen Beschränkungen wiederholt werden, die das gegenwärtige Judentum mit sich bringt. Aus konfessionellen Juden, christianisierten Juden und Juden, die nur noch halb dabei sind, müssen wir wieder ganzheitlich Juden werden. Dies ist das Hauptproblem, sowohl für den Rekonstruktionismus als auch für Rosenzweig. Wie aber kann es gelöst werden?

Das Gesetz, so wie es uns überliefert wurde, kann dabei helfen, argumentiert Rosenzweig. Es fordert uns heraus, nicht blind zu folgen, sondern es als Ausgangspunkt für eine Selbstüberprüfung anzusehen. Wir müssen uns neu damit auseinandersetzen. Gleichermaßen fordert der Rekonstruktionismus zu einer Neubewertung auf. Bei einer Neubewertung unserer Tradition müssen wir uns darüber im Klaren bleiben, dass unsere Aufgabe nicht darin besteht, das Gesetz zu erhalten, sondern das Judentum. Das Judentum aber wird nicht erhalten, wenn wir unsere Augen davor verschließen, dass der Erneuerungsprozess einer Zeit mit dem Prozess der Zeit an sich Schritt halten muss. Wenn wir uns weigern uns zu entwickeln, werden wir sterben. Demnach kann ein Jude Rosenzweig zufolge ein bestimmtes Gesetz nach eingehender Analyse ablehnen, wenn er zu dem Entschluss kommt, dass dieses Gesetz ihn nicht jüdischer macht. Ein solcher Jude sei womöglich besser als jemand, der sich strikt an alle Gesetze hält, ohne darüber nachzudenken. Die Entscheidung hänge vom Einzelnen ab.

Unsere heutige Generation hat eine schwierige Entscheidung zu treffen. Sie kann ohne das Gesetz leben, doch dann wäre ihr Leben jüdisch gesehen sinnlos. Sie kann sich strikt nach den Vorgaben des Gesetzes richten, doch das würde eine völlige Verleugnung des Lebens erfordern, die der heutigen Generation nicht möglich ist. [...] Der *Schulchan Aruch* hat seine Wirkungskraft bewiesen. Welchen besseren Beleg gibt es dafür als die Tatsache, dass Menschen eher ihr Leben gaben, als gegen die Gebote zu verstoßen? Doch weil die Menschen so etwas heute nicht tun würden, kann nicht alles im Schulchan Aruch als unerlässlich angesehen werden, so Rosenzweig. Ein völliges Bekenntnis zum Gesetz wäre für das Volk in unserer heutigen Zeit riskant. Es würde lediglich zu einer mechanischen Befolgung der Gebote führen und nicht zu einer Aufnahmebereitschaft der Seele für Gottes Gebot. Für uns gibt es nur einen Weg, nämlich langsam zu einem besseren jüdischen Bewusstsein zu gelangen, uns von Erfahrung zu Erfahrung zu bewegen, bis unsere Persönlichkeit wieder in das Judentum hineinwächst.

Wie die rekonstruktionistische Bewegung steht auch Rosenzweig für eine Denkrichtung. Er legt kein konkretes Programm vor, das besagt, was zu befolgen und nicht zu befolgen ist, sondern gibt eine Richtung vor. Wie der Rekonstruktionismus sieht er die Befolgung von Tradition nicht nur als ein Gemeinschaftsbedürfnis, sondern auch als Element individuellen spirituellen Wachstums und einer Erfüllung, die dem Bedarf der Zeit entspricht. Aus dieser Einstellung heraus entwickelt er seine Kritik der Orthodoxie wie auch des liberalen Judentums. Eine Kritik, deren Argumentation einer ähnlichen Linie folgt, die auch für die entsprechende Kritik des Rekonstruktionismus maßgebend ist.

Orthodoxie, sogar die Neo-Orthodoxie von Samson Raphael Hirsch, basiert auf dem Prinzip des „Alles oder Nichts". Für Rosenzweig ist dies nicht nur willkürlich, sondern auch eine zu einfache Lösung. Sie ist zu begrenzt und berücksichtigt nicht die Tatsache, dass das Gesetz im Judentum einen historischen Prozess darstellt. Und sie ist zu einfach, weil sie von uns lediglich erwartet, den Buchstaben des Gesetzes zu folgen. Dies wäre die einzige Bedingung für ein jüdisches Leben. Was immer im Gesetz nicht verboten ist oder was vom Gesetz gar nicht behandelt wird wäre demnach erlaubt. So werden wir zu gespaltenen Persönlichkeiten: wir befolgen das Gesetz und führen ansonsten ein unjüdisches Leben, sowohl im Bewusstsein wie auch in der Tat. Unsere Alternative muss anders formuliert werden, es kann keine Alles-oder-Nichts-Lösung sein, wir brauchen eine „Nichts-oder-Etwas-Lösung". In der Tat war dies das Aktionsprogramm des jüdischen Liberalismus im 19. Jahrhundert, doch der Liberalismus versagte, er verlor sich in seinem Elfenbeinturm der Programme und vergaß das Leben. Er hatte zu viele Offiziere, die Pläne entwarfen, und zu wenige Soldaten, um sie umzusetzen.

Rosenzweigs Kritik basiert auf seiner Analyse von Philosophien, sowohl der Neo-Orthodoxie als auch des Liberalismus. Die vom Rekonstruktionismus vorgebrachte Kritik beruht auf der Analyse des Lebens, das Leben derer, die von diesen Philosophien geformt wurden, aber auch von den Unwägbarkeiten des praktischen Lebens. Am Ende münden beide Analysen in dasselbe Ergebnis. Es wird am deutlichsten im Rekonstruktionismus, der Beispiele aufführt, wie sie sich heute überall im alltäglichen Leben beobachten lassen. Die Mehrheit der Neo-Orthodoxie bewegte sich von einer praktischen Befolgung zu einer „theoretischen" Befolgung, was letztlich ein Lippenbekenntnis zum Gesetz bei gleichzeitiger Nichtbefolgung bedeutet. Dies bedeutet aber wiederum, dass „ihr Glaube für ihr Leben nicht mehr funktioniert". Es war der Neo-Orthodoxie nicht möglich, den Trend hin zur Desintegration einzudämmen. Der Rekonstruktionismus sieht den Grund dafür in der Rigidität, was der Erklärung Rosenzweigs entspricht, der in der Neo-Orthodoxie mehr den Befehl zur Gesetzesbefolgung sieht als ein vollständiges Versenken in das Judentum, eine ganzheitliche Auseinandersetzung. Wenn das Gesetz das alleinige Element des Judentums ist, muss es strikt sein. Während Rosenzweig mit seinen Beobachtungen der Neo-Orthodoxie, wie sie in Deutschland praktiziert wurde, nicht gerecht wird, so treffen seine Äußerungen auf das heutige Leben zu und werden erhärtet durch Beobachtungen von Vertretern des Rekonstruktionismus.

Der Rekonstruktionismus kommt auch in Bezug auf das liberale Judentum zu denselben Ergebnissen wie Rosenzweig. „Die Theologie der Reform ist (in ihrer ursprünglichen Form) belanglos, da sie darin versagt, Religion als etwas anzuerkennen, dass sich im Kontext einer Zivilisation ausdrückt." Die Reformbewegung ging von ihrer eigenen Prämisse aus. Sie konzipierte die Idee darüber, was den Juden ausmacht und verbindet, im Elfenbeinturm der Mutmaßungen und Erwartungen und vergaß bei allem Ausformulieren der Programme den Juden so wie er ist. Erst der Zionismus hat die nationalistische Strömung innerhalb der Reform dazu gezwungen, ihren Standpunkt mit den Lebenswirklichkeiten abzustimmen. Doch die Kritik am klassischen Reformmodell teilt der Rekonstruktionismus nach wie vor mit Rosenzweig.

Die Dynamiken des Judentums

Somit sehen wir uns eine äußerst schwierigen Aufgabe gegenüber. Wir halten in den Händen, wie sich das Gesetz entwickeln wird. Wir müssen vorwärts gehen, sagt Rosenzweig, und dürfen doch die Verbindung zur Vergangenheit nicht verlieren. Es ist zu schaffen, wenn wir uns mit dem Projekt mit Leib und Seele nähern. Wir müssen vorwärtsdrängen und gleichzeitig zurückblicken. Wir müssen handeln, jetzt und hier. Konkreteres kann Rosenzweig dazu nicht sagen. Wenn er es täte, würde er ein neues Programm aufsetzen, sein eigenes Programm, das damit umgehend sowohl die Aufgabe als auch das Ergebnis eingrenzen würde. Doch so wie es ist, stellt er den Einzelnen vor eine nahezu unmögliche Herausforderung. Der Rekonstruktionismus hat stets zur Tat aufgerufen. Und er ist weiter gegangen als Rosenzweig. Er hat sich zu einer Art Führer für den jüdischen Gebrauch entwickelt, er hat ein Gebetsbuch herausgegeben, eine Haggada und mehr. Dadurch hat er theoretisch die Notwendigkeit einer *konkreten* Anleitung anerkannt. Und sah sich sofort der Kritik ausgesetzt, er habe ein eigenständiges Programm entwickelt und sei eine Denomination geworden.

Wenn wir Rosenzweigs Ideen und die praktischen Erfahrungen des Rekonstruktionismus vergleichen, scheinen wir uns dem Kernproblem unserer gegenwärtigen jüdischen Situation anzunähern. Rosenzweig gibt nicht genug, der Rekonstruktionismus gibt „zu viel", zumindest, soweit es die breite Masse anbelangt. Die Lösung – wenn eine persönliche Anmerkung an dieser Stelle erlaubt ist – scheint in einer aktiven Kooperation von Rekonstruktionismus und Konservativismus zu liegen, bei der der Rekonstruktionismus die Denkschule wird und als solche schnell voranschreiten darf und die konservative Gruppe die Einrichtung wird, die die praktischen Umsetzungen betreut. Der Konservativismus müsste nicht aufhören, eine Denkschule zu sein, noch müsste sich der Rekonstruktionismus versagen, praktische Ideen voranzubringen, doch beide würden einander ergänzen. Der Konservativismus würde sich langsamer entwickeln und sich doch zu einem Ziel hin bewegen.

Die Bedeutung, die Rosenzweig in die bewusste Planung unseres Lebens als Juden legt und in die Selbsthingabe zum Judentum, so wie wir es verstehen, wird im folgenden Zitat deutlich. Sowohl auf den Einzelnen wie auch auf die Gruppe als Ganzes bezogen sagt er:

„Einmal mehr wurde die Entwicklung des Gesetzes in unsere Seelen und Hände gelegt. Keiner hat das Recht, uns vorzuschreiben, was zu ihm gehört und was nicht. Da nur wir es sind (die handeln), können wir unserem Willen eine Richtung vorgeben. Wir haben keine andere Garantie, dass unsere Tat, wenn sie zustande kommt, wirklich jüdisch ist. Und dennoch ist es ein neues Gesetz, unser Gesetz von heute, das damit geschaffen und damit zu *dem* Gesetz wird. Denn dies war es, was wir vermisst haben und mit Recht vermisst haben im Gesetz, das uns unsere heutigen Vertreter vorlegten: Es war das alte Gesetz, aber es war nicht gleichzeitig neu. Diese Lücke wurde erst erkannt, als ab einer gewissen Grenzlinie auch das Leben von heute zu einer Option im Judentum wurde. In der alten Manier wurde dem Leben seine gegenwärtige Aktualität abgesprochen. Vergessen war der Mut, mit dem Moses zu einer Generation sprach, die noch nie am Sinai gestanden hatte: ‚Nicht mit unseren Urvätern hat Gott diese Vereinbarung getroffen, sondern mit uns, uns hier, heute, jedem von uns, den Lebenden.' Angesichts solcher Kühnheit müssen wir Stellung beziehen. Doch wir kennen die Grenzen nicht. Dass die Zeltstangen der Tora ausgeweitet werden müssen, und zwar durch uns – das können wir als sicher erachten."

Somit erkennt Rosenzweig an, dass es, sobald wir uns in Bewegung setzen, kein Halten mehr geben könnte. Aber besteht dann nicht Gefahr, dass wir die Grenzen des Judentums überschreiten? Allein die Tatsache, dass wir all das als Juden *für* das Judentum unternehmen, gibt uns die Garantie, dass unsere Bemühungen nicht darin münden werden. Nun erkennen wir den Ernst der Aufgabe. Sie muss von Juden ausgeführt werden, die im vollen Bewusstsein ihres Jüdischseins leben, und wir müssen es unternehmen mit all unserer Seele. Die Alternative, einfach am Bestehenden festzuhalten, wäre für ihn die schlechtere Wahl. Wir können nicht denselben Weg zurückgehen, weder in Gedanken noch in Taten. Doch wir müssen mit unserer Vergangenheit in Verbindung bleiben.

„Es gibt einen besonderen Moment im Leben des Geistes", sagt Rosenzweig, „wenn er ohne Gefahr zurücksehen kann und es sogar gut sein mag, es zu tun. In allen anderen Fällen kann die Rückschau zum geistigen Selbstmord werden. Wie können wir beide voneinander unterscheiden? Das Leben des Geistes ähnelt dem Fluss des physischen Lebens so sehr, dass auch der Geist sich unablässig von abgestorbenen Teilen befreit. Das ist der Preis für seine ewige Wiedergeburt: jede Geburt wird mit einem Tod bezahlt. Unter manchen Bedingungen werden die toten Teile lange Zeit im Strom mitgetragen, und nur zufällig driften sie manchmal an das Ufer. Da der Strom des Geistes nicht in allen seinen Teilen eine gleich schnelle Strömung hat, sprudeln manche Wellen mit, während andere nur langsam folgen. Daher ist es gut, wenn diejenigen, die vorausgeeilt sind, von Zeit zu Zeit anhalten, sich umsehen und auf die warten, die zurückgeblieben sind. Dies ist ein gesunder Prozess, um den Kontakt mit dem Ganzen zu halten. Das ist es, was wir als Besinnung für den Einzelnen und für die spirituelle Gruppe ansehen. Doch die Gefahr des Zurückschauens ist, dass wir den Unterschied zwischen den toten Teilen, die nur noch mitgetragen werden, und den langsameren Strömungen mit lebendiger Substanz nicht erkennen, die noch eine größere Nähe zur ursprünglichen Quelle hat. In dem Fall könnte die Konsequenz sein, dass die toten Elemente, die für lebendig gehalten werden, den Strom verstopfen. Er stagniert. Es ist essentiell für den Geist, das Tote vom Lebendigen zu unterscheiden."

Die Gefahr, dass wir uns aus dem Judentum hinausbewegen, existiert aus rekonstruktionistischer Sicht nicht. Rosenzweig begann von außen und wusste nicht wo er letztlich ankommen würde. Der Rekonstruktionismus näherte sich dem Judentum von innen heraus und wird somit darin gehalten. Zudem sieht der Rekonstruktionismus im Zionismus eine Garantie, dass es im Laufe seiner Entwicklung das Judentum nicht verlassen kann. Letzten Endes, so Rosenzweig, muss der Einzelne die Entscheidung fällen. Er kann dies nur aufgrund seines Wissens tun. Daher schuf Rosenzweig einen Bildungsplan. Er analysierte die Situation, benannte das Ziel der Ausbildung aus seiner Sicht und entwickelte ein praktisches Aktionsprogramm für Jugendausbildung, Schulungen für Leiter von Programmen und Erwachsenenbildung. Der Rekonstruktionismus hat den gleichen Weg eingeschlagen, in dem Bewusstsein, dass es jüdische Wissenschaften sein müssen, die den Juden auf die Probleme vorbereiten, mit denen er sich konfrontiert sehen wird.

Das Aktionsprogramm von Rosenzweig und das des Rekonstruktionismus

Der folgende Beitrag zeigt, wie modern aus heutiger Sicht die deutschen jüdischen Philosophen dachten. Rosenzweigs Emphase, dass ein starkes Lehrer-Schüler-Verhältnis nicht nur das Lernen erleichtert, sondern auch aus anderen verschiedenen Blickwinkeln positiv für den Lehrenden ist, hat sich in den letzten Jahrzehnten in wissenschaftlichen Studien bestätigt. Mit den beschriebenen Schwierigkeiten des Rabbiners haben diese sich immer noch zu beschäftigen. Ernsthafte Auseinandersetzung fehlt noch stärker als es zu Rosenzweigs Zeiten der Fall war. Und der von Trepp beklagte Verlust an Substanz hat ein ungeahntes Ausmaß erreicht. In Südkalifornien bieten Drehbuchschreiber Rabbinern ihre Hilfe an, um die Gemeindemitglieder durch „spannende" Predigten in der Synagoge zu halten, bzw. sie erst einmal dorthin zu bekommen. Als Rosenzweig seine Philosophie entwickelte, war noch nicht abzusehen, dass es einmal einen jüdischen Staat Israel geben würde. Es ist interessant, dem Gedanken zu folgen, ob und wie es Rosenzweigs Denken verändert hätte, wäre ihm bewusst gewesen, dass aus dem „palästinensischen Judentum" bald ein israelisches Volk werden sollte. Trepp gibt einige triftige Gründe für seine Annahme, dass er überzeugter Zionist geworden wäre. Es ist interessant, die israelische Gesellschaft – mehrheitlich säkular, wenn auch offiziell orthodox, nach den Kriterien zu betrachten, die Rosenzweig für wichtig erachtete. Demnach würde die Spiritualität des Judentums auf beiden Seiten eine zu geringe Rolle spielen. Trepp zitiert Rosenzweig, der von der Assimilation der Juden spricht. Trepp selbst hat in einem Aufsatz klar zwischen Integration und Assimilation unterschieden. Die Integration bezeichnet er als eine Form von Synthese – eine Kultur bereichert die andere und dient der anderen und umgekehrt. Die Juden in Deutschland vor der Schoa seien in der Mehrzahl integriert gewesen, aber nicht assimiliert. Das Seminar für die Bewegung des Rekonstruktionismus in der Nähe von Philadelphia bildet bis heute Rabbiner aus. Diese Beiträge zeigen allerdings, wie wenig der von

Kaplan geschaffene Rekonstruktionismus mit der heutigen Renewal, der Erneuerungsbewegung zu tun hat, die ihren Schwerpunkt auf spirituelle Erfahrung richtet, und die von manchen als Weiterführung von Kaplans Werk bezeichnet wird. Veröffentlicht wurden die folgenden Ausführungen Mitte November 1947.

Die Welt, in der unsere Kinder aufwachsen, ist keine jüdische Welt. Für Rosenzweig war sie eine deutsche; für uns ist sie eine amerikanische Welt. Für den amerikanischen Juden ist der Verlauf der Geschichte durch prägnante historische Wegbereiter vorgegeben: Jerusalem – Athen – Rom – Dante – da Vinci – Rousseau – Goethe – Jefferson. Kurz gesagt beginnt seine Geschichte mit Jerusalem. Der Glaube an den einen Gott, wie er vom Judentum verkündet wird, bildet das Fundament. Die Menschheit ist sein Ziel. Für den Nichtjuden, selbst für den liberalen, ist die Perspektive eine andere. Die Geschichte führt ihn von Athen nach Rom, dann nach Jerusalem, oder vielmehr Golgota, und von dort zu Dante und so weiter. Die Geschichte des Christen beginnt – trotz ihrer Bezüge zu Philosophien der Vergangenheit – bei Jesus und führt hin zu einer einheitlichen Form des Christentums, die von allen übernommen wird. Der Unterschied wird selten erwähnt und ist dennoch greifbar. Es bedeutet, dass das jüdische Kind eigentlich heimatlos ist. Das jüdische Kind ist im Nirgendwo, es findet keinen Ort, an dem eine wirklich jüdische Atmosphäre vorherrscht, außer vielleicht in der Synagoge. Die staatlichen und sogar die nicht-konfessionellen Schulen machen nicht nur einen Bürger aus dem Kind – sie neigen dazu, es zu christianisieren. Wie alle unsere öffentlichen Einrichtungen sind sie tief mit dem Geist des Christentums verbunden, dem sie ja letztlich entsprungen sind. Daher ist für den Christen der Schritt aus dem Christentum praktisch unmöglich, da er von christlicher Zivilisation umgeben ist. Für den Juden hingegen ist jeder Schritt weg vom Judentum ein Schritt hin zum Christentum.

Das Ziel der Bildung

Das Ziel jüdischer Bildung muss daher ein zweifaches Ziel sein. Der elterliche Haushalt hat als Vermittler jüdischer Werte versagt. Die Synagoge ist die einzige Institution, die diese Rolle noch ausfüllen kann. Darum muss die Bildung die Beziehung zwischen dem Kind und dessen einziger jüdischer Heimat – der Synagoge – wiederherstellen. Das weitere Ziel jüdischer Bildung ist jedoch die Einführung des Kindes in die Welt des Judentums, die eine in sich komplette Welt ist und keines äußeren Einflusses bedarf.

Aus diesem Grund ist und sollte die (jüdische) Schule interessiert (sein) an der Vermittlung jüdischer Werte. Sie sollte dem Kind ein Verständnis von der Entwicklung des jüdischen Geistes ermöglichen. Mit diesem Verständnis gerüstet, muss das Kind, wenn es aufwächst, einen *modus vivendi* in der Welt finden. Das ist die Aufgabe des Einzelnen. Es ist weder die Aufgabe der Schule, die Unterscheidungen zwischen Judentum und den Nicht-Juden herauszustreichen, noch dem Kind vorzuschreiben, wie er seine Beziehungen mit dieser Welt zu arrangieren hat. Das Motiv, die Tora zu lehren sollte nicht sein, dem Kind zu helfen, Schwierigkeiten zu überwinden oder den Besitz der Tora als Ausgleich für Nachteile anzusehen. Sie sollte stattdessen als etwas unterrichtet werden, dass in unsere Hände gelegt ist – ein heiliges Erbe und ein heiliger Auftrag. Die Tora und das Judentum am Leben zu erhalten ist die Verantwortung jedes Juden. Und das Wissen muss den Kindern vermittelt werden, um dieser Verantwortung gerecht werden zu können.

Auf dieser Grundlage skizziert Rosenzweig sein Bildungsprogramm. Der Unterricht sollte dem Kind mithilfe ausgewählter Texte einen kompletten Abriss jüdischer Literatur bieten, von der Bibel bis hin zu den modernen jüdischen Philosophen. Rosenzweig glaubte, dass dies in etwa 750 Unterrichtsstunden zu schaffen sei. Als eine in sich geschlossene Religion kann man das Judentum nur in seiner eigenen Sprache verstehen. Sprache kann als direktester Ausdruck der Seele eines Volkes angesehen werden. Daher muss Hebräisch den zentralen Platz in der jüdischen Bildung erhalten. Die Synagoge ist heute der einzige Ort, an dem das Kind ein Judentum erlebt, das tatsächlich etwas tut. Aus diesem Grund muss der Synagogenbesuch verpflichtend sein.

Natürlich sind Rosenzweigs Ideen aus seinem philosophischen System abgeleitet. So verlaufen sie gegensätzlich zu den Ideen des Rekonstruktionismus, auch wenn die letztendlichen Ergebnisse, wenn es um die Bildung geht, ähnlich sind. Rosenzweig ging von einem Zusammenbruch des Judentums außerhalb der Synagoge aus, zumindest während seiner Generation. Darum kümmerte er sich nicht um die Schaffung anderer Einrichtungen in der Gemeinschaft, die das Kind daran hätten erinnern können, dass es in einer jüdischen Zivilisation lebt. Rekonstruktionismus dagegen geht von einem gegenwärtigen Verfall der Synagoge aus und ist nicht gewillt, auf deren Vormachtstellung zu pochen. Beide Standpunkte sind „realistisch“ auch wenn sie ihre Aufmerksamkeit auf jeweils andere Realitäten richten. Rosenzweig würde das Kind ausschließlich innerhalb des Judentums erziehen wollen und würde es ihm später zur Wahl stellen, welchen Lebensweg es letztlich einschlägt. Der realitätsnähere Rekonstruktionismus hingegen fordert eine Ausbildung, die es dem Schüler ermöglicht, die Probleme in seiner Welt von Beginn an einzuordnen und zu verstehen. Der Rekonstruktionismus und die Philosophie Rosenzweigs stimmen darin überein, dass das Leben – und nicht die Forschung um des Forschens willen – das ultimative Ziel ist, und dass wir mit Erziehung und Bildung allein unsere jüdischen Verpflichtungen nicht erfüllt haben. Beide sind sich in der zentralen Rolle des Hebräischen einig, jedoch mit einem Unterschied: für Rosenzweig reicht das *Verstehen* der Sprache aus, denn Hebräisch ist das Medium, das Seele und Geist übersetzt. Der Rekonstruktionismus, der im Hebräischen ein Medium sieht, das die Juden in Eretz Israel benutzen – die Gruppe des Volkes Israel also, die am stärksten auf die Zukunft gerichtet ist – fordert sowohl das Studium als auch den *Gebrauch* von Hebräisch.

Ausbildung von Führungskräften

Uns fehlen Anführer. Das liegt nicht an den höheren jüdischen Bildungsinstitutionen, die gut für die Ausbildung von Lehrkräften ausgerüstet sind, sondern vielmehr an den Menschen an sich. Dies gilt für Amerika genauso, wie es für Deutschland galt. Rosenzweig erkannte, dass wir nur dann fähige junge Männer anziehen können, wenn wir ihnen einen vollen spirituellen und materiellen Ausgleich für ihre Fähigkeiten und ihr Wissen in Aussicht stellen können. Daher müssen wir uns bemühen, nicht nur Lehrer hervorzubringen, sondern Wissenschaftler, denen Respekt von jüdischen wie nichtjüdischen Kreisen entgegengebracht wird. Diese Männer wären eine wirkliche Hilfe für die Rabbiner und ihnen im Rang gleichgestellt. Sie würden als Pädagogen für Erwachsene und Botschafter des guten Willens mit den Rabbinern in unterschiedlichen und doch miteinander verwandten Arbeitsfeldern zusammenarbeiten. So würde etwas Last vom Rabbi genommen, und er könnte mehr Zeit in das Studium investieren.

Rosenzweig wusste, dass eine durchschnittliche Gemeinde nicht für das hohe Gehalt eines erstklassig ausgebildeten Lehrers aufkommen konnte, zusätzlich zu dem des Rabbiners. Doch er kam auf eine interessante Lösung. Er schlug vor, eine Akademie für jüdische Wissenschaften einzurichten, die ein festes Budget haben sollte. Diese Akademie würde in etwa die eine Hälfte dieses Lehrergehalts bezahlen. Die andere Hälfte würde von den Gemeinden gezahlt, in denen die Lehrer arbeiteten. Im Gegenzug sollten diese wissenschaftlichen Lehrer ihre Vormittage unter Federführung der Akademie der jüdischen Forschung widmen. Am Nachmittag und am Abend würden sie dann Unterricht für die Jugend und die Erwachsenen in den Gemeinden geben. So würden sich die Lehrer weder als Wissenschaftler in ihre Elfenbeintürme zurückziehen noch als reine *Melammedim* tätig sein. Leben und Studium würden wieder eins. Die mangelnde Produktivität von jüdischem Leben, besonders in den kleineren Gemeinden, könnte damit überwunden werden. Die Gemeinschaft als Ganzes würde von einem zusätzlichen Gelehrten in ihrer Mitte profitieren. Und ihr stünde ein Forschungsstab zur Verfügung. Wieder erkennt man Rosenzweigs grundlegende Idee: vom Leben durch Denken zum Leben.

Finanziell von der Akademie und den Gemeinden unterstützt würden die Männer mit einem soliden Gehalt beginnen. Für die Gemeinden wäre die finanzielle Belastung nicht zu stark, die Judenheit als Ganzes hätte eine 150-Mann starke Forschungsgruppe – und das alles mit einem überschaubaren Aufwand. Zugleich würden junge und befähigte Männer mit dieser Art von Arbeit vertraut gemacht, praktisch und ideell, und die Juden hätten sichergestellt, auf geeignete Führungskräfte zurückgreifen zu können.

Ein solches Programm ist immer noch aktuell, und es ist interessant für uns heute. Neben dem erzieherischen Wert hat es einen weiteren Vorteil für die amerikanischen Juden. Der Rekonstruktionismus hat stets den Bedarf an angemessenen Ausbildungsprogrammen für Führungskräfte und Forschungseinrichtungen sowie an Forschungspersonal betont. Darüber hinaus besteht Bedarf für Mitarbeiter, die im Judentum versiert sind, aber auf Feldern arbeiten, die nicht direkt mit Religion zu tun haben, wie beispielsweise Sozialdienste oder Altenheime. Rosenzweig hat diesen Bedarf vorausgeahnt, wenn auch unzulänglich.

Gleichermaßen scheint er uns einen Weg zu einer wirklichen *jüdischen Gemeinschaft* aufgezeigt zu haben. Der Rekonstruktionismus hat wiederholt die Notwendigkeit einer jüdischen Gemeinschaft betont, die mehr sein sollte als eine Einrichtung, die Spenden und Gelder für verschiedene Zwecke beschafft. Was uns heute wirklich verbindet, sind gemeinsame Anstrengungen, Geld für bestimmte Zwecke aufzubringen. An diesem Punkt angefangen, würde mit Rosenzweigs Plan die Geldbeschaffung zu etwas werden, das die Gemeinschaft zusammen bringen würde, denn sie würde damit gemeinsame kulturelle Ziele verfolgen. Während die Akademie auf nationaler Ebene tätig würde, trüge der einzelne Forscher/Lehrer die Aktivitäten in die örtlichen Gemeinden. Damit würde er automatisch zu einer „Gemeinschafts-Anlage". Dies ist besonders für die kleineren jüdischen Gemeinschaften wichtig, die oft gespalten sind und sich solche Aufspaltungen noch weniger leisten können als größere Gemeinden. So könnte die Ausbildung von Führungskräften zu einer Ausbildung für die Gemeinden werden. Anweisung und Unterricht durch eine Führungspersönlichkeit würde eine wirkliche Gemeinschaft realistischer machen und die Mitglieder vorbereiten, Verantwortung in dieser Gemeinschaft zu übernehmen.

Erwachsenenbildung

Den unmittelbarsten Erfolg hatte Rosenzweig mit seiner Erwachsenenbildung. Sein *Lehrhaus* wurde von allen deutschen Gemeinden übernommen. Durch diese Institution konnte er der Jugend ein neues Interesse am Judentum vermitteln und bei vielen in der älteren Generation ein neues Denken über das Judentum anstoßen. Die Erwachsenenschule wurde eines der wichtigen Bollwerke gegen die Assimilation.

Rosenzweig erkannte, dass wir alle an der Peripherie jüdischen Lebens stehen, wir müssen uns wieder hin zur Mitte bewegen. Dieses Zentrum ist ein einziger Ort. Dennoch sehen die Juden an der Peripherie ihn aus unterschiedlichen Blickwinkeln, je nachdem, wo sie stehen. Aus praktischen Gründen müssen drei grundlegende Aspekte des einen Judentums berücksichtigt werden: das klassische Judentum, das historische Judentum und das moderne Judentum mit seinen Problemen. Für unsere Väter bildeten diese drei eine Einheit, die Leben, Tradition und Hoffnung beinhaltete. Wir müssen diese Einheit zurückgewinnen. Die Erwachsenenschule sollte daher alle Lebensbereiche abdecken, ob Medizin, moderne Literatur, Musik oder Kunst. Jedoch sollte sie sich stets bewusst sein, dass die einzelnen Themen für sich allein gesehen von wenig Wert sind. Sie alle müssen sich in den großen Rahmenplan integrieren: Sie müssen den Studierenden irgendwie von der Peripherie jüdischen Lebens in dessen Zentrum führen. Der Leiter des Instituts hat also die Aufgabe, das ganze Programm so auszurichten, dass dieser Rahmenplan im Laufe der Zeit sichtbar und jedes Thema als ein Baustein des Gesamtbauwerkes erkennbar wird.

Da alle Themen unter eine der drei Rubriken fallen müssen, die Rosenzweig schuf – Tradition, Geschichte und modernes Judentum – musste die Schule aus drei Abteilungen bestehen. Die erste sollte alle Kurse beinhalten, die mit der Tora, den Propheten, *Halacha, Haggada* zu tun haben. Die zweite Abteilung war für Geschichte und die jüdische Welt vorgesehen. Die dritte sollte sich mit dem einzelnen Juden und dessen persönlichen Problemen auseinandersetzen. Innerhalb der Abteilungen sollte den Studierenden klargemacht werden, dass es um das Leben an sich geht und nicht allein um Wissenschaft. Die Tora und die Propheten zeigen die Einheit von Prinzipien und Geschichte auf, jedes Blatt der *Gemara*, jede Seite jüdischer Geschichte zeigt, wie untrennbar Mensch, Gedanke und Leben sind. So würde der Jude von heute lernen, das Judentum als Zivilisation zu sehen, er würde sich mit einem jüdischen Umfeld umgeben, in dem er fortan leben würde.

Bei der Auswahl der Lehrkräfte sah die Schule einen Vorteil darin, „Ame Haaretz" für die Leitung der Kurse zu berufen. Die Lehrer würden zwar auf einem höheren Level sein müssen, das jedoch zu Beginn nicht zu hoch angesetzt sein würde. Nur so konnten sie wirklich eins werden mit ihren Studierenden, in der Suche nach Wissen und Weisheit. Die Schule würde sich so zu einer Gefolgschaft entwickeln. Das kürzlich initiierte Projekt „Große Bücher", das von der Universität Chicago finanziert wird, folgt demselben Prinzip: Große Literatur wird anhand von Texten studiert, und dann werden moderne Probleme auf der Basis der gültigen Wahrheit diskutiert, die in diesen Werken vermittelt wird. Die Führungsrolle wird von einem Laien übernommen, der trotz seiner Leitungsfunktion ein Teil der Gruppe bleibt.

Rosenzweig betonte die Notwendigkeit, alle erzieherischen Bemühungen in der jüdischen Gemeinschaft zusammenzubringen. Sonst geht viel wertvolle Energie verloren, weil Redner ihre Vorträge in kleinen einzelnen Zirkeln wiederholen müssen, die man unter ein Dach bringen sollte. Wichtiger noch als die unnötig aufgebrachte Energie ist, dass die eine jüdische Akademie die Einigkeit des Judentums demonstrieren, das Klassendenken überwinden und zeigen würde, dass das Judentum in allen seinen Gruppierungen Eines ist. So würde Israel als Einheit den Weg der Selbst-Emanzipation gehen.

Das Bildungsprogramm des Rekonstruktionismus verfolgt einen ähnlichen Ansatz: die Erforschung jüdischer Vergangenheit (klassisches Judentum), die Neubewertung der Tradition (historisches Judentum) und ein Verständnis für die Probleme, denen sich Juden in der Moderne gegenübersehen (modernes Judentum) – alles darauf ausgerichtet, dem einzelnen Juden zu helfen, besser mit seinen alltäglichen Problemen umzugehen. Kunst, Musik und ähnliche Themen werden aufgegriffen. Doch während Rosenzweigs Ansatz auf der Diskussion beruht, fordert der Rekonstruktionismus daneben kreative Aktivität auf diesen

Feldern. Sowohl für den Rekonstruktionismus wie für Rosenzweig müssen das jüdische Volk mit all seinen Gruppierungen sowie die Zivilisation des Judentums in seinen verschiedenen Entwicklungsstadien als Einheit betrachtet werden. Im Prinzip förderte Rosenzweig die Idee einer „universitas" des Judentums, auch wenn er tatsächlich nur eine *Volks*-Universität organisierte. Wäre sie erhalten geblieben, hätte sie bald eine Universität für das Judentum erfordert, um ihren Bedarf sowohl an Führungskräften und Lehrenden, wie auch an Büchern und Forschungsmaterial zu decken. Rosenzweig stellte sich vor, an manchen deutschen Universitäten Fachbereiche für das Judentum einzurichten, aus denen sich eine Universität für das Judentum hätte entwickeln können. Das große Ziel, das sowohl in der Philosophie Rosenzweigs als auch im Rekonstruktionismus angestrebt wird, ist eine aufgeklärte Gemeinschaft. In diesem allgemeinen Plan aber sollte die Rolle des Rabbiners nicht vergessen werden.

Der Rabbiner

Der Rabbiner ist bedauerlicherweise zu einem „theologischen Unternehmensanwalt" für die Gemeinde geworden. Er hat einen einsamen Stand in der Gemeinde, denn er hat keine Öffentlichkeit und keinen Partner, mit denen er jüdische Probleme auf gleicher Ebene diskutieren könnte. Seine Gemeinde kümmert sich hauptsächlich um organisatorische Belange, um interreligiöse Beziehungen oder ähnliches. An der rabbinischen Ausbildung ist nichts auszusetzen. Aber da der Rabbiner theologisch nicht mehr herausgefordert wird, nachdem er einmal mit seiner Arbeit angefangen hat, und niemand ihn zwingt, intellektuell wachsam und rege zu bleiben, läuft er Gefahr, sein jüdisches Wissen, seine Fähigkeiten und möglicherweise sogar seine jüdische Persönlichkeit zu verlieren. Ein Rabbiner von heute muss wieder ein „Morenu" werden, also eine Führungsfigur unter Gleichgestellten, herausgehoben nur durch sein Amt. Zurzeit ist er ein Prediger. Doch Predigen ist kein Austausch, der Diskussionspartner fehlt. Folglich kann der Rabbiner nicht wissen, wo er seinen Schwerpunkt setzen sollte. Er ist wie ein Tauber, denn er hört keine Reaktion. Da der biblische Text für die Öffentlichkeit nicht mehr interessant genug zu sein scheint, widmet sich der Rabbiner aktuellen Fragen und Themen. Dagegen ist nichts einzuwenden, wenn der spezifische Moment die Aktualität erfordert. Wenn das zu behandelnde Thema ausschließlich gewählt wird, weil es sich als Predigtthema anbietet, erhält die Predigt einen Beigeschmack von Gestern. Der Prediger tut so, als ob ihn jemand nach Rat und Führung gefragt habe, nur hat das niemand, und so wirkt seine Predigt wenig gehaltvoll. Er weiß das und läuft Gefahr, eine Vorführung zu liefern. Statt *zu* den Menschen zu sprechen spricht er *vor* ihnen. Statt gehört und verstanden zu werden, wird er gesehen. Diese Situation kann nur dann verändert werden, wenn der Rabbiner gleichgesinnte Juden findet, mit denen er „lernen" kann, und nicht nur Ratsuchende.

Was Rosenzweig letzten Endes sagen möchte, lässt sich gut mit ein paar Zitaten aus Professor Mordecai Kaplans Rede „Rabbinerausbildung für unsere Gegenwart“ darstellen. Rosenzweig, sagt er, gehe davon aus, dass der Rabbiner ein „leidenschaftliches Streben seinem Volk zu helfen [...] seine Individualität auszudrücken“ mit in sein Amt bringe. Für Kaplan muss sich „das jüdische Erbe [...] ausdrücken, mit Hingabe und einem wirklichen Drang die Lebensumwelt verändern zu wollen“. Der Rabbiner muss studieren, darf aber nicht zu einem „wandelnden Sarkophag von bereits toten Vorstellungen von Religion“ werden. Er sollte sein jüdisches Wissen auf die Probleme des Alltags anwenden, und dies kann er nur dann tun, wenn er diese Probleme mit anderen und in einem jüdischen Kontext diskutiert. Dieses Ziel wird er nicht erreichen, solange er keine Diskussionspartner hat. Es ist interessant, dass Kaplan die Rolle des Rabbiners als Prediger völlig unerwähnt lässt. Auf der anderen Seite legt Rosenzweig einen stärkeren Fokus auf das Studium um des Studiums Willen, auch wenn Kaplans Artikel nahezu dieselbe Idee ausdrückt, indem er die *baraita* in *Nedarim* zitiert: „Studiere die Tora aus Liebe zu Gott, und die Ehre, die dir zusteht, wird daraus hervorgehen.“ Rosenzweig würde sagen: Studiere die Tora aus Liebe zu Gott, und die Antwort auf all die Rätsel des Lebens wird letztlich daraus hervorgehen.

Rosenzweig sieht den Rabbiner als Spezialisten – eine Rolle, auf die sich der amerikanische Rabbiner nicht beschränken kann. So gesehen, konnte sich auch kein deutscher Rabbiner diese Beschränkung erlauben. Denn der Rabbiner kann nur dann zum Spezialisten werden, wenn die Kette von Jugendbildung – Ausbildung von Führungskräften – Schüler – Lehrerschaft – Rabbiner aufrechterhalten wird. Dann könnte der Rabbiner wieder der Herausforderer sein, der herausgefordert wird, derjenige, der das Neue aus dem Alten erschafft. Unter diesen Idealbedingungen würde auch der Rekonstruktionismus dem Rabbiner diese Rolle zuschreiben, nämlich: die Ganzheitlichkeit jüdischen Lebens zu verkörpern und einen Weg dahin zu weisen. Unseren gegenwärtigen Konzepten fehlt diese Ganzheitlichkeit. Das historische Judentum hatte sie. Und der Rabbiner kann sie wiedererlangen und vermitteln. Dafür muss er wieder *mit* anderen studieren. Die Rettung für den Rabbiner besteht in der Ausbildung der anderen, so dass diese *mit* ihm studieren und ihn so inspirieren können. In diesem Prinzip stimmt der Rekonstruktionismus mit Rosenzweig überein.

Die Juden als Volk

Rosenzweig entwickelte seine Definition von Juden als einem Volk auf der Grundlage rein theoretischer Überlegungen. Der Rekonstruktionismus hatte es darin leichter, denn der Zionismus hatte die jüdische Identität als Volk bereits bezeugt. Die Tatsache, dass es in Deutschland unmöglich war, zwei Identitäten zu haben und beiden gegenüber loyal zu sein, brachte Rosenzweig in ein Dilemma, das der Rekonstruktionismus in Amerika nicht hatte. Denn in den Vereinigten Staaten gibt es zahlreiche Gruppen verschiedener Nationalitäten, die mit der

Verwandtschaft im Heimatland verbunden bleiben und gleichzeitig eine starke Loyalität zu Amerika entwickelt haben. Der deutsche Jude hatte demnach zwei Seelen. Wie dem auch sei – an seinem Beispiel zeigte Rosenzweig, dass Juden primär Juden blieben. Sie umgaben sich mit Liberalen und bewegten sich damit in einem Personenkreis, der klar abgesteckt war. Sie machten sich etwas vor, indem sie sich vorstellten, dass nur diejenigen, die mit ihnen verkehrten, das „wahre Gesicht“ des Landes zeigten – alles andere ignorierten sie. Doch wenn deutsche Juden wirklich Deutsche wären, sagt Rosenzweig, würden sie sich für die Vergehen jedes noch so unbedeutenden Durchschnittsbürgers schämen und damit Verantwortung für jeden Deutschen übernehmen. Das aber ist nicht der Fall. Juden sind stolz auf die Errungenschaften anderer Juden, egal aus welchem Land und schämen sich für Fehltritte, wo auch immer sie von anderen Juden begangen werden. Das konnte für Rosenzweig nur eines bedeuten: Die Juden sind ein Volk. So erklärte er kategorisch, dass die wahre Waffe der Juden im Lebenskampf sein nationales Bewusstsein, sein jüdischer Geist und sein Leben als Jude seien. Um dies unmissverständlich klar zu machen, sprach er davon, dass die Juden ein „Rassebewusstsein“ entwickeln müssten. Dabei benutzte er den Begriff *Rasse* – dies muss wohl kaum erwähnt werden – nicht in dem Sinn, in dem Hitler ihn später benutzte, sondern im Sinne von Herzls *einem Volk*. Die Mittel gegen Angriffe von außen sind für Rosenzweig ein jüdisches „Zuhause-Sein“ und der Kampf um Gleichberechtigung mit anderen Völkern, nicht nur um Gleichberechtigung für den Einzelnen, sondern um Gleichberechtigung als Volk. Nur wenn die Gemeinschaft der Juden gleiche Rechte gewonnen hat, kann sich der einzelne Jude frei fühlen. Inmitten der Angriffe auf das jüdische Volk beschwor Rosenzweig:
„Ein Jude zu sein bedeutet, in *galut* zu sein – im Exil. Doch dadurch, dass wir ein *jüdisches Leben* führen, machen wir die Tatsache, dass wir Juden sind, erträglich. Die Mauer steht weder durch unsere Schuld noch durch unser Zutun. Ob wir innerhalb der Mauern auf einem Brachland oder in einem herrlichen Garten leben wollen, hängt zu einem gewissen Grad von uns selbst ab.“

Wie auch der Rekonstruktionismus verwirft Rosenzweig den Weg der Assimilation aus praktischen Gründen: sie werde nicht funktionieren. Die Nichtjuden würden die Juden in keinem Fall nicht anerkennen. Auch verwirft Rosenzweig wie der Rekonstruktionismus eine Assimilation aus ethischen Gründen: um sich zu assimilieren, müsste der Jude vollständig mit seinem Volk brechen. Er müsste all das aus seinem Innersten herausreißen, was ihn an sein Volk bindet, und es mit einem Verantwortungsgefühl Menschen gegenüber ersetzen, die ihm fremd sind. Kurzum: Er würde vollkommen seine Selbstachtung verlieren. Rosenzweig konnte die eine Bindung nicht mit der anderen zusammenbringen, und so sah er im Juden eine dauerhaft gespaltene Persönlichkeit. Der Rekonstruktionismus hat die beiden zusammen gebracht. Er macht deutlich: Obgleich es nur eine einzige politische Loyalität für amerikanische Juden gibt, nämlich zu Amerika, ermöglicht es die amerikanische Demokratie den Juden, neben den kulturellen amerikanischen Werten ihre jüdischen kulturellen Werte zu pflegen. So sah Rosenzweig dauernde Hindernisse, wo der Rekonstruktionismus nur temporäre sieht, auch wenn der „temporäre" Status für Generationen andauern könnte.

Der Zionismus

Auf Grundlage dieser Ideen hätte Rosenzweig ein Zionist sein sollen. Er sagte einmal, dass er Zionist sein würde, wenn sein Gewissen dies nur zulassen würde. Tatsächlich würde er den Zionismus heute wohlwollend annehmen, wäre er am Leben. Denn Rosenzweig hat eindeutig gesehen, dass er, verglichen mit der Reform, eine größere spirituelle Kraft hat. Der Zionismus erlaubte es seinen Anhängern, sich selbst treu zu bleiben. Das war für deutsche liberale Juden, die sich dem Dilemma gegenübersahen, entweder Deutsche oder Juden zu sein, nicht möglich. Der Zionismus, das sah auch Rosenzweig, hat vielen ein Selbstbewusstsein wiedergegeben.

Aber Rosenzweig sah den Zionismus, wie ihn sich Herzl vorgestellt hatte, und konnte ihn unter diesen Bedingungen nicht annehmen. Herzl war für ihn wie Moses, der sich etwas Ewiges ausmalte – den jüdischen Staat – als eine Art Musterstaat, der alle Juden einschloss. Über die Juden, die sich weigerten, nach Palästina zu gehen, spottete Herzl. Der wahre Zionist musste mit dem Land, in dem er lebte, brechen. So jedenfalls sah er es, aber Rosenzweig konnte ihm, trotz der generellen Übereinstimmung, dass man einen jüdischen Staat brauche, in dieser Hinsicht nicht folgen. Er wollte aus einem bestimmten Grund in Deutschland bleiben. Er fühlte, dass „der Geist des spirituellen Zentrums (in Eretz Israel) sich nicht im Sinne eines uneingeschränkten Nationalismus entwickeln kann, auch wenn dies gewollt sein sollte. Schon gerade um des Charakters als Zentrum willen muss er stets die Peripherie berücksichtigen, dessen Lebensgesetz wegen der soziologischen Bedingungen für eine Minderheit sind nie ein reiner Nationalismus sein kann, sondern immer ein Nationalismus sein muss, der als ein Element von Religion funktioniert". Für Rosenzweig waren Palästina und das palästinische Judentum das Zentrum. Sie würden die Richtung vorgeben; sie würden die Norm sein. Nur dass Normalität der Vorstellung vom jüdischen Volk entgegensteht. Unkontrolliert, so Rosenzweig, würde das palästinische Judentum zu einer Nation wie jede andere werden, es würde sich *national assimilieren*. Der Geist würde schwinden. Aus dem Grund muss das Judentum stets von der Diaspora überprüft werden, in der Juden weiterhin ihre unnormalen Leben führen. Das Judentum der Diaspora und das Palästinas werden beide gebraucht: Das palästinische Judentum, um der Diaspora neue Stärke zu geben und die Diaspora, um das palästinische Judentum nie den von Gott vorgesehen Platz für Israel in der Welt vergessen zu lassen. Rosenzweig sah sich selbst als Teil eben dieser Diaspora und konnte daher kein Zionist in Herzls Sinn sein, auch wenn er nach den heute geltenden Maßstäben durchaus ein Zionist hätte sein können.

Rosenzweig gesteht zu, dass sich der Zionismus als exzellenter Diagnostiker unserer jüdischen Schwächen bewiesen hat. Wir sind ein Volk ohne Originalität geworden. Nur die Erde des Heimatlandes kann die Seele des Volkes heilen. Der Zionismus hat der Synagoge einen wertvollen Dienst erwiesen, ein Dienst, der sich mit dem des Sozialismus für die Kirchen vergleichen lässt. Wahrscheinlich hat der Sozialismus mehr für die Realisierung des Reiches Gottes (das Programm der Kirche) getan hat als alle Kirchen zusammengenommen. Zionismus und Synagoge sollten sich daher gleichberechtigte Mitstreiter begreifen, von denen keiner seine Aufgabe ohne das maximale Zutun des anderen erfüllen kann.

Ein Nationalismus, der davon ausgeht, dass die reine Existenz als Nation ausreicht, wäre gefährlich. Er würde die Idee der Nation an die Stelle der Religion setzen. Doch unsere Abgrenzung als Juden war stets die spirituelle Qualität jüdischen Lebens. Rosenzweig spürte, dass diese spirituelle Qualität schwände, würden alle Juden in Eretz Israel leben und ein Leben wie jede andere Nation führen würden. Nach etwa zweihundert Jahren wären wir keine Juden mehr. Wir wären unserer selbst nicht mehr bewusst und diese Selbst-Bewusstheit ist eine Grundvoraussetzung unseres Lebens. Denn wir wurden nicht wie andere Völker geboren. Wir wurden als „ein Volk aus der Mitte eines anderen Volkes" genommen und waren somit von Beginn an gezwungen, uns mit unserer besonderen Rolle auseinanderzusetzen. Zionismus sollte sich daher in die Kette jüdischer Tradition einordnen. In einer Atmosphäre ohne ihre Tradition würden Juden ersticken. Das dies nicht schon jetzt passiert, ist allein der Tatsache geschuldet, dass sie immer noch genügend Sauerstoff von ihren Vorvätern haben, um fortzuleben. Die nächste Generation mag dies schon nicht mehr haben.

Es ist interessant, dass sich diese Prognosen anscheinend bewahrheitet haben, zumindest aus Sicht eines Beobachters. Koestlers Beschreibung der jungen Generation in Palästina – sollte sie denn korrekt sein – unterstreicht die Vorhersagen Rosenzweigs.

Rosenzweig blieb in Deutschland, nicht weil es einfacher war zu bleiben, sondern weil er seinem Volk in der Diaspora zeigen wollte, dass kein Jude heimatlos ist, der die Tora als sein „tragbares Vaterland" besitzt und somit kein Jude das Gefühl haben sollte, lediglich die „tragbare Heimatlosigkeit" zu haben. Rosenzweig blieb in Deutschland weil er ahnte, dass eine starke Diaspora eine große Hilfe für die Wiedergeburt des jüdischen Geistes auf jüdischem Boden sein könnte. „Für den Juden von heute", sagte er, „liegt die Gefahr darin, dass er womöglich Wurzeln in der Peripherie schlägt. Der zionistische Gedanke wirkt dem entgegen. Für den Juden von Morgen wird die Gefahr darin liegen, dass er Wurzeln in dem zukünftigen Zentrum schlägt. Durch die augenscheinliche Neuheit und Frische könnte es ihn seiner wahren Erneuerung berauben und das gesamte Judentum seiner zionistischen Früchte. Wo ein Volk die ihm drohenden Gefahren erkennt, gewinnt es an Stärke."

Es mag göttliche Vorhersehung gewesen sein, dass Rosenzweig seiner Generation diesen Leitgedanken mitgab. Von ihm zehrten sowohl die *Olim* (Immigranten nach Eretz Israel) als auch die *displaced persons* – sie fanden Stärke in dem Wissen, dass sie weder heimatlos noch nutzlos seien. „In den nächsten Jahrzehnten“, sagte Rosenzweig nahezu prophetisch, „wird es die Galut sein, die die innere Stärke des Judentums beweisen muss, ungeachtet des äußeren Schicksals.“ Rosenzweig wäre der erste, der anerkennen würde, dass sich heute unsere Kraft auf Zion ausrichten sollte.

Für Rosenzweig war klar, um es in den Worten einer rekonstruktionistischen Broschüre zu Zionismus wiederzugeben, dass „die jüdische Welt zwei Pole haben wird: das Heimatland und die Diaspora.“ Die Sichtweise des Rekonstruktionismus ist identisch mit Rosenzweigs Sicht. Es ist bedauerlich, dass er nicht erkennen konnte, dass er auf dieser Basis ein Zionist hätte sein können. Eretz Israel wird vom Rekonstruktionismus als Zentrum anerkannt, das uns leiten sollte. Der Jischuw kann uns Kraft geben und wir müssen ihm Kraft geben. Der Rekonstruktionismus hat stets kritisiert, dass wir in diesem Punkt, abgesehen von der finanziellen Unterstützung, versagt haben. Eretz Israel und die Diaspora werden beide existieren und beide werden in vollem Ausmaß ihren jeweiligen Teil beitragen müssen, das jüdische Leben überall zu verbessern.

Zusammenfassung

Wir haben versucht, die praktischen Ideen Franz Rosenzweigs mit denen des Rekonstruktionismus zu vergleichen. Dabei haben wir Rosenzweigs Ideen detaillierter behandelt, aus dem einfachen Grund, dass sie den meisten unserer Leser nicht leicht verfügbar sind. Auf der anderen Seite werden die Leser keine Schwierigkeiten haben, sich über die philosophischen und programmatischen Details des Rekonstruktionismus zu informieren.

Rosenzweig und der Rekonstruktionismus kamen jeweils auf ihre eigene Art und Weise zu ihren Ergebnissen. Doch beide gingen von derselben Situation aus: die derzeitige Tendenz des jüdischen Volkes und des Judentums zu zerfallen. Die Ähnlichkeit ihrer Lösungen stärkt den Beweis, dass ihre Ideen und ihr Programm bis in unsere Zeit hinein relevant sind, und zeigt ihre Kompetenz, den Wiederaufbau des Judentums praktisch anzuleiten.

Der letzte Besuch bei Martin Buber

Trepp hat Martin Buber verehrt, wenn auch die Verehrung nie den Grad derjenigen für Hermann Cohen oder Franz Rosenzweig erreichte. Er fand ihn weniger originell. Das Prinzip der Korrelation, für Buber die Basis für alles, sah Trepp schon bei Cohen ausgearbeitet. Buber hat allerdings stets darauf hingewiesen, dass er sein Konzept erarbeitet habe, ohne Cohens Werk gekannt zu haben. Trepp war angezogen von Bubers Vision, dass jede Generation das Judentum erneuern und mit frischem Leben anreichern muss. Er bewunderte seine Scharfsinnigkeit, sei-

ne Arbeit in Israel und sein Werben für ein friedliches Zusammenleben zwischen Juden und Arabern in der Region. Und vor allem beeindruckten ihn Bubers Bemühungen, in einen fruchtbaren Dialog mit den Christen zu treten – etwas, das Trepp dann selbst sein Leben lang praktizieren sollte. Trepp hatte Buber in seinen späten Studentenjahren in Frankfurt getroffen, sah ihn dann Jahrzehnte später in den Staaten wieder, und über die Zeit entwickelte sich ein Band zwischen ihnen. Auf diesem Besuch wurde er von seinen Studierenden begleitet, die er früh nach Deutschland und Europa brachte. Manchmal fragt man sich, wie Trepp sich Einzelheiten des Besuchs merken konnte, bis er sie zu Papier bringen konnte. Doch mit einem Namens- und Detailgedächtnis wie er es hatte, ist es wahrscheinlich nicht ganz so schwierig. Buber und er sprachen über die Gleichberechtigung der Schwarzen in den Staaten, die sie beide „Neger" nennen, wie man es damals getan hat. Ich habe es dabei belassen. Der Leser bekommt aus meiner Sicht ein besseres Gespür für die Zeit, wenn man den Originalton möglichst wenig verändert. Was sich im Judentum in den letzten fünfzig Jahren nicht verändert hat: Die Juden standen und stehen auf der Seite der Unterdrückten und Benachteiligten. Die überwältigende Mehrheit der Anwälte, die sich in den Sechziger Jahren für die Bürgerrechtsbewegung engagierten, waren Juden. Genauso wie es überproportional mehr Juden unter den Freiwilligen gab, die den Schwarzen beim Registrieren ihrer Stimmen etc. halfen. Der Beitrag wurde im Mai 1966 in der Zeitschrift „The Nation Jewish Monthly" veröffentlicht.

Martin Bubers erste Jahrzeit (er starb letzten Juni) ruft mir die letzte Begegnung in Erinnerung, die ich mit ihm 1963 hatte. Ich hatte ihm geschrieben, dass ich meine Studenten mitbringen würde, um ihn zu sehen. Ich hatte mit ihnen seine Person und sein Werk besprochen, und einige von ihnen begleiteten mich auf einer meiner regelmäßigen Studentenreisen nach Europa. Wir hörten, dass er in einem Hotel in der Schweiz war, um sich dort von einer ernsthaften Krankheit auszukurieren. Er würde uns gerne sehen. Frau Naomi Beer-Hofmann, die Tochter seines guten, verstorbenen Freundes, des Poeten Richard Beer-Hofmann, war bei ihm und pflegte ihn liebevoll. Sie gab mir zu verstehen, dass er zu schwach sei, um sich mit einer ganzen Studentengruppe zu treffen. Die jungen Menschen verstanden das, sie machten mich zu ihrem Botschafter, ihm ihre Grüße zu übermitteln, ihm zu sagen, wie viel er ihnen bedeutete und übermittelt durch mich, von ihm ein Wort der Anleitung zu erhalten.

Ich kam am frühen Nachmittag an, er ruhte sich aus. Frau Beer-Hofmann sagte mir, dass er körperlich sehr schwach sei. Aber sein Geist war absolut klar, ihm war immer noch wichtig, dass jeder Brief und jede Nachricht berücksichtigt und beantwortet würden. Und doch, er konnte kaum noch lesen, nur mit Hilfe eines starken Vergrößerungsglases. Aber jedes Wort, das aus seiner Feder kam, musste genau treffen und die Fülle seiner Bedeutung umfassen. Seine intellektuelle Schärfe war ungebrochen. Dann kam er – sehr fragil – seine Kleider hingen lose um den ausgemergelten Körper. Doch seine Stimme war stark wie immer, seine Hände fest, seine Augen klar. „Wo sind die Studenten?“, war seine erste Bemerkung. Als wir ihm erzählten, dass wir dachten, es sei zu viel für ihn, eine ganze Gruppe zu empfangen, zeigte er aufrichtiges Bedauern. „Ich hätte sie gerne kennengelernt, ja, ich hätte sie gerne kennengelernt.“ Wir setzten uns ins Wohnzimmer, er auf der Couch mir gegenüber. Eine Hotelangestellte brachte Kaffee und Kuchen. Als ich bemerkte, dass er lieber Deutsch sprach, wechselten wir die Sprache. Er begann: „Lassen Sie mich eine Frage stellen: Bedeutet Ihnen Musik etwas, haben Sie Salzburg gesehen?“ Ich erzählte ihm, dass ich Salzburg vorzüglich gefunden hatte. Er erklärte, dass er erst neulich eine Einleitung für eine neue Ausgabe der Werke von Beer-Hofmann geschrieben hatte (aus seinen Worten war heraus zu hören, wie nahe er sich Beer-Hofmann fühlte, er rief dessen Tochter den ganzen Nachmittag über *Kindchen)*. Beer-Hofmann war nahezu unbekannt in Amerika, obwohl sein Drama „Jakobs Traum“ übersetzt worden war. Würde ich Beer-Hofmanns Gedächtnisrede für Mozart übersetzen? Ich willigte ein. Ich tat, was ich versprochen hatte und schickte ihm die Übersetzung später, sie hat aber bis jetzt noch keinen Verleger gefunden. Wir sprachen über Übersetzungen. Meine Frage war: Haben verschiedene Menschen verschiedene Lebensrhythmen, die Literatur beeinflussen, und – bei Übersetzungen – müssen wir in diesem neuen Rhythmus übersetzen, um dem Original gerecht zu werden? Er grübelte über die Frage und sagte schließlich, seine eigene deutsche Übersetzung der Bibel sei dem Rhythmus des Originals treu geblieben, während er die Bedeutung der deutschen wie auch der hebräischen Begriffe ausgelotet habe.

Während wir über Lebensrhythmen sprachen, kamen wir auf Amerika. Er fragte mich: Was machen Sie jetzt? Wer sind diese jungen Leute? Er verstand, als ich ihm erzählte, dass ich zwar Rabbiner geblieben sei, und ihm dann einige meiner Probleme und Gründe erklärte, weshalb ich hauptberuflich Lehrender geworden war. „Aber Sie müssen Ihr Bestes geben, das Beste, was Sie leisten können, überall, auf allen Gebieten. Wie alt sind diese jungen Menschen?“ Ich sagte ihm zwischen 18 und 22. „Das ist gut, und es ist gut, dass Sie ihnen ermöglichen, Einblicke in diese Welt und die Menschen zu gewinnen. Ich habe große Zuversicht in die jungen Menschen, sie sind unsere einzige Hoffnung. Sobald sie 25 sind, werden sie vom Geschäftsdenken der Welt verschluckt, besonders in Amerika. Wenn sie in eine andere Richtung gelenkt werden können, bevor sie dieses Alter erreicht haben, dann besteht Hoffnung. Ich unterrichte nicht länger, schreibe nicht länger; tatsächlich habe ich nie gern geschrieben. Ich bin kein Schriftsteller, das ist nichts als das Symbol eines Symbols, aber es musste ja sein. Wie viel Stärke oder Zeit ich auch habe, ich gebe sie den jungen Menschen unter 25 – denen, die zu mir kommen. Nicht allzu viele kommen. Aber die Jugend ist offen für Veränderung, und darin liegt die Hoffnung dieser Welt; die Jugend stellt Fragen. Wir müssen sie konfrontieren, indem wir uns selbst ehrlich hinterfragen. Leute, besonders junge Leute, müssen eine offene Haltung haben, und nur ehrliche Fragen machen sie frei, zu hinterfragen. Wir müssen ihnen begegnen, indem wir ihnen von unseren Reserven und Ressourcen geben, was wir nur geben können. Dann werden sie mit uns reden, ihre wahren Bedürfnisse mit uns teilen. In der Jugend liegt die Hoffnung, weil wir Menschen brauchen, die bedingungslos ihr Innerstes einsetzen; das sind die wahren Philosophenkönige, von denen Platon spricht." „Sei Deinem wahren Ich treu"[44], schob ich ein. „Ja", erwiderte er, „aber nicht das oberflächliche Ich – das echte, innere Ich." Er hob seine ausdrucksstarken Hände zu seinem Herzen. „Ich kann es nicht ausdrücken, aber Sie wissen schon, das Innere, das Echte. Das allein kann die Welt vor der Zerstörung retten." Er fuhr fort: „Jetzt bitten Sie mich nicht, mein Werk zu erklären, das mache ich nie. So viele haben mich gefragt, sie kommen zu mir, um sich Kleinigkeiten erklären zu lassen. Das kann ich nicht machen. Mein Werk ist nicht einfach, man muss sich anstrengen."

Noch einmal kehrten wir zum Thema Amerika zurück, wo er unterrichtet hatte, und zu der Frage der Lebensrhythmen. Er machte eine sehr überraschende Bemerkung. „Dem Neger muss geholfen werden, er muss Gleichheit erreichen; es ist eine Frage der Gerechtigkeit, man darf sich vor dieser Aufgabe nicht drücken. Trotzdem habe ich ein Problem, und ich kann es nicht lösen. Ist nicht der Lebensrhythmus des Negers, der Charakter seines Lebens von den Wurzeln an unterschiedlich? Sie haben mehr Kinder als die Weißen. Wird die weiße Rasse verschwinden? Ich habe keine Vorbehalte, wenn es um Gleichberechtigung für den Neger geht, doch ich habe keine Antwort auf diesen Konflikt. Es ist ein Konflikt der Lebenswurzeln gegen Falsch und Richtig. Wir müssen weiter daran arbeiten, dem Neger Gleichberechtigung zu geben, und doch, was wird sich die Lebenskraft der Weißen entwickeln?" Ich sagte ihm, dass ich dieses Problem nicht sähe, wenn man bedenke, dass die volle Emanzipation der Neger nicht nur ein Problem sei, das dringend gelöst werden müsse, sondern auch eine Frage der Gerechtigkeit sei. Er nickte in Zustimmung, allerdings reserviert. Dies war keine Frage von Rassismus; für ihn war es eine Frage der Partnerschaft in einem Dialog. Wenn ein Partner verschwand, würde es keinen Dialog mehr geben, und die Welt würde ärmer dadurch. Das Problem beschäftigte ihn, nicht wegen der Frage der Schwarzen als solche – es war ihm klar, dass sie gerecht gelöst werden musste. Doch er näherte sich dem Ganzen mit der Sichtweise eines Visionärs, der sich auch um die künftige weiße Minderheit in der Welt und ihren zukünftigen Beitrag sorgte. Er sorgte sich um die Menschheit, und hatte doch keine Antwort. Hier sprach ein Mann, der die Juden immer als „Volk" gesehen hatte, das Brücken zwischen „Völkern" gebaut hatte, waren die Juden selbst im Osten wie im Westen verwurzelt. Das „Volk" musste überleben, den Weißen eingeschlossen.

Im Rückblick auf seine amerikanischen Erfahrungen, und vielleicht dem, was er gelesen hatte, sprach er von Amerika als einem „harten" Land – zu stark involviert ins Geschäft, seine Menschen zu selbstbezogen und zu materialistisch. Aufgrund meiner eigenen Erfahrungen widersprach ich ihm. Da ich auch in

44 Shakespeare Zitat, mehrere deutsche Übersetzungen verfügbar.

kleinen Gemeinden gelebt hatte, erzählte ich ihm vom Geist der Nachbarschaft und Freundschaft, und versicherte ihm, dass in einer kleinen Gemeinschaft niemand wirklich allein war, dass kein Notfall den Einzelnen stranden ließ, sondern dass Nachbarn und die Gemeinschaft ihm stets zur Hilfe kamen. Nun wurde Buber enthusiastisch: „Das sollte aufgeschrieben werden; das muss verbreitet werden, bekannt gemacht werden in der Welt! Ich meine nicht in soziologischen und akademischen Studien, sondern Lebenssituationen und Alltägliches über die Menschen sollte festgehalten werden, wie Sie es beschrieben haben. Das sollte aufgeschrieben werden." Ich dachte an seine chassidischen Geschichten, die das Wesen des Chassidismus als kreative Antriebskraft in menschlichen Beziehungen zum Leben erweckte.

Wir gingen in den Rosengarten des Hotels. Ich hatte Naomi Beer-Hofmann schon vorher gefragt, ob er mit einem Foto einverstanden sein würde. Sie hatte erwidert, dass er es liebe. „Mach aber nicht dein Zeus-Gesicht", sagte sie zu ihm. „Er wird immer so formell: wenn man ihn fotografiert, ist er nicht er selbst!" „Wie gut, dass wir Juden keinen Zeus haben", kommentierte Buber.

Wir liefen durch den Garten hindurch zum Ausgang. Noch einmal kehrten wir zum Thema Amerika zurück und sprachen über die Grenze. Ich erwähnte, dass die Pioniere im Westen Kleriker, die aus Harvard und Yale kamen, zurückgewiesen hatten; sie seien zu theologisch. „Wir brauchen einen Mann, der mit uns auf die Knie geht, und mit uns in unserer Sprache zu Gott betet." Buber hielt ein. „Das ist interessant, das *ist* interessant – wunderbar! Wissen Sie, Ben-Gurion fragte mich einmal, wie ich kein Atheist sein könne, und ich sagte ihm: „Wenn ich über Gott sprechen würde, wie Sie das tun, wäre ich auch ein Atheist, aber ich spreche *mit* Ihm." Als ich ihm für den Nachmittag dankte, den er mir geschenkt hatte, schien er ein wenig verlegen. Er dankte *mir* für mein Kommen und dass ich ihm Ideen gegeben hatte, und, so wiederholte er – er war es, der von denen lernte, die „gut genug" waren, ihn aufzusuchen. Als ich diesen Mann verließ, mit dem man sich so einfach unterhalten konnte, so einfach und so menschlich, fühlte ich mich demütig und inspiriert, in meinem Jüdischsein gestärkt durch seines, und neu zur Menschenpflicht aufgerufen. Ich kehrte zu den Studenten zurück und erzählte ihnen von der Begegnung, und richtete ihnen seine Grüße aus, übermittelte seine Botschaft und die Herausforderung, vor die er sie gestellt hatte.

ZWEITER TEIL

ISRAEL – RELIGION, DAS LAND UND VOLK

Gebete über das Land Israel

Leo Trepp war ein überzeugter Verfechter der Zweistaatenlösung im Nahostkonflikt. Doch gab es für ihn nie einen Zweifel, dass den Juden das Recht zusteht, in dem Land zu leben, das ihnen seit Jahrtausenden als Heimstätte gilt. Trepp konnte nicht verstehen, wenn Menschen die These vertraten, Israel sei aufgrund des Holocaust gegründet worden, und sie damit die historische Dimension der Verbindung zwischen Juden und Land und die Geschichte des Zionismus ignorierten. Er kritisierte manche Entwicklungen im jüdischen Staat, doch bewunderte er stets dessen Offenheit und lebendige Demokratie. Und er war stolz, wenn er von seinen zwei Neffen in dem Land erzählte – der eine ein orthodoxer Jude mit Ansichten, die Trepp selbst nicht teilte, der andere ein linksliberaler Kibbutznik. Stolz, weil beide ihren Platz in der Gesellschaft haben, die als einzige in der Region ethnisch, religiös, politisch und in jeder anderen Hinsicht diversifiziert ist. Trepp macht im folgenden Beitrag mit Beispielen deutlich, dass sich aus der Religion und dem Lebenskreis der Juden eine starke Verbundenheit zu dem Land ersehen lässt. Es ist keine politische Stellungnahme, und so kommt es weniger darauf an, ob und welchem Umfang sich biblische Ereignisse zugetragen haben oder ob und wann biblische Äußerungen gemacht worden sind. Wesentlich für Trepp ist, **dass** *alle diese Gedanken um Jerusalem und das Land aufgeschrieben und durch Jahrhunderte hindurch von den Menschen am Leben erhalten worden sind, was für sich selbst spricht. Ebenso wichtig war für ihn darauf hinzuweisen, dass Juden nie aufgegeben haben, im Land und in der ganzen Region zu leben. Ihn hat es oft bedrückt, dass dem Schicksal der aus den arabischen Staaten vertriebenen Juden so wenig Aufmerksamkeit geschenkt wurde. Genauso wie es ihn bedrückte, dass viele den Nahostkonflikt einseitig und mit feststehenden Sympathien betrachteten, ohne sich zu bemühen, die historische Dimension des Konflikt zu erfassen. Trepp hat über den Propheten Jesaja und dessen Identität an anderer Stelle geschrieben, so dass hierauf nicht eingegangen wird. In den meisten Fällen hat er die Buber-Rosenzweig-Übersetzung benutzt. Diesen Vortrag hat er 2009 in Mainz gehalten.*

Um Zions willen
darf ich nicht schweigen,
um Jerusalems willen
darf ich nicht stillsein,
bis für es Bewahrheitung

ausfährt wie Lichtglanz.
Für es Befreiung
wie eine Fackel brennt
(Jes 62:1).

Dies sei Aufgabe unserer Darstellung zu einer Zeit, in der Israels Feinde diesem Volk den Besitz über Zion und Jerusalem mit Gewalt zu entreißen streben. Ihre Methoden, heute wie in früheren Zeiten, entsprechen in vieler Weise den Vorahnungen und Voraussagungen des Propheten Jesaja. Früher beruhten sie auf der Macht der Eroberer und auf gewalttätiger Beraubung der Juden. Und wiederholt wurden die Juden von verschiedenen Machthabern unterdrückt. Diese erlitten immer wieder ihren Niedergang, wie es der Prophet vorausgesagt hatte. Die Gegenwart zeigt erneut das Streben mächtiger Kräfte, das unabhängige Israel zu vernichten. Zu unserer Zeit verneinen viele die Existenz Israels als jüdischer Staat, weitere, manche indirekt oder hinter vorgehaltener Hand, andere offen wie der iranische Präsident, verneinen das Existenzrecht Israels an sich. Es stehe dem jüdischen Volk eigentlich nicht zu, nun die Mehrheit an einem Ort zu stellen, wo vorher einmal eine andere Mehrheit gelebt habe. Wenn auch die Juden die Ländereien nicht „genommen", sondern meist von arabischen Großgrundbesitzern gekauft haben. Das hat zu Konflikten mit den eigentlichen Bearbeitern dieses Bodens geführt, die dann durch die Teilung in zwei Staaten überwunden werden sollten. Israel hat diesen Teilungsplan anerkannt, die arabische Seite nicht, sondern stattdessen zu den Waffen gegriffen. Und dennoch ist der Staat Israel nun zwar international von den Vereinten Nationen anerkannt, doch ist er der einzige Staat der Welt, der unentwegt vor den Gremien der UN angegriffen und dessen Legitimität in Frage gestellt wird.

Dies alles sind mächtige Kräfte, die bei weitem mächtigste aber, vielleicht sogar gefährlichste Kraft ist der ständig wachsende Antizionismus, besonders in Deutschland und in anderen europäischen Ländern, doch auch anderswo. Er äußert sich in einer Haltung, die unter verblüffender Ignoranz historischer Realitäten, oft gepaart mit einem erschreckenden Nichtwissen über die Moral und Ethik des Judentums, die Palästinenser als Opfer und die Israelis (oft ‚die Juden') als Täter sieht. Diese Haltung verweigert den Palästinensern die respektvolle Anerkennung als verantwortliche und über ihre Taten und ihr Verhalten frei entscheidende Menschen wie sie den jüdischen Israelis jede Anerkennung ihrer Humanität unter extremen Umständen, ihrer Sorge um andere unter größtem Druck (auch um die Palästinenser) und ihrer wertvollen Beiträge für eine gerechtere und bessere Welt verweigert. Man mag diese Haltung sogar als antisemitisch empfinden, weil sie von als unveränderlich erscheinenden Vorurteilen getragen ist, die Angehörigen einer ganzen Gruppe, nämlich den Juden, gegenüber haben. Wo lese ich von den israelischen Ärzten, die selbstverständlich Palästinenser behandeln und ihnen das Leben retten, wo von den Juden, die versuchen, das Leben der Palästinenser im Gazastreifen zu verbessern, wo von den

Soldaten, die trotz der Taktik der Hamas, sich hinter menschlichen Schilden zu sichern, umkehren in ihren Fliegern, weil sie versuchen, so wenige Zivilisten zu verletzen wie möglich? Es ist mir Trost und Genugtuung, dass ich mit meinen muslimischen Studenten über diese Fragen diskutieren kann, und wir uns in vielem einig sind. Mögen sie den Gedanken der Demokratie und des Dialogs in ihren Heimatländern fördern, wenn sie dorthin zurückgehen.

Heute soll es um den Anspruch der Juden auf das Land gehen. Er ruht auf der Bibel und aktuellem Besitztum im Laufe der Jahrhunderte und änderte sich nicht, wenn den Juden ihr Recht und ihr Besitztum von Machtvölkern geraubt wurde. Juden haben dieses Recht niemals aufgegeben, und sie haben, beinahe ohne Unterbrechung, immer im Land gelebt. In einigen Beispielen soll gezeigt werden, in welcher Weise ihr Anspruch auf der Bibel beruht, und – ebenso wichtig – dass die Quellen nicht etwas sind, dem die Juden vor Jahrhunderten Beachtung schenkten und der Modernität wegen irgendwann aufgaben. Die Geschichten, Gebete und Segnungen, die im Kern immer die Beziehung zu dem Land und zu Jerusalem in sich tragen, haben für die Juden, gleich welcher Richtung, durchgehend bis heute eine elementare Bedeutung, wie wir sehen werden. Sie sind Bestandteil der Liturgie, der Feste, und sie werden zu wichtigen Lebensabschnitten gesagt. Ohne diesen Anspruch auf das Land und die Existenz eines jüdischen Staates hätten sich übrigens nicht nur das Judentum, sondern auch das Christentum überhaupt nicht entwickeln können.

Die Bibel berichtet, dass Abraham, welcher den einen Gott erkannte, den Auftrag erhielt in ein Land zu gehen, das Gott ihm geben werde. Dort werde er gesegnet sein. Gerade um dieses Erbgutes willens habe Gott ihn hierher geführt (Gen 15:7). Zwar würden seine Nachkommen noch 400 Jahre lang in der Fremde als Sklaven leben müssen, doch dann würden sie für immer zurückkommen (Gen 15:14). „An diesem Tage schloss Gott einen Bund mit Abraham mit den Worten, ‚deinen Nachkommen habe ich dieses Land gegeben, vom Gebirge Ägyptens bis zum großen Strom, dem Strom Euphrat“ (Gen 15:18). Das göttliche Versprechen an Abraham für seine Söhne wird im 17. Kapitel wiederholt: „Ich erhalte meinen Bund zwischen mir und deinen Nachkommen nach dir für ihre Geschlechter, dir und deinen Nachfolgern nach dir Gott zu sein. Und ich gebe dir und deinen Nachfolgern nach dir das Land deines Verweilens, das ganze Land Kanaan zum ewigen Erbbesitz, ich werde ihnen Gott sein. Und Gott sagte zu Abraham, du aber sollst meinen Bund halten, du und deine Nachkommen nach dir für alle Generationen. Dies ist der Bund […] jede männliche Person sei beschnitten“ (Gen 17:7–10ff.).

Aus gegenwärtiger Sicht ist zu sagen, dass die Muslime sich ebenfalls als Nachkommen Abrahams ansehen, und zwar durch Ismael. Sie befolgen die Beschneidung ebenfalls. Somit ist die Gestaltung eines Landes für zwei Nationen vielleicht eine natürliche Lösung und erfüllt Gottes Versprechen. Der Islam hat, dem Judentum gleich, einen einzigen Gott, erkennt aber, im Gegensatz zu Judentum und Christentum, die Bibel nicht an. Doch kann der Bericht über Abraham und den Bund Gottes mit Abraham nur auf der Bibel ruhen. Für die Juden ist ihr Anspruch auf das Land aufgrund des Versprechens seiner Erfüllung in der Tora seit biblischer Zeit berechtigt, doch gleichzeitig kommt er dem islamischen Anspruch auf versprochenes Land für ihre Region entgegen. Somit kann der Segen, den Gott dem Abraham gab, auf beiden Gruppen – wie auch den Christen – ruhen, dass somit in Gemeinsamkeit und unter Anerkennung der Verschiedenheit, „alle Völker der Erde gesegnet seien“ (Gen 22:18).

Abraham kauft die Höhle Machpela von ihren Eigentümern, als Erbbegräbnis. Dort sind die Erzväter und Erbmütter beerdigt, so dass man sagen kann, diese Gruft gehört beiden Nationen zu Besuch und Gebet. Auch Christen sehen Abraham als ihren geistigen Vater an, so dass auch diese gleiche Besuchsrechte besitzen. Unter israelischer Überwachung wurde dies streng befolgt, mit der gleichzeitigen Verordnung, dass zur Zeit des islamischen Gebets nur Muslime dort sein durften.

Doch verengt sich die göttliche Versprechung bezüglich des Landes. Isaak sieht sich als berechtigter Träger der Tradition. Als sein Sohn Jakob auswandern will, segnet ihn der Vater: „Der Allmächtige Gott segne dich und mache dich fruchtbar und vermehre dich, zu einer Gemeinde der Völker zu werden. Und er gebe dir den Segen Abrahams, dir und deinem Samen gleich dir, zum Erbbesitz (gebe er dir) das Land deines Verweilens, welches Gott dem Abraham gab“ (Gen 28:3–4). Auf seiner Wanderung hat Jakob einen wunderbaren Traum in der Wüste, bevor er die Grenzen seines Landes überquert. Eine Leiter erstreckt sich von Erde zum Himmel, Engel steigen auf und ab. Ganz oben steht Gott, der ihn segnet und spricht: „Ich bin Gott, der Gott deines Vaters Abraham, und der Gott Isaaks, das Land, auf dem du liegst, dir gebe ich es und deinen Nachkommen […] und durch dich und deinen Samen sollen alle Familien der Erde gesegnet sein“ (Gen 28:13f.).

Jakob hat ein schweres, abenteuerliches Leben. Sein Sohn Joseph, nach Ägypten verschleppt, wird Vizekönig des Landes und Lebensretter des Volkes während einer Hungersnot. Er bringt Jakob und die ganze Familie nach Ägypten, wo sie ehrenvoll empfangen werden. Der alte Vater, in Todeserwartung, will nicht in Ägypten beerdigt werden. Im Land, in der Höhle Machpela, will er ruhen. So erfüllt es sich auch. Joseph hat den gleichen Wunsch. Er findet seine Familie in Ägypten vollkommen eingegliedert, spürt aber, dass dies nicht ihr Land sein kann. Er sieht unsichere Zeiten für sie voraus, und sagt ihr vor seinem Tod: „Ich liege im Sterben, Gott wird euch sicherlich von hier befreien und euch hinaufbringen in das Land, welches er Abraham, Isaak und Jakob zugeschworen hat.“ Er beschwört sie, „und dann nehmt meine Gebeine von hier mit euch hinauf“ (Gen 50:24–25). Sein Wunsch wurde, der Bibel nach, von Moses beim Auszug aus Ägypten erfüllt (Ex 13:19). Josephs Grab konnte im Land bis vor wenigen Jahren besucht werden. Dann wurde es geschändet.

Die Juden bauten ihre Verbundenheit mit dem Land und ihren Protest gegen fremde Machthaber in ihr Leben und ihre Gebete ein. Sie richteten diese an

Gott, und ihr Vertrauen auf Ihn ruhte wesentlich auf den Worten der Liebe an Israel, die der Prophet Jesaja, im Namen Gottes, zum Kernstück seiner Kündung machte. Möge der Allbarmherzige die Zeit der Erneuerung des jüdischen Landes bald kommen lassen, die Juden hatten so unendlich viel gelitten. Einen kurzen Auszug aus den Worten des Propheten möchte ich zitieren.

Jesaja sagt:
[…] setze ich dich ein
zum Stolze der Weltzeit,
zum Entzücken für Geschlecht um Geschlecht.
Erkennen wirst du, dass Ich (Gott) dein Befreier bin,
dein Löser der Recke Jaakobs […]
Als deine Aufpasserschaft
setze ich ein
den Frieden,
als deine Antreiber
die Bewährung […]
ER selber ist dir da
zum Weltzeit-Licht,
dein Gott
zu deiner Pracht.
[…] Die Tage deiner Trauer
sind nun vollendet.
Dein Volk,
allesamt nun sind sie Bewährte,
auf Weltzeit erben sie nun das Land,
Schößling meiner Pflanzung,
Werk meiner Hände,
damit zu prangen […]
Ich (Gott) selber,
beschleunigen will ichs
zu seiner Frist. (Jes 60 – Auswahl).

Das Land als geistiges Element

Der Anspruch auf den Besitz des immer wieder geraubten Landes wurde niemals aufgegeben, und das Land hat, wie wir kurz angesprochen haben, einen zentralen Platz in Bibel, Liturgie, Lebensphilosophie und Brauchtum der Juden. Diese Ausrichtung ist so einzigartig, dass der Dalai Lama nach dem Raub seines Landes Tibet durch die Chinesen eine Gruppe von Juden einlud, damit diese ihn lehrten, wie Glaube an und Anspruch auf ein ursprüngliches Heimatland inmitten eines langen Exils bewahrt und gefördert werden könnten. Die Juden hatten es geschafft, die Verbindung aufrecht zu erhalten, ihm war dieses Schicksal frisch auferlegt worden.

Das jüdische Gebetbuch ist das älteste in der Welt. Seine Konstruktion geht auf die Zeit des zweiten Tempels und des Talmuds zurück. Es wurde im 9. und 10. Jahrhundert in Babylonien von Rav Amram Gaon und Rav Saadia Gaon redigiert. Zugleich ist es das jüngste, denn es wurde – unter Beibehaltung seiner Struktur – zu jeder Zeit gemäß der Gegend, der Kultur und der religiösen Ausrichtung der Zeit verändert. Dieser Prozess geht noch weiter. Trotz dieser Änderungen ist es gleichförmig und bildet ein Band für die gesamte Judenheit. Seine Abschnitte bestehen aus Segnungen, Berachot. Eine Beracha (Singular von Berachot) hat die Form: „Gesegnet seist DU, Gott, [...] Er, der Schöpfer der Lichter der Natur". Das Du in der Anrede bringt unsere enge Liebe zu ihm zum Ausdruck, das Er, die dritte Person im zweiten Teil, unseren Respekt für ihn.

Drei tägliche, liturgische Gemeindegebete werden im Judentum gesagt, morgens (Schacharit), nachmittags (Mincha), abends (Maariv), am Schabbat und den Festtagen sind es vier mit einem Zusatzgebet für den Tag (Mussaf), am Versöhnungstag sind es fünf, neben den anderen ein Schlussgebet (N'ila). Diese Gebete sind so aufeinander abgestimmt, dass sie zwar der Gelegenheit angepasst sind, doch die Grundformulierungen wörtlich voneinander übernehmen. Mit ihnen sind persönliche Eingangssegnungen verbunden, wie beim Anlegen von Tallit und Tefillin.

Es gibt Gebete für Einzelne, wie Segenssprüche über Speise und Trank, das Tischgebet nach einem Mahl mit Brot, das Nachtgebet, die Danksagungen über normale Körperfunktionen und für Gesundung nach Krankheit, Dank an Gott bei guten Ereignissen im Leben, Unterwerfung des Einzelnen unter Gott beim Tod eines Lieben oder harten Ereignissen. In allen Situationen soll der Jude sein ganzes Bewusstsein in Seele und Geist dem Willen Gottes dankbar unterstellen. Dazu kommen die Gebete zu besonderen Abschnitten im Leben: Beschneidung, Bar und Bat Mizwa, Trauung, Beerdigung. Und diejenigen zu sporadischen Ereignissen, bei Gewittern und der Sicht der Größe der Natur, oder von Gott ausgezeichneter Menschen.

Durch diese Gebete zieht sich das jüdische Wissen, dass das Land Israel – Eretz Jisrael – von Urbeginn in einem Bunde Gottes mit den Urvätern, Abraham, Isaak und Jakob deren Nachkommen für alle Ewigkeit als Erbbesitz zuerteilt worden ist, es bildet ein geistig-physisches Element im Judentum. Der Anspruch auf das Land besteht seit 5000 Jahren, kein anderes Volk kann einen solchen Anspruch auf sein Land machen. Zugleich verkündeten ihnen die Propheten im Namen Gottes, ER werde in der Spätzeit das Land den jüdischen Nachkommen sichern, sollte sich ihre Kraft gegenüber Großmächten zu schwach erweisen, und ihr Argument ihnen gegenüber an deren Gier zerschellen. Zum Zeitpunkt der Rückgabe werde Gott der Welt ewigen Frieden geben, und die Juden Führer und Vorbild für alle Nationen sein. Die Rückgabe des Landes an die Juden war daher eine Gabe an alle Menschen, denn eine neue Gesellschaft konnte nun entstehen, in der Eintracht und Frieden alle Menschen vereinte. Darum finden wir im jüdischen Gebet das Flehen, Gott möge sich mit dem Zeitpunkt der ewigen Übergabe des Landes eilen, damit die jetzt Lebenden unter den Juden, wie die Lebenden der gesamten Menschheit, den Segen dieser neuen Welt genießen könnten. So könnte man sagen, dass auch im Festhalten an dem Land und der Hoffnung seiner vollen, freien Rückgabe das Judentum zur Universalreligion wurde, denn es sucht Frieden und Glück für alle Menschen und ihre Länder.

Das Land im jüdischen Gebet

Gebet ist Flehen zu Gott in Lob und Preis, aber auch die Bitte um oder für Etwas. Ist das Gebet um das Land neben seiner historischen Bedeutung und seiner ewigen Bedeutung als Zeichen der Nähe und Verbundenheit noch aktuell? Zumindest ist die Lage heute wieder kritisch. Lange konnten die Juden nicht selbstbestimmt in ihrem Land leben. Zu schwach, es kämpferisch wieder gewinnen zu können, zu unbedeutend für die Welt, um es auf diplomatische Weise wieder erlangen zu können, fanden sie Gelegenheit und Mut dazu nach vielen Nöten und Verfolgungen, die schrecklichste unter ihnen der Holocaust. Ein kleines Stück des Landes wurde ihnen wieder zuerkannt und von den Vereinigten Nationen als freier Judenstaat anerkannt. Nun streben seine Nachbarstaaten, es ihnen wieder zu entreißen. So findet das Gebet um das Land heute zusätzlich zu seiner immerwährenden Bedeutung eine neue im Judentum: Möge Gott das Streben der Juden unter den Mächten und ihre Selbstverteidigung unterstützen und zum Erfolg bringen. Möge die gesamte Region, zusammen mit Israel, Frieden finden.

Eine Übersicht: Morgengebet, Nachmittagsgebet, Abendgebet

Das Morgengebet beginnt mit Meditationen. Dank an Gott für Seinen Schutz zu jeder Zeit für unseren Körper und unsere unsterbliche Seele. Der jüdische Mensch bittet Gott um Schutz vor schlechten Gedanken und schlechten Menschen. Er ist sich seiner Ohnmacht bewusst, und gleichzeitig tief dankbar für Gottes Gnade, die ihm erlaubt, das Gottesbekenntnis zu sprechen und zu leben. Hymnen zum Lobe Gottes folgen, meistens Psalmen. Das zentrale Gebet beginnt mit dem Ruf an die Gemeinschaft: „Segnet Gott, dem voller Segen zusteht." Im Folgenden dankt der Mensch Gott, der täglich die Natur erneuert. Ihm folgt ein Dankgebet für die Liebe Gottes und die Gabe der Tora. Dies führt zum Glaubensbekenntnis: Sh'ma Jisrael [...] Das Grundbekenntnis des Juden besteht in dem Ruf: „Höre Israel, der Ewige, unser Gott, der Ewige ist einzig." Ihm folgen einige Absätze aus der heiligen Schrift: 1. „Liebe den Ewigen, deinen Gott, mit deinem ganzen Herzen, deiner ganzen Seele, deinem ganzen Vermögen [...]" (Dtn 6:4ff.); 2. „Wenn ihr auf alle meine Gebote hört [...]" (Dtn 11:13ff.); 3. „Und der Ewige sprach zu Moses [...] " (Num 15:37). Dieses Gebet wird vom Einzelnen wie von der Gemeinde jeden Morgen und jeden Abend gesprochen, denn es ruft zur Liebe zu Gott und zur Befolgung seines Willens aus. Im Morgengebet enthält die Einleitung zu dem Glaubensbekenntnis folgende Worte, an Gott gerichtet: „Bringe uns in Frieden von den vier Ecken der Erde und führe uns aufrecht in unser Land, Denn Du bist Gott, der Befreiung schafft [...]".

An jedem Tag wird dreimal – morgens, nachmittags und abends – die „Schemone-Esre" gesprochen, das Achtzehngebet genannt, weil es 18 (in Wirklichkeit 19) Berachot enthält, Segnungen, mit Bitten an Gott um die Gaben des Einzellebens, wie der Gemeinschaft, wie ganz Israels. Dieses Gebet heißt auch Amida. Der Beter steht, während er es sagt. Es wird von dem Einzelnen gesprochen und dann vom Vorbeter wiederholt. So werden dem Betenden die Berachot zweimal hintereinander zu Bewusstsein gebracht. Bußgebete folgen, montags und donnerstags wird die Tora gelesen. Es folgen Abschlussgebete. Unter den Bitten an Wochentagen findet sich: „Nach Deiner Stadt Jerusalem kehre in Erbarmen zurück, residiere in ihr, wie Du gesprochen hast, und erbaue sie baldigst, in unseren Tagen, als einen Bau für alle Weltzeit, und gründe in ihr baldigst den Thron Davids (souveräne Regierung). Gesegnet seist Du, Gott, der Jerusalem erbaut." Am Schabbbat und an Festen nimmt ein Dankeswort den Platz der Bitten ein. An diesen Tagen wird eine Zusatz-Amida, das Mussaf, gesprochen. Sie enthält die Worte: „Es sei Dein Wille, Ewiger, unser Gott und Gott unserer Ahnen, uns in Freude in unser Land hinaufzuführen und uns in unserem Gebiet einzupflanzen [...]". Zur Amida richten sich die Beter so aus, dass ihre Gesichter nach Jerusalem gerichtet sind. So fließen die Gebete aller Juden der Welt im Land und in Jerusalem zusammen. Die Synagogen der Welt werden beim Bau so ausgerichtet, dass alle Sitze in dieser Richtung angeordnet sind. Die Verbundenheit mit dem Land können wir also selbst in der Architektur erkennen.

Auch im Mincha, dem Nachmittagsgebet, folgt nach Psalm 145 die Amida mit ihrer Wiederholung. Dann spricht der Beter ein Bußgebet. Das Schlussgebet rundet den Gottesdienst ab. Maariv, das Abendgebet, bewegt sich parallel zum Morgengebet. Nach dem Ruf zum Gebet kommt als erste Beracha der Dank für die Nacht, dann eine Danksagung für Gottes Liebe und die Gabe der Tora. Das Glaubensbekenntnis ‚Sh'ma Jisrael' mit seinen drei Abschnitten wird gebetet, dann wird Gott für seine immer wiederholte Erlösung Israels von den Mächtigen, die es zerstören wollten, Dank ausgesprochen. Ein Bittgebet um Gottes Schutz während der Nacht wird vor Gott gelegt. Gottes Allmacht und befreiende Güte für alle Menschen werden gepriesen. Dann spricht der Einzelne die Amida, sie wird nicht wiederholt. Ein Schlussgebet beendet den Gottesdienst.

So wird Gott, Urgrund im Rhythmus der Natur, anerkannt. Dies bedingt Aufgaben für Israel und die Menschheit. Morgens und abends wird das Glaubensbekenntnis gesprochen, denn in ihm selbst ist dies geboten: ‚rede davon, wenn du dich legst und wenn du wieder aufstehst' (Dtn 6:4–9), fünfmal wird die Amida wiederholt. So prägen sich Grundideen ein, und das Land ist eine von ihnen.

Einzelne Gebete und das Land

In der ersten Morgenhymne im Gebetbuch tritt das Land als Zeuge für Gottes Größe auf,
König David singt es:

Danket Ihm,
ruft seinen Namen aus,
Tut unter den Völkern seine Handlungen kund!
Singet ihm,
harfet ihm,
Besinnet all seine Wunder!
Preist euch um den Namen seiner Heiligkeit!
[…] Gedenket der Wunder, die er getan hat,
seiner Erweise
der Gerichte seines Munds,
auf Weltzeit erdauern seine Gerichte
Same Jisraels, seines Knechts,
Söhne Jaakobs, seines Erwählten!
Das ist ER, unser Gott,
in allem Erdreich seine Gerichte.
Auf Weltzeit gedenket Gott seines Bunds,
– der Rede, die er hat entboten
auf tausend Geschlechter –,
den er mit Abraham schloss,
seines Schwures an Jitzchak,
er (Gott) erstellte es Jaakob zum Gesetz,
Jisrael zum Weltzeitbund,
(nämlich) sprechend:
Dir gebe ich das Land Kanaan
Schnurbereich eures Eigentums.
Als ihr zählige Leute wart,
geringgültig und gastend darin
[…] ließ er niemand zu, sie zu bedrücken,
ermahnte Könige ihretwegen:
Rühret nimmer an meine Gesalbten,
Meinen Kündern tut nimmer Übel!
(I Chronik 16)

In Meditation des 135. Psalms, ein Preis der göttlichen Kraft und Liebe, findet der Beter im Morgengebet:

Preiset SEINEN Namen [...]
Er, der viele Weltstämme schlug [...]
Und gab ihr Land hin als Eigen
Eigen Jisrael seinem Volk...
Gesegnet sei vom Zion her ER,
der einwohnt in Jerusalem!
Preiset oh ihn!

Als nächste Meditation bringt das Gebetbuch den Psalm 136. Er feiert Gott als Schöpfer des Universums und Herrn der Geschichte:

„denn in Weltzeit währt sein Huld" – dies ist der Refrain nach jedem Satz
Der durch die Wüste gingen ließ sein Volk, [...]
und herrische Könige erwürgte, [...]
Und gab ihr Land hin als Eigen [...]
Eigen Jisrael seinem Knecht, [...]
Der in unserer Erniedrigung unser gedachte, [...]
Und entriss uns unsern Bedrängern, [...]
Der Speise gibt allem Fleisch.

Als Übergang und Einleitung zum Schlussgesang der Auswahl, nämlich dem Lied am Schilfmeer, bringt das Gebetbuch einen kurzen Auszug aus den Gebeten an einem ehemaligen Bußtag des Volkes, von dem im Buch Nehemija berichtet wird. Mich bringt diese Erwähnung auf eine kleine Episode, die ich erinnere und teilen möchte.

Du bist's, DU, Gott,
Der du Abram erwähltest
und führtest ihn heraus vom chaldäischen Ur
und setztest seinen Namen zu Abraham um
und befandest sein Herz getreu dir vorm Antlitz
und schlossest mit ihm den Bund,
zu geben das Land des Kanaaniters, des Chetiters, des Amoriters, des Prisiters, des Jebussiters und des Girgaschiters,
es zu geben seinem Samen,
und aufrecht erhieltest du deine Rede,
denn du bist bewährt (Neh 9:6–11).

Die Wichtigkeit dieser Auswahl, die weitgehend die anderen Gedanken dieses Teiles wiederholt, wurde mir während eines Gottesdienst in der Synagoge in Mainz bewusst (die Synagoge wurde dann von den Nazis zerstört): Am Tage einer Beschneidung ging der Vater des Kindes am Morgen zur Synagoge, wo ihm ein Ehrenplatz zugewiesen wurde. Zu Anfang des Abschnittes, „und schlossest mit ihm den Bund“ begannen Vater und Mohel (Beschneider) einen Wechselgesang. Es war der Gemeinde klar, dies war der Beschneidungsgesang. Gott schloss den Bund mit Abraham, nicht einen Bund, sondern den ganz bestimmten, Bund, B'rit. Durch die Beschneidung, B'rit Mila, gehört das Kind der jüdischen Samengemeinschaft an (s. Gen. 17:1ff.). Im Ritus der Beschneidung später an dem Tag findet sich kein Hinweis auf das Land. Daher wurde er im Morgengebet geschaffen.

Vom Ruf des Vorbeters bis zur Amida sollte im Morgengebet die Andacht keine Bitten enthalten, nur Dankesworte. Trotzdem wurde es als wichtig angesehen, jeder Beracha eine Bitte um das Land anzuschließen.

1. Gott ist Schöpfer und Erneuerer der Natur und ihrer Lichter. Letzter Satz: „Er macht die großen Lichter, denn über Weltzeit erstreckt sich seine Gnade.“ Zusatz – die Bitte um das Land: „Lasse ein neues Licht über Zion erstrahlen, und mögen wir alle bald mit seinem Lichte bedacht werden. Beracha: Baruch atta [...], gesegnet Du [...] Schöpfer der Lichter.“

2. Im Ausfluß deiner Liebe hast du, Gott uns die Tora und Gebote gegeben, sie sind die Grundgesetze des Lebens. Mögen wir sie immer befolgen, denn in deinen großen und ehrfurchtsvollen Namen legen wir unser Vertrauen, jubeln und freuen uns über deine befreiende Hilfe.

Zusatz – Heimkehr ins Land: „Und bringe uns in Frieden von den vier Ecken der Erde und lasse uns aufrecht in unser Land gehen, denn du bist Gott, Gestalter der Befreiung und uns hast du ausersehen vor jedem Volk und jeder Zunge, und hast uns deinem großen Namen in Wahrheit nahe gebracht, auf dass wir dir dienen, deinem Namen danken, und deine Einigkeit – Einzigkeit in Liebe verkünden.

Beracha: „Baruch atta [...] der sein Volk Israel in Liebe ausersehen hat“.

Das obige Gebet von der Liebe Gottes führt logisch zum Glaubensbekenntnis: „Höre Jisrael: ER unser Gott, ER ist Einer! Gesegnet sei der Name des Ehrenscheines seines Reiches für Weltzeit, immer. Du sollst Gott lieben [...]“ (Dtn 6:4–9). Ein zweiter Absatz paraphrasiert den ersten. Wird Israel Gott untreu, so kann es ein schweres, strafendes Schicksal erwarten. Daher soll es Gott folgen. Die Belohnung findet sich am Ende des zweiten Abschnitts und wird in vielen Gemeinden vom Rabbiner laut verkündet: „damit sich mehren eure Tage und die Tage eurer Söhne (Kinder) auf dem Boden, den Gott euren Vätern zuschwor, ihnen zu geben, wie die Tage des Himmels über der Erde“ (Dtn 11:13–21). Ewiger Besitz des Landes durch das ewige Volk und dessen Verpflichtung, der ewigen Tora treu zu sein. Tora, Volk und Land werden in diesen Abschnitten, aus dem wir nur einen kleinen Teil nannten, zur religiösen Einheit. Die Strafe ist angedroht: Exil zur Erneuerung des Volkes. Doch das Land bleibt sein, wie der Himmel über der Erde. Es kann immer heimkehren. So ist es im jüdischen Bewusstsein geblieben.

Der dritte Absatz des Sh'mas gibt einen Weg, der Tora treu zu sein, wo immer Juden leben. Sie sollen für alle Zeiten ‚Tzitzit', Fransen, an die Ecken viereckiger Kleider knüpfen. Diese werden beim Gehen um sie baumeln und vor Versuchungen bewahren, die den Trägern begegnen mögen. So werden sie sich an Gottes Gebote erinnern, „und eurem Gott heilig sein" (Num 15:37–41). Aus diesem Gebot entstand dann der Tallit, der Gebetsmantel, wie wohl auch die Stola des christlichen Priesters.

Dem Sh'ma folgt eine Danksagung an Gott als Befreier Israels aus allen Nöten der Geschichte, beim Abendgebet noch eine Bitte um Schutz während der Nacht.

Diese Berachot führen zur zentralen ‚Tefila', der Amida. Die Struktur ist bedeutungsvoll: Die ersten und letzten drei Berachot sind immer gleich. Die erste der drei Eröffnungs-Berachot preist Gott, den schon die Ahnen seit Abraham und Sarah anbeteten, als Bringer des Erlösers in später Zeit. Die zweite gibt Dank für die Auferstehung der Toten. Die dritte verkündet Gottes Heiligkeit. Bei der Wiederholung sprechen Vorbeter und Gemeinde in Wechselgesang das ‚Sanctus', heilig: Kadosch. Kadosch, Kadosch […]" (Jes 6:3). Die letzten drei Berachot sind ebenfalls gleich: Möge Gott unser Gebet wohlgefällig annehmen. Ein Dank an Gott für die Fähigkeit zu beten. Das Gebet um Frieden in der Welt und für Israel. In den mittleren Berachot sprechen Beter und Gemeinde von ihren täglichen Notwendigkeiten und Sorgen zu Gott. Dazu gehören: Die Bitte um Intelligenz, um die Kraft zur Buße, um Vergebung der Sünden, um Erlösung, um Heilung der Kranken, um ein gesegnetes Jahr, um Erhörung des Gebets, und mehr. Am Schabbat und an Festen werden diese Gebete durch eine Beracha ersetzt, die Dank und Freude ausdrückt. Die Sorgen, welche die Bitten an Wochentagen hervorrufen, schweigen an diesen Tagen.

Gebete um das Land in der Amida

Lasse erschallen das große Horn (Schofar) zur Verkündung unserer Freiheit, und erhebe das Banner, um unsere Vertriebenen allgesamt einzusammeln, und sammele uns ein von allen Enden der Erde. Beracha: Gesegnet seist Du, Gott, der einsammelt die Zerstreuten seines Volkes Israel (10. Beracha).

Nach Jerusalem, deiner Stadt, kehre in Barmherzigkeit zurück und habe den Sitz deiner Gegenwart in ihrer Mitte, wie Du es versprochen hast, und erbaue sie baldigst in unseren Tagen, als einen Bau für alle Weltzeit, und lasse die thronende Herrlichkeit Davids baldigst erstehen. Gesegnet seist DU, Gott, der Jerusalem wieder erbaut (14. Beracha).

Im ersten der drei Schlussgebete finden wir die Bitte um Zion, die heilige Stätte, sodass sie also auch am Schabbat und an Festen gebetet wird. Und dennoch wird das Land an diesen Tagen auch nachdrücklich erwähnt. Am Schabbat folgt der Heiligung Gottes ein Zusatz: Keduscha – Vorbeter und Gemeinde im Wechselgesang: Erster Gesang der Gemeinde: „Heilig, Heilig, Heilig ist Gott der

Umscharte, der ganze Erdkreis ist gefüllt seines Ehrenscheins." Zweiter Gesang der Gemeinde nach dem Vorbeter: „Gesegnet sei Gottes Ehrenschein von Seinem Orte" – nämlich dem ganzen Universum. Zusatz: Vorbeter: „Von Deinem Orte erscheine Du, unser König, und regiere über uns, denn wir harren Deiner. Wann wirst Du in Zion regieren? Es sei bald, in unseren Tagen. Mögest Du dann für Weltzeit ewiglich dort thronen. Groß und heilig wirst Du gefeiert inmitten Deiner Stadt Jerusalem, von Geschlecht zu Geschlecht, und in Triumph nach Triumph.

Unsere Augen werden Dein Reich erblicken. So ist es uns in den Liedern über Deine Herrlichkeit von David, Deinem gerechten Gesalbten vorverkündet worden. Gemeinde: Gott wird in Weltzeit regieren. Dein Gott, o Zion von Geschlecht zu Geschlecht – Halleluja – Preiset Gott!

In den Schlussgebeten der Amida, sei es an Wochentagen oder Festen, sagt das Gebet, Gott anrufend: „[…] ihr (Israels) Gebet nimm immer in Liebe und Wohlgefallen auf, und der Gottesdienst Deines Volkes Israel sei immer zu (Gottes) Wohlgefallen. Und mögen unsere Augen es sehen, wenn Du nach Zion in Erbarmen zurückkehrst. Gesegnet seist Du, o Gott, der Seine Allgegenwart nach Zion zurückbringt."

Tora Lesung

Bevor die Türen der Heiligen Lade geöffnet werden und die Tora Rolle ihr entnommen und in Prozession zur Lesung zum Lesepult getragen wird, singt die Gemeinde: „Keiner ist wie Du unter den Mächtigen, Gott, unser Herr, nichts gleicht Deinem Werke.

Dein Reich ist ein Reich über alle Weltzeiten, und Deine Herrschaft von Geschlecht zu Geschlecht. Gott ist König, Gott war König, Gott wird König sein für alle Weltzeit. Gott wird seinem Volk Stärke geben. Gott wird sein Volk segnen mit Frieden. Vater des Erbarmens, in Deinem Wohlgefallen tue Gutes für Zion, erbaue die Mauern Jerusalems.

Denn auf Dich allein setzen wir unser Vertrauen, hoher, erhabener König, Herr aller Weltzeit." Vor der Prozession mit der Tora Rolle werden Jesajas Worte feierlich verkündet: „Denn von Zion geht die Weisung (Tora) aus und das Wort Gottes von Jerusalem" (Jes 2:3). Zugleich ist dies ein Hinweis auf die Verkündung einer gesegneten Zukunft für die Menschheit, wenn sie der Tora folgt. „Gesegnet sei Er, der in Seiner Heiligkeit die Tora seinem Volk Israel gegeben hat."

Das Mussafgebet der Feste Pessach, Schawuot and Sukkot beginnt mit einer scharfen Selbstkritik: „Um unserer Sünden willen wurden wir aus unserem Land verbannt." Dann folgt die Bitte an Gott. „Es sei Dein gütiger Wille, in Deinem großen Erbarmen, Dich unser und Deines Heiligtums erneut zu erbarmen, es bald zu erbauen und seinen Ehrenschein zu vergrößern […] Unser Vater unser König, enthülle uns bald den Ehrenschein Deines Reiches, lasse uns Anerkennung finden in der Sicht aller Menschen, bringe unsere unter vielen Völkern

Zerstreuten Dir nahe, sammele unsere Versprengten von den Enden der Erde. Bringe uns in Jubel nach Zion, deiner Stadt und nach Jerusalem, deinem Heiligtum in Freude durch Weltzeit [...]."

Dieser Ruf war einst, und wurde erneut in der Naziverfolgung ein Herzensschrei der verfolgten Juden, und zugleich ihre Hoffnung, die Feier der Feste wie einstmals begehen zu können. Gegenwärtig sehen sich die Juden in freien, demokratischen Ländern nicht als Zersprengte an, sondern als Bürger ihrer Geburtsländer. Dennoch ruht diese Freiheit für sie nicht zuletzt in dem Wissen, dass sie in ein unabhängiges Israel gehen können, sollten sie dies wünschen oder sollte es nötig sein. Dies wurde den Juden in der Nazizeit tragisch bewusst, als Großbritannien über das Land herrschte, und die Möglichkeiten zur Einwanderung für Juden mit großer Härte verminderte, was tausende von Juden das Leben kostete. Hätte Israel damals die Unabhängigkeit besessen, die dem Land zustand (die Balfour Deklaration machte es bereits 1917 zur jüdischen Heimstatt), wäre die Einwanderung von vielen, vielen Juden eine der historischen Lebensrettungsaktionen gewesen.

Besondere Tage

Ein ganz unbedeutender Freudentag hat in unserer Zeit wieder Bedeutung gefunden, es ist der 15. Schewat, der meist in den Februar fällt, zwei Monate vor dem Pessachfest. Wir nennen ihn Tu b'Schewat. Gemäß dem Talmud gilt er als Neujahrstag der Bäume im Land Israel. In vielen Synagogengärten pflanzen neuerdings die Kinder solche Bäumchen, andere Synagogen haben an diesem Tag Pflanzaktionen für Obstbäume in Gärten, deren Produkte allein den Bedürftigen zugutekommen. So wird die Bedeutung des Tages für Juden transformiert in eine Mizwa, die allen hilft. Für die Juden vertieft sich damit die Verbundenheit mit Eretz Jisrael als Land und als Verpflichtung.

Der Seder des Pessachfestes: Dieses Frühlingsfest ist „das Fest unserer Freiheit". Gemäß der Bibel wurde in der Nacht des Auszugs der Israeliten von Sklaverei zu Freiheit ein Familienfest gefeiert, mit einem Opfer, ungesäuertem Brot (Matze) und bitteren Kräutern. Diese Familienfeier am ersten Abend des Festes wurde im Laufe der Jahre den Veränderungen in jüdischen Lebensumständen angepasst – Tieropfer zum Beispiel gibt es nicht mehr. Zu dieser Feier, die sich um den Familientisch entfaltet, besteht aus alter Zeit eine liturgische Form oder „Seder" (Ordnung), nach der die ganze Feier „Seder" heißt. Diese Familienfeier, der Seder, ist zu unserer Zeit in allen Richtungen des Judentums eine der am meisten verbreiteten Feiern geworden. Ihr Ziel ist die Erinnerung an die Vergangenheit als Aufgabe für die Zukunft, und diese ist die Freiheit für alle Menschen zu erlangen. Diese universale Freiheit ist für Juden in der Freiheit des Landes Israel symbolisiert und realisiert. Darum findet sich diese Hoffnung in der Klimax der Feier. Sie summiert die Bedeutung der Feier, und führt vom Beginn der Freiheit in jüdischer Antike zu ihrer vollen Erfüllung in der Späte unserer Tage. Der

Gesang, dessen Melodie zum „Leitmotiv“ des Festes wurde, steht fast am Ende der Feier: „Allmächtiger Gott, erbau Deinen Tempel bald wieder in unseren Tagen.“ Im deutschen Brauch wünschten wir uns „Baue gut“ oder Mögen wir gut erbauen“, nämlich das Land und sein Heiligtum, möge Gott unsere Bitte gewähren. An Sukkot, dem Laubhüttenfest, schließt das Tischgebet nach Mahlzeiten die Bitte ein: „Der Allgegenwärtige Gott, ER richte die Hütte Davids, die niedergefallen ist, wieder auf.“

Am jüdischen Neujahrsfest, Rosch ha-Schana, finden wir neben den Worten für das Fest das Folgende: „Gib Ehre, o Gott, Deinem Volke, Ruhm denen, die Dich fürchten, Hoffnung denen, die Dich suchen, Freude Deinem Lande, Jubel Deiner Stadt [...] Dann werden die Frommen es sehen und sich freuen, die Aufrichtigen jubeln, die Frommen in Jubel jauchzen, Verleumder ihren Mund zumachen, und alles Böse wie Rauch vergehen, wenn Du die Herrschaft des Frevels von der Erde vernichtest. Dann wirst Du, Gott, allein über alle Deine Geschöpfe auf dem Berg Zion, dem Heiligtum Deines Ehrenscheins und in Jerusalem, Deiner heiligen Stadt, regieren, [...] wie es in Deinem heiligen Wort geschrieben ist: ‚Gott wird durch alle Zeit und Raum regieren, Dein Gott, o Zion, von Generation zu Generation. Halleluja (lobet Gott).“ An Jom Kippur, dem Versöhnungstag, dem höchsten Feiertag des Jahres, haben wir die gleichen Worte wie an Rosch ha-Schana.

Die drei Sommerwochen zwischen dem Fasttag des 17. Tammuz und dem Trauertag, des 9. Av – Tischa b'Av – sind durch Trauer um das Land ausgezeichnet. Der erste Tag ist ein Fasttag, denn an ihm wurden im Jahre 70 die Wälle Jerusalems von den Römern durchbrochen, 30 Tage später, am 9. Av, fiel der Tempel, das Land verlor seine Unabhängigkeit. Dieser Tag ist tiefster Trauertag, die Juden fasten, beginnend am Vorabend bis zur folgenden Nacht. Wie Trauernde sitzt die Gemeinde auf niedrigen Stühlen, zur Kasteiung nehmen sie die Schuhe ab, gleich einem Trauernden, der seinen Lieben nach dem Tod noch nicht beerdigt hat, tragen die Juden im Morgengottesdienst weder Gebetmantel – Tallit, noch Gebetsriemen – Tefillin. Am Vorabend wird die Klagerolle des Propheten Jeremia gelesen, den Morgen über singt die Gemeinde Trauerlieder im Gottesdienst.

Einige Jahre nach diesem furchtbaren Verlust, versuchten die Juden, von Bar Kochba angeführt, noch einmal, das Land durch Waffengewalt wieder zu erringen. Erneut wurden sie besiegt, und nun änderten die Römer den Namen des Landes von Judäa zu Palästina, nach den lang verschwundenen Philistinern, um den jüdischen Besitz des Landes aus der Geschichte zu löschen. Dennoch blieb das Land das Zentrum für die Juden. Ihre Bevölkerungszahl war bedeutend, ihr „Fürst“ wurde von Rom durch einen Ehrennamen ausgezeichnet. Der „Jerusalemer Talmud“ entstand. Dies änderte sich erst, als das Römische Reich das Christentum zur Staatsreligion erhob. Im Kreuzzug zur Gewinnung der christlichen heiligen Stätten aus der Hand des inzwischen entstandenen Islam wurden auch die Juden hingemetzelt. Von nun an war ihre Zahl im Lande gering, sie waren arm, doch ist das Land niemals ohne Juden gewesen.

Die Bedeutung des Landes für das Judentum ist so wesentlich, dass jedes Tischgebet nach einer Mahlzeit die Verbindung zu Bewusstsein bringt. Das Gebet beginnt mit einem Psalm, an Wochentagen mit Psalm 137, am Schabbat und an Festen mit Psalm 126. In Psalm 137 heißt es:

An den Stromarmen Babylons,
dort saßen wir und wir weinten,
da wir Zions gedachten.
An die Pappeln mitten darin hingen wir unsere Leiern.
Denn dort forderten unsere Fänger
Sangesworte von uns,
unsere Folterer ein Freudenlied:
„Singt uns was vom Zionsgesang!"
Wie sängen wir SEINEN Gesang
auf dem Boden der Fremde! Vergesse ich, Jerusalem, dein,
meine Rechte vergesse den Griff!
meine Zunge hafte am Gaum,
gedenke ich dein nicht mehr,
erhebe ich Jerusalem nicht
übers Haupt meiner Freude.

Psalm 126 spiegelt die festliche Stimmung des Tages, die Heimkehr nach langer Zeit:

„[…] Wann er heimkehren lässt die Heimkehrerschaft Zions,
werden wie Träumende wir.
Lachens voll ist dann unser Mund,
unsere Zunge Jubels.
Man spricht in der Stämmewelt (unter den Völkern) dann:
„Großes hat ER an diesen getan!"
Großes hatte an uns ER getan,
Frohe waren wir geworden.
Lasse, DU, uns Wiederkehr kehren
wie den Bachbetten im Südgau!
Die nun säen in Tränen,
im Jubel werden sie ernten.
Er geht und weint im Gehn,
der austrägt den Samenwurf,
im Jubel kommt einst, kommt,
der einträgt seine Garben.

Gedanken, ähnlich im Umkehrschluss: Den Verschleppten haftet die Zunge am Gaumen, den Heimkehrern ist Lachen und Jubel erteilt worden. Tränen werden zu Jubel, denn jede Saat, physisch wie geistig, kommt zur Ernte. Im Tischgebet wird dann dem Dank über das Land und der Bitte um Heimkehr weiter Ausdruck gegeben. Dem Dank für die Speise folgen die Worte: „Lob sei Dir gegeben, Ewiger, unser Gott, dass Du unseren Ahnen ein liebliches, gutes und geräumiges Land als Erbbesitz gegeben hast [...] Dann wird gedankt für „die Tora, die du uns gelehrt hast, für deine Gebote, die du uns bekannt gegeben hast [...] für Leben, Gnade und Liebe, mit denen Du uns begnadet hast, und für die Speise, durch die Du uns speisest und erhältst, an jedem Tag, zu jeder Zeit und jeder Stunde. Für all dies, Gott, unser Gott, danken wir Dir und segnen Dich, es sei Dein Name im Munde aller Lebenden immer, für alle Weltzeit gesegnet, wie es geschrieben steht: ‚Du wirst essen und satt werden, und wirst segnen Gott, deinen Gott für das gute Land, das er dir gegeben hat.'" Beracha: „Gesegnet seist DU [...] für das Land und die Speise [...] Erbarme Dich, Ewiger, unser Gott Deines Volkes und Deiner Stadt Jerusalem, und Zions, des Innewohnens Deines Ehrenscheins, des Reiches Davids, Deines Gesalbten und des großen und heiligen Hauses, über dem Dein Name genannt wird [...] und erbaue Jerusalem, die heilige Stadt, bald in unseren Tagen." Nun singt die ganze Tischgemeinschaft: „Gesegnet seiest Du, O Gott, der in Seiner Gnade Jerusalem wieder erbaut. Amen." Nach jedem Mahl, das Brot enthält, wird das Tischgebet gesagt. Es durchzieht das ganze Jahr. Es ruht auf einer Vorschrift der Tora, die dies nach einer kurzen Beschreibung der Vorzüge des Landes gebietet. Der zweite Teil des Tischgebetes besteht dann großen Teils auf Bitten um Segen für Familie und Gemeinschaft.

Das Paar unter der Chuppa

Wie das Land alle Gebete durchzieht, so ist der Gedanke daran mit uns, wenn wir an den Meilensteinen des jüdischen Lebens stehen. Eine der höchsten Freuden ist die Trauung, der Augenblick, in welchem zwei liebende Menschen das Band des Lebens vor Gott und versammelter Gemeinde schließen. Auch hier ist das freie jüdische Land ein symbolischer und zielgebender Zeuge des Augenblicks. Die Zeremonie verbindet den jüdisch legalen Teil mit dem religiösen. Zum ersten gehören der Trauring und das Traudokument, die Ketuba. Zum zweiten gehören die sieben Segnungen, die der Rabbiner über das Paar ausspricht. Die Ebenbildlichkeit des Menschen wird betont. Freuen sollen sich beide in ihrer Gemeinsamkeit, wie Gott sich ihrer erfreut, die Kraft ist ihnen vom Schöpfer gegeben worden. Die fünfte und die siebente Segnung befassen sich mit der Bedeutung des Landes. Die fünfte sagt:

Juble, Entwurzelte,
die nicht geboren hat,
brich in Jubel aus, jauchze,

die nicht gekreißt hat,
denn mehr sind
der Söhne der Verstarrten
als die Söhne der Verehlichten
hat ER gesprochen (Isa 54:1)
Beracha: Gesegnet seist Du, Gott,
der Zion durch seine Kinder erfreut.

„Die Unfruchtbare" bedeutet laut Jesaja: Zion und Jerusalem, deren Kinder nach der Erlösung zurückgekommen sind.

Die siebente Segnung sagt:
Gesegnet Du, unser Gott, König der Weltzeit,
der Jubel und Freude schuf,
den Bräutigam und die Braut
[...] Bald, o Gott, unser Gott, werde gehört
in den Städten Judas und den Gassen Jerusalems
Stimme von Jubel und Stimme von Freude,
Stimme von Bräutigam und Stimme von Braut,
jubelnde Stimme der Bräutigame von ihrem Traubaldachin
und der Jugend in ihren Gesängen zum Mahl
(Beracha:) Gesegnet, der den Bräutigam mit der Braut erfreut.

Die Quelle dieser Beracha findet sich in Jeremia, und zwar als Strafandrohung sowie der Verkündigung des einst rückkehrenden Glücks. Die Strafandrohung lautet:

So hat ER der Umscharte gesprochen, der
Gott Jisraels,
wohlan, ich verabschiede von diesem Ort,
vor euren Augen, in euren Tagen
Stimme von Wonne und Stimme von Freude,
Stimme von Bräutigam und Stimme von Braut (Jer 16:9 und 25:10).

Die Verkündung neuen Glücks finden wir in den Worten:

So hat ER gesprochen:
Hören soll man noch an diesem Ort,
davon ihr sprecht: Verödet ist er, ohne Menschen, ohne Vieh!
in den Städten Judas und den Gassen Jerusalems,
den verstarrten, ohne Menschen, ohne Insassen, ohne Vieh,
Stimme von Wonne und Stimme von Freude,
Stimme von Bräutigam und Stimme von Braut

Stimme derer, die sprechen:
Danket IHM, dem Umscharten, denn er ist gütig,
IHM, denn in Weltzeit
währt seine Huld [...]
Ja, Wiederkehr lasse ich kehren dem Land,
wies vormals war,
hat ER gesprochen (Jer 33:11–13).

In jeder Trauung steht das Paar zwischen Vergangenheit und Zukunft. Möge die Zukunft sich in seiner Lebenszeit verwirklichen.

Es gibt eine weitere Erinnerung an den Fall Jerusalems und an die Tragik, die den Juden in ihrer Geschichte begegnete. Vor oder an einem in die Wand der Synagoge eingemauerten Stein zerbricht der Bräutigam am Ende der Trauung ein Glas. Es ist die Erinnerung während der glücklichsten Stunde des Paares daran, dass Jerusalem noch immer gebrochen und jüdisches Leben unsicher ist. Möge das junge Paar durch seine Liebe und durch sein Leben dazu beitragen, dass – mit Gottes Hilfe – der Bruch sich bald in ungetrübte Freude verwandle.

Tod und Beerdigung

Im Judentum gibt es die Chewra Kadischa, die heilige Vereinigung aus ausgewählten, bewährten Männern und Frauen, die dafür sorgen, dass die Sterbenden und dann die Verstorbenen bis zur Aufschüttung des Todeshügels von freiwilligen Brüdern und Schwestern umsorgt sind. Mit den Sterbenden sprechen sie oder sitzen in Schweigen, lesen Psalmen, sprechen das Sündenbekenntnis und das Glaubensbekenntnis. Für den Toten hämmern sie einen Sarg aus unpoliertem Holz zusammen. Sie waschen den Toten. Dann gießen sie reines Wasser über den Körper mit den Worten: „Ich sprenge reines Wasser auf euch, dass ihr rein werdet: von allen euren Bemaklungen, von allen euren Dreckklötzen reinige – אטהר a-taher – ich euch (Hes 36:25). Nach dem Wort „a-taher" wird die Waschung „Tahara", Reinigung, genannt, das geistige Element gibt ihr die Bedeutung.

Der abgetrocknete Körper wird dann in schlichte, weiße Leinengewänder gekleidet, die in der Antike von den Rabbinen im Land Israel eingeführt wurden, damit alle Menschen im Tod gleich seien. Jeder Schmuck ist verboten. Der Körper wird im Sarg in ein großes weißes Tuch gehüllt. Auf dieses wird von Kopf bis Fuß Erde aus Israel gestreut. Symbolisch kehrt der Jude, in einst in seinem Land eingeführten Gewändern gekleidet, in die Erde seines Landes zum ewigen Schlaf zurück. Nach der Beerdigung preisen Gemeinde und Hinterbliebene den ewigen Gott, der die Toten zum ewigen Leben führt und die Stadt Jerusalem wieder erbaut, und über alle Welt, sein Reich, in Ewigkeit regieren wird. Nun bilden die Anwesenden zwei Reihen, die sich einander sehen. Die Leidtragenden gehen durch das Spalier hindurch und erhalten die Worte des Trostes: „Der Allgegenwärtige (Gott) tröste dich (oder euch) inmitten (unser aller) Übrigen, die um Zion und Jerusalem trauern." Dies ist ebenfalls der Gruß an die Trauernden bei Besuchen in ihrem Heim und in Briefen.

Das ganze Leben hindurch, von dem Augenblick, wenn junge Menschen sich verbinden, Eltern zu werden, bis zu der Stunde, da Kinder von den verstorbenen Eltern Abschied nehmen, durchzieht das Bewusstsein des Landes die Juden. Es erscheint im täglichen Leben, in Studium und Liturgie, Gesetz und Brauchtum. Von diesem Land, dem Zentrum jüdischen Lebens von Anbeginn bis zu unserer Zeit, strömt Kraft und der Wille zum Überleben den Juden zu, wo immer sie leben mögen. Abraham Joschua Heschel hat gesagt, man dürfe in der Rückkehr und dem Neubesitz eine Gnade Gottes sehen, der sich nach der Schoa wieder seinem Volk zugewendet habe.

Im Jahr 1929, als ich 16 Jahre alt war, wurden alte Juden, die täglich in der Höhle Machpela beteten und studierten, von dem arabischen Mob hingemetzelt, der in diesen Tagen durch viele Städte im damaligen britischen Mandatsgebiet zog und Juden mordete. Die Rabbiner in der Diaspora erlegten einen Tag des Fastens und der Buße auf. Ich habe gefastet. Die Juden des Landes mögen damals gelernt haben, nicht nur zu beten, sondern sich auch zu verteidigen, und gleichzeitig der ganzen Gegend zum Segen zu werden, dass alle dort Nahrung und Ruhe besitzen könnten, sobald alle den Frieden wollen. Dieser Versprechung werden sie treu bleiben.

So ruft, in ewiger Aufgabe und Erwartung der Prophet Jesaja vom Land aus die Menschheit aller Zeiten an:

Geschehn wird's in der Späte der Tage:
festgegründet ist der Berg SEINES Hauses
zu Häupten der Berge,
über die Hügel erhaben,
strömen werden zu ihm die Weltstämme alle,
hingehn Völker in Menge,
sie werden sprechen:
„Lasst uns gehn, aufsteigen
zu SEINEM Berg,
zum Haus von Jaakobs Gott, dass er uns weise in seinen Wegen,
dass auf seinen Pfaden wir gehn!
Denn Tora geht von Zion aus,
von Jerusalem SEINE Rede.
Richten wird er dann zwischen den Weltstämmen,
ausgleichen unter der Völkermenge:
ihre Schwerter schmieden zu Karsten sie um, ihre Speere zu Winzerhippen,
nicht hebt mehr Volk gegen Volk das Schwert,
nicht lernen sie fürder den Krieg.
Haus Jaakobs, lasst nun uns gehen, einhergehn in seinem Licht (Jes 2:2–5).

Jesaja sieht die Notwendigkeit eines jüdischen Zions als Voraussetzung für den Weltfrieden an. Darum spricht er von Cyrus, dem König der Medier, der die Juden nach babylonischer Verbannung wieder in ihr Land zurückzukehren erlaubte, mit großer Verehrung. Der Prophet bezeichnet diesen Nichtjuden, der den Juden ihr Land wiedergibt, als Messias. Das Ziel des Landes Israel ist es, dass dort eine freie Gemeinschaft lebe, die Wahrhaftigkeit, Freiheit, Bewährung und eine fruchtbare Erde vorbildlich gestalte – nicht nur für sich, sondern für die Menschheit. Wenn Israel unter seinen Nachbarn Frieden findet, dann gewinnt, gemäß den Worten Jesajas, der ganze Nahe Osten sein Glück:

An jenem Tage wird eine Straße von Ägypten nach Assyrien sein,
kommen wird Assyrien zu Ägypten und Ägypten zu Assyrien,
dienen werden sie, Ägypten mit Assyrien.
An jenem Tag wird Israel das Dritte zu Ägypten und zu Assyrien sein,
ein Segen im Innern des Erdlands,
wozu ER der Umscharte es gesegnet hat,
sprechend:
Gesegnet Ägypten, mein Volk,
und Assyrien, Werk meiner Hände,
und Israel, mein Eigentum! (Jes 19:23–25).

Von der Messiasidee im Jüdischen Sein

Wer ist der Messias? Was ist der Messias? Eine tatsächliche Erlösergestalt? Ein Zustand, der sich unter bestimmten Voraussetzungen einstellen wird? Und wenn dies der Fall ist, sind die Voraussetzungen von Menschen gestaltet oder von Gott vorgegeben? Ist es der Sieg des Guten über das Böse? Wie Trepp schreibt, geht Maimonides davon aus, dass es vor dem Erscheinen des Messias den von Hesekiel in grausamsten Einzelheiten beschriebenen Kampf gegen die apokalyptischen Zerstörer Gog und Magog geben wird. Trepp setzt sich in diesem Beitrag mit der Messiasidee, der zentralen Hoffnung des Judentums auseinander. Seine eigene Idee über den Messias veränderte sich im Laufe der Jahre. Immer stärker wurde der Gedanke, dass das Kommen des Messias etwas sei, dass die Menschen aktiv anzustreben hätten. Dem Juden sei die Verantwortung auferlegt, aktiv für die Erreichung einer Welt zu arbeiten, in der alle Menschen sich einem ethischen Handeln Mensch und Natur gegenüber verschrieben hätten. Trotz intensiver Nachforschungen ist es nicht gelungen herauszufinden, ob und wo dieser Text veröffentlicht worden ist. Interessant ist vor allem, dass der Messias nicht nur den Juden, sondern allen Menschen den Frieden bringen soll.

Die sehnsuchtsvoll erhoffte Zeit des Messias ist doppelten Charakters. Sie ist *Erneuerung* des Alten und sie ist *Utopia.* „Bringe uns, Herr, wieder zu dir, dass wir wieder heimkommen; erneuere unsere Tage wie vor alters" (Klgl 5:21). Beide Elemente sind im Grunde untrennbar, da ja das Alte idealisiert wurde. Die Erneuerung der alten Zeit und des jüdischen Volkes wird zum Ideal menschlichen Zusammenlebens als Gemeinschaft unter Gottes Herrschaft erhoben. Sie wird zur Utopia. Wie erfüllt sich dieses Geschehen? Wiederum finden wir zwei Elemente, die voneinander nicht zu trennen sind: Das messianische Zeitalter findet seine Verwirklichung, wenn die Menschheit sich der Kraft des freien Schaffens bewusst wird, die Gott ihr gegeben hat, und diese Kraft sich im Dienste der Allverbrüderung bewährt hat. Das messianische Ereignis wird ebenfalls dann zur Wirklichkeit, wenn die Menschheit völlig außerstande ist, sich selbst aus ihrer Not zu befreien. Dann wird das Eingreifen Gottes in seiner sichtbaren Form zur Notwendigkeit, Kampf und Katastrophe werden die neue Epoche einleiten müssen. Dem Kommen des Messias geht die Apokalypse voran. Beide Elemente sind im Judentum miteinander verschlungen. So sagt Rabbi Jochanan: „Der Sohn Davids (der Messias) kommt nur dann, wenn die Menschengeneration sich vollkommen bewährt hat, oder wenn sie vollkommen mit Schuld belastet ist." „Siehst du eine Zeit, über die die Leiden sich ergießen wie ein Strom [...] siehst du eine Zeit, die immer mehr verschwächt, dann hoffe auf ihn [den Messias]" (Sanhedrin 98a).

Im ersten Fall, dem der vollkommenen Bewährung, wird das Kommen des Messias zur Bestätigung des Errungenen; im zweiten Falle ist sein Kommen unumgänglich, da die menschliche Gesellschaft nicht in der Lage ist, sich aus den Banden der Schuld zu befreien. Beide Situationen sind im Grunde unwahrscheinlich, so dass letzten Endes der Messias einer unerlösten, aber nach Erlösung strebenden Gemeinschaft Rettung bringen muss. Das Harren und Hoffen wird zur Aufgabe, die Hoffnung zum Trost. „Der Sohn Davids wird nicht kommen bis zur Zeit, da alle Herrschaft in Israel zuende kam [...] bis es keine Hochmütigen mehr in Israel gibt [...] weder Richter noch Befehlshaber. Jerusalem wird durch Gerechtigkeit erlöst." Die Zeit seines Kommens bleibt daher unbestimmt. „Haben sie sich bewährt, so will ICH es beschleunigen, haben sie sich nicht bewährt, so kommt er erst zu seiner Zeit" (alle Zitate Sanhedrin 98a, gekürzt). Daher wurde es untersagt, ‚das Ende zu errechnen' oder ‚zu erzwingen'. Es handelt sich beim Kommen des Messias nicht um eine lediglich innere Erlösung, sondern um die Erlösung der Gemeinschaft von Krieg und Unrecht. Dies wird offenbar im Frieden *zwischen* den Menschen. Das Erscheinen des Messias bringt das Ringen und die Not zu Ende, die Tage der Konflikte sind vorbei, das Ende der Tage ist gekommen. Der Ausblick ist daher eschatologisch. Gleichzeitig ist das Erscheinen des Messias, im Verständnis der Alten, ein radikaler Umbruch. Die Geschichte ist nicht als Selbstentfaltung zur messianischen Zeit hin zu sehen; diese Auffassung ist neuzeitlich. Das Kommen bringt eine neue Zeit mit der die Erneuerung des Alten verbunden ist: die Rückkehr des Hauses König Davids auf den Herrscherthron als Statthalter Gottes.

Im Rahmen unserer Betrachtung können wir nur *eine* der Gedankenrichtungen verfolgen, die Auffassung, dass die Menschheit aus ihrer eigenen, Gott gegebenen moralischen Kraft zur ethischen Besinnung komme, was eine Apokalypse unnötig macht. Diese Betrachtung gibt jedoch ein einseitiges Bild, das aus seiner Begrenztheit heraus unzulänglich ist. Es darf nicht vergessen werden, dass beide Elemente völlig miteinander verschlungen sind. Gleichzeitig müssen wir im Auge behalten, dass wir diese menschliche Entwicklung *nicht* im Sinne einer humanistischen Geschichtsauffassung verstehen dürfen. Nicht der Mensch, sondern Gott ist der Kernpunkt. ER hat die Kraft gegeben, die zur Vollendung führt, ER hat die Aufgabe gesetzt, die das Kommen des Messias ermöglicht, ER sendet ihn. Mit dem Messiasglauben trat nun das teleologische Element in die jüdische Geschichtsauffassung und durch das Judentum in die Welt. Leo Baeck hat erklärt, dass der Fortschritt der Menschheit mit dem Eindringen der Messiasidee verbunden sei. Im Christentum ist sie ausgeprägt, daher ist der Drang zum sozialen Fortschritt stark, im Islam ist sie weniger ausgeprägt. Die orientalischen Religionen, wie der Buddhismus, folgen dem zyklischen Ablauf des Jahres und Geschehens, und blieben daher vom sozialen Wachstum ausgeschlossen. Der ‚Tag des Herrn' ist für den Heiden identisch mit dem Tag der jährlichen Ernte, in deren Gaben er das Urteil seiner Gottheit sieht. Mit dem Messianischen im Judentum kam dieser Tag am Ende des Geschehens, die Geschichte wird zur Linie. „Hinter […] allem und in das alles hineingreifend steht […] das Messianische des Judentums, sein Zukunftsgedanke, sein Zukunftswille; durch es erhält das Gesetz erst seinen letzten Sinn, gewinnt es, so oft in der Enge des Daseins geübt, die Weite des Horizonts. Gesetz und Messianisches gehören zusammen […] um die Heiligung Gottes handelt es sich, um das Reich dessen, […] vor dem tausend Jahre wie der gestrige Tag sind, der vorüberging. Damit wird alles zu einem Kommenden hin und in eine Ferne erstreckt, alles erhält die Linie zum Menschheitlichen, den großen Zug, den heiligen Ernst, der bis zu Ende denken und bis zu Ende hin etwas erfüllen will. Jahr wie Jahrhundert stehen nun sub specie futuri, ja, sub specie aeterni […]. Das Wort ‚von Geschlecht zu Geschlecht', das menschliche Abbild des anderen, ‚von Ewigkeit zu Ewigkeit', das von Gott ausgesagt wird, ist hier das Wort des Betens, des Sinnens, des Hoffens geworden. Immer wieder ward eines darin gewährt: die innere Freiheit gegenüber dem Erfolg, gegenüber der Geltung des Jahres, […] und ebenso, meist untrennbar davon, das andere: die heilige Unzufriedenheit und der heilige Zorn, dieses Leiden unter einer bestehenden Welt, diese Verwerfung dessen, was sich schon vollkommen dünkt. So manches, was am Juden, und auch ihm Selbst nicht selten missfallen darf, ein gewisses Weltverbessertum, […] hängt damit zusammen."[45]

45 Leo Baeck: *Wege im Judentum*, Berlin, 1933, S. 255–256.

Martin Buber vertritt die Auffassung, dass der Keim des Messianismus schon im Augenblick der Berufung des Volkes ihm eingepflanzt wurde, und dann allmählich zum Durchbruch kam.[46] Gott berief das Volk, dass es Gemeinschaft sei, und ER allein wollte sein König sein. Nur Statthalter Gottes sollte der Berufene werden. Diese göttliche Hoffnung erfüllte sich im alten Israel nicht, die Erfüllung erwartet die Zukunft. Man kann aus dieser Erklärung, die auf Bubers existentieller Ideologie beruht, die Tiefe der Einwurzelung des Messiasgedanken im jüdischen Volke erkennen. Dennoch kann man ihr eine historische Berechtigung nicht absprechen. William F. Albright hat nachgewiesen, dass sich schon im ersten Viertel des 2. Jahrtausends vor unserer Zeitrechnung Dokumente assyrischer und babylonischer Herkunft vorfinden, die von einem Kommen eines ‚sehr weisen Menschensohnes' sprechen, der, von der Gottheit berufen, die Menschheit vor dem Untergang retten wird.[47] Zur Zeit der Richter war das zentrale Heiligtum das einzige Band, durch das die Volksgemeinschaft erhalten wurde; je einen Monat lang im Laufe des Jahres wurde jedem der zwölf Stämme die Pflege und Erhaltung des Heiligtums zuerkannt und anvertraut. So war Gott der Einiger des Volkes, der Erbauer des Friedens; die Lade war dem noch primitiv denkenden Menschen Banner und Garantie des Sieges. Als die Lade vom Feinde erobert wurde, suchte das Volk einen starken Führer und fand ihn in Saul, der zum Messias wurde. Messias bedeutet ja lediglich der Gesalbte, der König wurde gesalbt und damit zu Gottes Lehensmann. Als Saul seiner Aufgabe untreu wurde, wurde sein Haus zerstört. David folgte ihm als der Gesalbte, der Messias. Ihm wurde verkündet, dass er dem Volke Frieden geben werde, und dass sein Haus für alle Ewigkeit bestehen würde (II Sam 7). So konnte Davids Haus niemals untergehen, es konnte nur eine Verdunkelung erleiden. Es kommt wieder ans Licht. Daher verkündet Hosea (3:4–5), dass die Kinder Israels nach langer, führerloser Zeit zurückkehren und Gott und ihren König David suchen werden, nicht jetzt, sondern in späterer Zeit. Amos sagt dem Volk, dass es in Not, Krieg und Unglück gesichtet wird, ‚gleich wie man mit einem Sieb sichtet', aber ‚zur selben Zeit will ICH die zerfallene Hütte Davids wieder aufrichten […] und will sie bauen, wie sie vorzeiten gewesen ist' (Amos 9:8–15).

Das eschatologische Element, das mit dem Messias anfänglich gar nicht verbunden war, tritt nun hervor. Die Hoffnung fand neue Stärke im babylonischen Exil. Hesekiel hatte sie den Gefangenen in Babylon ins Herz gelegt: „Siehe, ich will die Kinder Israel holen aus den Heiden, […] und will sie allenthalben sammeln und will sie wieder in ihr Land bringen, und will *ein* Volk aus ihnen machen (statt der zwei Königtümer der vorexilischen Zeit), […] und sie sollen allesamt *einen* König haben, […] und sie sollen mein Volk sein, und Ich will ihr Gott sein. Und mein Knecht David soll ihr König und ihrer aller einiger Hirte sein. Und sie sollen wandeln in meinen Rechten und meine Gebote halten und

46 Martin Buber: *Der Glaube der Propheten*, Darmstadt, ²1973.

47 William F. Albright: *From the Stone Age to Christianity*, Garden City, N.Y., 1957, S. 379ff.

danach tun [...] dass auch die Heiden sollen erfahren, dass ich der Herr bin, der Israel heilig macht, wenn mein Heiligtum ewiglich unter ihnen sein wird (Hes 37:15–28).

Nach der Rückkehr der Juden aus der Gefangenschaft scheint Zerubabel, dessen Bild unklar ist, versucht zu haben, sich von persischer Herrschaft unabhängig zu machen. Sein Versuch, mit Heeresmacht die Unabhängigkeit zu erkämpfen, schlug fehl. Sacharia hatte ihn ermahnt, sein Vertrauen nicht auf Macht und Heeresstärke zu setzen, sondern auf Gottes Geist (Sach 4:6). Die Freude über das Kommen des Messias, eines Sprosses aus dem Davidshause, dem Zerubabel angehörte, war verfrüht. So erscheint er in Haggai und Sacharia teilweise als Held, teilweise in ungünstigem Urteil, oder er wird schweigend übergangen. Doch die Messiashoffnung blieb am Leben. War es Zerubabel versagt, die Hoffnung zu verwirklichen, so musste man eben warten und arbeiten; je größer die Not, desto größer war die Hoffnung.

War es denn nun möglich, *dass durch den Geist Gottes allein* die Menschheit zur Besinnung kommen konnte? Die Propheten der Zeit glaubten fest daran. So sehen wir es in Secharia (8:20–23), Jesaja (2:2–4; 11:9ff.) und Micha (4:1–3). Die Völker der Welt werden zur Vernunft kommen, Gott in Jerusalem suchen, sich Israels Lebensform anschließen (Secharia). Dieser Idee schließen sich Jesaja und Micha an. Die Völker suchen Belehrung von Gott; Gott wird der Welt Richter sein, das heißt, die Nationen werden sich nicht länger selbstherrschend über ein übernationales, menschheitumschlingendes Gesetz hinwegsetzen. Die Schwerter machen sie zu Pflugscharen, die Spieße zu Sicheln, sie geben auf, den Krieg und die Kriegsführung zu lehren und zu lernen. All das geschieht einfach darum weil die Völker zur Vernunft gekommen sind. Damit dieses Ziel erreicht werde, ist Israel geboten, im Lichte Gottes zu wandeln (Jesaja). Dann geht die Lehre von Zion aus, das Wort Gottes von Jerusalem, und ein jeder Mensch wird unter seinem Weinstock und Feigenbaum wohnen, keiner macht ihm Angst und gibt ihm Furcht. Jedes Volk mag sogar im Namen seines Gottes durchs Leben wandeln. Israel wandelt ewiglich im Namen Gottes (Micha). So wird es dem Volke eingeprägt, dass ein Spross aus dem Hause Isais, des Vaters Davids kommen wird; der Geist Gottes wird auf ihm ruhen, der Geist der Weisheit, des Verstandes, des Rates, der Stärke, der Erkenntnis, der Gottesfurcht. Er wird gerecht sein, den gesellschaftlich Unterdrückten wird er zu ihrem Recht verhelfen, die wilden Tiere verlieren ihr unbändiges, gefahrvolles Wesen. Nirgendwo bringt einer dem anderen Schaden, denn das Land ist voll der Gotteserkenntnis. Es gibt dann ehrenvolle Ruhe, Israel wird gesammelt und der innere Neid im jüdischen Volke verschwindet (Jesaja). Dieser Glaube blieb stark, nach dem Fehlschlag Zerubabels, unter der Enttäuschung über die Hasmonäerherrschaft, unter Rom, nach der Zerstörung des Tempels, in bitterem Exil unter den Völkern. Je schwerer die Zeit, desto stärker war die Hoffnung. Allerdings musste die Hoffnung zurücktreten, dass eine natürliche Entwicklung der Menschheit zum messianischen Zeitalter führen könne. Gott musste einschreiten.

Überprüfen wir nun in Kürze einige der mittelalterlichen Theologen, so finden wir, dass sie sich völlig mit denen der Schrift und des Talmud decken. *Saadia* weist darauf hin, dass schon in Deuteronomium (30:3) das göttliche Versprechen der Rückkehr zum Ausdruck kam. Für ihn ist das fünfte Buch der Tora natürlich auf Moses und nicht eine spätere Zeit zurückzuführen. Da Gott Sein Versprechen erfüllt, so müssen Juden geduldig sein, ihr Leid mutig ertragen, ohne je die Hoffnung zu verlieren. Gott kennt unsere Lage. Wer an dieser Zukunft zweifelt ist wie ein Mensch, der niemals einen Sämann sah und sich nun wundert warum jener die guten Körner in die Erde wirft. Er weiß nicht, dass die Ernte den Sämann reich belohnt. Er ist wie ein dummer Mensch, der sich über die Opfer wundert, die Eltern für ihre Kinder bringen, bis er einst sieht, wie das Kind, nun zum bedeutenden Menschen erwachsen, diese Opfer vielfältig lohnt. Falls Israel keine Buße tut, so geht dem Messias aus dem Hause Davids eine Zeit bitterer Kämpfe, größter Not und Erniedrigung voraus, (der Messias aus dem Hause Josephs), „aber, falls wir Buße tun, dann werden uns diese Leiden erspart, und der Messias aus dem Hause Davids wird uns erscheinen." Dann wird das Licht der göttlichen Gegenwart so strahlend vom Tempel hervorbrechen, dass es jedem den Weg weist. Alle Nationen werden kommen. Selbst Kinder werden Propheten sein. Stolz werden Juden ihre Abkunft bekennen dürfen. Niemals werden sie beschämt. Alle Krankheiten werden für immer verschwinden. Israel wird unabhängig sein und in Frieden und Glück leben. „Die Welt wird für sie eine Stätte vollkommener Freude und Glückseligkeit, so dass es ihnen erscheint als ob ein neuer Himmel und eine neue Erde für sie erschaffen worden sei, wie wir es in Jesaja 65 lesen […]" Saadia erklärt, dass der Messias unmöglich schon gekommen sein konnte, denn die Versprechungen Gottes sind unbedingt und sind bis jetzt unerfüllt geblieben, daher werden sie in der Zukunft zu ihrer Erfüllung gelangen müssen. Vor allem, so sagt er:

1. Zur Zeit des Messias werden alle Geschöpfe an Gott glauben, aber hängt die Welt nicht noch immer an ihren Irrtümern und verleugnet Gott?

2. Zur Zeit des Messias werden alle Gläubigen frei sein, und nicht gezwungen sein, anderen Nationen Tribut zu zahlen. Aber finden wir nicht viele Nationen, die anderen tributpflichtig sind?

3. Zur Zeit des Messias wird jeder Krieg verschwunden sein, und alle Nationen werden vollkommen entwaffnen. Sehen wir aber nicht, dass die Völker härter miteinander streiten wie je zuvor? Versucht man zu erklären, dass nur die Religionskriege aufhören werden, stimmt es nicht, dass Religionskriege heute noch intensiver sind wie je?

4. Selbst Tiere werden im messianischen Zeitalter friedlich mit einander leben. Hat sich der Charakter der Tiere geändert? Wünschte man diesen Satz so zu erklären, dass die Bösen mit den Guten in Eintracht leben, so zeigt sich ebenfalls, dass heute zu Tage die Lage gerade umgekehrt ist. Denn heute ist Tyrannei und

Gewalttat der Starken wider die Schwachen brutaler als je. Daher ist die Prophetenbotschaft noch unerfüllt [...] Dieser Einwand bezieht sich ebenfalls auf die Christen (Saadia, Glauben und Wissen, 8. Kapitel).

Judah Halevi sieht das jüdische Volk als erwählt. Es leidet für die Menschheit, wie das Herz unter den Störungen jedes Organs zu leiden hat. Die Juden sind das Herz der Menschheit. Alles Leiden kommt mit der Ankunft des Messias zu seinem Ende. Dann wird die Schechina, Gottes Gegenwart, wieder allen sichtbar. Doch wirkt sie unsichtbar auch heute im Herzen solcher Juden, die Gott nachstreben. Da sich die Schechina nur im Heiligen Land offenbaren wird, so kann ein Jude ihre Enthüllung näher bringen, indem er sich ins heilige Land begibt, um dort zu leben. Gute Absichten gelten als Taten nur dann, wenn die Möglichkeit, sie wirklich in die Tat umzusetzen, nicht besteht. Dies ist jedoch hier nicht der Fall, ein Jude kann ins Land ziehen, und Judah unternahm die Fahrt. „Wenn wir die Liebe zu diesem heiligen Orte unter den Menschen fördern, dann empfangen wir unseren Lohn und beschleunigen das messianische Ziel [...] Jerusalem kann nur dann wieder erbaut werden, wenn sich Israel so nach ihm sehnt, dass es sogar seine Steine und seinen Staub liebt" (in Anlehnung an Ps 102:14–15; Kusari 5. Buch). So beschleunigt das ‚Hinaufziehen' die messianische Zeit.

Maimonides schließt die Messiashoffnung in seine 13 Glaubensartikel ein (als 12. Artikel). Wer nicht an das Kommen glaubt, obgleich er im Erscheinen zaudert, und wer die Rückkehr des Davidshauses bestreitet, verleugnet Gott und die Propheten. Gleichzeitig sieht Maimonides das Kommen ganz rational. Der Gesalbte wird erstehen, alles wieder herstellen, wie es einstmals war. Aber man soll nicht glauben, dass der Messias große Wunder und Taten erfüllen müsse, etwa die Toten zu beleben. Der Glaube an Bar Kochba als Messias, auf Grund dessen kriegerischer Taten, führte Rabbi Akiba in Irre und Tod. Wenn ein König ersteht aus dem Hause Davids, der Tora lernt und die Gebote beachtet, in Gerechtigkeit über Israel regiert und durch das Recht die Weltordnung erneuert und für dauernd festigt, den Tempel baut und die Zerstreuten heimholt, so ist der Messias da. Den Prophetensatz vom Wolf und Lamm, friedlich miteinander wohnend, muss man als Parabel ansehen: Israel hat Frieden inmitten der Heiden, die oft wie Wölfe handeln. „Nichts unterscheidet die Zeit des Messias von der jetzigen Welt als die Unterwerfung durch die Königreiche" (Sanhedrin 91b). Das übernimmt Maimonides. Da die Propheten es verkündeten, glaubt er an einen Endkampf von Gog und Magog (Hes 38), aber wie dem Messias ein Erscheinen des Propheten Elija vorausgehen soll (Mal 3:23), ist etwas, das kein Mensch weiß. Man soll sich nicht um Errechnung des Endes bemühen; es kommt zu seiner Zeit (Sanhedrin 97b). Der Messias ist kein Machthaber, der die Völker unter seine Herrschaft bringen will, nicht irdischen Luxus erstrebt er, aber Freiheit fürs Studium der Tora und ihre Befolgung, wobei niemand sie treibt und stört, damit ihr Leben sie würdig mache des ewigen Lebens. Krieg, Krankheit und Hunger werden verschwinden, nur eine Besorgung erfüllt die Welt: Gott zu erkennen. Israel, in Weisheit, wird der Welt Führer sein (Mishne Tora, Malachim 11–12).

Der große Umbruch kam unter dem Einfluss der Aufklärung. War der Jude zur Gleichberechtigung berechtigt, so konnte er es nur unter der Bedingung sein, dass er seine Nationalität aufgab. Von außen her kam der Druck. Von innen her kam das Streben, der Gleichberechtigung ‚würdig' zu sein. Gleichzeitig wurde die Geschichte mit Hegels Philosophie als *Entfaltung* des Absoluten gesehen. So konnte die Geschichte des jüdischen Volkes als eine stufenweise Entwicklung zu einer messianischen Zeit hin angesehen werden, die sich auf dem Schauplatz der Völker verwirklichte. Dies war neu. Man erklärte daher im liberalen Judentum, dass Gebete um Wiederherstellung des jüdischen Staates sinnlos seien. Die Erlösung Israels und der Menschheit wurde richtig als Ziel der Geschichte gefasst. Aber nun kam das Neue: Israel war in die Welt gesetzt, um durch sein Beispiel die Menschheit zu erziehen. Brüderlichkeit und soziale Gerechtigkeit waren das Ziel; diese innerhalb der Nationen zu fördern, in denen die Juden ihr Bürgerrecht besaßen, war die Aufgabe. Sich dem Staate anzuschließen war Pflicht, Ehre und Gottesgebot. Mit der Aufklärung, so glaubte man, war das messianische Ziel ohnehin beinahe erreicht. Nur Überbleibsel des Judenhasses und der Ungerechtigkeit bedurften des Aufräumens; durch sozialpolitische Erziehung, sowie durch eine bessere Erklärung, fast könnte man sagen ‚Klarstellung' des Judentums den noch Unaufgeklärten gegenüber konnten und sollten die letzten Schlacken entfernt werden, und dann war die messianische Zeit gekommen.

Eine ähnliche Auffassung finden wir im *neo-orthodoxen* Judentum. Hier bestand außerdem noch ein anderes Problem. Der Prophet Sacharia hatte erklärt, dass die Fasttage zur Zeit des Messias aufgehoben würden (8:19); messianische Bewegung der neueren Zeit, vor allem die des Sabbatai Zevi, hatten die Bindungskraft der Gebote für die Zeit des Messias in Frage gestellt. Ohne Gesetzeserfüllung war jedoch für die Orthodoxie das ganze Judentum in Frage gestellt. So schließt sich Samson Raphael Hirsch in vieler Weise den Ideen der Liberalen an, obgleich er sie bekämpft. Das Judentum ist Priestervolk innerhalb der Menschheit; die Völker sehen im Genuss ihr größtes Gut, die Juden im Gottesdienst. Nur die Tora hält das Volk zusammen. Diasporaleben ist zwar Strafe für Sünde, aber – in der Hauptsache – Aufgabe. Der Jude muss sich dem Staat völlig anschließen und gleichzeitig alle Mizwot treu ausüben, so wird er zum wertvollen Mitglied der Gesamtgemeinschaft. „Nie war Land und Boden sein Einigungsband, sondern die gemeinsame Aufgabe der Tauroh; darum ja auch eine Einheit noch, wenn auch fern vom Lande, – und drum noch Einheit, wenn auch überall in der Zerstreuung angebürgert, [...] bis sie einmal Gott auch äußerlich als Volk auf einem Boden vereinigen und die Lehre der Tauroh wieder als Prinzip eines Staates dastehen werde, [...] Eine Zukunft, die als Ziel des Goluß (Diaspora) gesteckt, verheißen ist, aber ja nicht thätig von uns gefördert werden darf, nur erhofft; [...] eine Zukunft, die ja Hand in Hand gehet mit Erhebung der Allmenschheit zur

Allverbrüderung unter Gott, dem Alleinen"[48] (Hirsch, *Neunzehn Briefe* über das Judentum, 16. Brief).

Hirsch ist zu seiner Stellung gezwungen. Die Zeit des Messias ist noch nicht gekommen, daher müssen die Gesetze der Tora weiterhin befolgt werden, aber sie entfaltet sich, daran arbeiten die Juden als Staatsbürger mit. Ganz wie die Liberalen stützt sich Hirsch auf Talmud und Maimonides mit seiner Auffassung, dass man fürs Kommen des Messias nichts tun dürfe. Dieses Kommen wird in eine ungewisse Zukunft verlegt. Das Gebet für sein Kommen und für die Rückkehr ins Land war ebenfalls kein Gebet, das die Juden vom Rest der Bürger absonderte, da es ja die Allverbrüderung der Menschheit erflehte, die mit dieser Erfüllung Hand in Hand ging. Hirsch hat Judah Halevi tief geschätzt, gerade das zeigt, dass die Emanzipation im Vordergrund seines Bewusstseins stand, denn sonst hätte er ja zu einer Rückkehr in das heilige Land auffordern müssen, als Zeichen der Liebe zu Gott. Doch im Gegenteil stand Hirschs Schule dem zionistischen Bestreben grundsätzlich feindlich gegenüber. Es sei dem Willen Gottes zuwider. Viele, tief fromme, deutsche Juden folgten ihm in dieser Haltung. Dabei fragt es sich nun, wie weit Hirsch selbst unter dem Druck des Staates stand, der ihn zu dieser Theologie zwang. Zur Zeit des Verfassens der *Neunzehn Briefe*, als Landesrabbiner von Oldenburg, befand er sich in der Tat unter sehr starkem Druck, seine Gemeindeangehörigen zu Staatsbürgern zu erziehen. Doch blieb er seiner Lehre treu, auch dann, als er von einem solchen Druck frei war. Es war der Glaube des deutschen Juden. Gleichzeitig mögen er oder seine Schule befürchtet haben, dass eine Bewegung der Rückkehr, gewissermaßen als Vorstufe der messianischen Zeit, die Gesetzesbefolgung auflockern würde. Da er diese Auflockerung mit Bestürzung im liberalen Judentum erkannte, suchte er sie zu vermeiden und dennoch seinen Juden eine Verwurzelung in Deutschland zu ermöglichen. So wurde die Messiashoffnung zur Utopia. Man war und man blieb deutsch, das heißt, superpatriotisch, vielleicht ohne es zu wissen.

Patriotismus mag *Hermann Cohen* zu einer ähnlichen Auffassung geführt haben, die dennoch tiefer geht. Cohen sieht in der Messiasidee den Mittelpunkt der jüdischen Religion. „Die Zukunft, welche die Propheten im Symbol des Messias vorzeichnen, ist die *Zukunft der Weltgeschichte*. Sie ist das Ziel, sie ist der *Sinn* der Geschichte, welche den Gegensatz bildet zur Geschichte in ihrer *isolierten Wirklichkeit*. Und die Menschen selbst sind es, welche dieses Zeitalter des Messias herbeizuführen haben. Das Ideal des menschlichen Daseins, der Individuen wie der Völker, die Zukunft des Messias, müssen die Menschen der Kultur erst denken und ersehnen lernen in der *Zukunft des Menschengeschlechts*. Die Verwirklichung der Sittlichkeit auf Erden, ihrer Aufgaben und ihres ewigen Zieles, dies und nichts anderes bedeutet uns die Idee des Messias. Dem geschichtlichen Leben der Menschen und der Völker, ihrem Recht und ihren Staaten gibt die Idee des Messias die neue Verfassung des ethischen Ideals. *Das Reich*

48 Samson Raphael Hirsch: *Neunzehn Briefe über Judentum*, Frankfurt a.M., 1920, 16. Brief.

des Messias, das ist das Gottesreich. Nicht ein persönlicher Herrscher ist der Messias in jener Zukunft, nicht ein Heros, aber der Geist Gottes ruht auf ihm, und er bringt den Völkern das Recht. In den Tagen des Messias erhoffen wir die Aufrichtung des Gottesreiches, in dem Gottes Herrschaft allein die Wirklichkeit bestimmt. Wie sehr immer unser ältestes Schrifttum bereits die Stiftung von Recht und Gesetz, und so die Anerkennung des Staates klar und tief begründet hat, so weist doch über alle Rechte, Gesetze und Staaten der Wirklichkeit hinaus die Staatsidee der messianischen Zukunft. Diese Bedeutung hat das *Gottesreich als Ideal der Weltgeschichte.*"[49] Der Einfluss liberaler jüdischer Theologie ist hier unverkennbar: der Messias ist nicht als historische Person der Zukunft anzusehen, er ist Verkörperung einer Idee. Dennoch liegt in Cohens Worten etwas ganz Großes und Neues. Cohen postuliert die absolute Notwendigkeit des Judentums und seiner Ideen für die Zukunft, wie für die Gegenwart aller Menschen. Die Zukunft fordert die Ausrichtung auf ein Ziel. Dem Messiasideal gegenüber, dem Ziel gegenüber müssen Menschen, Staaten und Geschichte für ihr Tun, Lassen und Streben Rechenschaft ablegen. Dem Staat wird das Recht abgesprochen, Höchstes und Letztes zu sein. Dieser stolzen Erklärung gegenüber verblassen die Ideen der liberalen, wie der neo-orthodoxen Theologen zur Apologetik. Selbst Hirsch verlangt, dass der Jude sich dem Staate anschließe und innerhalb des Staates für Menschheitsverbrüderung arbeite. Kennt man die Juden Oldenburgs, die er zur Zeit seines Werkes zu führen hatte, kleine Menschen, die in den Mühen des täglichen Broterwerbs versunken waren, Gemeinden, die innerlich im Zwiespalt lagen, und ‚moderne' Mitglieder, denen die Fesseln des Religionsgesetzes unbequem waren, so erkennt man, dass Hirsch nur ganz leer-theoretisch schreibt. Ihm lag es an der Gesetzesbefolgung. Ihm lag es daran, zu zeigen, dass der orthodoxe Jude ein wertvoller, der Gesellschaft verbundener Bürger war und sein konnte. So wird sein Missionsideal, gleich dem der Liberalen, Ausdruck eines Kompromisses zwischen der Lehre des Judentums und dem Glauben und Wesen der christlich-bürgerlichen Gesellschaft. Cohen, im Gegensatz, spricht nicht von den Juden, sondern vom Judentum, zu dessen kategorischer Forderung sich die lebenden Juden wie die Christen verpflichten müssen. Dadurch aber werden die jüdische Lehre und die Messiasbotschaft des Judentums grundlegend für die Menschengemeinschaft.

Von hier aus führt uns der Weg zu *Franz Rosenzweig.* Das jüdische Volk, beim Vater lebend, hat seinen geschichtlichen Lauf erfüllt. Physisch bleibt es unerlöst. Auch der einzelne Jude lebt nicht in der Vollkommenheit göttlicher Geborgenheit, nur die Gemeinschaft lebt am Ende. Ihr Dasein beim Vater ist notwendig für die Gesamtmenschheit, die noch nicht beim Vater ist. Das Judentum legt Zeugnis dafür ab, dass man zum Vater kommen *kann*, das Christentum zeigt der Welt den *Weg,* auf dem man zu Ihm kommt. Die Erlösung am Ende der Tage ist All-erlösung. Wiederum ist das Juden*tum* der Welt unerlässlich, wiede-

49 Hermann Cohen: *Jüdische Schriften,* (Hg. B. Strauß), Bd. III, Berlin, 1924, S. 173–174.

rum werden alle am Ende erlöst, wobei die Kraft des Judentums, wie auch des Christentums, zur Notwendigkeit wird. Die Erlösung wird zum Prozess, jeder neue Tag findet den Menschen auf dem Weg und an der Erlösungsarbeit. Elemente chassidischer Auffassung kommen ins Bild. Der Strom der mystisch-messianischen Ideen verbindet sich mit dem rationaler Ideologie. Diese Verbindung von Gefühl, Hoffnung, Gebot täglicher Arbeit für das Kommen, Heimkehr ins Land als Vorbereitung (Jehudah Halevi), naturgebundener Entwicklung (Maimonides), modernem Realismus und praktischem Streben im Rahmen moderner Technologie und Demokratie schufen den *Zionismus.*

Mit Recht sagt *Mordechai Kaplan*, Gründer des Rekonstruktionismus: „Der Zionismus ist nicht nur die Wiederbelebung des traditionellen jüdischen Messianismus. Zionismus ist dieser Messianismus, neu gegossen in die Form modernen, demokratischen Volkstums."[50] Wir brauchen uns nur daran zu erinnern, dass es Herzl ursprünglich nur darum zu tun war, für die Juden *ein* Land zu finden, und dass er daher dem 6. Kongress in 1903 Uganda vorschlug, das ihm von England als Siedlungsgebiet angeboten worden war. Die Antwort der Delegierten, vor allem derjenigen, die die verfolgten jüdischen Massen Russlands vertraten, war ein absolutes Nein. Nur Palästina war *das* Land mit dem das Sehnen und die messianische Hoffnung der Juden verbunden war und ist. *Rav Kook* konnte daher die nicht-religiösen Chalutzim als Erbauer des Allerheiligsten ansehen und würdigen, als Wegbereiter des Messias. Für Rav Kook, Oberrabbiner von Palästina und tief orthodox, war der Messias nicht Idee, sondern wirkliche Person, die zu erwarten war. Seinem Kommen dient der Bau des Landes, er ist Erlösungswerk. Der moderne, nicht-religiöse Chalutz mag nicht so denken, aber im Unterbewusstsein seiner Seele lebt und wirkt der Messiasgedanke. Man hat einmal Ben Gurion den Messias im Straßenanzug genannt. Dies ist gewiss übertrieben, doch liegt ein bisschen Wahrheit darin, jedenfalls im Sinne Jehudah Halevis und Maimonides: Es ist der Anfang, es ist die zur Tat gewordene Absicht, durch Liebe zum Staube des Landes Gottes Erlösungswerk zu fördern. Hier liegt die Erklärung für die unerhörte Opferbereitschaft der Israelis, obgleich viele sich dieser Grundlage nicht bewusst sein mögen.

Richard L. Rubenstein folgt Kaplans Grundauffassung, dass das jüdische Volk nicht von Gott geschaffen wurde, sondern Gott und seine Religion aus dem Volkstum heraus formte. Aus dem Streben, ein ethisches Volkstum zu schaffen, entstand das Judentum, und mit ihm die Aufgabe, eine ethische Welt zu fördern. So zumindest sagt Kaplan. Rubenstein fühlt nun allerdings, dass das Experiment der letzten 2000 Jahre, der Menschheit durch Gottestreue und Bewährung im Leid ein Beispiel zu setzen, als Irrtum und Fehler anzusehen ist. Auschwitz hat gezeigt, dass sich die Menschheit nicht ändert und ihre Brutalität nicht ablegt. So kehrt der Jude in das Land zurück und schafft aus seinem Volkstum ein neues religiöses Gebäude. Mit Auschwitz ist für ihn das Ende der Tage ge-

50 Mordecai Kaplan: *The Future of the American Jew*, New York, 1948, S. 360.

kommen. Statt in der geschichtlichen Linie, die zum Messias führt, soll er nun wieder im Zyklus des Jahres leben, als Bauer in der Natur, als ‚Heide' im Verlauf des Jahres. Als Mensch und Volk der Natur unterliegen Jude und jüdisches Volk allerdings dem ewigen Gesetz der Natur: Geburt führt zum Tod. Natur, die ins Leben ruft, verschlingt am Ende ihre Kinder. Nach den Mühen des Lebens wird der Tod zum Messias, zum Erlöser. Rubenstein steht an der *Peripherie* jüdischen Denkens. Im Grunde durchzieht der messianische Glaube das Gesamtwesen der Juden und gibt ihnen die treibende Kraft. Dabei erkennen wir ein ganzes Spektrum der Ausdrucksformen dieses Glaubens. Es geht vom Alt-Orthodoxen, der an einen persönlichen Messias glaubt, über den Existentiellen, der aus seiner Lebensnot an ihn als Person glauben muss, zum jungen Menschen, der für soziale Gerechtigkeit wirkt und opfert, ohne zu wissen, dass es der Messiasglaube ist, der ihn zu seiner Tat bewegt. Es geht von Jenem, der vom Bewusstsein getragen ist, dass Gott mit Israel einen ewigen Bund geschlossen hat, dessen Erfüllung im Messias seinen Ausdruck findet, bis zu dem, den lediglich der Wille beseligt, Jude zu sein und das jüdische Volk zu verewigen, obgleich er nicht weiß, warum. Die messianische Idee gibt den Lebenswillen, sie beflügelt auch die, denen sie unbekannt ist, oder die sie im traditionellen Sinne ablehnen. So streben die Juden um Erneuerung der Menschheit durch Wiederherstellung der Rechte der Menschen, jedes Menschen.

Die Welt hat dem Juden eine ironisch-tragische Anerkennung seiner Messiashoffnung gegeben. Am Portal des Gebäudes der Vereinigten Nationen in New York stehen die Worte Jesajas und Michas als Motto: „Die Schwerter machen sie zu Pflugscharen […]" Ironisch-tragisch ist dieses Motto wenn man die Leistungen und die Realpolitik der Vereinigten Nationen mit diesem hehren Ziel und Motto vergleicht, vor allem aus jüdischer Sicht. Dennoch ist es gut, dass diese Inschrift sich dort findet; vielleicht wird sie einmal zu allen denen sprechen, die sich in diesem Gebäude versammeln. Vielleicht liegt gerade in ihr und an diesem Platze das Symbol des Juden mit seiner ewigen Messiashoffnung. Unbeachtet, vielfach verachtet, hat der Jude das Banner der Messiashoffnung hoch gehalten. Er ruft die Welt auf den Weg zum ewigen Frieden unter Gott. Er gibt den Glauben und die Hoffnung nicht auf, dass Erneuerung im Streben nach Utopia zur Wirklichkeit werden kann, für die Menschen, für die Nationen, für die Juden. „Obgleich er in seinem Kommen zögert, ich glaube ihm und vertraue in ihn", so sagt Maimonides, und mit ihm, jeder Jude.

Die Schrift im Lichte des Talmuds

Dieser Essay mag für Interessierte ohne ein spezielles jüdisches Wissen schwierig erscheinen. Er ist es jedoch nicht. In jedem Fall sollte der Leser die Hürde nehmen – es lohnt sich. Der Beitrag gibt faszinierende Einblicke in das Denken der jüdischen Gelehrten und der Juden, die durch diese Lehren geprägt wurden. Und er zeigt, dass die Gelehrten von Beginn an das Judentum nicht nur weiterentwickelt haben, sondern dies aus einer ethischen Haltung und einem tiefen Humanismus heraus taten. Und nur wenn die Nichtjuden das Verhältnis der Juden zum Talmud und damit zur Tora verstehen, können sie beginnen, das Gottesbild der Juden zu verstehen. So hat Trepp dieses Stück nicht nur als Lehrbeispiel dafür gesehen, wie frei und selbstbestimmt die Juden die Schrift aufnahmen, sondern als einen Beitrag zu einem besseren Verständnis der Christen für diese andere Form der Annäherung und damit als einen Beitrag für einen besser informierten und fundierten Dialog. Er hat es 1972 für das deutsche Magazin Emuna geschrieben, es wurde in der Oktober/November-Ausgabe veröffentlicht. Trepp hatte eine Bibliographie an das Ende gestellt, die, um im Rhythmus der anderen Essays zu bleiben, an dieser Stelle angeführt wird. Neben den Originalquellen und der Buberschen Schriftübertragung wurden benutzt: George Foot Moore: Judaism in the first Centuries of the Christian Era – The Age of the Tannaim, 3 Vols., Cambridge, 1932; C. G. Montefiore und H. Loewe: A Rabbinic Anthology, Philadelphia, 1960; Jacob Neusner: There We Sat Down – The Story of Classical Judaism in the Period in which it was taking Shape, Abingdon Press, Nashville and New York, 1972; James Parkes: The Conflict of the Church and the Synagogue, New York, 1961.

Erkenntnis aus frühem Erlebnis

Eine Erinnerung aus Kindeszeit führt mich zum Gegenstande unserer Betrachtung. Über einem Portal des Gerichtsgebäudes in meiner Geburtsstadt Mainz erhoben sich, in Stein gemeißelt, die zwei Tafeln des Gesetzes, Symbol der Zehn Gebote als Grundlage des Rechts. Römische Ziffern ersetzten die Worte. Auf der linken Tafel, vom Betrachter aus gesehen, fanden sich die Ziffern I, II, III; auf der rechten, die von IV bis X. Dem jüdischen Kinde erwuchsen daraus Fragen. Die Zehn Gebote waren doch ursprünglich in Hebräisch geschrieben, die rechte Tafel hätte daher die ersten Gebote enthalten sollen, um der hebräischen Schrift gerecht zu werden. Doch war dies einfach zu erklären: die Skulptur wollte eben zum Durchschnittsbürger reden, der die Zehn Gebote in Deutsch aus seiner Bibel kannte, oder kennen sollte. Schwieriger war es zu verstehen, warum der Skulptur nach, auf der einen Tafel nur drei Gebote gestanden haben sollten, und sieben auf der anderen: die Wiedergabe der Tafeln in der Synagoge zeigte, im Gegensatz dazu, fünf Gebote auf jeder der Tafeln. Mein Vater gab mir die Erklärung. Christlicher, wie jüdischer Tradition gemäß verkündet die erste Tafel diejenigen Gebote, die sich auf das Verhältnis zwischen den Menschen und Gott beziehen; die zweite Tafel bestimmt das Verhältnis zwischen dem Menschen und seinem Nebenmenschen. Der Unterschied zwischen christlicher und jüdischer Einteilung beruht auf der Interpretation des Talmuds, die für den Juden maßgebend ist. Gemäß rabbinischer Deutung besteht das erste Gebot nur aus einem Satze, in dem die Anerkennung Gottes zur Pflicht gemacht wird: „ICH bin dein Gott [...]“ (Ex 20:2). Christlicher Anschauung entsprechend ist dieser Satz nur die Präambel; was für den Juden als zwei Gebote gilt, ist nur eines für den Christen. Dafür teilt nun christliche Überlieferung das für den Juden 10. Gebot in zwei Gebote: „Begehre nicht [...]“ (Ex 20:15). Das zweite Gebot für den Juden ist daher: „Nicht sei dir andere Gottheit [...]“. Das dritte Gebot beginnt mit den Worten: „Trage nicht SEINEN, deines Gottes Namen zum Wahn [...]“. Das vierte verkündet die Sabbatfeier: „Gedenke des Tages der Feier ihn zu heiligen [...]“. Nun finden wir noch einen zweiten Unterschied. Im fünften Gebot, nach jüdischer Zählung, wird die Ehrung von Vater und Mutter als Grundpflicht des Menschen verkündet. Der Logik nach ist das ein menschliches Verhältnis, die Rabbinen des Talmuds sahen es anders: Elternehrung ist Verpflichtung Gott gegenüber, daher gehört das Gebot auf die erste Tafel. „Die Rabbiner lehren: Es heißt, ‚Ehre deinen Vater und deine Mutter‘, und es heißt ebenfalls ‚Ehre IHN von deiner Habe‘ (Prov 3:9); die Schrift setzt daher die Ehrung von Vater und Mutter der Ehrung Gottes gleich [...]. Drei Teilhaber bringen die Schöpfung jedes Menschen zustande: der Heilige, gelobt sei Er, des Menschen Vater und seine Mutter. Wenn ein Mensch seinen Vater und seine Mutter ehrt, dann spricht der Heilige, gelobt sei Er, ‚Ich rechne es ihnen an, als hätte Ich in ihrer Mitte gewohnt, und als hätten sie mich geehrt“ (Kidduschin 30b). Daher steht das fünfte Gebot auf der ersten Tafel. Meine Kindesfrage an den Vater und seine Antwort beruhten auf der Lesung der Schrift im Licht rabbinischer Deutung.

Zum Verständnis jüdischer Schriftauslegung

Der Jude liest die Tora im Sinne talmudischer Auslegung. Dies mag dem Katholiken verständlicher sein als dem Protestanten. Der Protestantismus legt die Interpretation der Schrift grundsätzlich – obgleich nicht faktisch – der Erleuchtung des einzelnen anheim. Der Katholik sieht die Schrift in der Deutung der Kirchenväter. Während die Väter der Kirche auf diese Weise das *Glaubensgut* entwickelten, schufen die Väter der Synagoge auf diese Weise das *Gesetzesgut.* Grundsätzlich sehen traditionsgebundene Christen und Juden die ihnen überlieferte Schrift beider Testamente oder nur des Alten Testaments (der Hebräischen Bibel) als das vollständige Wort Gottes an. Daher ist alles in ihr enthalten. Die Schrift ist vollständig, doch ist sie nicht völlig enthüllt. Der heilige Geist Gottes, der auf den Vätern ruhte, gab ihnen die Weisheit, den Sinn der Schrift hermeneutisch zu erschließen. Diese Enthüllung ist daher Gottes Wort und nicht menschlicher Zusatz.

So entstand eine ins einzelne gehende Exegese, von der uns der oben angeführte Beweis der Göttlichkeit der Eltern ein Beispiel gibt. Diese Exegese beruhte auf hermeneutischen Regeln, von denen Hillel sieben gibt, und die Rabbi Ischmael auf dreizehn erweitert. Es ist dabei bedeutungsvoll, dass selbst die Regeln nicht als menschliche Erkenntnis angesehen werden, sie gelten als „Moses am Sinai überliefert", das heißt, Gott gab Moses die Regeln zur Deutung der schriftlichen Lehre (Tos. Sanhedrin 7:11 u. a.).

Diese Regeln wurden schon frühzeitig dem Morgengebet als Rezitation eingewoben, möglicherweise, um dem Juden täglich die göttliche Grundlage der rabbinischen Interpretation in Erinnerung zu bringen.

Von der mündlichen Lehre

Grundlage dieser Auffassung ist der Begriff der *mündlichen Lehre*, die Moses am Sinai von Gott mitgeteilt und von Geschlecht zu Geschlecht mündlich weiter gegeben wurde: „Moses erhielt die Tora am Sinai, überlieferte sie an Josua [...]" (Abot 1:1). Allerdings ging von dieser mündlichen Überlieferung vieles verloren, zum Teil schon zur Trauerzeit nach dem Tod Moses, und musste daher durch Exegese wiederentdeckt werden (Temura 16a). Diese mündliche Lehre ist daher Offenbarung, sie ist Tora, und, gleich Tora, ist sie Weisheit, Chochma. Sie bestand, wie auch die Schrift, vom Urbeginn der Zeit, schon vor der Schöpfung, war für Israel geschaffen, wird ewiglich bleiben, auch in messianischer Zeit. Nach dem Erscheinen und mit der Verbreitung des Christenturns wurde auf die mündliche Lehre noch größerer Nachdruck gelegt. *Sie* ist Gottes Bund mit Israel. „ER sprach zu Moses: ‚Schreib dir diese Worte nieder, denn laut diesen Worten stifte ich mit dir einen Bund und mit Israel' (Ex 34:27). Als Gott sich anschickte, die Tora zu geben, trug Er sie Moses in richtiger Ordnung vor, Schrift, Mischna, Aggada und Talmud, denn Gott redete *all* diese Rede' (Ex 20:1). Sogar die Antworten zu den Fragen, die die bedeutenden Schüler der Zukunft an ihre Lehrer zu richten bestimmt waren, wurden von Gott an Moses enthüllt, denn Er sprach *all* diese Rede. Als Gott geendet hatte, sagte Er zu Moses: ‚Geh nun und lehre sie meinen Söhnen' [...]. Moses sagte: ‚Herr, schreib Du sie auf für sie.' Darauf sagte Gott: ‚Ich hatte in der Tat die Absicht, alles ihnen schriftlich zu geben, aber es würde offenbar, dass einst, in der Zukunft, die Nichtjuden über sie herrschen werden, und dass die Nichtjuden die Tora als ihr Besitztum beanspruchen werden; dadurch konnten meine Kinder wie die Nichtjuden werden. Gib ihnen daher die Schrift in Niederschrift, und Mischna, Aggada und Talmud mündlich, denn diese trennen Israel von den Nichtjuden" (Tanch. B. Ki Tissa 58b; ähnlich Pes. R. 14b). Diese Stelle spiegelt die Polemik gegen das Christentum, da die Christen sich als das wirkliche Israel ansahen, hatten sie doch auch die Tora, die schriftliche Lehre. Gleichzeitig erklärt sie die immer wachsende Bedeutung, die der Talmud im Leben der Juden errang: hier war der Bund, hier der Eigenbesitz der Juden, der sie mit Gott einzigartig verband. Umso mehr las man auch die

Schrift in talmudischer Deutung. In der Tat bestand eine ausgedehnte Kontroverse über die Niederschrift der mündlichen Lehre, bis die Probleme der Zeit die Überlieferung so gefährdeten, dass eine Niederschrift zur Weitererhaltung der Tradition unumgänglich wurde.

Aus dem obigen Zitat dürfen wir noch einen anderen Schluss ziehen. Gerade die mündliche Lehre, der Talmud, legte dem Juden die Bürde eines lebenslangen Studiums auf und forderte von ihm die sorgfältigste Beobachtung der Minutiae des Gesetzes, wie es die Rabbinen ausgearbeitet hatten. Für die Juden waren aber Studium und Befolgung der Gebote keineswegs Bürde und Last. Das Gesetz als Last anzusehen, die abzulegen war, ist ein Missverständnis jüdischer Haltung. Das Gesetz war Bund, freudig und tathaft verwirklicht, je eingehender man sich ihm gab, desto deutlicher wurde die enge Verbundenheit Gottes mit dem Juden. Hier lag Freude und Entrinnen vom Druck der Zeit und der Welt: „Rabbi Nechunja Ben Ha-Kana pflegte zu sagen: ‚Wer das Joch der Tora auf sich nimmt, von dem entfernt man das Joch weltlicher Herrscher und das Joch weltlicher Mühen'" (Abot 5:3). „[…] Der Heilige, gelobt sei Er, wollte Israel Verdienst zukommen lassen, daher mehrte Er ihnen Tora und Gebote, wie es heißt: ER begehrte um seiner Wahrheit willen, dass die Tora er vergrößere, verherrliche" (Jes 42:21) (Abot 6:13).

Ergebnisse wissenschaftlicher Forschung

Die Lehrer des Talmuds erklärten, dass ihre Auslegung nur die ewige Tora erhelle und in ihr enthalten sei. Die Geschichtsforschung lehrt uns anderes. Die Pharisäer und ihre Nachfolger in den ersten christlichen Jahrhunderten schufen in der Tat etwas Neues. Sie sprachen sich das Recht der Exegese zu und änderten dabei den einfachen Sinn der Schrift. In ihrer Besorgnis um die Erhaltung des jüdischen Volkes, das sie durch das göttliche Gesetz verschmolzen sahen, schufen sie den „Zaun um die Tora", um jeden Einbruch zu verhindern (Abot 1:1).

So schufen sie in diesen Jahrhunderten das normative Judentum, das sich vom biblischen unterscheidet.

Dass es neu war, geht aus dem Streit mit den Sadduzäern hervor. Diese aristokratisch-konservative Gruppe war den Neuerungen feind. Zum Teil lässt sich das mit ihrer grundsätzlichen konservativen Lebensauffassung erklären, zum Teil auch mit ihrer Befürchtung, dass sie ihre Führerstellung verlieren würden, sollte die neue Richtung in der Gesellschaft Boden gewinnen – was dann auch zutraf. Die Gesetzesauslegung der Sadduzäer war durchaus nicht immer den Pharisäern gegenüber erleichternd, so dass man das Streben um ein leichteres Leben nicht einfach als Grund ihrer Opposition ansehen darf. Vielmehr sie bekämpften das Neue. Doch ging diese neue Lehre so völlig ins Volksbewusstsein ein, dass sie zur „Tora" wurde. Nur die Karäer lehnten sie ab.

Selbst die Reformbewegung des 19. Jahrhunderts lehnte sie nicht ab. Die Reformer sprachen sich das Recht zu, gleich den Männern des Altertumes, zu neuen Auslegungen berechtigt zu sein. Wie einst, sollten die Bedürfnisse der Zeit ausschlaggebend sein. Allerdings sollten auch die Ergebnisse wissenschaftlicher Bibelkritik berücksichtigt werden. Liest man jedoch die Berichte der Rabbinersynoden des 19. Jahrhunderts, so findet man immer wieder eine Exegese, deren Methode dem Talmud folgt und ihn, wenn möglich, als Beleg für Neuerungen heranzieht. Auch der Reformjude liest die Schrift im Lichte des Talmuds.

Von der Entwicklung mündlicher Überlieferung

Es ist offensichtlich, dass eine mündliche Tradition schon früh entstanden sein muss, und sich schon in der Frühzeit entwickelte. Die Schrift gibt ja das Gesetz vielfach nur im Abriss, die Einzelheiten mussten ausgefüllt werden. Hier sind zwei Beispiele:

Die schriftliche Lehre gibt uns nur wenige Anhaltspunkte bezüglich des Arbeitsverbotes am Schabbat. „Allerhand Arbeit“ ist verboten, aber was ist darunter zu verstehen? „Ihr sollt nicht Feuer anzünden“, sagt die Schrift (Ex 35:3), Handel ist untersagt (Amos 8:5), das Tragen von Lasten in die Stadt Jerusalem und aus den Häusern ist verboten (Jer 17:21–24). Eine systematische Beschreibung, die dem Einzelnen Richtung geben könnte, fehlt. Hier traten Überlieferung und Volksbrauch als „mündliche Lehre“ ein.

Das Gesetz, welches die Wiederverheiratung einer geschiedenen Frau erlaubt, weist auf einen Scheidebrief hin (Dtn 24:1–4), lässt jedoch die Scheidungsprozedur im Einzelnen ungeklärt. Auch hier musste sich ein mündlich tradiertes Lehrgut entwickeln, obgleich die Rabbinen dessen Urgrund nicht in einem Entwicklungsprozess sahen, sondern als Gott gegebene, offenbarte Lehre erklärten.

Der Hinweis der Schrift nach rabbinischer Auffassung

Die Talmudlehrer sahen in der Schrift direkte Hinweise auf eine mündliche Lehre. „ER sprach zu Moses: Steig den Berg empor zu mir und sei dort, ich will dir die Steintafeln geben: die Weisung und das Gebot, die ich schrieb, jene zu unterweisen“ (Ex 24:12). Da nun die Rabbinen von dem Grundsatz ausgehen, dass die Tora kein überflüssiges Wort enthält, müssen sie nun jedem Wort eine Bedeutung geben: „*Die Steintafeln:* das sind die Zehn Gebote, *die Weisung:* das ist die Schrift (der fünf Bücher), *das Gebot:* das ist die Mischna, *die ich schrieb:* das sind die Bücher der Propheten und Hagiographen, *jene zu unterrichten:* dass bezieht sich auf die Gemara; das lehrt, dass sie alle dem Moses am Sinai überliefert wurden –“ (Berachot 5a).

„ [...] schlachte [...], wie ich dir befohlen habe“ (Dtn 12:21). „Das lehrt, dass Moses (die Einzelbestimmungen bezüglich des Schlachtens) als (Gottes)befehl erhielt“ (Chulin 28a). Die Schrift sagt ja selbst, dass ein Befehl ergangen sei, ohne dessen Inhalt schriftlich mitzuteilen.

Das Recht zur Verordnung

Auch dieses Recht sahen die Rabbinen in Tora verankert. Zwar verbietet die Schrift jede Hinzufügung, wie jeden Abstrich von „der Rede, die Moses gab“ (Dtn 4:2; 13:1), doch wird das anderweitig verwandt, zum Beispiel, dass man nicht fünf Abschnitte der Schrift (statt der vier) in die Kapseln der Tefillin (Gebetsriemen) einlegen dürfe (Sanhedrin 11:3), um einer Bewegung, auch die Zehn Gebote in die Kapseln zu legen, entgegenzutreten. Im Gegensatz dazu deuten Deut. 17:9 und 17:11 direkt auf die Funktionen der Rabbinen hin und sanktionieren sie. „Wenn deine Sache deiner Rechtsfindung entrückt ist, [...] da komm zu dem Priester und zu dem Richter, der es in jenen Tagen sein wird, und ersuche, sie sollen dir den Sachentscheid des Rechtes melden. Dann tue nach dem Geheiß des Sachentscheids [...] nach der Rechtsfindung, die sie dir zusprechen, sollst du tun, nicht weiche vom Sachentscheid, den sie dir melden, rechts oder links.“ Dazu der Talmud: „Es heißt: ‚Moses und Aaron unter seinen Priestern und Samuel unter denen, die seinen Namen anrufen [...]‘ (Ps 99:6). Die Schrift vergleicht bedeutende Männer mit unbedeutenden, um dir zu sagen: wie Moses in seinem Zeitalter (der autoritative Richter war), so [...] Samuel in dem seinen. Dies lehrt dich, dass selbst der Unbedeutendste [...] dem Bedeutendsten gleiche, sobald er über die Gemeinde als Richter gesetzt ist. Ferner heißt es: ‚da komm zu dem Priester, [...] der es in jenen Tagen sein wird‘, könntest du dir denn einbilden, jemand könne zu einem Richter gehen, der nicht zu seiner Zeit lebt? Dies bedeutet, du darfst nur zu demjenigen gehen, der in seiner Zeit da ist (und darfst dich nicht stattdessen auf die Entscheidungen der Früheren stützen), denn wir lesen ebenfalls: ‚Sage nicht, wie kommt es, dass die früheren Tage besser waren als die jetzigen (Eccles 7:10)“ – (Rosch Haschana 25b).

Die Pflicht des Gehorsams

Der Talmud geht noch weiter. „[...] Nicht weiche [...]“, alle Verordnungen der Weisen ruhen auf dem Verbot ‚Nicht weiche“ (Berachot 19 b). Die Rabbinen erklären somit, dass jemand, der den Geboten der Weisen den Gehorsam entzieht, ein *ausdrückliches Verbot* der *schriftlichen Lehre* übertritt, nämlich das Verbot: Weiche nicht. So fanden sie in der Tora selbst die Sanktion für ihre Anordnungen und für deren verpflichtende Kraft.

Beispiele rabbinischer Interpretation und ihre Ergebnisse

Aus der Fülle der Beispiele seien nur einige herausgegriffen, die von Bedeutung sind.

1. Wer immer die Schrift der Hebräischen Bibel liest, steht unter dem Einfluss der rabbinischen Redaktion. Die Lehrer wählten das Material aus. Das Alter eines Werks war neben seinem inneren Wert von Bedeutung. Die Diskussion

über die Kanonisierung einzelner Werke ist uns erhalten (Jadajim 3:5, u. a.), von dem, was sie verwarfen, mag vieles uns dauernd verloren sein.

2. Das Tetragrammaton, der vier-buchstabige Name Gottes, wurde im Laufe der Zeit immer weniger gesprochen und wurde durch Adonai, der Herr, ersetzt. Nicht länger war es der Gott eines Volkes, der, dem Volke gleich, um sein Lebensrecht in der Welt zu kämpfen hatte; Er war der *Herr.* So wurde dann, unter rabbinischer Anordnung verboten, den Namen in seiner Urform auszusprechen, und so blieb es. „Wer ihn ausspricht, wie er geschrieben ist, hat keinen Teil an der künftigen Welt" (Sanhedrin 10:1; 90a, u. a.). Dafür aber schufen die Rabbinen neue Namen, durch die die enge Verbindung und Allgegenwart Gottes mit Menschen und in der Welt gestärkt wurde. *Schechina* spricht von Gottes Gegenwart im Strahlenlicht, das, sonnengleich, von einer Quelle, alle Schöpfung umfasst, und dennoch bei den Erniedrigten wohnt (Sanhedrin 39a); *König* ist Er und garantiert die ewige Ordnung und ewiges Recht in der Welt, bis, am Ende, Sein Königsreich kommt. *Vater* ist er, „Unser Vater, der im Himmel ist". Diese Bezeichnung Gottes als Vater findet sich schon in der Schrift, beispielsweise, „Du ja bist unser Vater! Abraham ja kennt uns nicht, Jisrael merkt nicht auf uns, DU selbst bist unser Vater, Unser Löser-seit-Urzeit dein Name!" (Jes 63:16). Die Frömmigkeit der späteren Zeit rückt Vater mehr in den Vordergrund. „Sei mutig wie der Leopard, schnell wie der Adler, geschwinde wie die Gazelle und mutig wie der Löwe den Willen zu tun deines Vaters der da ist im Himmel" (Abot 5:22). „Seit den Tagen der Zerstörung des Tempels [...] auf wen können wir uns stützen? Auf unseren Vater, der da ist im Himmel" (Sota 9:15). „Rabbi Akiba sagte: Heil Euch, Israel! Wer ist es, vor dem ihr euch reinigt, und Der Euch reinigt (von der Sünde)? Es ist euer Vater, der da ist im Himmel. So heißt es: ‚und ich werde reines Wasser über euch sprengen und ihr sollt rein werden' (Ez 36:25), und weiterhin heißt es: ‚Tauchbad Israels ist ER' (Jer 17:13). Wie das Tauchbad die Unreinen reinigt, so reinigt der Heilige, gelobt sei Er, Israel" (Joma 8,9). Die Reinigung, die das Tauchbad bewirkt, ist ritueller Art, so auch ist die Reinigung, die Gott hervorbringt, die Erneuerung von Sünde. Akiba spielt dabei mit der Doppelbedeutung des Wortes „Mikwe", das sowohl im Sinne von „Hoffnung" (Jer 50:7), wie auch im Sinne von „Tauchbecken" verstanden werden kann (Lev 11:36). Der Anruf „Unser Vater im Himmel" findet sich somit mit einer ganzen Reihe von Gefühlen verbunden. ER ist immer da. Akibas Wort eröffnet noch weitere Einsicht. Der Sündige braucht keine „Rechtfertigung", nur die Rückkehr, das Sich-Versenken in Gott. So spricht denn der Jude im täglichen Gebet: „Vergib uns, unser Vater, denn wir haben gesündigt, verzeih uns, unser König, denn wir haben uns vergangen." Die Innigkeit und Herzensverbundenheit des Juden mit Gott, dem Vater, und ebenso das Vertrauen auf eine bessere Welt durch Gott, den König, stammen aus der Rabbinischen Definition des Namen Gottes, in der sich Gottes Wesen offenbarte. Aber nicht nur die des Juden; die gleichen Gefühle, die den Christen erfüllen, das gleiche Seelenerlebnis, das ihn zu Gott bewegt, stammen ebenfalls aus der Quelle, denn zur Zeit Jesu war der Begriff schon voll

entwickelt: Gott, der Vater, der Mensch als Gottes Sohn, das Königreich Gottes als feste, vertrauende Hoffnung. So sprach Jesus und so lehrte er die christliche Welt das „Vater unser", das jüdische Gebet, das im Kaddischgebet seinen Ursprung hat.

Daneben sieht das rabbinische Judentum im Tetragrammaton den Ausdruck göttlicher Liebe, im Namen Elohim den göttlicher Strenge und Gerechtigkeit, und lehrt, dass Gott „Im Anfange" die Welt auf dem strengen Recht erbauen wollte – und sah, dass sie so nicht bestehen konnte; daher verband Gott mit diesem strengen Recht die liebende Barmherzigkeit, um schließlich ganz durch Liebe zu regieren. Daraus verstehen sich die verschiedenen Namen Gottes in der Schöpfungsgeschichte. (In Genesis 1:1–2:3 finden wir Elohim; von 2:4–3:24 beide Namen, und von da an nur noch „Adonai"; die Bibelkritik sah darin verschiedene Quellen.) Die Gotteserkenntnis des Juden kommt durch die Rabbinen.

3. „Höre Jisrael: ER unser Gott, ER Einer! So liebe denn IHN, deinen Gott, mit all deinem Herzen, all deiner Seele, mit all deiner Macht" (Dtn 6:4–5). Aus einer einfachen Anrede wurde durch die rabbinische Interpretation *das* Glaubensbekenntnis des Juden. „Höre Jisrael" drückt „das Aufsichnehmen des Königtums des Himmels (Gottes)" aus (Berachot 13a), darum begleitet der Satz den Juden durchs Leben und ist stets mit größter Kawana, Ausrichtung des Geistes und der Seele, zu sprechen. So war es auch schon zu Jesu Zeiten. Die Erhebung dieses Satzes zu seiner Bedeutung ruht auf dem Deutungswort der talmudischen Meister.

4. „Wahret meine Satzungen und meine Rechtsgeheiße, als welche der Mensch tut und lebt durch sie. ICH bin's" (Lev 18:5). Auf die Frage, woher denn zu entnehmen sei, dass eine Lebensrettung den Schabbat verdränge (und das Arbeitsverbot aufhebe), gaben mehrere der Meister verschiedene Antworten. Rabbi Jonatan ben Joseph erklärte: „Es heißt ‚er (der Schabbat) *muss euch* heilig sein' (Ex 31:14), er ist euch übergeben, nicht ihr aber ihm […]" Rabbi Jehuda sagte im Namen Samuels: „Ich habe noch einen besseren Beleg; ‚und lebt durch sie' (den angeführten Vers), – und nicht, dass er durch sie (die Gebote) sterbe." Die Deutung eines einfachen Wortes machte die Übertretung des Gebotes, selbst des Sachgebotes zur Pflicht, wenn es darum geht, ein Menschenleben zu retten (Joma 85a-b). Gleichzeitig sehen wir, wie auch Jesus der rabbinischen Ausdeutung folgte. (Es gibt allerdings Fälle, wo man das Leben preisgeben muss, wenn man es z. B. nur durch einen Mord retten könnte.)

5. Man hat dem Juden oft vorgehalten, dass er „Auge um Auge, Zahn um Zahn […]" (Ex 21:24) als Grundregel des Rechtes betrachte. Der Jude ist darüber gekränkt, denn er kann den Satz nur im Lichte rabbinischer Lehre verstehen. Der Talmud Baba Kamma 83a bis 84b bringt eine lange Diskussion der Rabbinen. Die Begründungen aus der Schrift sind vielfältig, aber der Schluss ist einstimmig. Der Satz spricht *nicht* von körperlicher Strafe, sondern lediglich von Geldbuße, die dem Wert des beschädigten Organes entsprechen und außerdem noch andere Kosten in Berechnung ziehen muss: „Auge um Auge heißt Geldent-

schädigung!“ Hier ist es nun von besonderer Wichtigkeit, im Sinn zu behalten, dass die Rabbinen *nicht* von der Idee einer ethischen Weiterentwicklung des Gesetzes bestimmt sind. Was sie aus der Schrift lesen, war ja schon immer darin, auch die Interpretation ist Gottes Wort. Das bedeutet dem traditionsgebundenen Juden, dass eine körperliche Strafe niemals bestand, sondern dass Gott *unmittelbar* den Sinn des Gesetzes „Auge um Auge“ als Geldersatz für verlorene Verdienstkraft bestimmte. Selbst das Verhängen der Todesstrafe wurde durch Deutung der Schrift so erschwert, dass ein Gerichtshof, der sie einmal in 70 Jahren verhängte, als „zerstörend“ galt, das heißt, sie war praktisch abgeschafft (s. Sanhedrin 33). Verfehlt man, in der Erforschung des Judentums die Schrift im Lichte des Talmud zu verstehen, so kommt es dabei zu einem Missverständnis, das dem Juden zur Kränkung wird.

6. Die Askese ist dem Juden fremd. Auch hier beruft er sich auf den Talmud. So finden wir in Numeri, dass der Nasiräer, der sich aus Frömmigkeit die Genüsse der Welt versagt hat, am Ende seiner Gelübdezeit – oder falls „Unreinheit“ die Zeit unterbrach – ein Sündopfer bringen muss, „weil er sich an der Seele vergangen hat“ (Num 6:11). „[…] an welcher Seele hat er sich vergangen? (An der eigenen), weil er sich dem Weingenuss entzogen hat […] Wenn dieser schon Sünder heißt […] um wie viel mehr derjenige, der sich die Entziehung jeglichen Genusses auferlegt. Wer daher in langem Fasten verweilt, heißt Sünder“ (Nedarim 10a). Für jeden erlaubten Genuss, den sich der Mensch versagt, schuldet er Gott Rechenschaft. Ein paar Worte werden zur Lebensregel.

Glaubens- und Lebensformen

Verfolgen wir nun die Entwicklung von Glaubens- und Lebensformen, die sich aus der talmudischen Schrift ergaben, und zum Teil im Einklang mit christlichen stehen, zum Teil aber von ihnen abweichen. Im Großen und Ganzen folgen wir hier den Kapiteln der Bibel.

1. War die Tora göttlich, so durfte es keinen Unterschied im Wert ihrer Worte und Verse geben. Dennoch nahmen große Lehrer sich das Recht, die größte Lehre der Schrift zu finden und zu verkünden, wie es auch Jesus tat. „Akiba lehrte: ‚Liebe deinen Nächsten wie dich selbst, ist das wichtigste Wort der Tora‘, Ben Asai sagte jedoch: ‚Dies ist die Urkunde der Zeugen Adams (Gen 5:1) ist noch größer wie das erstere“ (Jerushalmi, Nedarim, 9:4). Die Gesamtheit der Menschengenerationen ist vor Gott gleich.

2. Die Sünde Adams brachte den Tod in die Welt, wie Genesis berichtet. Dennoch glaubt der Jude nicht an Erbsünde. Der Mensch sündigt, *wie* Adam sündigte, er ist nicht mit Sünde belastet, *weil* Adam sündigte (Buber). Des Menschen Tod ist sein eigenes Tun. So sagt der Midrasch: „Gott führte alle Menschenseelen an Adam vorbei, und sagte ihm: Sieh wie vielen Guten du den Tod brachtest. Adam, in tiefster Seelennot, flehte Gott an, er möge es ihm nicht zuschreiben, und Gott versprach es ihm: Wenn ein Mensch aus der Welt scheiden

soll, so werde Ich ihn alle seine Taten aufschreiben und unterschreiben lassen. Der Urteilsspruch beruht auf seinem Zeugnis, wie es auch heißt: ‚auf Grund der Unterschrift eines Menschen Hand besiegelt Er (sein Urteil)' (Hiob 37:7 in rabbinischer Deutung). Daher kann Adam allen seinen Nachkommen sagen: Ich war nur einer Sünde schuldig, ihr beginget viele, und eure Sünden brachten euch den Tod" (Tanchuma, Beresohit Par. 29; Hukkat Par. 39). Ein sündloser Mensch stirbt nicht, daher ging Elias zum Himmel und starb nicht, denn er war ohne Sünde (Pesikta 76a).

3. Es war den Rabbinen undenkbar, dass Gott, dem „die Zeugungen Adams" so wertvoll waren, sie ohne Lehre, Führung und Gesetz gelassen haben sollte, bis Israel kam. So schloss er einen Bund mit Noah (Gen 9:8–17). Das bedeutete jedoch, dass er ihm Gebote gab, die damit der Gesamtmenschheit Bindung und Verbundenheit mit Gott und miteinander gewahrten. Sieben Noachidische Gebote gab Gott als Zeichen seines Bundes: Das Verbot des Götzendienstes, der Gotteslästerung, des Mordes, der Unzucht, des Raubes, des Genusses von Fleisch, das einem lebenden Tiere abgeschnitten war, und das Gebot, Gerichtshofe einzusetzen (Tos. Aboda Sara 8:4; Sanhedrin 56a). Von solch einer Bestimmung weiß die Schrift nichts, aus der rabbinischen Lesung und ihren Zufügungen entspringt die Idee der menschlichen Gleichberechtigung vor Gott und der menschlichen Bruderschaft. Um volle Anerkennung vor Gott zu gewinnen, bedarf es für den Nichtjuden nur der Befolgung menschlicher Grundgesetze der Gerechtigkeit, der Liebe zum Nebenmensch und zum Tier. Dann kann er „nach seiner Façon selig werden". So hat der Jude sein Verhältnis zur Umwelt verstanden.

4. Die Ewigkeit der Tora legte es nahe, dass die Patriarchen mit ihr vertraut waren. „Rav sagte: ‚Unser Vater Abraham befolgte die ganze Tora, denn es heißt: Weil Abraham auf meine Stimme gehört hat, und wahrte meine Verwahrung, meine Gebote, meine Satzungen, meine Weisungen' (Gen 26:5)" (Joma 28b). Indem die Meister des Talmuds jedes Wort der Schrift als bedeutungsvoll ansehen, kann ihnen der Vers, der von Verwahrung, Geboten, Satzungen und Weisung spricht, nur eben eine Bedeutung haben: Abraham befolgte die Mizwot. Gleichzeitig wird diese Auslegung als Entgegnung gegenüber Paulus anzusehen sein, der ja aus Abrahams Beispiel beweist, dass der Glaube, und nicht das Gesetz selig macht. (Abgesehen davon, dass Gen 15:6 von Abrahams „Emuna", seinem *Vertrauen* zu Gott, spricht, nicht vom „Glauben".)

5. Die Lehre der Auferstehung findet sich in der Schrift der Hebräischen Bibel nicht, dennoch ist es eine Grundlehre des Judentums: „Ganz Israel hat Anteil an der künftigen Welt." Wiederum lesen es die Rabbinen aus Worten der Schrift. Nach Errettung der Kinder Israel am Roten Meer, „damals sangen Moses und die Sohne Israels IHM diesen Gesang" (Ex 15:1). Der hebräische Text „as yaschir" kann in zweierlei Weise verstanden werden: „damals sang" und „dann wird singen". Rabbinischer Auffassung nach wählte die Schrift diese zweideutige Form, um nicht nur von der Vergangenheit zu berichten, sondern gleichzei-

tig auf die Zukunft der Auferstehung hinzuweisen (Mechilta: Schirah). Ferner sagt der Talmud: „Wo ist die Auferstehung der Toten in der Tora angedeutet? Es heißt: ‚Von all euren Zehnten der Ernte gebet davon SEINE Hebe Aaron dem Priester' (Num 18:28). Aber sollte Aaron denn ewig leben? Kam er überhaupt ins Land hinein (wo es erst Ernte gab)? Dies lehrt, dass er einst wieder leben wird, und die Kinder Israel ihm die Hebe geben werden. Hier ist demnach die Auferstehung der Toten in der Tora angedeutet" (Sanhedrin 90b). Mag man diese Interpretationen als spitzfindig ansehen, so ergibt sich dennoch aus ihnen, wie die Glaubensbegriffe des Judentums durch den Talmud auf die Schrift zurückbezogen werden. Heute sagt uns die wissenschaftliche Forschung, dass das antike Judentum die *neue* Idee der Auferstehung in sein System hat einbauen müssen, dass die Rabbinen danach suchten, ex post facto eine Rechtfertigung für sie zu finden. Den Alten wie dem gläubigen Juden erschien und erscheint es nicht so: Gott hat für ihn, in der Tora, auf die Auferstehung hingewiesen.

6. Die Tora wurde am Sinai dem jüdischen Volk gegeben. Aber ist das nicht eine Bevorzugung Israels? Die Talmudlehrer erklären, dass die Tora erst allen Völkern der Welt angeboten worden sei, dass diese sie jedoch zurückgewiesen hatten (Pesikta, 200a, u. a.). Dann erst wurde sie Israel gegeben. Die freiwillige Annahme der Tora als Lehre und Gesetz macht, im Sinne neuzeitlicher Ethik, die Befolgung zu einem ethisch autonomen Akt. Wenn Kant behauptet, dass nur der aus der autonomen Persönlichkeit entstandene Akt von vollem ethischen Wert sei, so trifft das aufs Judentum zu. Die Juden akzeptierten die Tora aus innerer, freier Entscheidung, nicht als aufgezwungenes Gesetz. (Allerdings gibt es rabbinische Erklärungen, die besagen, dass auch Israel die Tora nur unter Zwang annahm.)

Die Tora wurde in der Wüste gegeben, einem Gebiet, das niemandem, daher allen gehörte, Gott verkündete sein Wort in siebzig Sprachen, und Moses erklärte das Gesetz in siebzig Sprachen, allen Sprachen der Welt (Sabbat 88b, Gen. Rabba 49,2).

„Rabbi Meir sagte: Woher weißt du, dass selbst der Nichtjude, der sich mit der Tora beschäftigt, dem Hohepriester gleicht? Weil es in der Schrift heißt: ‚Wahret meine Satzungen und meine Rechtsgeheiße, als welche der Mensch tut und lebt durch sie' (Lev. 18:5). Es heißt nicht, (welche) die Priester, die Leviten, die Israeliten (tun), sondern der *Mensch*. Dies lehrt dich, dass selbst der Nichtjude der sich mit Tora befasst, dem Hohepriester gleicht" (Sanhedrin 59a, obgleich andere eine engere Haltung zeigen.). In gleicher Weise werden Jes 26:2, Ps 118:20, Ps 33:1, Ps 125:4 erklärt. Nirgends spricht die Schrift von Priestern, Leviten, Israel, sondern von Menschheit. Das Bewusstsein der universellen Berechtigung aller Menschen, Tora zu erwerben, und das hieß in der Antike, des besonderen Gottesgutes teilhaftig zu werden, verblieb im Judentum, und verband sich mit der Anerkennung menschlicher Gleichberechtigung auf Grund der noachidischen Gebote.

7. Nach der Sünde des Goldenen Kalbes kehrte Moses zum Berg zurück, um Gottes Verzeihung für das Volk zu erflehen. Sein Wunsch, das göttliche Angesicht zu schauen, wurde ihm verwehrt, doch schritt Gott an ihm vorbei; „Ich will ausrufen den NAMEN vor deinem Antlitz, dass ich begnade wen ich begnade, dass ich erbarme, wes ich erbarme" (Ex 33:19). „Ich begnade wen ich begnade' – obgleich er dessen nicht würdig ist; ‚Ich erbarme wes ich erbarme' – obgleich er dessen nicht würdig ist" (Berachot 7a). Im Zusammenhang mit dieser Stelle sagt George Foot Moore, der große protestantische Erforscher des rabbinischen Judentums: „Paulus Argument (gegen das Judentum) beruht auf zwei Voraussetzungen, die jüdischer Denkweise fremd und dem jüdischen Geist zuwider sind: Erstens, dass die Rechtlichkeit unter dem Gesetz als Vorbedingung der Erlösung vollständige Befolgung des Gesetzes verlange (Gal 3:10–12); und zweitens, dass Gott in seiner Rechtlichkeit nicht dem reuigen Sünder frei vergeben und ihm Erlösung nur aus Gnade gewähren könne, und nicht auf Grund des menschlichen Verdienstes. Diese zweite Voraussetzung ist nicht so ausdrücklich entwickelt wie die erste; doch ruht auf ihr die gesamte Notwendigkeit des sühnenden Todes Christi (s. u. a. Röm. 3:25). Dabei ist zu bemerken, dass Paulus das ganze Problem von Vergebung auf Rechtfertigung hin verschiebt [...] Den Juden ist es eine Quelle dauernden Erstaunens, wie ein Jude, der seiner eigenen Bezeugung nach in einem orthodoxen Hause aufgewachsen war, ein erklärter Pharisäer, zeitweilig, wie berichtet, ein Schüler in der Schule Gamaliels des Älteren, augenscheinlich gut vertraut mit Schrift und Hermeneutik seiner Zeit, je dazu gekommen sein konnte, solche Behauptungen oder Annahmen zum Ausdruck zu bringen [...] Die zwei Voraussetzungen [...] sind nicht Grundlagen, aus denen Paulus Ergebnisse herleitete; sie sind die Postulate, die das vorausgesetzte Ergebnis erfordert. Seine These ist, dass es keinerlei Erlösung gibt, außer durch den Glauben an den Herrn und Heiland Jesus Christus. Die Juden waren genau so positiv, dass der einzige Weg zur Erlösung die Religion war, die Gott ihnen in Schrift und Tradition offenbart hatte, mit allen ihren Lehren und Gebotsbefolgungen, und sie waren eifrig dabei, Proselyten selbst unter den Heiden zu machen, die das Christentum angenommen hatten. Paulus musste daher beweisen, dass das Judentum überhaupt kein Weg zur Erlösung sei, weder auf Grund des menschlichen Verdienstes, noch auf Grund der Gnade Gottes, die dem Bußfertigen vergibt. Er kann kaum erwartet haben, dass sein Argument auf die Juden irgendeinen Eindruck machen wurde, da sie seine beiden Voraussetzungen verneinen wurden. Er schrieb, in der Tat, nicht für Juden, sondern um seine heidnischen Konvertiten davon abzuhalten, von den jüdischen Propagandisten überzeugt zu werden, die darauf bestanden, dass Glaube an Christus ohne Befolgung des Gesetzes nicht zur Erlösung genüge [...]."[51]

51 *Judaism in the First Centuries of the Christian Era*, Cambridge, 1930; Vol. III, S. 150, Anm. 209.

Die Worte G. F. Moores legen Zeugnis davon ab, dass der Dialog mit dem Judentum nur auf einem Verständnis der Schrift im Lichte des Talmuds erfolgreich sein kann. Wie auch Juden die Kirchenväter studieren müssen, um christlichem Glauben gerecht werden zu können. Der Verfasser erlaubt sich zum Schluss die Hoffnung, dass wir alle, Christen und Juden, indem wir uns gemeinsam mit Tora beschäftigen, und uns in eigene Tradition und die des anderen versenken, dem Worte Rabbi Meirs gemäß zu Priestern Gottes werden.

Die Lichter der Chanukka[52]

Was wollte Trepp mit diesem Essay zeigen? Vielleicht wird diese Frage am besten beantwortet, indem man Noam Zion und Barbara Spectre zitiert, die den Aufsatz in ihrem Buch „A Different Light: The Big Book of Hanukkah" aufgenommen haben und unter anderen mit den folgenden Worten einführen: „Rabbiner Leo Trepp fasst die Ideale des Rekonstruktionismus in einfallsreicher Weise zusammen, indem er eine Diskussion zwischen Bet Hillel und Bet Schammai (dem Haus oder der Schule Hillels und Schammais) […] vor 2000 Jahren zusammenfasst […] die talmudische Quelle ist Schabbat 21b, doch Trepp hat die Debatte umgewandelt in eine Parlamentsdiskussion, wie sie in Amerika üblich ist. Für Leo Trepp glauben sowohl Hillel als auch Schammai, dass die Chanukka-Lichter für das ethische Licht stehen, das auf die Menschheit geworfen wird. Hillels Methode, die Lichter zu zünden aber ähnelt eher dem Geist des amerikanischen Judentums (oder des Rekonstruktionimus), weil er jede Nacht eine neue Kerze hinzufügt, so wie das amerikanische Judentum in seinem Glauben an moralischen Fortschritt eine Botschaft hat, die sich immer weiterentwickelt." Hillel gilt als einer der größten jüdischen Gelehrten, der in der rabbinischen Literatur eine überaus wichtige Rolle spielte. Wie viele Juden verehrte Trepp ihn nicht nur wegen seiner Weisheit, sondern seiner Menschlichkeit und Wärme. Eine seiner Aussagen gehört wahrscheinlich zu den meistzitierten weltweit: „Wenn ich nicht für mich bin, wer ist für mich? Wenn ich aber nur für mich bin, was bin ich? Und wenn nicht jetzt, wann dann?" Die Schule Hillel war offener als die von Schammai – obgleich sie nur in wenigen Fragen vollkommen uneins waren. Eine Geschichte aus dem Talmud, die Trepp gern erwähnte, weil sie Hillels Denken charakterisierte, ist die folgende: Ein Nichtjude, der konvertieren wollte, ging zu Schammai und Hillel und bat sie, das Judentum zu erklären, während er auf einem Bein stehe. Schammai schickte ihn fort. Hillel dagegen willigte ein und sagte: „Was dir verhasst ist, das tue auch deinem Nächsten nicht. Nun gehe und lerne." Daraus hat sich der Spruch ergeben: Was du nicht willst, dass man dir tu, das füg auch keinem anderen zu. Ein Schames war zu Trepps Zeiten ein Synagogendiener. In der beschriebenen Funktion kann man ihn

52 Unter Anwendung von Schabbat 21b.

wohl eher als Assistenten bezeichnen. Leo Trepp schrieb den Essay für das amerikanische Magazin ‚The Reconstructionist', das ihn im November 1975 publizierte.

Der zeitliche Rahmen: Erstes Jahrhundert der gemeinsamen Ära – und darüber hinaus. Der Ort: Die Akademie bei Jawne.

Schames: Liebe Versammlung, bitte erheben Sie sich für die Ankunft des Av Bet Din. (Die Versammlung erhebt sich und setzt sich, nachdem der Av Bet Din seinen Platz eingenommen hat.)

Av Bet Din: Wir befassen uns heute mit dem Anzünden der Chanukka-Lichter. In unserer letzten Sitzung haben wir festgelegt, dass die Lichter an der Tür oder am Fenster aufgestellt werden sollen, um von außen sichtbar zu sein und so das „Wunder hinauszutragen". Wie von den Propheten beschrieben, soll Israel ein Licht für die Nationen sein.[53] Dies gilt für alle Zeit, sowohl hier im Land Israel als auch für unsere Brüder in der Diaspora. Wir sind dazu aufgerufen, die Menschheit an ihre Pflicht zu erinnern, in ihren ethischen Prinzipien zu wachsen, gegründet auf dem Bewusstsein, dass Gott in der Welt präsent ist, und es sein allgemeingültiges Gebot ist, Ethik weiterzuentwickeln. Diese universale Verpflichtung wurde durch die Gebote, die Noah erhielt, für die gesamte Menschheit begründet.[54] Unsere Aufgabe besteht darin, die Bewegung hin zu diesem Ziel anzuführen, die Menschheit im Geiste eines *„maalin bekodesh"* anzuleiten. Darum ist das Chanukkafest ein allgemeingültiger Feiertag, die von einem universalen Judentum zeugt. Gibt es hierzu irgendwelche Ergänzungen oder weitere Erkenntnisse, die wir aufnehmen sollten? Falls nicht, lasst uns zum Thema der heutigen Diskussion kommen: Müssen die Lichter in diesen acht Tagen in aufsteigender Reihenfolge entzündet werden, also von eins auf acht, oder in abnehmender Reihenfolge, von acht bis eins? Ich rufe hierzu die Schule von Hillel auf, ihren Standpunkt zu präsentieren.

Repräsentant von Bet Hillel (BH): Wir würden unseren Brüdern aus dem Hause Schammai gern den Vorrang lassen und ihnen die Ehre erweisen, die Debatte zu eröffnen.[55]

Av Beit Din: Ihre gewohnte Großzügigkeit wird hiermit einmal mehr anerkannt und entsprechend aufgenommen. Mögen die Repräsentanten von Bet Schammai bitte die Debatte eröffnen?

Repräsentant von Bet Schammai (BSch): Die Lichter sollten in absteigender Reihenfolge entzündet werden. Auf diese Weise wird jeder daran erinnert, wie viele Tage das große Fest noch andauern wird. Dieses Prozedere ist auch aus psychologischer Sicht sinnvoll: Der Jude, der die Lichter entzündet, wird jede Nacht daran erinnert, dass, nach anfänglichen Mühe, sein Auftrag *Keduscha* in der Welt zu verbreiten, einfacher werden wird; die Hindernisse weichen, und das Ziel rückt näher. So wird er in seiner Überzeugung wachsen.

53 Jes 42:6.
54 Sanhedrin 56a.
55 Erubin 13b.

BH: Wir vertreten eine gegensätzliche Sichtweise. Das Wachstum von *Keduscha* muss auf dem Bewusstsein für unsere historische Vergangenheit ruhen, auf den Lichtern, die wir in der Vergangenheit entzündet haben. Dieser Vergangenheit fügen wir den Einsatz von heute hinzu, ergänzen damit die Vergangenheit und erhöhen so die Strahlkraft. Der Ansatz unserer Brüder aus dem Hause Schammai könnte sogar so verstanden werden, dass man dem Gedanken der Erleuchtung und Erkenntnis gegenüber im Laufe der Zeit gleichgültiger werden kann. Darum schlagen wir vor, mit Blick auf ein sich fortwährend entwickelndes Judentum, die Zahl der Lichter von Tag zu Tag zu erhöhen, entsprechend der Tage, die noch folgen.

BSch: Wir stimmen zu, dass die Lichter der Chanukka eine stärkere Hingabe zu *Keduscha* unter Juden und der Menschheit bewirken sollen. Können wir deshalb an dieser Stelle unsere Brüder an eine ähnliche symbolische Handlung aus der Tora erinnern? Als unser heiliger Tempel noch stand – möge er zu unseren Lebzeiten wieder aufgebaut werden – wurden am Sukkot Fest 70 Opfer dargebracht, die für die 70 Nationen der Welt standen, als Symbol für deren Reinheit und Wachstum durch *Keduscha*. Diese Opfer wurden in absteigender Reihenfolge dargebracht, angefangen bei zwölf am zweiten Tag des Festes und gefolgt von elf am nächsten Tag und so weiter.[56] Die Lichter der Chanukka drücken die gleiche Symbolik aus und erfordern daher eine absteigende Reihenfolge, wie wir es „in den Opferstieren am Fest von Sukkot" finden.

BH: Bei allem gebührenden Respekt gegenüber unseren Brüdern aus dem Hause der Schammai, müssen wir hier aus verschiedenen Gründen widersprechen:

1. Bet Schammai überträgt rein mechanisch den Ritus von Sukkot auf die Praxis von Chanukka, ohne deren Bedeutung zu beachten.

Die Opfer sind Ausdruck unseres *Gebets* für die Nationen. Wir wissen, dass die vollständige Vereinigung der Menschheit unter Gottes Führung erst am „Ende der Tage" kommen wird und erlauben uns, euch auf die Weissagungen des Propheten Jesaja zu verweisen.[57] Wir beten jedoch dafür, dass von Anfang an eine Vielzahl von Nationen ihre Machtambitionen ablegt, gefolgt von weiteren Nationen, bis letztendlich nur ein paar vereinzelte Nachzügler übrigbleiben, die auch ihren Weg hin zu einer wahren nationalen Ethik finden – so dass dann schließlich alle dem Ideal Israels einer ethischen Nationalidentität folgen können. Das ist der Grund, dass wir am Ende des Festes *ein* Opfer bringen, es ist das Symbol für Israel.[58] Die absteigende Zahl von Opfergaben reflektiert also unser Gebet für Wachstum in *Keduscha*.

Die Lichter der Chanukka symbolisieren unseren *Auftrag* und die Aufgaben der Nationen: jede soll zur Leuchtkraft der *Keduscha* beitragen, genauso wie jede Generation zur Leuchtkraft der *Keduscha* beitragen soll, bis ihr Licht alle

56 Num 29:18ff., siehe Sukkah 55b; Rashi zu Num 29,18.

57 Jes 2:2ff.

58 Num 29:26; siehe Rashi dazu.

Dunkelheit verbannt. Aus diesem Grund müssen wir Lichter hinzufügen, um die Notwendigkeit für eine wachsende, weltweite *Keduscha* zu *manifestieren*.

2. Der Auftrag, *Keduscha* zu fördern, läuft der normalen zeitgeschichtlichen Entwicklung entgegen. Üblicherweise gründen sich Nationen auf hohen Idealen und großen Zielen. Im Verlauf ihrer Entwicklung aber vergessen sie ihre Vergangenheit und Ideale. Ihre hehren Ziele werden durch Machtstreben und Materialismus ersetzt; letzten Endes ziehen sie in den Krieg, und die Lichter gehen aus. Eine abnehmende Zahl der Chanukkalichter würde darum ausdrücken, was *ist*, wir müssen sie aber steigern, um zu unterstreichen, was *sein sollte* – nämlich ein Wachstum von *Keduscha*.

Wir müssen unsere Brüder nur an die historischen Ereignisse unseres Landes erinnern seit dem Sieg über die Syrer. Die Makkabäer sahen ihren Sieg als spirituellen Erfolg. Als sie die Menora zerstört auffanden, bauten sie spontan eine aus Speeren nach[59] – ein wundervolles Symbol ihrer Bedeutung, das uns wieder an Jesajas Worte erinnert: „Ihre Schwerter schmieden zu Karsten sie um."[60] Die darauffolgenden Ereignisse unter dem Haus der Hasmonäer, der Nachfahren der Makkabäer, sind allzu bekannt und es schmerzt, sie zu erzählen. Keduscha ging zugrunde und mit ihr die Nation, wir verloren unsere Freiheit, unsere Souveränität. Wir müssen jede Generation lehren, dass sie das Licht der Keduscha heller machen muss, jede Generation muss sich dem Trend der Geschichte neu widersetzen.

Av Beit Din: Ich sehe eine Wortmeldung aus der hinteren Halle. Bitte stellen Sie sich vor und tragen Sie Ihren Punkt vor.

Amerikanischer Jude: Ich repräsentiere eine Gruppe von Schülern, und wir bitten um die Erlaubnis, angehört zu werden. Wir sind Juden eines fernen Landes und einer fernen Zeit. Wir leben in Amerika im Jahr 5736. Amerika beheimatet die größte jüdische Gemeinschaft der Welt. Trotz unserer Ferne sind wir eure Schüler.

Zweiter amerikanischer Jude: Amerika war gut zu uns. Wir sind absolut gleichgestellt und voll integriert. Wir leben in zwei Zivilisationen, der jüdischen und der amerikanischen, zumindest sollten wir in zweien leben, denn wir haben die Möglichkeit dazu. Amerika hat eine idealistisch geprägte Demokratie, die auf Menschenrechten basiert. Wir haben eine Hymne auf unser Land, die diese Worte enthält: „Gott behebe alle deine Fehler – und kröne alles Gute, was er dir erwiesen, mit Bruderschaft." Es ist eine Nation „unter Gott", die nach *Keduscha* strebt. Wir erwähnen dies als eine Art Einleitung, da wir nun die Ansicht von Bet Hillel unterstützen wollen.

Amerikanischer Jude: Auch in Amerika wichen die Ideale der Zweckmäßigkeit und im Laufe der Jahre wurden die Lichter, die einst von den Gründervätern entfacht worden waren gelöscht – zu unserem Kummer. Das amerikanische Ju-

59 Pesikta Rabbati 2:1.
60 Jes 2:4.

dentum ist diesem Niedergang der Moral gefolgt; es verringerte seine spirituellen Lichter, wo es diese doch hätte vergrößern sollen als Beispiel für seine Mitbürger.

Zweiter amerikanischer Jude: Vor 200 Jahren hat unsere Nation ihre Unabhängigkeit gewonnen, im Jahr 5536. Ich würde gerne ihre Entwicklung umreißen, indem ich einen Blick auf die Stimmungen während der verschiedenen Jubiläumstage werfe.

a) Ähnlich wie für die Makkabäer war die Unabhängigkeit für die Gründungsväter ein spiritueller Akt. Sie führten Krieg mit den Briten, den sie schließlich gewannen. Und sie führten diesen Krieg, weil sie in Großbritannien nichts mehr sahen als einen materiellen Imperialismus. Die Moral war schwach und die Kirche – eine staatliche Institution – dominierte und versuchte das Volk von dessen schlichtem und wahrem Glauben zu einer fremdartigen, götzendienerischen Form des Gottesdienstes zu führen. Die Revolution wurde von den Amerikanern als ein Akt der *Erlösung* gesehen. Eine einfache, gottesfürchtige und ethische Nation sollte entstehen, eine Nation der Brüderlichkeit, die der Vernunft verschrieben ist. Alle Menschen sollten gleich sein. Das Ideal war die ethische Nationalidentität.

b) Fünfzig Jahre später hatte die Nation eine große industrielle Expansion begonnen, den Industriellen wurden Privilegien gewährt; der Anwalt war zur Führungskraft geworden, und die Schlupflöcher des Gesetzes ermöglichten es, die Ethik zu umgehen. All dies hatte zwar gerade erst angefangen, aber dennoch war offenkundig, dass das Licht des Idealismus zunehmend schwand.

c) Hundert Jahre später, im Jahr 5636, fand eine große Ausstellung in der Stadt Philadelphia statt, um das hundertste Jubiläum der Gründung der Republik zu feiern. Das Herzstück war eine gigantische Dampfmaschine. Der materielle Fortschritt wurde gefeiert. Man sah, dass die Rassenzugehörigkeit wichtiger und die Brüderlichkeit dadurch langsam zerstört wurde. Der Unabhängigkeitstag wurde von den „Töchtern der Amerikanischen Revolution“ inzwischen als ein weißes, angelsächsisch-protestantisches (WASP) Fest angesehen, das den Immigranten verwehrt bleiben sollte. Die Einheit war verschwunden, das Licht erloschen.

d) Am hundertfünfzigsten Jubiläum war Amerika vom „Unternehmergeist“ durchzogen. Die Moral war versiegt, Gangstertum regierte und die WASP-Einstellung war populärer geworden. Das Band mit Menschheit und Humanität war von einem isolationistischen Amerika zerschnitten worden. Die Kämpfer und die Ideale der Revolution waren vergessen.

e) Nun nähern wir uns dem Zweihundertjahrfest und sind unsicher und wissen nicht, wie wir dieses Fest feiern sollen. Es muss hinzugefügt werden, dass auch die amerikanischen Juden – vom Geist des Landes vereinnahmt – derselben Linie folgten. Jüdisches Wissen und jüdische Praxis nahmen ab, das System der Familie fiel auseinander, die Zahl der Heiraten außerhalb des Glaubens nahm stark zu, so wurden die Reichen, nicht die Engagierten, zu neuen Führern der Gemeinden. Die Lichter sind erloschen. Juden hätten das Licht vermehren sollen, so wie es Hillel vorschlägt.

Amerikanischer Jude: Doch nicht alles war Dunkelheit, nicht alles Verfall. Die Gründerväter des Landes verkündigten die Gleichheit der Menschen und hielten dennoch Sklaven, wenn sie auch innerlich davon hin- und hergerissen wurden. Einhundert Jahre später, nach einem bitteren Bürgerkrieg, wurde die Sklaverei abgeschafft. Am hundertsten Jubiläum ergriffen die Frauen das Wort auf der Ausstellung und verlangten nach Gleichberechtigung. Sie blickten dabei auf den Geist der Vergangenheit und entfachten doch neue Lichter im Geiste der Gegenwart. Der Kampf gegen die Korruption in der Regierung begann, und die Leidtragenden der ökonomischen Depression erinnerten sich an die großen Ankündigungen der Gründerväter und forderten neue Wege, um im Geiste einer neuen, industriellen Zeit. In der Tat wurden hier neue Lichter entzündet. Ernsthaft wurde die Frage erörtert, was das Ende unseres Wohlstandes sein werde. Die Antwort war: Nicht das, was wir haben, sondern das, was wir damit anfangen.

Im Laufe des zweiten Jahrhunderts der Republik strömten Millionen von Juden ins Land und machten es so zur größten jüdischen Gemeinschaft in der Welt. Neue Formen des Judentums wurden entwickelt, nicht unwiderruflich, sondern im Geiste einer sich stetig verändernden jüdischen Zivilisation: eine neue Form der Orthodoxie, der Reform und des Konservativismus und – alles umfassend: die Evolution, die Jüdischkeit und das Leben in zwei Zivilisationen – der Rekonstruktionismus. In Zeiten, in denen Juden verfolgt wurden, retteten die amerikanischen Juden Millionen von Menschenleben; die Wiedergeburt Israels wäre ohne dies unmöglich gewesen.

Wo wir uns nun daran machen, das Zweihundertjahrfest zu feiern, regen sich neue Kräfte: Minderheiten haben viele der Rechte gewonnen, die ihnen gemäß der Prämisse „alle Menschen sind gleich geschaffen“ zustehen, Frauen haben Fortschritte gemacht, die Sozialgesetzgebung wurde erweitert, Arbeiter werden nicht mehr ausgebeutet, die Jugend sucht nach neuen Antworten, die auf dem Prinzip von Gerechtigkeit und Liebe ruhen, und Amerika unterstützt Israel. Es ist alles nicht perfekt, und viele Lichter müssen noch gezündet werden, doch viele Lichter leuchten bereits. Anders als bei den Chanukka-Lichtern, deren Zunahme Schritt für Schritt vorgegeben ist, sehen wir bislang weder, welche Schritte als nächstes gegangen werden müssen, noch sehen wir den Grad des Fortschreitens.

Hier sollte man anmerken, dass die nichtjüdischen Amerikaner besser mit der Chanukka vertraut sind als mit jedem anderen jüdischen Feiertag. Dafür mag es die unterschiedlichsten Gründe geben, aber möglicherweise hat gerade die Idee des *zunehmenden* Lichts die Vorstellung der Amerikaner ergriffen, die – im Prinzip – so eng mit den Grundsätzen jüdischer Ethik einhergeht.

Zweiter amerikanischer Jude: Wir haben die Tatsache umrissen, dass ein *Abnehmen* des Lichts einen Verfall und die *Zunahme* des Lichts spirituelles Wachstum darstellt. Wir glauben, dass das amerikanische Beispiel für den Vorschlag aus dem Hause Hillel spricht und würden uns hiermit respektvoll dafür aussprechen, dass diese Meinung bei dem Ausformen der Halacha bevorzugt wird. Wir sind dankbar, dass Sie uns die Möglichkeit gegeben haben, angehört zu werden.

Av Bet Din: Ihre Ansicht ist für uns sehr wichtig. Sie spiegelt den lebendigen Geist des jüdischen Volkes wider. Sie ist die Stimme des Volkes. Wir schließen daraus, dass Bet Hillel die Ansicht des jüdischen Volkes in dessen historischem Wachstum vertritt.

Hillel hat stets auf diese Stimme gehört und das Volk „wenn nicht als Propheten, dann als Söhne der Propheten“[61] gesehen. Die Stimme des Volkes ist unentbehrlich. Die Römer, unter denen wir leben, haben ein Sprichwort: „Vox populi, vox Dei“, die Stimme des Volkes ist die Stimme Gottes. Wir gehen hier nicht so weit, jedoch würden wir sagen, dass die Stimme des Volkes „Bat Kol“ ist, also die Tochter von Gottes Stimme. Und Bat Kol spricht zugunsten von Hillel.[62]

Ich möchte hier noch einmal hervorheben, dass Bet Schammai und Bet Hillel sich im Prinzip einig sind: Der Zweck von Chanukka ist *„maalin bekodesh“*. Diese Übereinstimmung bestätigt uns in der Annahme, dass diese Meinungen in der Tat „Worte des lebendigen Gottes“[63] sind, die Diskutanten müssen erstgenommen werden. Nichtsdestotrotz hat Bet Hillel eine größere praktische Einsicht und Nähe zum Volk gezeigt. Bet Hillel hat wahrhaftig beschrieben, wie das Ideal von *„maalin bekodesh“* am besten ausgedrückt und weitergegeben werden kann.

Die Halacha lautet also entsprechend dem Hause Hillel: Die Chanukka-Lichter sollen in zunehmender Reihenfolge angezündet werden, vom ersten bis zum achten Tag. Die Sitzung ist hiermit geschlossen.

61 Pesahim 66a.
62 Erubin 13b.
63 Ibid.

Gott und der Mensch

Zwei Wochen nach der Befreiung Deutschlands durch die alliierten Truppen wurde diese Reflektion Trepps im amerikanischen Magazin ‚The Reconstructionist' veröffentlicht. Trepp beschreibt die Gebete der Menschen am D-Day, dem 6. Juni 1944, als die alliierten Truppen im Zweiten Weltkrieg begangen, an den Stränden der Normandie zu landen, um dort eine zweite Front gegen Hitler zu schaffen. Die Schlacht in der Normandie und weitere Schlachten bis zum Kriegsende sollten noch Zehntausende von Leben unter den amerikanischen, britischen, kanadischen und französischen Soldaten fordern. Trepp findet in dieser angespannten Zeit selbst unter rationalen Menschen das Bedürfnis, sich an einen persönlichen Gott zu wenden, den Gott der Kindheit. Er fordert sich und seine rabbinischen Kollegen auf, diese in den Menschen schlummernde Sehnsucht aufzufangen. Und, wie sich aus anderen Arbeiten ergibt, ist er der Überzeugung, dass das Unvermögen, Menschen in ihren ***religiösen*** *Bedürfnissen zu erkennen und sie anzuleiten, dazu beiträgt, dass viele Juden nicht mehr in die Synagoge gehen. Manche Beispiele mögen heute ein wenig fremd anmuten, doch in den 40iger Jahren sprach wohl die Mehrheit zum Beispiel von der Mutterliebe auf die Weise, wie er es tat. Trepp zitiert das Gebet der Märtyrer, das er für das am höchsten stehende hält. Er selbst war sein Leben lang davon überzeugt, dass seine im Vernichtungslager ermordete Mutter mit einem Gebet und mit dem Gefühl, sich für Gott hinzugeben, in den Tod gegangen ist. Der von ihm erwähnte Zohar ist das Kernstück der kabbalistischen Literatur.*

In Zeiten der Anspannung wird unser Glaube auf die Probe gestellt. Wir müssen nicht nur bekräftigen, *dass* wir glauben, sondern auch, was wir glauben. Was sind die Inhalte und Ideale, die mit diesem Glauben einhergehen? Große historische Momente führen oft dazu, dass Menschen ihren Glauben offenbaren, manchmal, ohne dass sie es überhaupt kontrollieren können. In diesen Momenten können verdrängte oder verloren geglaubte Emotionen hervorbrechen und sich eines Menschen ermächtigen. Die Emotionen unseres Volkes schlugen hoch, als die Alliierten in der Normandie landeten. Und sie erreichten einen neuen Höhepunkt an dem Tag, als das nationalsozialistische Deutschland unter Hitler seine Kapitulation erklärte. Und sie werden wohl ihren ultimativen Höhepunkt erreichen, wenn der endgültige Sieg über alle Feinde ausgerufen werden wird. Das hat mich dazu gebracht, einmal näher hinzusehen, wie sich die Emotionen am Tag der Alliierten-Landung religiös ausgedrückt haben, und sowohl die innere Haltung der Gläubigen wie auch ihr Gebet zu analysieren. Denn vielleicht lassen sich in diesen Äußerungen Gedanken von Menschen erkennen, die sie sonst verborgen halten.

Gebete am Tag der Landung

An diesem Tag beteten Menschen zu Gott auf eine Art und Weise, die sich nicht an die Kraft in uns selbst oder die der Gesellschaft wendet, um neuen Mut zu erlangen. Sie beteten zu Gott als einen Gesprächspartner im Dialog, der sie sieht, der ihnen zuhört, der ihnen antwortet, und der zugleich allmächtig ist. Für sie schloss diese Allmacht auch seine Macht ein, seine Kinder zu retten und zu leiten, jeden Einzelnen in die kugelsichere Weste seines Schutzes zu kleiden, sie wie durch ein Wunder zum Erfolg zu führen und ihnen den Sieg zu schenken.

So habe ich Menschen beten sehen, und so habe ich selbst gebetet, nicht nur in großen Momenten, sondern in allen großen Nöten des Lebens. Alle philosophischen Spekulationen über Gottes Wesen und seine Beziehung zum Menschen gleiten dann wie ein Mantel von den menschlichen Schultern. Und wenn einem auch die Bedeutungslosigkeit individueller Bedürfnisse gegenüber Gottes Größe noch so bewusst vor Augen steht, empfängt man dennoch Mut und Stärke von dem „magischen“ Gebet: „O Gott, hilf mir in dieser Situation, O Gott schenke mir Gelingen.“ An dem Tag der Landung glaubten Philosophen wieder wie Kinder, Zyniker wurden ehrfürchtig, und Zweifler bejahten die Hoffnung in Gott. Wie passiert so etwas? Keiner von uns hat jederzeit dieselbe Vorstellung von Gott, sondern die Wahrnehmung Gottes verändert sich mit der Zeit und den Umständen, in denen wir uns befinden, verändert. Das zeigt sich hier. In Wirklichkeit offenbart Gott sich *selbst* nicht nur verschiedenen Menschen auf unterschiedliche Art, sondern auch ein und derselben Person je nach der Situation immer wieder neu.

Die Namen Gottes

Was wir tatsächlich tun, wenn wir uns Gott auf unterschiedliche Art und Weise nähern, ist einfach: Wir geben seinem unbeschreiblichem Wesen einen Namen oder sogar mehrere, um unsere Beziehung zu ihm in gerade dieser Situation auszudrücken. Genauso wurden auch die vielfältigen Namen von Gott in der Bibel verstanden. Aus diesem Grund ist jeder Name legitim, die der Einzelne Gott gibt, um seine Majestät zu preisen oder mit ihm zu kommunizieren. Die Theologie kann Gottes Wesen nur durch negative Bezeichnungen adäquat definieren. Die Namen jedoch, die Gott in einem spontanen Gebet gegeben werden, werden zu einem Teil des Wesens Gottes, den der Mensch verstehen kann. Grundsätzlich scheint es vier Möglichkeiten zu geben, wie sich die Beziehung zu Gott ausdrückt, und vier „Namen“, die die Beziehung abbilden: Der mystische Gott, der Gott der Philosophen, der Gott der Kinder und der Gott der Egoisten.

Für den Mystiker zerbrechen die Mauer des Namens und die der menschlichen Persönlichkeit. Der Mensch löst sich vielmehr in Gott in einer namenlosen Gemeinschaft auf. Da es nur einige wenige wahre Mystiker auf unserer Welt gibt, müssen wir die Details dieser Gemeinschaft nicht hinterfragen, sondern können festzustellen, dass beinahe jedes menschliche Wesen manchmal diese mystischen Momente in seinem Leben hat, ohne sie erklären zu können.

Der Philosoph versteht Gott in einer logischen oder soziologischen Weise. In vergangener Zeit kam es oft vor, dass der Philosoph Gott auf vielfältige Art bewies oder zu beweisen suchte. Dafür gab er Gott unterschiedliche Namen, durch die der menschliche Intellekt ihn begreifen konnte. Die Tatsache, dass mittelalterliche Denker normalerweise vielfältige Beweise für Gott vorweisen konnten, indiziert, dass sie zu verschiedenen Zeiten unterschiedlich über ihn dachten. Die moderne religiöse Philosophie begreift Gott als Kraft, die Gutes in unserer menschlichen Gesellschaft bewirken kann. So ist dies für uns zu einem Namen für Gott geworden.

Der durchschnittliche Mensch sieht Gott als seinen Vater an, als jemand, der groß und mächtig ist. Das ist der Zugang des Kindes, der sehr persönlich ist. Der Egoist jedoch sieht Gott als seinen Befehlsempfänger an, der seinen Wünschen folgen, exklusiv auf ihn hören und seinen exklusiven Zwecken dienen muss. Dieser Zugang ist gefährlich. Die Namen des philosophischen und kindlichen Gottes sind diejenigen, die am häufigsten von den Menschen benutzt werden. Beide Vorstellungen sind gewöhnlich in den Gedanken der meisten Menschen vorhanden. Gott der „Vater" beschützt den Philosophen davor, sich im Pantheismus zu verlieren, und der Gott der Philosophen beschützt das Kind davor, sich in einen Egoisten zu verwandeln. Immerhin ist es das philosophische Denken, das Gottes unendliche Größe in den Vorstellungen der Menschen geschaffen hat.

Die individuellen Erfahrungen sind es folglich, die den Grundbaustein für die Gotteserkenntnis schaffen. Der Zohar beschreibt diese Vorstellung sehr deutlich: Gott hat viele Gesichter, in denen er sich dem Menschen zu erkennen gibt. Ein Gesicht ist strahlend, ein anderes ist nicht strahlend; eines ist demütig und eines ist verherrlicht, eines ist fern und eines ist nah, eines schaut nach rechts und eines nach links. Gott offenbart sich jedem menschlichen Wesen so, dass gerade dieser Mensch mit seinen individuellen Fähigkeiten ihn verstehen kann.

Der Gott der Bibel: „Ihr sollt lieben!"

Der Gott der Bibel ist der Gott des Philosophen und der Gott des Kindes, mit Betonung auf das Letztere. „Ich bin, der ich bin" begründet den philosophischen Namen. Das Gebot: „Du sollst den Herrn deinen Gott lieben", etabliert ihn als Vater. Als zentraler Aspekt im System des Judentums wird die rein persönliche Beziehung zwischen Gott und dem Menschen in das Zentrum aller Vorstellungen gerückt. Liebe ruft nicht nur nach jemand, der liebt, sondern auch nach einem, der geliebt wird. Liebe ohne einen persönlichen Liebhaber und ohne einen persönlichen Geliebten bleibt im menschlichen Leben abstrakt. Natürlich gibt es verschiedene Formen von Liebe, doch in jeder Form gibt es eine persönliche Beziehung. Das Kind liebt seine Mutter für die Zuwendungen, die es erhält; Ehemann und Ehefrau lieben einander im Geben und Nehmen und auf diese Weise im Wachsen in der und durch die Beziehung; die Liebe einer Mutter zu ihrem Kind ist eine sich selbst opfernde Liebe, die ihre Entlohnung in der Selbstverneinung zugunsten eines anderen Lebens findet. Alle diese Beziehungen sind persönliche Beziehungen.

Andere Formen von Liebe bleiben im Hinblick auf diese Art der Liebe unbefriedigend. Keine Nation konnte jemals erfolgreich eine direkte Liebesbeziehung zwischen dem Individuum und dem Kollektiv herstellen. Demnach nahmen die Nationen Zuflucht in Symbolen oder Personen, durch die Liebe kanalisiert und erschaffen werden kann: Flagge, König, oder, für Amerika, die Verfassung, die sowohl ein Symbol, als auch ein Instrument für Demokratie darstellt. Nur der persönliche Gott wird uns erlauben, ihn voll und ganz zu lieben und ihn in unseren Gebeten als „mein Gott" anzusprechen, so wie der Psalmist es tut. Der Zugang mag der eines Kindes sein, das hartnäckige Gebet von jemandem, der um einen Gefallen bittet, oder das eines Liebhabers und Geliebten durch das eine gegenseitige Beziehung entsteht, oder – das bedeutendste von allen – das Gebet eines Märtyrers, der willig ist, zur Heiligung des Namens Gottes, al kiddush hashem, zu sterben. Doch nur, wenn er Gott mit den Augen eines Liebhaber und Geliebtem sieht, kann der Mensch das „Hohelied der Liebe" singen, das – so sagte Rabbi Akiba einst – zum heiligsten Buch im Kanon der Schriften geworden ist. Doch reicht das aus?

Ohne den philosophischen Namen Gottes kann sich die Liebe schnell in Egoismus verwandeln. So war die Generation der Wüste eine großartige Generation in ihrer Liebe zu Gott, eine Generation in der, nach rabbinischer Überlieferung, jedes Dienstmädchen Gott auf eine Art und Weise erblickt hat, wie kein Prophet es jemals danach getan hat. Und doch war sie auch eine schlechte Generation. Die Israeliten waren damals so verwöhnt, dass sie Gott zu einer Art Laufburschen machten. Um einen altertümlichen Midrasch zu zitieren, trug er sie auf seinen Schultern, und dennoch fragten sie sich, wo er war, wenn sie mit neuen Wünschen und Forderungen an seine Großzügigkeit appellierten. Der Gott der Philosophen ist unmissverständlich in seiner Größe begründet. Er ist der Meister. Aber gleichzeitig ist er zu weit entfernt. Er kann nicht geliebt werden. Nur ein persönlicher Zugang kann zu dieser Liebe führen. Dem Gott des Kindes jedoch fehlt das Element der „Angst". So müssen beide kombiniert werden.

Der persönliche Gott Kierkegaards

Was sagt es über unsere heutige Zeit aus, dass die Lehren des dänischen Philosophen Søren Kierkegaards langsam an Einfluss auf die zeitgenössischen Überlegungen zunehmen? Seine Ideen wurden vor hundert Jahren aufgezeichnet, und ihre Kraft musste sich seitdem in dem Leben seiner Landsleute beweisen. Kierkegaards Gott ist ein persönlicher Gott, exklusiv und „eifersüchtig". Denn Gott zu lieben bedeutet laut Kierkegaard, die ganze Welt für diese Liebe aufzugeben.

Der Mensch muss allein stehen, ganz allein vor Gott, nur so kann er *Ihn* erreichen und mit *Ihm* sprechen. Gott wird nicht durch die Menschheit geliebt, sondern trotz der Menschheit. Kierkegaard selbst löste für die ausschließliche Liebe zu Gott seine Verlobung mit der jungen Frau, die er liebte. Nichts hätte auf ergreifendere Art und Weise den persönlichen Charakter seiner Vorstellung von Gott offenbaren können.

Diese Vorstellung ist mit der jüdischen Denkweise jedoch absolut nicht kompatibel. Für uns ist Gott der Herr der Menschlichkeit. Ihm wird durch Gerechtigkeit gedient. Den eigenen Nachbarn zu lieben ist gemäß Hillel das Fundament unseres Glaubens und der grundlegende Zugang zu Gott. Nichts desto trotz liegt eine Größe in Kierkegaards Vorstellung, wie die Geschehnisse unserer heutigen Zeit gezeigt haben. Derjenige, der Gott auf diese Art und Weise liebt, ist sich am Klaren darüber, dass er sich vor Gott nicht verbergen kann, dass er immer allein vor Gott steht, allein in seiner Verantwortung vor Gott. Er kann sich nicht darauf berufen, dass die Umstände ihn davon abgehalten haben, seine Pflicht zu tun. Er kann sich weder in der Masse verstecken, noch ihren Einfluss als Entschuldigung für seine Fehler heranziehen. Er muss allein vor Gott stehen. In der Masse und mit der Masse zu sein ist, laut Kierkegaard, bereits Sünde. Es mag dieses Prinzip gewesen sein, das den Dänen die Kraft gab, ihre moralische Integrität auf eine einzigartige Weise zu erhalten und gegen den Angriff der Deutschen zu verteidigen. Wir müssen nur daran denken, wie sie die Juden im Land retteten, um ein strahlendes Beispiel für diesen Sinn der Verantwortung vor Gott zu finden, vor dem jeder allein steht. Dies ist die Kraft eines persönlichen Gottes im Leben eines Menschen und der Geschichte der Menschheit. Die Tatsache, dass Kierkegaards Gedanken sich hier und jetzt durchzusetzen beginnen, sollte uns zum Nachdenken anregen.

Die Lehre von Religion zu Kriegszeiten

Die Erfahrung, die wir während des Krieges machten, hat uns in diesem Zusammenhang eine wichtige Lektion gelehrt. Sie hat uns gezeigt, dass eine der wichtigsten Prämissen, auf der die moderne Religion ihr System begründet hat, der Nachprüfung bedarf. Die Prämisse ist, dass der Mensch einen persönlichen Gott nicht anerkennt, einen Gott, der als ein Partner an seinem Leben teilnimmt. Die moderne Religion hat ihre Reformen auf der Annahme begründet, dass diese Vorstellung von Gott eng und begrenzt genug ist, fortschrittliche Geister mit solch alten Strukturen und Überzeugungen zu verscheuchen. Diese Annahme mag vor dem Hintergrund der religiösen Erfahrungen während des Krieges einer Überprüfung bedürfen.

Offensichtlich war es kein institutioneller Fehler organisierter Religion, der den modernen Menschen vertrieben hat. Die Spontanität von Gebeten zu einem persönlichen Gott am Tag der Landung der Alliierten etwa scheint zu indizieren, dass die Vorstellung von einem persönlichem Gott kein religiöses Dogma ist, sondern eine Realität, die der menschlichen Seele entspringt. Demnach muss es der Glaube der Menschen an seine Autarkie und eigene Zulänglichkeit gewesen sein, der ihn von Gott entfernt hat. Die uralte Vorstellung von einem persönlichen Gott scheint bei weitem noch nicht überholt zu sein. Sie schlummert in den Gemütern und kommt ans Tageslicht wann immer sich das Gefühl einschleicht, dass die eigenen Ressourcen ausgereizt sind.

Die Gefahr und der Auftrag

Mit diesen Gedanken sollten wir uns in den kommenden Jahren beschäftigen. Wenn der Glauben des Menschen in seine eigene Stärke ihn von Gott entfernt hat und nur die Erkenntnis seiner Schwäche ihn dazu veranlassen kann, zu Gott zurückzukehren, so mag diese Rückkehr von Motiven getrieben sein, die Grund zur Sorge sein können. Die Menschen mögen zu Gott gebetet haben, um die Arbeit zu tun, die sie selbst nicht leisten konnten und zwar nur diese. Sie haben ihn womöglich tatsächlich als ihren Bediensteten oder Laufburschen verstanden. All ihre Gebete mögen die von Egoisten gewesen sein. Mit diesem Gottesbild würde also grundsätzlich etwas nicht stimmen. Und es hilft dem Einzelnen nicht. Wenn das Individuum Gott für persönliche Anliegen bittet, wird es sein Heil nicht finden. Der Mensch muss Gott als Herrscher anerkennen, von dem der gesamten Menschheit ihr Heil kommt. Denn nur das Heil der Gemeinschaft kann dem Einzelnen in seinen eigenen Bedürfnissen helfen.

Der ferne Gott der Philosophen wurde in den Emotionen des Tages der Landung der Alliierten vergessen. Aber wie steht es mit dem höchsten Gott der Philosophen? Wurde auch er vergessen? Die Idee von einer persönlichen Beziehung zwischen Gott und den Menschen ist eine potentielle Kraft in dem Leben unseres Volkes und bringt die Menschen näher zu Gott, als die Philosophen es jemals können. Aber ohne den Gott der Philosophen werden die Menschen in die Irre geführt. Ihr Glaube kann im wahrsten und vollsten Sinne des Wortes zur Blasphemie werden, mit all ihren hässlichen Auswirkungen auf das soziale Leben. Deshalb sollten wir es uns zur Aufgabe machen, die Vorstellung von einem persönlichen Gott wieder neu zu entdecken und zu entwickeln. Sie hat sich als ungeheuer kraftvoll in der und für die Psyche der Menschen erwiesen und ist deshalb ein mächtiges Werkzeug, um das Gute in der Gesellschaft zu fördern. Gleichzeitig sollten und müssen die Menschen jedoch auch an eine wahrhaft philosophische Vorstellung von Gott herangeführt werden, um die Gefahr einzudämmen, Egoisten zu werden. Die Synthese von beiden kann zur Akzeptanz einer Gottesvorstellung führen, die Wärme und emotionalen Anklang enthält, und die Menschen gleichzeitig dazu führt, uneigennützig für das Wohl der Gesellschaft und das Wohl der Menschheit einzutreten.

Marshall McLuhan, das goldene Kalb und modernes Judentum

Marshall McLuhan, der sich als einer der ersten Philosophen der Popkultur und dem Einfluss neuer Medien widmete, entwickelte Theorien, die auch heute noch zum Standardwissen eines jeden Medien- und Kommunikationswissenschaftlers gehören und deren Essenz als Schlagworte allgemein bekannt sind: „Das globale Dorf" – „Das Medium ist die Botschaft" – „Heißes und kaltes Medium". Als Philosoph hatte Trepp McLuhans Werke gelesen, doch besonders „Understanding Media", die Studie, in der McLuhan erörtert, dass und warum die Medien selbst für die Wissenschaft von Interesse sein sollten und nicht so sehr deren Inhalt, beschäftigte ihn, und er fragte sich, inwieweit durch McLuhans Werk auch das Judentum herausgefordert werde. Im Briefwechsel mit Kaplan erklärt er ihm, warum er über McLuhan schreiben möchte. Auf dessen Einwand, dass McLuhan in Wirklichkeit nichts essentiell Neues gesagt habe, stimmt er ihm zu, besteht aber dennoch auf eine zumindest kurze Auseinandersetzung mit dem Medienwissenschaftler. Er weist auf den Einfluss von Marx, dessen Theorie, so dogmatisch und mangelhaft sie in Punkten auch gewesen sein möge, durch ihre Akzeptanz Millionen beeinflusst habe. Würden McLuhans Thesen populär werden, vergäbe sich das Judentum eine Chance, wenn es sich nicht mit Fragen beschäftige, die durch ihre Verbreitung auch viele Juden direkt oder indirekt beeinflussen würden. Kurz: Trepp überzeugte Kaplan, dass Juden Ideen, die derart breit diskutiert würden, untersuchen und gegebenenfalls im Interesse des Judentums nutzen müssten. Der Artikel, den er daraufhin für den „Reconstructionist" schrieb, wurde im Juni 1968 veröffentlicht. Ein Hinweis: in dem Aufsatz ist von Senator McCarthy die Rede. Damit ist der demokratische Senator Eugene Joseph McCarthy gemeint, einer der liberalsten Politiker seiner Zeit, der in den demokratischen Vorwahlen 1968 mit seiner Opposition zum Vietnamkrieg Präsident Lyndon Johnson herausforderte. Um ihn zu unterstützen und für seine Kampagne auch bei Mittelklasse-Amerikanern Gehör zu finden, ließen sich viele linke Studenten ihre Bärte und langen Haare schneiden, um für ihn von Haus zu Haus werben zu können. Darauf geht Trepp mit seinen Bemerkungen ein. Mit dem Begriff „Sancta" spielt er auf den Begriff an, den der Rekonstruktionismus für „Mizwot" benutzt. Kaplan nennt sie Sancta – heilige Symbole – die ihren Charakter als solche verlieren können, wenn sie für die Menschen keine Bedeutung mehr haben. Stattdessen mögen sich andere Sancta entwickeln, die einer neuen Generation mehr Sinn vermitteln.

Die Theorie von Marshall McLuhan vom *Medium als die Botschaft* hat ungezählte Reaktionen ausgelöst. In der modernen amerikanischen Denkweise hat sie Funken geschlagen. Und sie verdient Aufmerksamkeit. McLuhan beschreibt, dass das Medium an sich, unabhängig vom Inhalt, den es transportiert, die Bezugsgröße ist, die eine gesellschaftliche Transformation bewirkt und mit ihr die des Einzelnen. So haben beispielsweise die Entwicklung des Mediums Licht im elektronischen Zeitalter und die Schaffung von elektronischem Licht als ein neues Medium die Gesellschaft sicherlich verändert. Sie haben neue Lebensmuster ermöglicht – angefangen bei Operationen bis hin zu nächtlichen Sportveranstaltungen.

Das neunzehnte und frühe zwanzigste Jahrhundert hingegen waren das Zeitalter des Mediums Mechanik. Dieses Medium spaltet und atomisiert die Gesellschaft. Wir müssen nur an die Fließbandarbeit denken, bei der jeder Einzelne seine kleine Aufgabe erfüllt, ohne notwendigerweise das fertige Produkt zu kennen oder sich darüber Gedanken zu machen. Das zwanzigste Jahrhundert ist das Zeitalter des Mediums Elektronik, das im Computer kulminiert. Durch ihn wurde die Welt vereint, kleiner, er hat die Menschen enger zusammen gebracht, und Teamwork wurde unentbehrlich. Unsere Gesellschaft insgesamt hat sich stärker miteinander verbunden und strebt nach Einheit. Die Belange der abgelegensten Teile der Welt werden zu unseren Belangen.

Der Übergang von einem Medium in ein anderes ist ein schmerzhafter Umbruch und wird von großen Unruhen begleitet. Doch ist ein neues Medium erst einmal angenommen, gibt es kein Zurück zu einem früheren. Der Bruch ist vollständig.

McLuhan unterscheidet zwischen „heißen" und „kalten" Medien. Ein „heißes" Medium ist demnach eines, das seinen Inhalt komplett und im Detail überträgt. Der Empfänger muss sich überhaupt nicht um eine Interpretation bemühen. Er dringt daher nicht wirklich tief in die Botschaft des Mediums ein. Ein „kaltes" Medium verlangt dagegen eine weit reichende Interpretation der Botschaft. Der Empfänger ist also involviert, muss es sein. Man kann beispielsweise erkennen, dass ein „heißer" Vortrag den Zuhörer weniger einbezieht als ein „kaltes" Seminar, bei dem er sich beteiligen muss. Das gedruckte Wort ist ein heißes Medium. Es erhitzte die Gesellschaft. Seine Erfindung führte zur Auflösung des mittelalterlichen Wirtschaftssystems.

Unterschiedliche Kulturen können unterschiedliche Medien haben. Afrikanische und asiatische Stämme haben sich auf das mündliche Medium verständigt, das die Nachricht übermittelt. Der westliche Mensch ist buchstabengetreu und abhängig vom elektronischen Medium. Wenn diese unterschiedlich geprägten Kulturen in Kontakt kommen, kann es dazu führen, dass Medien verschmolzen werden. Das hat explosionsartige Unruhen zur Folge. Dies erklärt aus McLuhans Sicht die Probleme, die auftreten, wenn sich Eingeborenenstämme dem Prozess der Verwestlichung unterziehen.

Das Goldene Kalb

Lassen Sie uns versuchen, die Geschehnisse um das Goldene Kalb in der Schrift anhand von McLuhans Theorie zu erklären. Die Botschaft vom Berg Sinai war eine „heiße" Botschaft. Die Zehn Gebote wurden in einer sowohl physisch wie auch emotional hitzigen Situation präsentiert. Die Botschaft war „heiß" und explizit – und löste beim Volk eine einzige Reaktion aus: „Alles was der Herr spricht, werden wir tun." Jedoch scheitert eine „heiße" Botschaft daran, den Empfänger in einen Prozess der kreativen Reaktion zu versetzen, die der Botschaft Sinn verleiht. Mose verschwindet danach von der Bildfläche, bleibt auf dem Berg und lässt das soweit unbeteiligte Volk ohne irgendein Hilfsmittel zurück, das es für eine aktive Mitwirkung bräuchte.

Aaron erkennt diese Situation. Um die Menschen zu beruhigen und sie einzubeziehen, fordert er sie auf, ihren goldenen Schmuck zu holen. Sie tun es. Und er gießt daraus ein Kalb. Was Aaron dabei jedoch nicht sah, war, dass er zwei Medien zusammen brachte – letztlich miteinander verschmolz – und dies unweigerlich in einer Explosion münden musste. Diese beiden Medien waren das visuelle ägyptische und das neugeschaffene, auditive jüdische Medium. Dass das ägyptische Medium visuell war, bestätigen Pyramiden, Monumente, Hieroglyphen und auch Mumifizierungen. Das Medium der Stammväter mag einmal visuell gewesen sein, schließlich war Mose am brennenden Busch vorgewarnt worden, dass der visuelle Gott (El Shaddai, der Gott des Berges) durch den nichtvisuellen Gott der Geschichte ersetzt würde, dessen Stimme allein gehört werden solle. Im Hinblick auf das visuelle Medium des goldenen Kalbes war Aarons Aufruf – „morgen ist Gottes Fest" – wirkungslos. Das Kalb war zum visuellen Medium eines nicht-sichtbaren Gottes „der dich aus dem Land Ägypten geführt hat", geworden. Das Volk war einfach nicht imstande, sich auf ein neues Medium einzustellen. Dies führte zur Katastrophe. Hier liegt die Warnung für uns.

Die zweiten Tafeln

Allerdings musste noch ein weiteres Medium eingeführt werden – das lineare Medium des geschriebenen Wortes. Mose empfing einen zweiten Satz der Gesetzestafeln. Deren Einführung jedoch wurde sehr vorsichtig gehandhabt. Das orale Medium (*Torah She-b'al Peh*) sollte von nun an parallel zum geschriebenen Medium (*Torah She-b'ktav*) verlaufen, verwandelte es jedoch in ein „kaltes" Medium, besonders unter dem Einfluss des Pharisäertums und dessen interpretativen Ansätze. Die schriftliche Tora erforderte die Mitwirkung von Schriftauslegern und deren Interpretation des Textes. Der durchschnittliche Mensch wurde durch die konstante Beachtung von Mizwot eingebunden – das stellte für ihn die Antwort auf den göttlichen Willen dar.

Letztendlich wurde die mündliche Tora durch den Talmud und weitere Codizes in ein auditives und schließlich lineares Medium umgewandelt. Der Umwandlungsprozess an sich verlief langsam und zog sich lange hin. Die Beteiligung des Gelehrten führte zu Pilpul, die Einbindung durch die Mizwot blieb erhalten.

Noch während des Mittelalters konnten sich Vernunft und Praxis unabhängig voneinander entwickeln. Im Mittelalter war es möglich, dass verschiedene Formen des Seins nicht interagierten. Die Praxis konnte sich in die eine Richtung entwickeln, während sich die Vernunft in eine andere bewegte. Der Durchschnittsmensch war kaum von den Gedanken Thomas Aquinas' beeinflusst und folgte den nicht hinterfragten Praktiken des Katholizismus. So lässt sich auch die Dichotomie bei Maimonides verstehen, dessen Werk *Führer der Unschlüssigen* vollständig unter dem Einfluss von Aristoteles steht, dessen *Code of Law* jedoch am traditionellen Medium der Beteiligung festhält. Gerade diese Beteiligung, die vom *Schulchan Aruch* gestärkt wurde, hielt das Judentum zusammen; das Medium veränderte sich nicht. So bleibt es bis hin zu Moses Mendelssohn.

Die Emanzipation veränderte dieses Bild. Das lineare Medium des Talmuds verblieb als ein Beteiligungsinstrument der Talmudisten. Doch es war nicht länger ein Medium für den Rest der Juden. Stattdessen forderten sie bürgerliche Rechte und Freiheiten. Dieser Aufruf war universell und brachte Revolutionen. Die Botschaft war „kühl" in dem Sinn, dass es den einzelnen in wohlüberlegte Aktion und Reaktion einbezog. Ein neues Medium und eine neue Mizwa hatten das Judentum aufgerüttelt. Das Ergebnis war eine Explosion, ein Auseinanderfallen der traditionellen Einheit, die Entwicklung von Glaubensrichtungen. Doch ging diese Entwicklung durchaus einher mit dem Charakter des Zeitalters, denn das mechanische Zeitalter war geprägt von Spaltung und Zersplitterung. Das Judentum konnte aufgeteilt bleiben, jede Gruppe trug immer noch ihren individuellen Teil zur Wohlfahrt des Ganzen bei, die Juden arbeiteten Seite an Seite, und doch jeder in seinem Lager, am „Fließband" eines sich entwickelnden Judaismus – sie hatten keine Ahnung, was das Resultat sein würde, ebenso wenig war ihnen bewusst, dass ihre eigene Position dabei nur partiell war.

Die gegenwärtige Situation

Sollte McLuhan mit seiner Theorie Recht behalten, dann hat das elektronische Zeitalter einen radikalen Veränderungsprozess in Gang gesetzt und einen Kampf der Medien innerhalb des Judentums entfacht, der so gewaltig ist wie beim goldenen Kalb. Das lineare Medium ist in Konflikt geraten mit dem elektronischen, und es gibt kein Zurück. Unser Zeitalter wäre somit konfrontiert mit der weitreichendsten und bedeutungsschwersten Herausforderung der jüdischen Geschichte: die Anpassung an ein völlig neues Medium. Explosion ist durch „Implosion" ersetzt worden, Beschränktheit durch universelle Angelegenheiten. Die Kommunikation findet unmittelbar statt, die Welt wird kleiner, die Gesellschaft rückt zusammen.

Bislang operiert das Judentum aus einem linearen Medium heraus. Orthodoxie operiert im „heißen" Medium expliziter Anordnungen, was einen für sich separatistischen Charakter hat und insofern nicht im Einklang mit dem neuen Medium steht. Die Reform ist „kalt", jedoch ruft sie nach Beteiligung auf, indem sie die aus dem linearen Medium übernommenen Anforderungen einfach reduziert. Sie wurden derart zurückgeschnitten, dass nicht einmal die geringste Einhaltung der Mizwot als unentbehrliches Minimum angesehen wird. Die Reform ist sich dessen immer stärker bewusst und reformiert sich. Konservativismus ruft indes nach Einsatz und Beteiligung ohne klare Artikulation; sie verläuft von „heiß“ bis „kalt“, und der neuen Generation mag sich die Frage aufdrängen, ob die geforderte Beteiligung im Einklang steht mit der Botschaft des Mediums.

Sollte das Medium tatsächlich eine „Re-Tribalisierung“ sein, wie McLuhan es interpretiert, dann ist die Spaltung des Judentums in einzelne Glaubensgemeinschaften nicht nur ein anachronistisches Überbleibsel des mechanischen Zeitalters. Es würde den Bedürfnissen unserer Zeit zuwiderlaufen. Nur eine organische jüdische Gemeinschaft würde damit in Einklang stehen. Entsprechend der zentripetalen Tendenz des elektronischen Mediums müsste der Charakter des jüdischen Volkes gestärkt werden. Die Geschehnisse rund um den Sechs-Tage-Krieg waren nachweislich ein Medium, das ausreichend „kalt“ war, um die jüdische Jugend einzubeziehen, die bereit war, sofort nach Israel zu fliegen und Hilfe zu leisten. Die Themen Frieden und Bürgerrechte hatten einen solchen Einfluss, dass College Studenten ihre Bärte rasierten und Zöpfe abschnitten, um Senator McCarthy in den Vorwahlen in New Hampshire beizustehen.

Die Jugend, die eine Antwort auf ihre Bedürfnisse in den Religionen des Ostens sieht, die von der Einheit aller Menschen sprechen, mag tatsächlich das kleinere Übel gewählt haben. Denn diese universelle Einheitlichkeit muss auf Kosten der individuellen kreativen Involviertheit ins Leben erkauft werden – denn die Religionen des Ostens streben die Auflösung des Individuums an. Der Einzelne mag so weit sein, in ein sinnstiftendes Judentum einbezogen zu werden. Daher benötigen wir einen Ansatz, der auf einer Interaktion der Kulturen gegründet ist; bei dem das Leben in zweierlei Kulturen insoweit möglich ist, als dass eine Beteiligung an der westlichen Zivilisation originär aus der jüdischen Tradition erwächst und die Evolution des Judentums organisch mit der des Westens verbunden ist. So kann ein Zusammenwachsen erzielt werden ohne das Einzelne aufzugeben, jedoch im Einklang mit dem Medium unserer Zeit. Die Mizwot müssten dann nicht als „heiße“ Gebote gesehen werden, sondern als „kühle“ Sancta, die den einzelnen in die Schaffung ihrer Bedeutung mit einbezieht.

Läge McLuhan mit seiner Theorie richtig, dann steuert das Judentum auf die größte Reform zu, die es seit dem Aufeinanderprallen der Medien in der biblischen Geschichte des goldenen Kalbes gab. Denn zu keiner Zeit war es einem solch radikalen Wechsel des Mediums ausgesetzt. Er ruft nach einem beispiellosen Willen, sich zu einen und eine ideenreiche Spiritualität zu entwickeln. Es ist beruhigend und stimmt hoffnungsfroh zu wissen, dass der Rekonstruktionismus unabhängig von der beschriebenen Entwicklung den Bedarf dafür erkannt und den Rahmen dafür geschaffen hat. Er hatte den Mut und die Kühnheit, einen neuen Aktionsplan zu fordern, der uns in eine Zukunft im Zeitalter des elektronischen Mediums führen wird.

Eine Slicha für den Holocaust

Obgleich dieser Text für Menschen, die sich mit den beschriebenen Praktiken nicht auskennen, schwer zu verstehen ist, fand ich es wichtig, ihn aufzunehmen. Es war Leo Trepp immer ein Anliegen, den Holocaust nicht als Teil dessen zu sehen, das ihre Identität ausmacht, sondern als Kulmination der Verbrechen, die durch die Geschichte hindurch gegen das jüdische Volk begangen wurden. Sie wurden allesamt geboren aus einem irrationalen Antisemitismus, den die Juden zu beeinflussen unfähig sind. Darum, so Trepp, sei die Aufgabe, die das jüdische Volk nach dem Holocaust habe, dieselbe, die es nach den Kreuzzügen gehabt habe: Dem Bund treu zu bleiben, Kraft aus ihm zu schöpfen, und am Ende in der Gemeinschaft stärker zu werden als vorher. Mittlerweile gibt es von verschiedenen Seiten Bestrebungen, den Holocaust in eine jüdische Erinnerungskultur zu integrieren. Dies ist einer der frühen Versuche. Trepp schrieb den Aufsatz im Jahr 1986 für das amerikanische Magazin „Judaism".

Alle Begriffe werden im Glossar erklärt. Die Übersetzungen der Slichot habe ich dem Gebetbuch für den Versöhnungstag, herausgegeben von Wolf Heidenheim, entnommen, das aus Trepps Jugend stammt, und das er wohl selbst benutzt hat für seine Übersetzung ins Englische. Herr Professor Matthias Morgenstern aus Tübingen hat mich auf diese Quelle hingewiesen, wofür ich ihm sehr dankbar bin. Eine adäquate Übersetzung der beiden Kinot habe ich nicht gefunden, so dass ich diese frei übersetzt habe, so wie Trepp sie zuvor frei ins Englische übersetzt hatte. In der ersten Kina betrauert Rabbi Meir von Rothenburg bitterlich die Zerstörung Tausender von Talmudbänden und anderer heiliger Bücher in Paris im Jahr 1240. Es mag manchem Leser merkwürdig erscheinen, dieses Klagelied in einer Reihe mit solchen zu sehen, in denen die Schreiber um Menschen weinen, die von anderen Menschen zerfleischt, verstümmelt und verbrannt wurden. Doch war den Juden nicht nur die Tora das Zentrum eines Glaubens, für den sie zu sterben bereit waren – die Bücher, wie Heine sagte, haben den Juden über die Jahrhunderte Geborgenheit und Schutz gegeben. Sie zu verlieren stand dem Verlust von Menschen gleich.

Dies ist ein persönliches Zeugnis, in dem Erinnerung und Nachforschungen ineinander übergehen. Zuweilen ist es ein Geständnis. Es ist ein Zeugnis meiner Suche nach einer *Slicha* für den Holocaust. Es ist persönlich, denn es spiegelt zwei Wünsche: eine *Slicha* zu finden, die für alle Richtungen der jüdischen Religion akzeptabel ist und für sie Worte zu finden, die von den Märtyrern selbst gesprochen worden sein mögen, als sie noch am Leben waren. Eigentlich münden beide Wünsche in einen. Um die gesprochenen Worte derer zu finden, die ihr Leben zur Heiligung des göttlichen Namens hingaben, musste ich zunächst nach traditionellen Quellen suchen – Quellen also, die wohl von allen religiösen Juden akzeptiert würden.

Diese Quellen habe ich in den *Slichot* von Jom Kippur gefunden sowie in den *Kinot* von Tischa B'Av. Doch im Verlauf der Suche habe ich einige Entdeckungen gemacht, die ich gerne teilen würde.

Die Suche

Die Eigenschaften von Slichot: *Slichot* und *Kinot* sind *Pijutim* und litten somit unter unserer Einstellung gegenüber diesen nicht verpflichtenden Gebeten in unserer Liturgie. Sie waren die ersten, die gestrichen wurden. Man kann ebenfalls argumentieren, dass ihr Vokabular kompliziert war und ihre Bedeutung schwer zu durchdringen – sie setzten voraus, dass der Leser die Tora midraschisch interpretieren konnte. Einige *Pijutim* wurden von inspirierten Dichtern verfasst, andere wiederum von den *Chasanim*, die den damaligen Stil der umliegenden Kulturen nachahmten.

Jedoch bin ich auch auf andere gestoßen, besonders bei der Gezerot-Liturgie, die ich untersuchte; Dichtung, die sich mit den brutalen Anordnungen hasserfüllter anti-jüdischer Autoritäten auseinandersetzt und mit deren tragischem Einfluss auf unser Volk. Diese Dichtung wurde in einfachem Hebräisch verfasst, berichtet in einfachen Worten von historischen Ereignissen und erzählt in ungeschminkter Art und Weise von der Verfolgung und dem Abschlachten jüdischer Gemeinden in verschiedenen Epochen unserer Geschichte. Jüdisches Märtyrertum und Heldentum wird plastisch bis ins Kleinste vor Augen geführt. Gleichzeitig ist diese Dichtung geschichtsübergreifend. Sie zeigt gegen uns gerichtete teuflische Akte zu unseren Lebzeiten genauso auf, wie sie die grausamen Verfolger Israels in den vergangenen Jahrhunderten darstellt. Schaudernd vor Ehrfurcht erkennen wir, dass die Generationen Israels durch ein identisches Märtyrertum miteinander verbunden sind.

Es ist beachtlich, wie schnell diese Dichtung zu ihrer Zeit als Teil des Gottesdienstes in der Synagoge aufgenommen wurde. Die *Slicha*, *„Et ha-kol kol Yaakov nohem"*, die die Selbstopferung der Juden in den rheinischen Städten während des ersten Kreuzzuges (1096) beschreibt, wurde von Kalonymus ben Jehudah aus Mainz verfasst, der selbst Augenzeuge der Massaker war. Er ist auch Autor der *Kina „Mi yiten roshi mayim"*, die uns die tatsächlichen Daten der Gemetzel in den jüdischen Zentren im Rheinland Mainz, Worms und Speyer gibt und die uns kein Detail erspart. Die *Slichot „Elohim al dami le-dami"* von David ben Meshullam aus Mainz und *„Adonai Elhohai rabbot zeraruni min'urai"* von David ben Samuel Ha-Levi basieren ebenfalls auf eigenen Erfahrungen. David konnte sein Leben nur retten, indem er von Mainz nach Speyer floh. Rabbi Meir in Rothenburg schrieb eine Kina über die Wagenladungen von jüdischen Büchern, besonders von Talmudausgaben, die in Paris auf Anweisung des Königs und der Regierung im Juni 1242 oder 1244 verbrannt worden waren – sie wurden umgehend den Klageliedern hinzugefügt, die an Tischa B'Av rezitiert werden.

Slichot als Mittel der jüdischen Erziehung: Dank der Offenheit der mittelalterlichen Gemeinden neuer liturgischer Poesie gegenüber verfügen wir über lebendige Geschichte: dies sind historische Dokumente, die immer noch Bestandteil unserer Gottesdienste sind. Sie können zu einem unglaublich wertvollen Teil unserer Erziehung werden, der unsere Kinder mit ihren weit entfernten Vorfahren verbindet, indem sie sich zum Beispiel in die Speyer Synagoge versetzt fühlen, in die Mitte der alten Gemeinde, die das *Hallel* an Schawuot rezitierte und es nicht unterbrach, während der Feind mit dem Schwert in der Hand in die Synagoge eindrang und einen nach dem anderen niedermetzelte. Wenn wir unseren Kindern historische Momente wir diesen richtig vermitteln, wird es für sie mehr sein als trockene Geschichte. Wir Heutigen können dann mitfühlen. Wir sind *da*, wie sie *da* waren. Während wir heute das *Hallel* beten, erscheint ihr Leben vor uns, und das *Hallel* bekommt eine neue Bedeutung als Bindeglied zwischen den Generationen.

Märtyrertum ist Thema des Minchagottesdienstes an Jom Kippur: Als ich durch die Seiten des Machsors meiner Jugend ging, durch den aschkenasischen Ritus, dem wir in Mainz folgten, wo ich geboren wurde und aufwuchs, sah ich, dass man alle *Gezera-Slichot* im Mincha an Jom Kippur findet. Diesem Ritus gemäß gibt es an Jom Kippur keine *Hazkarat Neschamot*. Nun weiß ich den Grund. Der gesamte Minchagottesdienst war eine Gedächtnisfeier. Er schloss die Slichot ein, die ich erwähnt habe, und führte zum Märtyrertum der *Assara Harugei Malchut*, der zehn Tannaim, der Weisen, die der Überlieferung zufolge hingemordet wurden, weil sie dem Hadrianschen Edikt trotzten, das jedes Studieren und jede Praxis des Judentums verbot. Diese Männer symbolisieren das jüdische Opfer für Gott im Widerstand gegen Tyrannei.

Spätere Geschehnisse mit archetypischen Mustern zeigen unser Volk als einheitlichen Organismus. Wir sind alle eins, die Märtyrer des Holocaust einbezogen, man kann uns nicht trennen. Und so hat Mincha nun ein eindeutiges Thema. Es ist nicht länger in erster Linie eine Brücke zwischen den Awoda des Mussaf und der Bitte in N'ilah, die Tore zu öffnen. Mincha ist Martyrologium.

Gezera-Slichot als Theologie: Die Gezera-Slichot und die Kinot erwähnen beide nicht die Sündhaftigkeit als Grund für die Tragödie. Sie mögen als Gesamtheit zu den Gebeten in Gerichtshofmanier gehören.[64] In diesen Gebeten – darauf weist Hoffmann hin – bringt der Bittsteller die Verdienste, die er oder seine Vorfahren erworben haben, in das Bewusstsein des Allmächtigen, so dass sie diese als mildernde Umstände anbringen können, wenn die Büßer selbst einmal vor dem Gericht stehen und an seine Gnade appellieren.

In diesem Geist rezitieren wir Gottes dreizehn Attribute der Gnade nach jeder Slicha, um durch die Rezitationen sein Erbarmen zu erwecken. Doch jetzt, zu Mincha, eröffnen diese Attribute zugleich den *Pizmon* (gemäß des westlich-

64 Siehe Heinemann: *Prayer in the Talmud*, 193 ff.; auf Seite 214 wird „El Melech Yoshev", das nach jeder Slicha rezitiert wird, als typisches Gebet in Gerichtshofmanier genannt.

aschkenasischen Ritus) und werden zu seinem Thema. Wenn wir den Pizmon als Zusammenfassung des ganzen Abschnittes ansehen, wird der „Gerichtssaal-Appell" deutlich. Der, wie das Akrostichon erkennen lässt, von Amitai (ben Shefatiah, 12. Jhd.) verfasste *Pizmon* schließt mit den Worten:

Dein Wille sei es, der du erhörst die Stimme des Weinens, bewahre unsere Tränen in deinem Behälter auf und bewahre uns vor jedem grausamen Geschick, denn zu dir allein sind unsere Augen erhoben. So verzeihe unsere Schuld und unsere Sünde und laß uns dein Eigentum bleiben.

Schuld an der Verfolgung und dem Tod der Märtyrer war demnach nicht ihre Sündhaftigkeit. Sie starben in Reinheit und gaben sich und ihre Kinder willentlich hin, geleitet vom Vorbild der Akeda[65]. Sie starben, damit ihre Nachkommen leben konnten. Also wird es nicht erwähnt, dass die Juden aus Mainz in Wirklichkeit zu den Waffen griffen, um gegen die Feinde zu ziehen.[66] Die Märtyrer werden dargestellt, als hätten sie den Tod frei und widerstandslos hingenommen, wie einst Isaak.

Früher stützten wir uns auf die ewig bestehende Opferung auf dem Morija, die zum Heile jedem Geschlechte aufbewahrt bleibt, es sind hinzugekommen solcher Opferungen unzählige, Ewiglebender, das Verdienst jener Tugendhaften bewahre und ende unsere Leiden (Elohim al dami).

Einigen Märtyrern des Holocaust, die sich ihrem Schicksal kampflos ergaben, mögen sich von dieser Slicha geleitet gefühlt haben.

Die Frage – warum verlangte Gott dieses Opfer? – wird ebenfalls gestellt, zumindest indirekt. Der Bericht über die zehn Märtyrer beginnt mit den Worten:

Rabbi Jismael vollzog an sich die Reinigung und sprach bebend den Namen Gottes aus, er erhob sich zum Himmel und fragte den wie in Linnen gekleideten Engel. Dieser sagte ihm: Nehmet es auf euch, Fromme und Geliebte, denn ich habe es hinter dem Vorhang vernommen, daß ihr von diesem Geschick nicht gerettet werden sollt. Er stieg hinab und berichtete den göttlichen Entschluß seinen Gefährten. Der Bösewicht befahl, sie mit grausamer Gewalt zu töten.

Wenn dies nun bedeutet, dass die Überlebenden sich verwehrten, über Gottes Handeln zu grübeln, dann bedeutet es ebenfalls, dass sie keine Schuld bei sich selbst oder den Opfern für die schrecklichen Ereignisse suchten. Dennoch gibt es – Gott gegenüber – einen Unterton der Anschuldigung. „Ist solches je gehört, je gesehen worden? […] Man führte Kinder zur Schlachtbank wie zum leiblichen Trauhimmel, hältst du bei solchem an dich, Mächtiger, Hocherhabener!"

Die göttliche Verordnung wird akzeptiert, doch gibt es auch die demütige und dennoch eindringliche Frage an Gott: „War es wirklich nötig, solch ein Opfer von Israel zu verlangen?" Doch mehr denn je gibt es auch die Entschlossenheit, weiterhin treu im Glauben zu stehen, und damit den Willen zu überleben,

65 Siehe Shalom Spiegel: *The Last Trial.*

66 Siehe Jacob R. Marcus: *The Jews in the Medieval World*, S. 115ff.

weil das Beispiel dieser Helden eine Herausforderung ist und ihre Ethik uns Vorbild gibt. Wir, die wir Überlebende des Holocaust sind, haben bislang keine besseren Antworten oder Anleitungen gefunden.

Der Geist der Erinnerung und die Grenzen der öffentlichen Anteilnahme

Diese *Slichot* und *Kinot* offenbaren einen unterschwelligen Geist, der die Herausgeber unseres Gebetsbuches anregte: das jüdische Volk wird als ein transhistorisches *corpus mysticum* angesehen. Die *Slichot* schweißen die Akeda, das Märtyrertum der Zehn und die Hingabe der Männer, Frauen und Kinder während der Kreuzzüge zu etwas Einzigem zusammen. Die Kinot verknüpfen die Erinnerung an Zion mit der Erinnerung an die Märtyrer des Mittelalters und an das Verbrennen des Talmuds. Die *Kina* von Rabbi Meir ist für sich ein „Zionad". Formal adressieren diese *Kinot*, die auf Jehudah Ha-Levis „Ode für Zion" beruhen, Zion als eine Person. Rabbi Meir spricht von der Tora als Person. Die Form zeigt die Absicht: die persönliche Beziehung zwischen Israel, dem Land und der Tora, in jedem Zeitalter in jedem Winkel der Welt.

Für mich, der ich dem Märtyrertod meiner Mutter und vieler anderer Familienmitglieder mit allen der Opfer des Holocaust gedenke, hat dies bedeutet, dass die Tage des Tischa b'Av und Jom Kippur Tage des öffentlichen Gedenkens sind, das die Opfer der Gegenwart mit denen früherer Tage und denen, die bei der Verteidigung des Landes Israels fielen, verbindet. Ich kann nicht empfinden, dass man ihnen größere Ehre zuteil werden lässt, wenn man sie in der Erinnerung von den anderen absondert, anstatt ihrer als Teil des ganzen Gebildes Israel und Israels Heroen zu gedenken. In Mainz wuchs ich in einer Gemeinde auf, die noch an den Vorschriften ihres einstigen Rabbiners und Chasans Rabbi Jacob Möllin, Maharil (1427) gebunden war, der entschieden hatte, dass kein Minhag je geändert werden solle, besonders im Hinblick auf die Yamim Noraim, während derer sogar die liturgischen Töne geheiligter Tradition folgen müssen. Die Praktiken, die ich dort erlebte, haben also eine lange Geschichte.

Mainz hatte allen Grund, den *Jom Haschoa* zu befolgen und tat dies auch. Am Schabbat vor Schawuot, also der Zeit der mörderischen Metzeleien während der Kreuzzüge, und am Schabbat vor Tischa b'Av, gingen der Rabbiner und der Chasan leise die Seiten des Memorbuches durch. In symbolischer Trauer saßen sie dabei auf der Bank der zentralen *Bima*, dem „Almemor". Die Gemeinde stand schweigend. Dann stimmte der Chasan, zum einzigen Mal im Jahr, sitzend das *El Male Rachamim* an. Zum Jom Kippur gab es keinen *Hazkarat Neshamot*; an den letzten Tagen der *Schalosch Regalim* bestand es wiederum nur aus dem Lesen der Seiten des Memorbuches, während die einzelnen Gemeindemitglieder ihrer Verstorbenen gedachten. Die *Slichot* des Mincha zu Jom Kippur und die *Kinot* von Tischa b'Av bekamen dadurch einen geballten und nachhaltigen Einfluss. Meiner Ansicht nach kann der *Jom Haschoa* bestenfalls ein Prolog und eine Referenz für Tischa b'Av und Jom Kippur sein. Als ein besonderes Gedenken ausschließlich für die Opfer des Holocaust und derjenigen, die im Krieg um Israel umkamen fehlt meines Erachtens ein grundlegendes Element: die Erklärung der Einheit des jüdischen Volkes über Zeit und Raum.

In diesem Sinne hoffe ich darauf, dass wir einen Dichter oder einen Gelehrten finden können, der über die poetische Inspiration verfügt, uns *Slicha* und *Kina* zu geben, die diese Einheit ausdrücken. Und ich hoffe, dass diese Werke dann schließlich durchweg von allen Juden übernommen werden, damit sie auf Hebräisch oder in der Landessprache – je nach Tradition der einzelnen Gemeinden – rezitiert werden. Auf meiner Suche stieß ich auf Passagen unter den vorhandenen Pijutim, die sich auf unsere heutige Zeit und ihre Märtyrer sowie auf die der Vergangenheit beziehen. Sie könnten in eine solche neue Liturgie mit einfließen. Dann würde der Text selbst Gegenwart und Vergangenheit verbinden. Die Vordenker des Mittelalters schafften neue Dichtung, und doch war es nicht völlig neu. Durch die Anlehnung an den Midrasch knüpfte sie eine Verbindung zur Vergangenheit. Auch finden wir beispielsweise in Rabbi Meirs *Kina* eine bewusste, stilistische Verbindung zu Jehuda Halevis „Ode für Zion". Altes verschmilzt mit Neuem.

Ich möchte versuchen zu zeigen, was ich damit meine, und habe – im Bewusstsein meiner Unzulänglichkeit – einige Zeilen aus *Kinot* und *Slichot* frei übersetzt. Die Auszüge sind so arrangiert, dass sie der Abfolge der Ereignisse folgen, angefangen mit anti-jüdischer Propaganda, über den Boykott bis hin zu dem Verbrennen der Bücher und dann der Synagogen und schließlich zur ultimativen Tragödie.

Ewiger, mein Gott,
viel hat man mich bedrängt seit meiner Jugend,
ich suchte dich auf, du stärktest mein Herz,
indem du mir halfst.
Nun sind stark und mächtig meine Dränger geworden,
sprechen gegen mich, daß alle meine Glieder erbeben.
Ich bin zur Schmach unter ihnen geworden,
zur Spott- und Gleichnisrede,
einen Stein warfen sie auf mich und zogen lang auf mir die Furche.
Bösewichter kränkten mich mit ihrem Mund,
machten ihre Zunge gleich einem scharfen Schwerte,
sannen Böses gegen mich erbarmungslos [...]
Deine Güte und dein Erbarmen zeige mächtig über der Herde deiner Weide [...]
Deine Lehre und deine Zeugnisse sind unsere Wonne,
durch sie lebt unsere Seele (Rabbot Zeraruni).

Oh Du, die das Feuer vernichtete,
suche das Wohl derer, die um dich trauern,
die wohnen wollen

am Hof deines Palastes;
die weinen in den Staub der Erde,
voll tiefsten Schmerzes
wegen des Brandes deiner Rollen […]
Ach, dass die Tora
hervorgegangen aus dem verzehrenden Feuer Gottes
in Flammen aufgehen konnte, von Sterblichen entzündet.
Und die grausamen Fremden
waren nicht einmal gesengt durch deine Kohle […]
Ich stehe in tiefer Bestürzung,
ich kann nicht verstehen,
dass das Licht des Tages sich in Helligkeit auf alle erhebt,
doch die Dunkelheit bringt zu mir und zu dir (*Scha'alis serufa*).

Oh, wäre mein Kopf doch ein Brunnen voll Wasser,
meine Augen eine Quelle für meine Tränen
sodass ich weinen möge
alle meine Tage und Nächte
über die Erschlagenen […]
meiner Gemeinde;
und du, schließe dich meinem Aufschrei an,
oh, und dem Leid, dem bitteren Leid,
und weine mit mir Tränen über Tränen über Tränen
für das Haus Israel
und das Volk Gottes,
erschlagen mit dem Schwert […]
die wunderschönen Jungfrauen,
die zarten Jungen,
die von ihren Schulbüchern gezerrt,
zur Schlachtbank geschleift
mit Füßen getreten wie der Dreck der Straße,
und weggeworfen […] (*Mi Yiten roshi mayim*).

Gott,
ruhe nicht bei meinem Blute […]
Sie berieten sich insgesamt,
den Taumelbecher zu mischen,
das Angesicht der ganzen Erde zu verhüllen zu versuchen,
auf daß der heilige, erhabene Name nicht mehr genannt werde
und man dem verworfenen, greuelhaften Tand nachgehe […]
Er schaue,
es werde geschaut die Tat frommer Töchter,
am hellen Tage wurden sie entblößt dahingestreckt,

edle Frauen durchbohrt und ihre zarte Leibesfrucht getötet.
Ist solches je gehört
je gesehen worden [...]!
Ewiglebender, das Verdienst jener Tugendhaften bewahre
und ende unsere Leiden (*Elohim al dami l'dami*).

Für diejenigen von uns, die, wie ich selbst, in Konzentrationslagern gewesen sind und ihre Lieben verloren haben, schwindet die Erinnerung nie. Je mehr die Jahre verstreichen, umso lebendiger wird das Erlebte. Ich erinnere mich noch gut an eine der frühen Morgenstunden, noch vor Sonnenaufgang, wie wir aufgereiht standen, in beißender Kälte, einer hetzerischen Wut Rede ausgesetzt, und den Tod erwarteten – und ich, wie niemals zuvor oder danach, die Gegenwart der Schechina unter uns allen in unserem Schweigen fühlte.

Da mein eigener Tod nun nicht mehr fern sein kann, ist es umso dringender, einen Beitrag zu leisten – so gering und unvollständig er auch sein mag – zu einer sinnstiftenden Form der Erinnerung für diejenigen, die nach uns kommen.

DRITTER TEIL

JUDENTUM UND GESELLSCHAFT

Was, wenn Shylock ein Marrano wäre?

War Shylock wirklich ein Marrano? Ein mit Trepp befreundeter Shakespeare Forscher war skeptisch und vermisste einen stärker literaturrelevanten Hinweis auf die vermutete Herkunft Shylocks in Trepps Argumentation. Immerhin lebten zu der Zeit, in der das Stück spielt, nicht wenige Juden in Venedig, die aus Spanien oder Portugal gekommen waren, darunter Marranos – Juden, die in ihren damaligen Heimatländern unter Druck und Todesdrohungen offiziell konvertiert, doch ihrem Glauben treu geblieben waren – oder Nachfahren von Marranos. Doch der folgende Beitrag ist kein theaterwissenschaftliches Stück, was sich schon daraus ergibt, dass Trepp von einem Casting spricht. Er versetzt sich also eher in die Rolle eines Regisseurs. Die Motivation aber war eine andere als die, ein bekanntes Stück neu in Szene setzen zu wollen: Ihn hat nicht nur in diesem Fall die Frage beschäftigt, wie Juden mit Situationen umgehen sollten, die sie nicht kontrollieren können – in die sie ohne eigenes Zutun hineingedrängt werden. Der Kaufmann war als stark antisemitisches Drama konzipiert worden (oder als Komödie, wie Shakespeare es selbst sehen wollte). Was können Juden tun? Sie können versuchen, Wege zu finden, diese Situationen für sich selbst weniger schmerzlich zu machen oder sie sogar produktiv für sich zu nutzen. Trepp spielt mit einem Gedanken, der sich unter anderem aus Shylocks Rede ergibt, in der dieser erklärt, warum er auf seinen (blutigen) Zoll von Antonio besteht. Er möchte sich schlicht rächen.

„[…] He hath disgraced me, and
hindered me half a million; laughed at my losses,
mocked at my gains, scorned my nation, thwarted my
bargains, cooled my friends, heated mine
enemies; and what's his reason? I am a Jew. Hath
not a Jew eyes? Hath not a Jew hands, organs,
dimensions, senses, affections, passions? Fed with
the same food, hurt with the same weapons, subject
to the same diseases, healed by the same means,
warmed and cooled by the same winter and summer, as
a Christian is? If you prick us, do we not bleed?
If you tickle us, do we not laugh? If you poison
us, do we not die? And if you wrong us, shall we not
revenge? If we are like you in the rest, we will

resemble you in that. If a Jew wrong a Christian, what is his humility? Revenge. If a Christian wrong a Jew, what should his sufferance be by Christian example? Why, revenge. The villany you teach me, I will execute, […].“

„Wenn Ihr uns stecht, bluten wir nicht? Wenn Ihr uns kitzelt, lachen wir nicht?“ Trepp hat aus dieser Szene häufiger zitiert, nicht, weil er die Reaktion Shylocks akzeptieren konnte, und sicher nicht, weil er in ihr einen Ausdruck jüdischen Denkens sah, sondern weil er versuchte, sie aus der Biographie Shylocks zu erklären. Dass die Rede und das Verhalten Shylocks jüdische Ethik nicht reflektieren, macht er deutlich, indem er Shylock als Außenseiter in seiner eigenen Gemeinschaft zeichnet. Gleichzeit aber transformiert Trepp die ‚Komödie‘ in ein Lehrstück für alle Minderheiten, deren Antagonismus zu verstehen sein mag, die aber nur durch Bildung und Wissen über die eigene Kultur in der Lage sein werden, der Mehrheitshaltung etwas entgegenzusetzen. Trepp hat diesen Beitrag 1985 für Sh'ma geschrieben.

Es ist sehr unwahrscheinlich, dass die Versuche von Juden, den ‚Kaufmann von Venedig‘ von der Bühne und aus den Klassenräumen zu verbannen, wirklich erfolgreich sein werden, auch wenn es den Versuch wert ist. Unsere Emphase sollte daher mehr darauf liegen, das Stück neu zu interpretieren und Lehrern wie auch Produzenten zu helfen, es von einer Anklage gegen den Juden in eine Anklage gegen religiöse Verfolgung und einen Appell für Minderheitenrechte umzuwandeln. Solch eine Neuinterpretation mag dann akzeptiert werden, wenn sie das Drama an sich glaubwürdiger macht, indem sie innere Ungereimtheiten in den Persönlichkeiten der Protagonisten aufhebt und somit das Ganze stärkt.

Ich selbst sehe Shylock als Marrano, der kürzlich von Spanien rübergekommen ist. Er hat sich nun öffentlich zu seinem jüdischen Glauben bekannt. Dieses Casting kann historisch gerechtfertigt werden: Die Republik Venedig, die dringend auf mehr Handel mit dem Vorderen Orient angewiesen war, gewährte Marranos das Wohnrecht und erlaubte ihnen nicht nur, sondern forderte von ihnen, sich zum Judentum zu bekennen. Indem die Republik sie zwang, ihre Zugehörigkeit zum jüdischen Glauben und zur jüdischen ‚Nation‘ öffentlich zu bekunden, fielen sie unter die spezielle und exorbitante Steuerpflicht, die es für Juden als Gegenleistung für das Residenz- und Handelsrecht gab. Wenn sie es nicht schafften, das Geld aufzubringen, konnten sie ausgewiesen werden.

Shylock ist ein Marrano. Das zeigt uns sein ganzer Lebensstil. Er ist aggressiv, wagemutig und vor allem listig. Der Täuschung willen setzt er Ambiguität ein. Er besteht darauf, dass das Recht seinen Gang nimmt. Marranos mussten solche Eigenschaften entwickeln, denn nur mit List und Durchtriebenheit konnten sie als heimliche Juden überleben. Wurden sie erwischt, kannte das Recht keine Gnade. Shylock kann nicht anders als hasserfüllt gegenüber den Christen zu sein. Sein Hass gegen sie ist unvermindert – er hat zu viel gelitten. Sie sind darauf aus, seine ‚Nation' zu vernichten. Hier, in Venedig, lassen sie ihn leben, aber nur solange er liefert. Geld bedeutet Überleben.

Der Händler Antonius dagegen gehört zur Aristokratie. Großzügig seinen Freunden gegenüber hat er ihnen ständig zinslos Geld geliehen, so dass sie ihre Schulden bei Shylock zurückzahlen können. Für den Juden ist das eine christliche Verschwörung, um sein Recht auf Leben zu untergraben. Ohne Vermögen und ohne die Möglichkeit, Vermögen zu schaffen, wird er aus Venedig vertrieben werden. Shylock sieht in Antonios Verhalten eine Verschwörung gegen sich selbst und gegen alle Juden. Die Christen sind gefühllos, es interessiert sie nicht, dass auch der Jude Augen und Hände und Organe und Gefühle hat. Wenn Christen verletzt und wütend sind, rächen sie sich. Shylock kennt ihre Haltung den Juden gegenüber aus eigener Erfahrung. Nun hat er die Chance, Rache zu nehmen an denjenigen, die seine ‚Nation' verachtet, seine Freunde gegen ihn aufgebracht und seine Feinde gegen ihn aufgehetzt haben. Für einen Marrano ist seine Reaktion nur folgerichtig.

Das Vermächtnis des Marranos: ein jüdischer Vater mit einer christlichen Tochter

Er liebt seine Tochter Jessica und warnt sie davor, bei der Feier und dem Gelage der Zecher dabei zu sein. Es war den Juden verboten, daran teilzunehmen, doch Shylock hat triftigere Gründe. Jessica ist in einer christlichen Umwelt aufgezogen worden, und Shylock weiß, dass ihre Überzeugungen nicht besonders jüdisch sein können. Wie es sich herausstellt, hat er Recht. (Es ist interessant, dass Juden bis 1516 nicht im Getto leben mussten, sondern unter Christen wohnen durften. Danach wurde das Getto in der Nacht abgeschlossen und bewacht, und die Juden durften es nicht verlassen.) Als Jessica verschwindet, ist er todunglücklich. Seine Freunde versuchen herauszufinden, wo sie sein mag, während er Angst hat, dass sie ihren Glauben verlassen hat. Er würde sie lieber tot sehen als dass sie abtrünnig würde. Und er braucht sein Geld – in einer christlichen Gesellschaft kann er ohne Geld nicht existieren. Das ist der Fluch, der ‚bis jetzt noch nie auf unsere Nation gefallen' ist: Er kann weiterleben ohne seine Tochter, doch er kann nicht damit rechnen, ohne Geld am Leben zu bleiben.

Als Marrano ist Shylock ein Außenseiter in Venedig, wo die Beziehungen zwischen Juden und Christen eng waren und oftmals sehr freundlich. Die Agonie des Außenseiters wird im Prozess offenkundig: Er muss gewinnen. Nachsicht kann er sich nicht leisten. Doch wenn er mit der List seiner christlichen Widersacher geschlagen wird, muss er sich sofort anpassen – und das ist, was er tut. Er kriecht. Er möchte nur sein Geld behalten und sagt durchaus richtig: Ihr nehmt mein Haus, wenn ihr mir die Stütze nehmt, die dieses Haus hält. Ihr nehmt mein Leben, wenn ihr mir die Mittel nehmt, durch die ich lebe. Das ist wortwörtlich wahr: ohne seine finanziellen Tribute an die Herrscher werden sein Wohn- und sein Existenzrecht ihm weggenommen werden. Ihm wird befohlen, Christ zu werden. Er ist nicht überrascht, er hat das alles schon einmal hinter sich gebracht. „Ich bin zufrieden." Vermutlich wird er erneut zum Marrano werden und seinen Glauben im Geheimen leben.

Jessicas Verhalten wird gleichermaßen klar: „Ich bin die Tochter seines Bluts, nicht seiner Gewohnheiten [...] ich werde diesen Kampf beenden." Bis ihr Vater nach Venedig kam, ist sie als christliches Mädchen der Gesellschaft aufgewachsen und hat deren Vergnügungen genossen. Sie weiß kaum etwas vom Judentum, sie hat keinen jüdischen Namen, sie hat keine Überzeugungen und kein Verständnis für die „Gewohnheiten" ihres Vaters. Jüdisch gesehen ist sie völlig durcheinander und stark angezogen von der Außenwelt, nun umso mehr, nachdem sie sich in Antonio verliebt hat. Was ist „dieser Kampf", von dem sie spricht, wenn nicht ihr eigener innerer Konflikt? Die christliche Indoktrination ist so stark, dass sie überzeugt ist, dass die Sünden ihrer Mutter und ihres Vaters nicht auf ihr lasten werden, sobald sie Christin wird: „Gerettet werde ich von meinem Mann, er hat mich zur Christin gemacht." Jessica verlässt ihren Vater nicht nur für ihre Liebe, sondern gleichermaßen für ihre Erlösung.

Shylock wird zum Symbol für den Juden von heute

Die christliche Mehrheit korrumpierte die Seelen dieser Juden auf spirituelle wie physische Weise, indem sie sie zwang, ihre jüdische Ethik aufzugeben, ihre jüdische Tradition und die jüdische Liebe zur Familie. Portias große Rede über „den Wert der Gnade" wird so zur Übung der Scheinheiligkeit. Shylock weiß es, das Publikum sollte es wissen. Es ist Camouflage, unter der sich Hass, Diskriminierung und Unterdrückung ausleben. Shylock, der Marrano, ist Opfer eines erbarmungslosen Drucks, exerziert von einer mächtigen und feindlich gesonnenen Mehrheit hinter dem Schleier der Aufrichtigkeit. Er zeigt das qualvolle Problem, mit dem nicht nur die Juden, sondern jede Minderheit konfrontiert ist, die dem äußeren Schein unter dem Gesetz gleich sein mögen. Er erklärt das „unmoralische Verhalten" eines Teils der Minorität, das von der selbstgefälligen Mehrheit nur allzu gern heftigst verurteilt wird, ohne dass diese sich fragt, inwieweit sie selbst dazu beigetragen hat, ein solches Benehmen zu schaffen. Gleichzeitig hat Shylock uns Juden etwas zu sagen: Jüdischer Stolz, der nicht von sinnvoller jüdischer Erziehung und Praxis getragen ist, mag nicht genug sein, eine neue Generation im Judentum zu halten. Und ihre Abtrünnigkeit hat dann womöglich nicht nur äußere Beweggründe – der Hang zum „unbeschwerten Leben", das Verliebtsein in einen nichtjüdischen Partner – sondern mag auf tiefen inneren Konflikten beruhen, die resultieren aus der Suche nach einem sinnvollen Leben, nach „Erlösung".

Wenn wir den Kaufmann von Venedig in diesem Sinn interpretieren, müssen wir zugeben, dass Shakespeare ihn besser geschrieben hat, als er es vielleicht selbst wusste. Und vielleicht sind wir aufgefordert, uns der Frage noch einmal neu zu stellen, ob dieses Drama wirklich so gefährlich ist. Vielleicht hat es uns etwas sehr Wichtiges zu sagen, nicht nur den Juden, sondern allen Minderheiten.

Was sollen wir mit Deutschland machen?

Leo Trepp hat diesen Beitrag 1973 für Sh'ma geschrieben, ein amerikanisches „Journal für jüdische Verantwortung“, über das Trepp einmal sagte: „‚Jüdische Verantwortung‘ bedeutet, dass wir jeder Meinung Gehör verschaffen, und zwar als ‚Worte des lebendigen Gottes‘“. Es ist bemerkenswert, wie stark die Selbstkritik und die Aufforderung zur Selbstdisziplin – beides auf jüdischer Ethik basierend – zum Ausdruck kommen. Zum besseren Verständnis einiger Passagen: Die Anmerkungen, die Trepp über Cynthia Ozick macht, beziehen sich darauf, dass der Verlag, der die englische Version von Dieter Wellershoffs Buch „Ein schöner Tag“ unter dem Titel „A Beautiful Day“ in den Staaten verlegte, die jüdische Autorin darum bat, ein paar wohlwollende Worte für die Umschlagsseite zu schreiben. Sie lehnte ab und begründete die Entscheidung mit der Ermordung der europäischen Juden. „[…] Es gibt keinen jüdischen Schreiber hier, der auf seinem Rücken nicht einen Doppelgänger trägt – sein Gegenüber in den Grabstätten Europas. […] ich schreibe mit zwei Mündern, einer gehört dem Toten, […] und keiner der Münder ist bereit, etwas über Dieter Wellershoff zu sagen, der die Ostfront überlebte […] um einer Jüdin in New York seine Arbeit zu schicken.“ Ozick zitiert den Brief in einer früheren Sh'ma-Ausgabe und erklärt ihre Reaktion. Der erwähnte Einfluss Nietzsches auf Theodor Herzl ist unter Autoren umstritten, viele gehen allerdings davon aus. Trepp vergleicht Deutschland mit Ninive, der antiken Stadt der Sünde in der Jona-Geschichte. Trepp geht kurz auf die Behandlung der deutschen Juden durch andere Juden in den Staaten und in Israel während und unmittelbar nach der Schoa ein. Aus Sicht vieler anderer Juden hatten sich die deutschen Juden zu stark assimiliert und waren zum Teil völlig vom Judentum abgefallen. Das war eine Sicht, die Trepp durch sein eigenes Leben und Wirken konterkarierte. Die von ihm zitierte Ansicht der Propheten, dass die Kinder nicht für die Sünden ihrer Väter hafteten, hatte er sich völlig zu eigen gemacht, und seine Annäherung an Deutschland und sein Wirken in Deutschland darauf gegründet.

Was für eine Beziehung sollen die Juden zu Deutschland haben? Ich kann über diese Frage nur grübeln. Ich habe meine Mutter und den Großteil meiner geliebten Familie im Holocaust verloren. Das hat mich für immer verändert, ich bin oft aufs Neue fassungslos und werde für immer zweifelnd und zerrissen bleiben. Kann jemand einen Leitfaden für persönliche Entscheidungen anbieten? Cynthia Ozick hat diese Debatte in einem der letzten Sh'ma-Hefte angefangen; möge sie sich zu einem Dialog entwickeln.

Hinter den selbstgefälligen Fassaden der kleinen, gemütlichen Häuser am Rhein entlang und sonst irgendwo in Deutschland bildet sich soziales Ferment

– und Kommunisten und Linksradikale machen sich die Unruhe und Unzufriedenheit zunutze. Die neue Universität Bremens soll einen marxistischen Charakter bekommen, weil die neutrale Universität laut eines deutschen Parlamentariers, mit dem ich gesprochen habe, nur ein Traum Max Webers war, von der Realität widerlegt und von Hitler vernichtet. Der deutsche „Idealismus", der ständig schwankt von einem Extrem ins andere, ist – wieder einmal – zum Vorschein gekommen. Bald werden diese und andere Universitäten neue Lehrkräfte losschicken, deutsche Kinder zu unterrichten. Damit wird eine neue Generation indoktriniert. Die Linken sind marxistisch, und das bedeutet, dass sie gegen Israel sind. Es gibt mehr arabische Studenten an deutschen Universitäten als Juden in Deutschland. Früher wirkte die jüdische Gemeinschaft in Deutschland als Kraft für einen ausgeglichenen Liberalismus, heutzutage können die paar Juden in den einzelnen Gemeinden diese Rolle nicht mehr ausüben. Wer kann dann das Judentum und das jüdische Volk vertreten? Wer wird Israel verteidigen? Wer wird die Stimme der Vernunft gegen die deutsche Romantik erheben? Haben wir eine Verpflichtung zu mahnen und ermahnen, so wie diese Aufgabe damals auf den Propheten Jona fiel?

Die Schwäche der starken Emotionen

Es gibt verschiedene Gruppen von Deutschen. Manche haben vergessen und leben glücklich und zufrieden bis an ihr Lebensende. Andere haben niemals Schuldgefühle gehabt; viele andere junge Deutsche lehnen jegliche Verantwortung für die Taten ihrer Vorfahren ab. Aber es gibt diejenigen, die die Last der Vergangenheit tragen – Junge und Alte. Sie erkennen an, dass es niemals eine Wiedergutmachung geben kann, aber dass es Reue gibt, Umkehr und die Wiedererschaffung des Gewissens. Diese Menschen kommen zu uns und bitten um Mitgefühl und Vergeben. Ich weiß nicht, ob Dieter Wellershoff (siehe Cynthia Ozicks Beitrag), der darum gebeten hat, dass sein Buch von einem jüdischen Autor besprochen werde, zu dieser Gruppe gehört. Sollen wir ihm unseren Vertrauensvorschuss und unser Mitgefühl gegeben? Wir tragen Hass in uns von Generation zu Generation – was wird das mit uns machen, wie wird es uns formen und beeinflussen? Ezekiel sagte einst zu seinem Volk, dass die Kinder nicht sterben sollen für die Sünden ihrer Väter. Seine Gemeinschaft in Babylon jedoch beklagte ihr schweres Schicksal unter anderem mit den Worten: „Tochter Babel, Vergewaltigerin! Glückauf ihm, der dir zahlt dein Gefertigtes, das du fertigtest uns: Glückauf ihm, der packt und schmeißt deine Kinder an dem Gestein (Ps 137:9)." Welche Schuld lag auf den Kleinen? Sind wir romantisch emotional, hat Gefühl das letzte Wort, wenn wir unsere Meinungen abwägen und unsere Handlungen dirigieren? Wie unterscheiden wir uns dann von den Deutschen? Wenn Leo Baeck Recht hat, und das Judentum anti-romantisch ist, dann widerspricht ein romantischer Emotionalismus unserer Pflicht als Juden. Und trotzdem scheint er zu existieren.

Ich habe mich oft über den unerbittlichen Hass gewundert, den die Juden Nietzsche gegenüber gezeigt haben. Es sind über zwanzig Jahre her, dass Walter Kaufmann – Kapitel für Kapitel und Strophe für Strophe zitierend – bewiesen hat, dass Nietzsche den Antisemitismus verabscheute und Vieles im Judentum respektierte. Und doch haben wir die Verzerrungen seiner Ideen durch seine antisemitische Schwester akzeptiert, der Schwester, die er selbst hasste, und später die von Nazi Kommentatoren, die ihn als Schutzpatron für sich in Anspruch nahmen. Warum haben wir das getan? Kann es sein, dass wir unsere einmal erlangten Vorurteile nicht mehr loswerden können, genauso wie sich so mancher Nichtjude nicht von seinem Vorurteil gegen die Pharisäer freimachen kann? Und nichtsdestotrotz wurde Buber von Nietzsche beeinflusst. Und wenn es jemals einen Übermenschen gegeben hat, der die Grenzen der Konventionen überschritten und bestehende Regeln gebrochen hat, um seine Vision zu verwirklichen, dann war es Theodor Herzl. Er agierte, und er litt, und er gewann – er hat das Unmögliche möglich gemacht. In welchem Ausmaß er von Nietzsche beeinflusst war? Wenn er es war, dann schulden wir dem deutschen Philosophen viel. Die Sache ist die: Ist unsere Reaktion reumütigen Deutschen gegenüber und unsere Beziehung zu einem Deutschland, dessen Volk nicht weiß, wie es seine Rechten und seine Linken unterscheiden soll, ein Maßstab für unseren eigenen Gehorsam gegenüber rationaler Religion und göttlicher Herrschaft? Können wir es ablehnen, nach Ninive zu gehen?

Hass zerstört selbst diejenigen, die hassen

Unser romantische Hass könnte sich nach innen kehren, (und er hat es schon getan) und den Körper des jüdischen Volkes zerreißen. Schon immer hat mich der *Midrasch*, der rabbinische Kommentar (es kann auch eine rabbinische Geschichte sein), entsetzt, der den Grund für das Martyrium unserer zehn großen Gelehrten unter Hadrian erzählt. Der Verkauf eines anderen Juden als Sklaven wird durch den Tod bestraft. Joseph wurde von seinen zehn Brüdern als Sklave verkauft, das Verbrechen wurde niemals gesühnt, und der Ankläger im Himmel bestand darauf, dass dies Jahrtausende später geschehen sollte. Soweit der Midrasch. Gab das den Juden eine wirkliche Erklärung, weshalb Gott die Verbrechen Hadrians stillschweigend hingenommen hat? Wie lange sollte Schuld aufrechterhalten und die Sünde an den Kindern gerächt werden? Wenn dies die allgemeine Meinung widerspiegelt, *sollte* es sie widerspiegeln?

In unserer eigenen Zeit haben wir den Antagonismus zwischen den Juden aus dem Osten und den deutschen Juden gesehen, wegen der Sünden oder der vermeintlichen Sünden der deutschen Juden. Ihre Kinder mussten bezahlen. Ich kann aus Erfahrung sprechen; es hat mein Leben beeinflusst, denn ich kann meine Eltern nicht verleugnen. Sie waren tief religiös und liebten alle ihre jüdischen Brüder. Falls manche Juden „nicht gut“ waren, sollten ihre Kinder deshalb leiden? Auf diese Weise wurden die deutschen Juden in die Isolation getrieben. Wir werden niemals wissen, wie viel Ressourcen den amerikanischen Juden verloren gegangen sind, weil sie es versäumt haben, sich dieses immense Reservoir an Judentum zunutze zu machen. Als ich in Israel war, hat es geheißen, dass einer der Oberrabbiner es zunächst abgelehnt hatte, Gedenkkerzen für die im Holocaust ermordeten Juden anzuzünden. Als er gedrängt wurde, hat er seine Entscheidung rückgängig gemacht, obwohl er am Anfang behauptet hatte, dass diese Juden des Gedenkens unwürdig seien. Diese Geschichte mag *ganz und gar unwahr* sein, aber die Tatsache, dass sie erzählt wird, ist aufschlussreich. Mythos enthüllt Ideologie.

Hass und Liebe sind untrennbar, das eine zerstört gänzlich, das andere heilt gänzlich. Meine Frage lautet: Können wir, unter dem Wort Gottes stehend, alle Deutschen und ihre Kinder und Kindeskinder ablehnen? Können wir so etwas tun, ohne uns selbst in Hass zu vernichten? Ist unsere Beziehung zu den Deutschen eine Art Hiob-Prüfung für sie und für uns? Ich weiß keine Antwort. Vielleicht kann mir jemand helfen, eine zu finden.

Die Parabel von den drei Ringen

Um gleich am Anfang einem Missverständnis vorzubeugen: Leo Trepp hat Lessing und Mendelssohn verehrt und Nathan den Weisen als ein großes und wichtiges Drama der Nächstenliebe und Toleranz angesehen, obgleich Trepp mit dem Begriff der Toleranz ohnehin seine Schwierigkeiten hatte. Das Interessante ist, dass er trotz seiner Anerkennung für die Aufklärung (er wählte das berühmte Bild der drei Denker Lessing, Mendelssohn und Lavater als Titel für sein Buch ‚Geschichte der deutschen Juden') deren Risiken für die Juden sieht, die ihr ohne gleichzeitige spirituell-jüdische Aufklärung ausgesetzt sind. Damit setzt sich der folgende Essay auseinander, in dem Trepp die Linie verfolgt, die durch die noachidischen Gebote vorgegeben ist. Und zu dem Ergebnis kommt, an dessen Prinzipien er stets geglaubt hat: Jeder Gläubige sollte seine Werte, seinen Schutz und seine Zuversicht aus seiner Religion schöpfen. Er soll um diese Religion ringen und mit ihr ringen, doch wenn er beginnt, sie für austauschbar zu halten, fehlt ihm die spirituelle Basis für die offene und liebende Auseinandersetzung mit anderen Religionen und Kulturen, für die er vielleicht dachte, durch Relativierung seiner eigenen Religion offener zu werden. In diesem Denken Trepps kann, worauf mich ein Freund aufmerksam gemacht hat, eine Quelle für Chauvinismus liegen, doch wenn aus der Sicherheit des eigenen Glaubens heraus die Gläubigen anderer Religionen respektiert und als gleichwertig angesehen werden, ist es das Fundament für ein echtes Miteinander und ehrliche Dialoge. So hat Trepp es selbst stets gehalten, und so muss man auch seine Interpretation des Lot-Komplexes verstehen (ein Buch mit dem gleichnamigen Titel beschäftigt sich mit einer anderen Problematik und hat mit dem hier behandelten Thema nichts zu tun). Das Erbe, das Trepp im Zusammenhang mit Lot erwähnt, meint das spirituelle Erbe Lots, das dieser bereit ist aufzugeben. Trepp hat diesen Beitrag 1944 anlässlich des 215. Geburtstages von Lessing und Mendelssohn für den Reconstructionist geschrieben, in einer Zeit, in der es den Staat Israel noch nicht gab. Das Stück hat seine Aktualität behalten, nicht nur für die Juden, sondern auch, wenn man zum Beispiel an die Möglichkeit erfolgreicher Gespräche mit Vertretern des Islam denkt.

Im Jahre 1729 wurden zwei Männer geboren, die großen Einfluss auf das Judentum gehabt haben – Gotthold Ephraim Lessing und Moses Mendelssohn. Lessing schrieb „Nathan der Weise" mit seinem großartigen Appell an gegenseitiges Verständnis, und Mendelssohn war die Vorlage, nach der Nathan geschaffen worden war. Heute begeben wir uns auf die Suche nach den Auswirkungen ihrer Ideen auf das jüdische Gedankengut. Diese waren tiefgründig, das wissen wir – aber waren sie auch gesund? Es ist einfach zu verstehen, warum Lessing und Mendelssohn einen so großen Einfluss auf das Judentum ausgeübt haben. Sie waren die ersten großen Persönlichkeiten, auf die die Juden trafen, als sie aus dem intellektuellen und kulturellen Getto herauskamen, in dem sie gelebt hatten. Tatsächlich war Mendelssohn der Moses seiner Zeit, er führte das Judentum aus Beschränkung und Gefangenschaft in den weitläufigen Bereich der zeitgenössischen Zivilisation, direkt hinein in die Aufklärungsperiode. Es war die Aufklärung mit ihrer Neigung zum Humanismus, die die Emanzipation möglich gemacht hatte, und da es die erste Philosophie war, mit der die deutschen Juden in Kontakt kamen, waren sie besonders den Philosophen dieser Schule verschrieben, und wurden stark von ihnen beeinflusst. Die Philosophie der Aufklärung formte das jüdische Denken auch noch lange, nachdem nichtjüdische Denker es bereits verworfen hatten.

Lessings Parabel von den drei Ringen

Der Geist dieser Zeit wird treffend durch die bekannte Geschichte von den drei Ringen in Lessings „Nathan der Weise" wiedergegeben. Aber nur wenige Denker, selbst zu jener Zeit, waren aufgeschlossen genug, sich die zugrundeliegende Idee zu Eigen zu machen, wie Lessing es getan hatte. In dem Stück erzählt Nathan die Geschichte als Antwort auf die Frage des Sultans, welche der drei großen Religionen – Christentum, Islam oder Judentum – er für die größte halte [...]. Sie geht wie folgt:

Ein Vater hatte einmal ein kostbares Erbstück, einen Ring mit magischen Kräften. Der Ring wurde immer an den Lieblingssohn weitergereicht. Dieser Vater aber hatte drei Söhne, die er mit gleicher Hingabe liebte. So ließ er zwei andere Ringe machen, die genauso aussahen wie der echte, und gab jedem Sohn einen Ring. Von dieser Zeit an wusste niemand mehr, welches der echte Ring war. Nur die Zeit konnte das zeigen. Der, der der Größte im Geiste und in der Liebe war, durfte sich der Besitzer des wahren Ringes nennen. Und das ist auch die Geschichte der drei

Religionen. Sie sollten nach ihren Werken beurteilt werden. Keine ist scheinbar den anderen überlegen; ihre Gläubigen halten daran fest, weil sie sie geerbt haben; obwohl sie wissen, dass ihr Ring der falsche sein könnte. Es ist der Humanismus, der zuerst und zuletzt zählt.

Es ist eine der schönsten Parabeln der Literatur. Sie predigt Toleranz, Gleichheit und gegenseitiges Verständnis. Sie lädt die Gläubigen aller Religionen ein, in Liebe und guten Taten miteinander zu wetteifern. Keine Religion soll das Recht haben, einer Gruppe ihre eigene Brandmarke aufzuzwingen oder die zu verachten, die Gott auf andere Weise ehren. Daher trägt die Geschichte, die wir schon in der mittelalterlichen jüdischen Literatur finden, eine wichtige und nachhaltige Botschaft in sich. Aber in Lessings Szenario, als zentrales Thema des Stückes und als Lösung für das Problem der Religionen, erhält sie eine weitere Bedeutung. Die Geschichte plädiert an die Gläubigen selbst, in ihren Köpfen zu behalten, dass ihre Religion nicht notwendigerweise die richtige ist. So haben viele Juden die Parabel verstanden, besonders im 19. Jahrhundert. So verstanden kann die Parabel jedoch auch viel Schaden verursachen.

Lessing und „Die Erziehung des Menschengeschlechts“

Lessings eigene Philosophie führt die Idee nicht zu Ende, die in der jüdischen Interpretation dieser Geschichte liegt. Einst schrieb er ein Pamphlet namens: „Die Erziehung des Menschengeschlechts“. Darin erklärt er, dass menschliche Vernunft und Intelligenz die Menschheit zu Gott bringen werden. Es gibt also keinen Grund für irgendeine Offenbarung. Dennoch hat die Offenbarung einen großen Vorteil: Sie sagt das Ende voraus. Genau wie der Lehrer dem Schüler die Lösung eines mathematischen Problems gibt und ihm dann die Aufgabe stellt, herauszufinden, wie man zu dieser Lösung kommt, so hat Gott der Menschheit die Lösungen gegeben, zu denen die Vernunft nur nach langem Kampf kommen wird. Und die Menschheit mag – im Zuge ihrer Entwicklung – dennoch Gebrauch von ihrem Wissen über das Ende machen und davon profitieren. Dies impliziert, dass bestimmte (offenbarte) Prinzipien ohne Widerrede akzeptiert werden müssen – jedoch mit dem Wissen, das unser eigener Verstand uns am Ende den zugrundeliegenden Sinn aufzeigen kann. In Verbindung hiermit erklärt Lessing, dass das Alte Testament einige Wahrheiten lehrte, die über alles hinausführten, was die Vernunft jemals erreicht hatte, und dass das Neue Testament einige offenbarte Wahrheiten enthält, die über alles hinausführen, was je im Alten Testament gelehrt worden war oder die Vernunft hätte erreichen können.

So wird deutlich, dass aus Lessings Sicht diejenigen, die nicht an das Neue Testament glauben, im Nachteil sind. Deren Denken wird sie nur nach einem langen Kampf zu den offenbarten Wahrheiten des Neuen Testaments führen. Dies mag das Christentum zwar nicht von einem ethischen Standpunkt aus den Vorrang geben, aber es zeigt den Vorrang zumindest vom utilitaristischen Standpunkt aus, denn es zeigt, dass die Lehren des Neuen Testaments von Christen unmittelbar praktisch umgesetzt werden können. In diesem Sinn steht die Doktrin also in Widerspruch zur Gesinnung der Parabel.

Lessings Theorien, selbst die, die in der „Erziehung" angesprochen wurden, wurden vom deutschen Protestantismus jedoch nicht anerkannt. Das deutsche Judentum scheint die *christlichen* Aspekte dieser Theorien übersehen zu haben, die in anderer Hinsicht den Ansichten Maimonides sehr ähnlich waren – lange vor Lessing. Folglich bereitete sich das deutsche Judentum auf seine Rolle als Partner für die Welt-Bildung vor, machte sich bereit, der Menschheit seinen Anteil im Sinne der prophetischen Lehren beizusteuern, die in den Tagen der Emanzipation generell wieder aufgelebt zu sein scheinen. Der Protestantismus zog sich jedoch in seine Schale zurück. Die Juden vernachlässigten ihre eigene jüdische Entwicklung, wurden spirituell geschwächt, aber auch von anderer Seite gab es wenig Reaktion. Also hing die jüdische Philosophie, die auf dem Grundsatz der Kooperation verschiedener Gruppen aufbaute, in der Luft. Dies hatte einen enormen Einfluss auf das jüdische Leben.

Der Trugschluss in Lessings Parabel und Mendelssohns Dilemma

Der Trugschluss in Lessings Parabel wird deutlich, wenn wir sie mit dem jüdischen Grundsatz vergleichen, den die Rabbiner einst formulierten. Die Rabbiner sagen: *„Tzadike ummot haolam yesh lahem helek leolam haba" (Die Gerechten aller [Nationen und Religionen] werden Erlösung finden).*

Somit ist unmissverständlich klar, dass die Erlösung nicht von der Validität einer *spezifischen* Religion abhängt, sondern vom impliziten Glauben des Gläubigen, welche Religion auch immer *die seine* ist. Theoretisch mögen alle Religionen gleich wertvoll oder unnütz sein, tatsächlich ist es die psychologische Reaktion der Gläubigen auf ihre Religion, die zählt. Psychologisch gesehen kann und muss es nur eine wahre Religion für den Gläubigen geben, nämlich *seine* Religion. Lessings Ring-Parabel wird zum religiösen Selbstmord. Denn wenn selbst die Gläubigen zweifeln, ob ihre Religion die richtige ist, dann wird Religion selbst irrelevant und nutzlos. Es ist bedauerlich, dass eine Menge Juden Opfer dieses Trugschlusses der Lessing'schen Ring-Idee geworden sind, und vergessen haben, dass das Judentum *für uns* die einzige Religion ist und unsere Aufmerksamkeit zuerst verdient. Denn nur so können wir unseren jüdischen Beitrag zur Verbesserung der Welt leisten.

Der erste Jude, der in Berührung mit Lessings Idee kam, war der Erste, der die Schwierigkeit dieser Situation durchleben musste. Es war Mendelssohn selbst. Er glaubte an Lessings Prinzip von „Bildung durch Vernunft": er glaubte an die Aufklärung, doch das Judentum war für ihn unverzichtbar. Er versuchte, der Schwierigkeit aus dem Weg zu gehen, indem er behauptete, das Judentum sei lediglich offenbartes Gesetz, und nicht offenbarte Doktrin, so dass es weder unser Gedankengut noch den Verstand tangierte, sondern den Intellekt vollkommen frei lasse. Indem er dies tat, beraubte Mendelssohn das Judentum seiner Eigenschaft als „Religion". Aber später wurde er einer Prüfung unterzogen. Johann Caspar Lavater, ein Schweizer Kleriker, forderte ihn heraus, entweder die Überlegenheit des Judentums zu beweisen oder es aufzugeben und zum Christentum zu konvertieren. Und dann kehrte Mendelssohn (unbewusst) zur Position der Rabbiner zurück. Das Judentum, erklärte er, sei die einzig wahre Religion *für ihn*, aber mit dieser Aussage rückte er vollkommen ab von der Schlussfolgerungen der Ring-Parabel.

Historische Konsequenzen

Unter Mendelssohns Nachfolgern wurde Lessings Parabel kritiklos hingenommen. Sie hat zweifellos zu der Welle von Übertritten zum Christentum beigetragen, welche die jüdische Oberschicht kurz nach der Emanzipation erfasste. Diese Juden sahen, dass sich die Gesellschaft für sie öffnen würde nach dem Übertritt, und sie gesellschaftlich ihren Weg machen könnten. Des Weiteren interpretierten sie das Judentum im Lichte von Lessings Parabel so, dass es nicht notwendigerweise besser als jede andere Religion sei, *nicht einmal für sie.* Also schlussfolgerten sie, dass man das Judentum genauso gut aufgeben könne. Lessing zufolge würden die Richtlinien des Judentums ohnehin in jedem Falle bewahrt werden, weil sie gleichzeitig Schritte auf dem Weg der Vernunft waren. Diese Juden dachten, sie gäben lediglich die Gesetze auf, die, Mendelssohn zufolge, die einzigen charakteristischen Merkmale des Judentums waren. Da sie manche der Gesetze bereits ohnehin aufgegeben hatten, gab es für sie keinen Grund mehr, sich selbst Juden zu nennen. Das zumindest glaubten sie. Und sie waren überzeugt, dass sie spirituell nichts aufgaben, materiell jedoch viel dazugewannen.

Ein realer Vorfall demonstriert diese gedankliche Tendenz sehr deutlich. Im Jahr 1799 schrieb David Friedlander, ein führender Jude in Berlin, einem bekannten und einflussreichen Kleriker in Berlin, der berühmt dafür war, ein liberaler Protestant zu sein: Pastor Wilhelm Teller. In seinem Brief schrieb Friedlander, dass einige Männer wie er selbst, gemeinsam mit ihren Familien, willens seien, „die Religion der Väter und der zeremoniellen Gesetze aufzugeben, und die große protestantische Gesellschaft als Zufluchtsort zu wählen [...] *falls dieses ohne Aufgabe ihrer Ansichten und ohne Verletzung ihrer moralischen Gefühle von statten gehen könne.*" Dies bedeutete einfach, dass diese Männer sich einer Religion der Vernunft anboten und gewillt waren, dafür alles zu opfern. Im Gegenzug dafür verlangten sie lediglich, nicht verpflichtet zu werden, Dogmen akzeptieren zu müssen, die mit der Vernunft nicht vereinbar waren, die Überzeugung eingeschlossen, dass die Taufe zur Erlösung unerlässlich sei. Der Brief zeigt letztendlich, wie durchdringend Lessings und Mendelssohns Theorien diese Juden beeinflusst hatten. Und die Antwort zeigte deutlich, welche Position selbst von der liberalen protestantischen Kirche eingenommen wurde: die Antwort lautete Nein.

Nichtsdestotrotz gaben die jüdischen Philosophen des 19. Jahrhunderts ihren Optimismus nie auf, obwohl ihre Position sie wieder und wieder zwang, zu erklären, warum sie am Judentum festhielten und warum sie glaubten, dass das Judentum für die Juden richtig und gültig sei. Diese optimistische Philosophie schwächte die jüdischen Menschen stark, und zwar zu einer Zeit, als das Judentum Führung gebraucht hätte. Denn nach der Emanzipation betraten die Juden eine neue Welt – spirituell, intellektuell und physisch. Sie mussten sich auf ein neues Leben einstellen. Im Getto waren sie von der Gruppe beschützt worden; nun standen sie allein da. Sie mussten mit neuen Formen von sozialem, ökonomischem und ideologischem Antisemitismus zurechtkommen. Ihre Denker jedoch taten nichts, um sie zusammen zu halten. Im Gegenteil, sie drängten das Individuum in eine neue und oft feindliche Welt und überließen es sich selbst. Das war in der Tat die tragischste Konsequenz von Lessings Ring-Parabel und Mendelssohns Interpretation des Judentums. Wir haben uns noch nicht davon erholt. Denn die Renaissance des Judentums ist durch den Zionismus, eine politische nationale Bewegung, gekommen und nicht durch spirituelle Erneuerung. Solange die spirituelle Umorientierung nicht erreicht ist, wird die jüdische Renaissance unvollständig bleiben.

Christlicher und jüdischer Liberalismus

Der jüdische Optimismus war nicht gerechtfertigt, wie die Ereignisse gezeigt haben. Die deutsche Romantik bewirkte eine vollkommene Umkehr der Gedanken. Eine Reaktion gegen die Befreiung setzte ein. Aber selbst die liberale Kirche hat einen Standpunkt, der anders ist als der der Juden. Der „Optimismus" der liberalen Kirche basiert auf dem Prinzip, dass die Welt automatisch auf ihr finales Ziel hinsteuert. Diese These fußt auf Ideen, die denen von Lessing ähnlich sind, jedoch hauptsächlich von Leibniz und Hegel abstammen. Leibniz repräsentiert die Idee, dass eine vorgefertigte Harmonie in der Welt besteht, die sich aufwärts bewegt; dass das Böse nur die Kulisse darstellt, vor der das Gute noch heller erscheint, und dass das Böse somit ein Teil der großen Harmonie ist. Doch Leibniz spricht auch vom Christentum als höchste Form der Religion. Für ihn ist das Judentum Monotheismus ohne das Gesetz der Unsterblichkeit. Wie auch immer transformierte das Christentum die Religion des Philosophen in eine für das Volk. Für Hegel stellt das Christentum die große Synthese des Geistes dar. Wenn also das Christentum auch ausschließlich philosophisch würde, bleibt es immer noch das Christentum, weil die christliche Idee Teil des Systems dieser liberalen Denker ist, auf dem die liberale christliche Philosophie basiert. Das Judentum würde seine eigene Unterlegenheit im Vergleich zum Christentum anerkennen, wenn es diese Philosophien unkritisch annimmt, und so tatsächlich eine bloße Behelfsreligion werden. Es könnte sich nicht aus sich selbst erhalten und lebendig bleiben.

Dieses Prinzip berührt nicht nur die Philosophie des Judentums, sondern es beeinflusst unser Leben in ungeahnter Tiefe. Wir sind an die christliche Kultur gebunden und können ihr nicht entkommen. Wir haben auch nicht den Wunsch, ihr zu entkommen, denn sie ist gut zu uns. Doch man muss sehen, dass christliche Kultur und Zivilisation unser Leben durchdringen. So wird selbst der Agnostiker und Atheist, der die christliche Kirche verlassen hat, niemals in der Lage sein, dem Christentum zu entrinnen – denn dessen Kultur durchzieht sein Leben. Der jüdische Agnostiker, Atheist und Liberale jedoch distanziert sich nicht nur vom historischen Judentum, sondern geht in Wirklichkeit einen Schritt in Richtung Christentum – denn auch seine Kultur ist durchzogen davon.

Darum sieht sich das liberale Judentum einer Gefahr gegenüber, der es nur entkommen kann, wenn seine liberale Philosophie nicht lediglich eine „Befreiung“ vom jüdischen Gesetz und Dogma ist, sondern ein positives Denkgebäude, gefüllt mit liberalen jüdischen Gedanken. Und gegen die Auswirkungen der christlichen Kultur auf unser Leben müssen wir unsere jüdische Identität bewahren, indem wir den Charakter des Judentums als eigenständige Kultur und Zivilisation betonen.

Dies soll keine Widerlegung der Geschichte der drei Ringe sein und ihrer Lehre über die Liebe, Toleranz, das Verstehen und Zusammenwirken. Es ist lediglich die Interpretation dieser Idee im Geiste der Rabbinen. Dieser Beitrag propagiert nicht die Selbstisolation, sondern alltägliche Zusammenarbeit und ein Geben und Nehmen.

Der Lot-Komplex

Die jüdische Tendenz zur Selbstverneinung ist augenscheinlich ziemlich alt, denn er scheint zur Aufnahme der Lot-Geschichte in die Bibel geführt zu haben. Lot und David Friedlander sind identische Charaktere. Der biblische Abraham ist bereit zu kooperieren und schließt einen Bund mit dem Herrscher des Landes, in dem er lebt. Erst jedoch errichtet er einen Altar. Lot aber ist bereit, sein Erbe für seine missverstandene Mission zu opfern. Doch sein missionarischer Eifer führt zu nichts anderem als zu seiner eigenen Zerstörung, während Abraham die Freundschaft und den Respekt der Menschen behält, unter denen er lebt, und sogar Einfluss auf sie gewinnen kann.

Der Lot-Komplex – vielleicht ein missverstandener prophetischer Gedanke – scheint typisch jüdisch zu sein. Es wäre unfair, nicht anzuerkennen, dass sich seine Wurzeln manchmal in noblen und aufrichtigen Überlegungen finden. Doch er wird immer ein Zeichen spiritueller Schwäche sein.

Beim Nachlesen von Predigten, die in New York gehalten und auszugsweise in der New York Times veröffentlicht wurden, kommt man nicht drum herum, neue Nachweise für diesen Komplex zu finden. Die christlichen Pfarrer sprechen mehrheitlich über Jesus Christus und predigen seine Lehren. Die Rabbiner dagegen analysieren politische Ereignisse aus allgemein humanistischer Sicht, nur selten finden wir hier eine Predigt, die *Judentum* predigt. Zugegeben – dies ist ein Eindruck, der von außen gewonnen ist. Und wahrscheinlich kann eine Predigt nur schwer anhand eines Auszuges in einer Zeitung beurteilt werden. Aber es ist offensichtlich, dass es irgendwo in der Reihe vom Prediger über die Gemeinde und die Zeitung hin zur (jüdischen) Öffentlichkeit jemanden gibt, der diese Art von Ansprache möchte oder an ihre Effektivität glaubt. Diese Tatsache mag also als eines von vielen Beispielen des Lot-Komplexes dienen, wie er heutzutage immer noch offenkundig ist.

Ist Zionismus die alleinige Antwort?

Der Zionismus hat in den vergangenen Jahrzehnten eine Wiederbelebung des Judentums mit sich gebracht. Er hat es möglich gemacht, die jüdische Kultur wieder auf jüdischem Boden zu etablieren. Er wird eine regenerative Wirkung auf Israel als Ganzes haben. Aber, wie Mordecai Kaplan in *The Reconstructionist* („Palestinian Educators in Search of Religion", Vol. IX, No. 11) dargestellt hat, sind die Chancen gering, dass Palästina eine religiöse Führungsschicht herausbilden wird. Doch ohne Religion kann der Lot-Komplex nicht überwunden werden. Ein zionistisches Palästina, das nicht vollkommen ein jüdisches Palästina ist (und das schließt die Religion mit ein), wäre lediglich eine Projektion des Lot-Prinzips auf das Gruppenleben – „Lasst uns wie andere Nationen sein." Das soll nicht die großartigen und heroischen Leistungen des Zionismus und des *Jischuws* schmälern. Es bedeutet jedoch, dass, während wir – die Juden in der Diaspora – ein Prinzip nationaler Zivilisation neben der Religion brauchen, der *Jischuw* die religiösen Grundsätze neben dem Nationalismus brauchen wird, um das jüdische Leben zu vervollkommnen. Wenn das erreicht werden kann, werden sowohl die Diaspora-Juden als auch die Juden in Palästina einen wertvollen Beitrag zur Weltzivilisation leisten können. Nur wenn wir die Begrenzungen der Ring-Parabel wahrnehmen, werden wir in der Lage sein, unseren umfassendsten Beitrag zum Geist der universalen Brüderschaft zu leisten, den sie verkündet.

Was Juden über Nichtjuden denken

„Haben wir nicht alle einen Vater? Hat uns nicht ein Gott erschaffen? Warum denn verachten wir einander?" (Maleachi 2,10). Diese für viele überraschend versöhnlichen Worte wählte Trepp, der bis zu seiner Emigration letzter Landesrabbiner der 15 Synagogen des Landes Oldenburg war, für den Gedenkstein der in der sogenannten Reichspogromnacht niedergebrannten und völlig zerstörten Oldenburger Synagoge. Trepp war überzeugt, dass die verschiedenen Religionen sich nicht nur zu respektieren hatten, sondern voneinander lernen und im gemeinsamen sozi-

alen Werk gemeinsam – jeder gemäß seiner Religion – wachsen konnten. Doch ihm war auch klar, dass die Christen nach einer Jahrtausende alten Geschichte des Antijudaismus mehr innere und institutionelle Hürden zu überwinden hatten als die Juden. Ein Miteinander, in dem die Juden toleriert würden, kam für ihn nicht infrage. Den Respekt, den er dem christlichen Denken entgegenbrachte, fand er in der Öffentlichkeit oft nicht erwidert. Es schmerzte ihn, in Medien als Kommentar über einen irrationalen oder grausamen Akt der Rache immer wieder das Wort aus der Hebräischen Bibel ‚Auge um Auge, Zahn um Zahn' zu lesen oder zu hören. Wie für jeden Juden bedeutete dies für Trepp nicht nur eine stereotype Anspielung auf angenommene Charaktereigenschaften der Juden (Bekanntlich distanziert sich Jesus ja davon), sondern eine Geringschätzung ihrer Schrift. Bei auch nur geringem Interesse ließe sich leicht herausfinden, dass dieses Prinzip gerade nicht Rache, sondern Schadenersatz forderte. Doch viele wollten es eben nicht wissen. Denkt man an eine von der Bundesregierung in Auftrag gegebenen Studie mit dem Ergebnis, dass 20 Prozent der Bundesbürger offen oder latent antisemitisch sind, erscheinen einem die von Trepp am Ende geäußerten Fragen nicht unangemessen. Er hat diesen Vortrag in der Synagoge Weisenau in Mainz gehalten.

„Was Christus und seine Kirche in der Welt bedeuten, darüber sind wir einig: Es kommt niemand zum Vater denn durch ihn. Es *kommt* niemand zum Vater – anders aber, wenn einer nicht mehr zum Vater kommen braucht, weil er schon bei ihm *ist*. Und dies ist nun der Fall des Volkes Israel (nicht des einzelnen Juden)." Mit diesen Worten umreißt Franz Rosenzweig das Verhältnis und die Aufgabe von Christentum und Judentum (Briefe, S. 73). Franz Rosenzweig (1886–1929) war einer der bedeutendsten modernen jüdischen Theologen der Neuzeit, und sein Einfluss auf das theologische Denken innerhalb der Judenheit hat sich im Laufe der Jahre immer mehr vertieft. Rosenzweig beschäftigte sich eingehend mit dem Christentum und dem Verhältnis von Judentum und Christentum. Er selbst trug sich während seiner Jugend ernsthaft mit dem Gedanken, zum Christentum überzutreten. Dann erfasste ihn die Erkenntnis, dass er ja gar nicht wisse, was er aufgebe, sollte er sich vom Judentum abwenden. Das Wissen um den Glauben und seine Tiefen war und ist häufig bei Christen wie bei Juden oberflächlich, und viele Menschen beider Religionen wissen nicht viel um die Schätze, die sie im Glauben und den Glaubenslehren und Glaubenshoffnungen besitzen. Als Rosenzweig dies klar wurde, sah er es als seine Aufgabe, zum Kern des Judentums vorzustoßen, bevor er einen weiteren Schritt unternahm. Das Ergebnis war: „ich bin in langer, und, wie ich meine, gründlicher Überlegung dazu gekommen, meinen Entschluss (zum Christentum überzutreten) zurückzunehmen. Er scheint mir nicht mehr notwendig und daher, in meinem Fall, nicht mehr möglich. Ich bleibe also Jude" (Briefe, S. 71).

Rosenzweig sah im Christentum den Weg zur Seligkeit, das lässt sich aus seinen inneren Kämpfen erkennen. Sein Entschluss, sich enger mit dem Judentum zu verbinden, entsprang der Erkenntnis, dass dem Juden diese Seligkeit, diese engste Verbundenheit mit Gott, dem Vater durch sein Judesein bereits verbürgt und gesichert ist. Der Jude ist in Gott geborgen. Der Nichtjude ist noch nicht in Gott geborgen, er muss erst seinen Weg zu Gott finden. Und diesen Weg zeigt ihm das Christentum. Rosenzweig knüpft hier an Johannes (14:6) an. Jesus spricht: „niemand kommt zum Vater denn durch mich". Niemand kommt zum Vater, das heißt, die Menschheit bedarf des Christentums, um zu Gott, dem Vater, zu kommen. Aber die Juden brauchen nicht mehr zu kommen. Sie waren seit ihrer Begründung durch den göttlichen Bund bei Gott, und sind immer dort verblieben. Manchem Christen mag das unverständlich, vielleicht sogar anstößig erscheinen, dem Juden ist es Wahrheit: er ist bei Gott. Gleichzeitig sieht der Jude im Christen den ihm in göttlicher Aufgabe Verbündeten: Der Christ bringt die Welt zu Gott. Juden und Christen aus dieser Perspektive arbeiten zusammen an der göttlichen Aufgabe. Dies ist Anerkennung des Christentums.

Die Menschheit muss zum Vater kommen, sie ist auf dem Wege zu ihm, sie erreicht das Ziel durch den Sohn, Christus. Dem Christentum ist somit eine ewige, weltumfassende Aufgabe gestellt, zu bekehren und zu schaffen. Woher aber kann die Menschheit das Vertrauen schöpfen, dass es einen Weg und ein Ziel auch wirklich gibt? Davon legt der Jude Zeugnis ab: denn er ist schon beim Vater. Er hat das Ziel erreicht, so bedarf er des Sohnes nicht. Er überlässt dem Christentum die Aufgabe und hat Vertrauen in die Christenheit, dass sie diese Aufgabe erfüllen wird und im geschichtlichen Wirken die Gesamtmenschheit durch den Sohn zum Vater erheben wird. Dann wird die Einheit aller Menschen unter Gott geschaffen sein. Der Christ bedarf des Juden als den ewigen lebendigen Zeugen der Zielerreichung. So sind beide auf einander angewiesen, ewiglich von Gott berufen, damit das Werk Erfüllung finde. Symbolisch für die jeweilige Aufgabe ist, unter anderem, die Feier des gottgebotenen Ruhetages: der Jude feiert den Schabbat, am siebten Tag der Woche, es ist Feier des Endes, des Zieles der Schöpfung, der Christ feiert den Sonntag, Beginn, Auftakt und Anruf zur gestaltenden Arbeit an der Menschheit, Beginn des Weges.

Rosenzweig mag andere Religionen, wie Islam und Buddhismus, nicht genügend gewürdigt haben, wahrscheinlich weil er mit ihnen nicht genügend vertraut war. Das Grundprinzip ist klar: Christentum und Juden stehen unter einer ewigen göttlichen Berufung, die sie erfüllen, wenn sie sich einander als Mitarbeiter anerkennen. Dieses Denken ruht auf einer Jahrtausende alten Entwicklung, die bereits in der Heiligen Schrift ihre Grundlagen hat. „Den Fremdling sollt ihr nicht unterdrücken, denn ihr wisset um der Fremdling Herzen, dieweil auch ihr seid Fremdlinge im Ägyptenland gewesen" (Ex 23:9). Die Schrift geht nun jedoch weiter; indem sie Israel alle im Lande Israels wohnend ansieht, gebietet sie: „Wenn ein Fremdling bei dir im Lande wohnen wird, [...] er soll bei euch wohnen wie ein Einheimischer unter Euch, und sollst ihn lieben wie dich selbst" (Lev 19:35). Der Nichtjude muss geliebt werden. Darum betet König Salomon bei der Weihung des Tempels in Jerusalem: „Wenn auch ein Fremder, der nicht von deinem Volke Israel ist, kommt aus fernem Lande um deines Namens willen, [...]

und kommt, dass er bete vor diesem Hause: so wollest du hören im Himmel, im Sitz deiner Wohnung, und tun alles darum der Fremde dich anruft [...]" (I Könige 8:41–43). Hier handelt es sich um einen Heiden, der Gott lediglich auch einmal anruft, nicht um einen Menschen, der Gott allein verehrt. Selbst der Heide ist zu lieben. Darum wurde der Prophet Jona nach Ninive gesandt, um die Stadt zur Buße aufzurufen, damit sie ihr rechtswidriges Handeln am Nebenmenschen aufgebe und erhalten bleibe. Jona wollte den Feind Israels nicht retten, doch wurde er von Gott gezwungen. Dieser Prophetenabschnitt wird am jüdischen Versöhnungstag gelesen, dem höchsten Feiertag des Jahres. „Er zeigt, wie die Juden über Nichtjuden, sogar ihre Feinde, denken", erklärt Hermann Cohen, der große Philosoph.

Dieses Grundgebot der Liebe ruht auf dem jüdischen Wissen, dass Gott bereits mit Noah und für alle seine Nachkommen, der ganzen Welt einen Liebesbund geschlossen hat (Gen 9:8ff.). Gott fordert lediglich, dass die Menschen die Würde und das Lebensrecht des Mitmenschen ehren und fördern, Gerechtigkeit üben an allen Geschöpfen, und wahren Rechtsspruch aushändigen. Diese Grundprinzipien wurden allerdings vom Heidentum der Antike verworfen, Menschen wurden entwürdigt, mit Götzenkult verband sich orgiastische Entartung. Mit diesen Lebensformen, und denen, die sie ausübten, durfte Israel nichts zu tun haben. Doch galt die Ablehnung nicht dem einzelnen Menschen. Wurde doch Ruth, die Moabiterin, zum Vorbild der edlen Frau, die König David mit Stolz als Ahnin anerkannte (Ruth 4:22). Unter dem Ansporn gottgebotener und vollerkannter Menschenliebe suchten die Führer des nachbiblischen Judentums viele Menschen zu einem gottgefälligen Leben zu bewegen. „Werde zu Aarons Schüler: liebe den Frieden und jage ihm nach, liebe alle Menschen und bringe sie zur Tora", sagt Hillel, der große Pharisäer (Sprüche der Väter 1:12). Darum gingen sie, „die Pharisäer über Land und Meer, um nur einen Heiden zu bekehren" (Mat 23:15), von seiner Bahn abzubringen. Diese Menschen wurden nicht gezwungen, das Judentum in seiner Ganzheit anzunehmen, sie wurden lediglich zu „Genossen", die im Besitz aller Rechte und Gaben der Liebe waren, ohne vollverpflichtet zu sein.

Daran knüpfte Paulus an. Die jüdische Liebe zum Nebenmenschen und die jüdische Sorge um des Mitmenschen Heil waren die Triebkräfte seiner Missionstätigkeit. Der rechtliche, redliche, liebende Mensch, gleich welchen Glaubens, galt und gilt dem Juden als ebenbürtig vor Gott. „Ich rufe Himmel und Erde zu Zeugen an, dass der Heilige Geist auf allen Menschen ruht, gemäß ihres Tuns, sei es Jude oder Nichtjude, Mann oder Frau, Knecht oder Magd" (Seder Elijahu Rabba 10). „Die Gerechten der Nichtjuden haben Teil an der künftigen Welt" (Tosefta Sanhedrin 13:2). „Ein Nichtjude, der Gottes Lehre befolgt, steht dem Hohepriester gleich" (Baba Kamma 38a). Aus der Anerkennung erwuchs die Aufgabe. „Die Rabbinen lehrten: ‚Man ernähre die Armen der Nichtjuden gleich den Armen Israels, man besuche die Kranken der Nichtjuden gleich den Kranken Israels, man begrabe die Toten der Nichtjuden gleich den Toten Israels, denn dies sind die Wege des Friedens'" (Gittin 61a). Auf diese Lehre stützt sich der Rabbiner und Theologe des 19. Jahrhunderts, Samson Raphael Hirsch, wenn er seine Juden aufruft: „Sei gerecht in Tat, sei wahr in Wort, trage Liebe im Herzen gegen deinen nichtjüdischen Bruder, wie es deine Tora dich lehrt – speise seine Hungrigen, kleide seine Nackten, erquicke seine Kranken, tröste seine Leidenden, berate seine Unberatenen, springe ihm bei mit Rat und Tat, in Not und Fährnis, entfalte die ganze edle Falle deines Israeltums [...]" (*Neunzehn Briefe*, 15. Brief). Ehrlichkeit versteht sich aus diesen Grundsätzen von selbst, doch lag es den Rabbinen am Herzen, es ihren Juden besondere einzuprägen, denn ein Jude, der sich gegen einen Nichtjuden nicht ehrlich benimmt, befleckt den guten Namen des Judentums, er entweiht den Namen Gottes (Tosefta Baba Kamma 10:15). Der Jude muss daher in Gerichtsverhandlungen gegen seinen Mitjuden und für den Nichtjuden zeugen, wenn die Tatsachen dafür sprechen (Scherira Gaon).

All das betrifft das Verhältnis zum Heiden. Maimonides und auch der große Kommentator Raschi aus dem 11. Jahrhundert weisen darüber hinaus darauf hin, dass Christen und die Anhänger des Islam wirkliche Gottesverehrer sind, denen Achtung, Ehre, Anerkennung und Gleichwertung mit dem Judentum in vollstem Maße zustehen. Leo Baeck erklärt zitierend: „Die beiden hervorragendsten Denker des Mittelalters, Jehuda Halevi und Moses Maimonides [...] betonen, dass Islam und Christentum ‚für die messianische Zeit vorbereiten und zu ihr hinleiten', dass ‚sie den Beruf haben, das Kommen des Gottesreiches anzubahnen', und dass sie es vollbracht hätten, ‚das Wort der Heiligen Schrift bis an die Enden der Welt dringen zu lassen" (*Das Wesen des Judentums*, S. 276, Zitate: Kusari IV,23, Hilchot Melachim XI,4).

Von hier aus entfaltet sich der Gedankengang in gerader Linie zu Hirsch, Baeck und Rosenzweig. Der schlichte Jude schloss diese Liebe völlig in sein Herz ein. Er liebte seinen Nächsten und anerkannte die seligmachende Kraft des Christentums, gleich der des Judentums. Er bettelte geradezu darum, wenn nicht geliebt, so doch wenigstens dem Recht entsprechend behandelt zu werden. Das wurde ihm versagt. Er gab die Liebe nicht auf, doch wurde er vorsichtig, manchmal misstrauisch, und stand immer in Angst und Furcht. In Deutschland war die jüdische Religion nie als völlig ebenbürtig angesehen, als gleichwertige Alternative zum Christentum. Aus dieser Haltung entstand die Tragödie. Die bange Frage ist noch immer nicht beantwortet: Wie viele Christen denken selbst heute, nach dem Vatikanischen Konzil und den Äußerungen der geistlichen Führer, dass die Juden in der Schuld um Christi Tod stehen, dass sie der Seligkeit nicht würdig sind, dass sie dem Christen gegenüber nicht ehrlich handeln? Wie viele beschränken ihre Liebe auf diejenigen Nebenmenschen, die gleichen Glaubens sind? Wie viele gibt es, die das Judentum seiner Lehren und Lebens wegen, als Stamm des Olivenbaumes, ehren und ihm Dank sagen? Und wie viele, die dem Juden mit voller Kraft „in Not und Fährnis" zur Hilfe zu kommen bereit sind? Dies sind bange Fragen einer Gemeinschaft von Juden, die lieben will und Liebe und Achtung für ihre nichtjüdischen Brüder und Schwestern im Herzen trägt.

„Wie es sich christelt, so jüdelt es sich“, war ein weitgebrauchter Satz. Er bedeutete, dass die jüdischen Lebensformen sich denen der christlichen Umgebung angleichen. Man sollte den Sinn dieses Satzes erweitern. Wenn die unbedingte Liebe, die dem Christen geboten ist, auch dem Juden gegenüber zur Entfaltung kommt, dann wird sich die Liebe des Juden frei und voll entfalten; dann werden beide, Judentum und Christentum, gemeinsam, und auf einander angewiesen, wirken können am Bau des Reiches Gottes.

Gedanken zur interreligiösen Arbeit von Juden

Trepp hat diesen Aufsatz 1944 für ‚The Reconstructionist' geschrieben. Er war gerade einmal vier Jahre in dem Land, das ihm neue Heimat werden sollte. Und dankbar sah er, wie anders die Stellung der Juden hier war als sie in den europäischen Ländern gewesen war. Es war nicht alles perfekt – doch es war unvergleichlich besser. Für einen Dialog der Religionen bedurfte es aus Trepps Sicht für die Juden allerdings mehr. Es reichte nicht, dass sie den Christen als gleichwertige Staatsbürger gegenüber saßen – sie mussten auch etwas zu sagen haben. Wenn der Dialog nicht von Wissen getragen werde, seien die Juden wieder unterlegen. Hier zeigt sich bereits die Haltung, die Trepp sein Leben lang bewahren sollte: ein sinnvoller Dialog war nur möglich, wenn beide Seiten nicht nur das Gemeinsame, sondern auch das Unterschiedliche ihrer Traditionen erkennen, aussprechen und respektieren konnten. Trepp selbst hat immer klare Grenzen gezogen, nicht nur im Gespräch. Wenn er gebeten wurde, bei interreligiösen Trauzeremonien zu amtieren, hat er abgelehnt. Er war jederzeit bereit, einem gleichgeschlechtlichen jüdischen oder auch christlichen Paar seinen Segen zu geben. Aber in einer Gemeinschaft so eng wie die Ehe hielt er zwei verschiedene Religionen für nicht praktikabel, ohne dass der eine oder die andere substantielle Kompromisse machte. Das war für ihn aus jüdischer Sicht undenkbar.

Interreligiöse Arbeit als Teil unserer religiösen Aktivitäten ist auf ein Ausmaß angewachsen, dass eine Analyse notwendig scheint, um zu sehen, was sie ausmacht und welchen Wert sie hat. Das Hauptproblem in dieser Frage ist die Überlegung, ob diese Arbeit, so wie sie heute erfolgt, unser spirituelles Wachstum fördert oder nicht. Die folgenden Bemerkungen sollen die erforderliche Analyse nicht ersetzen, sondern zielen darauf ab, ein paar Gedanken zur derzeitigen Situation zu liefern und damit hoffentlich eine Diskussion zu diesem Thema zu eröffnen.

Der Hintergrund

Unsere aktuellen interreligiösen Aktivitäten sind die natürliche und logische Konsequenz eines historischen Prozesses. In allen ihren verschiedenen Umfeldern haben die Juden stets ihre eigene Kultur mit der Kultur der jeweiligen Gesellschaft verglichen, in der sie lebten und von der sie ein Teil waren. Sie haben Zivilisationen beeinflusst und sind im Gegenzug von ihnen beeinflusst worden.

Jedoch konnte es, wenn es um die Religion ging, keinen echten Austausch der Gedanken geben, denn die Seiten waren zu unterschiedlich. Während eine Seite alle Macht besaß und sie nutzte, um ihre religiöse Lehre zu verteidigen, hatte die andere Seite – nämlich die Juden – diese Macht nicht. So waren die Dispute, die zwischen Rabbinern und Priestern ausgetragen wurden – oft zum stillen Vergnügen der Herrscher – nichts anderes als eine Farce, denn das Resultat war von der herrschenden Macht schon festgesetzt, bevor die Auseinandersetzung auch nur begonnen hatte. Mehr noch bestand das Ziel nicht darin, ein Verständnis zwischen zwei *gleichgestellten* Religionen zu schaffen, als gerade darin, eine solche Ebenbürtigkeit zu widerlegen und klarzumachen, dass eine Religion von ihrer Gefolgschaft aufgegeben werden müsse. Um einen bewussten Austausch von Ideen sowie unvoreingenommene vergleichende Studien von Religion zu ermöglichen, mussten drei Voraussetzungen erfüllt werden: Trennung von Staat und Kirche, wissenschaftliche Fortschritte in der Religion und die Tatsache, dass der Wert des Menschen als solcher stärker anerkannt wird.

Es wäre in der Tat erschreckend gewesen, wenn die Entwicklung der Menschheit und der Demokratie vor diesem Problem haltgemacht hätte, und man kann es als gesundes Signal werten, dass der demokratische Geist der Wissenschaft die Denker aller Fasson zu diesem Wissenschaftsfeld geführt hat, um gegenseitiges Verständnis zu schaffen. Und es ist leicht zu erklären, dass Amerika, mit seiner Trennung von Kirche und Staat und seiner freien Forschung, einen fruchtbaren Boden für dieses Unterfangen bot .

Dies gibt den amerikanischen Juden jedoch eine ernstzunehmende Verantwortung. Es stimmt – interreligiöse Aktivitäten sollen freundlichere emotionale Stimmungen und bessere zwischenmenschliche Beziehungen zwischen Christen und Juden schaffen. Doch um dieses hehre Ziel tatsächlich zu erreichen, müssen die Bemühungen auf Wissen und Forschung beruhen. Nur eine wirkliche Kenntnis unserer jüdischen Zivilisation ermöglicht es uns, gleichwertige Partner in dieser Beziehung von religiösen Gruppen zu werden.

Interreligiöse Arbeit von Juden hat zwei Seiten

Die Fülle an Gemeinsamkeiten zwischen allen Glaubensrichtungen erleichtert es, mit Schwierigkeiten in interreligiösen Beziehungen umzugehen, das heißt, wenn man diese Gemeinsamkeiten erst einmal aufgedeckt hat. Die alleinige Motivation der Christen für eine interreligiöse Arbeit sollte der Wunsch sein, das

Judentum besser zu verstehen und die Beziehungen zwischen Juden und Christen zu verbessern, es sei denn, wir fügen das wissenschaftliche Interesse hinzu.

Für uns Juden jedoch gibt es noch einen anderen Grund. Natürlich wollen auch wir, mit aller Ernsthaftigkeit, unsere Mitmenschen besser verstehen lernen. Doch wir haben daneben das Bedürfnis in uns, verstanden zu werden. Als kleine Minderheit sind wir uns der Tatsache sehr wohl bewusst, dass unsere Existenz auf diesem Verständnis beruht und auf dem Wohlwollen, das darauf erwachsen mag.

Das erste Motiv kann als etwas Spirituelles angesehen werden. Es erweitert den religiösen Horizont eines Menschen, schleift seinen Charakter, und führt uns zusammen hin zu Brüderlichkeit und somit zum Aufbau einer besseren Gesellschaft.

Das zweite Motiv ist nicht ausschließlich spiritueller Natur. Es handelt sich insofern um ein gutes Motiv, als dass es beabsichtigt, unsere Beziehung zu den Nachbarn auf ein menschliches Fundament statt auf ein rein rechtliches zu stellen. Doch hauptsächlich ist es praktischer Natur.

Während der Christ, den das erste Motiv zum Dialog bewegt, im interreligiösen Austausch geistlich wächst, wird der Jude kein spirituelles Wachstum durch diese Arbeit erlangen, solange er ihre spirituellen Aspekte nicht erkennt und sich durch sie inspirieren lässt.

Es mag zunächst so aussehen, als ob es keinen Unterschied mache, welches der beiden Motive überwiegt, solange die Arbeit an sich getan wird. Doch dem ist nicht so; es handelt sich hier nicht um etwas, bei dem gute Taten, die auf eigennützigen Motiven ruhen, zu den gleichen Taten führen, die allein durch idealistische Überlegungen motiviert sind – nach dem Prinzip „*Mitokh shelo lishmah ba lishmah*" („Die Befolgung eines Gebots, auch wenn es aus eigennützigen Motiven erfolgt, führt zu ihrer Befolgung um ihrer selbst willen").

Das eigennützige Motiv

Unser eigennütziges Motiv ist lediglich, der Welt die Tatsache zu belegen, dass wir Juden wie die anderen sind – in unseren grundlegenden Doktrinen und Prinzipien, unseren ethischen Standards, unserer Teilnahme an interessanten und lohnenswerten Aufgaben und unserem Patriotismus. Dies kann vergleichsweise einfach durch jemand belegt werden, der bereit ist, eine Untersuchung dazu durchzuführen. Alles was er dazu braucht, ist die Kenntnis vergleichender Religionsstudien, außerdem muss er etwas von Statistik und Geschichte verstehen. Die interreligiöse Arbeit kann gut einem Einzelnen oder einigen Wenigen in einer Gemeinschaft anvertraut werden, die diese Arbeit im Auftrag ihrer gesamten Gemeinschaft ausführen und dabei unabhängig von ihr bleiben.

Wenn ein Rabbiner die Aufgabe des interreligiösen Dialogs übernimmt, muss man bedenken, dass sie außerhalb seiner eigentlichen Arbeit liegt, und seine Gemeinde von dieser Art spiritueller Führung wenig mitbekommt. Selbst der gelegentliche Tausch von Kanzel und Bima mit christlichen Vertretern lässt die Gemeinde eher zum Beobachter als zum aktiven Teilnehmer des Dialogs werden; und auch wenn die Gemeinschaft der Juden davon profitieren mag, wäre der spirituelle Gewinn für den durchschnittlichen Juden nur gering.

Es gibt jedoch, neben ihrer Tendenz, den Rabbiner von seiner Aufgabe der als geistlicher Führer der Gemeinde abzulenken, eine weitere Gefahr interreligiöser Aktivitäten, so wie sie allgemein praktiziert werden. Auf der jüdischen Seite können Vertreter sitzen, die weitem nicht genug über das Judentum wissen (und leider ist dies häufig der Fall). Dies birgt die Gefahr, dass wir mit der Zeit eines unserer grundlegenden Prinzipien der gesamten Bewegung aus den Augen verlieren, nämlich dem der wissenschaftlichen Forschung. Für den interreligiösen Austausch würde eine solche Entwicklung bedeuten, dass wir erneut zu ungleichen Partnern werden könnten. Dieses Mal geschähe es nicht aus einer Unterlegenheit als Staatsbürger heraus, sondern aufgrund einer Unterlegenheit in unserem aktuellen Wissensstand. Wir müssen realisieren, dass die großen Hochburgen jüdischer Ausbildung im Osten nicht länger existieren und dass wir nun mit den wissenschaftlichen und menschlichen Ressourcen, die uns zur Verfügung stehen, eine jüdische Wissenschaft entwickeln müssen. Wenn wir in dem freien Austausch von Ideen auf Augenhöhe mit unseren christlichen Partnern bleiben wollen, müssen wir eine echte jüdische Wissenschaft entwickeln, nicht nur als Grundstein für den Austausch von Gedanken, sondern auch für das Wachstum und die Entwicklung des jüdischen Geistes.

Während Umfang und Implikationen einer interreligiösen Tätigkeit, die auf praktischen Motiven beruht, uns also sehr wohl mit Besorgnis erfüllen mag, ändert sich die Situation völlig, sobald das spirituelle Motiv überhandnimmt.

Das uneigennützige Motiv

Das Ziel des spirituellen Motivs ist ein Zweifaches. Es zielt darauf ab, denjenigen unseres Volkes, die immer noch unter dem Minderwertigkeitskomplex leiden, den sie aufgrund ihrer jahrhundertelangen Erfahrungen in ihren europäischen Ländern entwickelt haben, Folgendes zu zeigen: Es gibt sehr wohl, jenseits der Grenzen des jüdischen Volkes, Menschen, mit denen eine Zusammenarbeit nicht nur möglich, sondern spirituell bereichernd ist. Zweitens zielt es darauf, denjenigen unter uns, die glauben, dass der Preis einer solchen Zusammenarbeit die Abkehr von ihrem Judentum bedeute, zu belegen, dass das Gegenteil wahr ist. Dann wird diese Arbeit dabei helfen, unsere eigene Gruppe emotional zu stabilisieren und wird somit einen bleibenden Effekt auf das Seelenleben der Juden hinterlassen. Dann wird der Dialog den Juden bewusst machen, dass sie sich ihres Judentums nicht schämen aber auch nicht damit prahlen müssen, sondern es mit der natürlichen Würde eines ausgeglichenen Menschen annehmen können, der sich seines Erbes bewusst ist. Ob dieses Ziel an einem anderen Ort als Palästina erreicht werden kann, ist fraglich, doch es sollte all denen bewusst sein, die sich in der interreligiösen Arbeit engagieren. Wir müssen in diesen Aktivitäten gleichwertige Partner bleiben. Das bedeutet, dass wir nicht nur die gemeinsamen Elemente von Judentum und Christentum hervorheben sollten, sondern gleichermaßen auch die unterschiedlichen Faktoren. Denn nur diese Faktoren verleihen einer Religion ihren unverwechselbaren Charakter, so dass ihr Beitrag zum Gemeinwohl ermessen werden kann. Auf diesen Beiträgen, die keine andere Gruppe so leisten kann, liegt ja der Anspruch der Gruppe auf Anerkennung durch die Gemeinschaft.

Wo auch immer die gelegentlichen Vorteile interreligiöser Arbeit für die Juden derzeit liegen mögen, werden Juden aus ihr nicht eher einen spirituellen Gewinn erfahren, bis sie qualifiziert sind, daran teilzunehmen das heißt, bis Bildung – jüdische Ausbildung – Hand in Hand mit dem Dialog gehen. Ein Jude sollte fähig sein, seinem nicht-jüdischen Nachbarn intelligent, verständnisvoll und mit einer Offenheit gegenüberzutreten, die auf einem Gefühl spiritueller Sicherheit auf der Grundlage von Selbsterkenntnis beruht. Wahre interreligiöse Arbeit ist daher nicht die Aufgabe einiger weniger, sondern der breiten Masse, und wenn wir uns von ihr bleibende Ergebnisse erhoffen, so müssen wir *unsere breiten Massen* ausbilden. Wie auch immer sie sich dann einbringen mögen – auf jeden Fall hätten wir damit auch ihr eigenes jüdisches spirituelles Wachstum gefördert.

Interreligiöse Arbeit, die auf diesen Prinzipien beruht, wird neben dem Erreichen des unmittelbaren Ziels viele wertvolle Ergebnisse hervorbringen. Der Zionismus hat dadurch, dass er die Aufmerksamkeit auf ein gemeinsames Projekt gelenkt hat, mehr erreicht, die verschiedenen jüdischen Gruppen zu vereinen, und parteiliche Voreingenommenheit und Diskriminierung auszumerzen, als jede andere Bewegung. Eine gemeinsame interreligiöse Arbeit mag ganz ähnliche Auswirkungen haben.

Ein tieferes Verständnis der Juden für die universellen und einzigartigen Werte des Judentums würde aus meiner Sicht einen wichtigen Beitrag leisten, das Volk zusammenzubringen. So würde das bessere Verständnis innerhalb der jüdischen Gruppen zu einer Art Nebenprodukt des Auftrags, ein besseres Verständnis unter allen religiösen Gemeinschaften zu schaffen.

Wenn sie im richtigen Geist verfolgt und auf einem geeigneten Fundament gegründet wird, kann die interreligiöse Arbeit uns bei beidem helfen: eine bessere Welt zu bauen und dem Judentum zum spirituellen Wachstum zu verhelfen. Doch wenn sie falsch angegangen wird, könnte sie uns sehr schaden und den Zweck verfehlen, menschliche Beziehungen allgemein zu verbessern. Interreligiöse Arbeit ist eine der großen Errungenschaften unseres Zeitalters, einer der edelsten Erfolge demokratischer Ideen. Wir sollten uns darin engagieren, doch nur so, dass alle, die daran teilhaben, in ihrer Spiritualität und in ihrem Wissen wachsen und sich dadurch qualifizieren, mit anderen für den Aufbau einer besseren Welt zusammenzuarbeiten.

Einige Betrachtungen der Kirche und der Juden nach dem Holocaust

Es war für Trepp oft schwer nachzuvollziehen, dass Vorurteile und Stereotype, die zu der industriell betriebenen Vernichtung von Menschen geführt hatten, als Folge dieser Verbrechen nicht hinterfragt und korrigiert wurden. Dass Christen immer noch von „Pharisäern" sprachen, wenn sie Scheinheiligkeit oder andere negative Verhalten beschreiben wollten, gehörte für ihn die genannte Kategorie. Nur einige Bemerkungen: Trepp hat diesen Essay 1992 als Vortrag für eine Konferenz in Kalifornien geschrieben (an der er dann allerdings nicht teilnehmen konnte), darum schreibt er über die Trennung von Kirche und Staat, die in Amerika praktiziert wird, und die Trepp grundsätzlich anderen Modellen vorzog. Neben den erwähnten Fällen haben Trepp später zwei Entwicklungen belastet: Die erleichterte Anwendung der Karfreitagsbitte für die Juden sah er als großen Rückschritt im Verhältnis zwischen der katholischen Kirche und den Juden an. Und genauso verstörte ihn die Aufhebung der Exkommunikation der Piusbrüder unter Einschluss eines Holocaustleugners. Für die Zukunft hielt er eine bessere Erziehung über das Judentum für unumgänglich. Sein eigenes Schaffen an der Universität Mainz und anderswo sah er als einen Beitrag dazu an. In seinen Kursen saßen unter anderen zukünftige Pfarrer und Religionslehrer, und er wies sie oft auf die Verantwortung hin, die sie einmal haben würden, dem Antisemitismus durch Wissen entgegenzutreten. Trepp bezieht sich auf Bemühungen wie diese, wenn er sagt, er habe dies stets als wichtiger erachtet als Hidduschim (kritische Analyse von Talmudstellen) – was für spezielle kleinteilige wissenschaftliche Arbeit steht. Nicht, dass er diese nicht mit Hingabe betrieben und hoch geschätzt hätte. Doch wesentlich war für ihn der Teil seiner Arbeit, der Menschen unmittelbar erreichte und womöglich veränderte.

In all meinen Lehrtätigkeiten, meinen Schriften und Publikationen – sowohl im Englischen als auch im Deutschen – war es immer mein primäres Anliegen, Studierenden und „Durchschnittsmenschen" das Judentum nahezubringen, um es relevant zu machen für ihr Leben. Forschung im Sinne eines Aufbrechens zu Neuland und der Entdeckung von „Hidduschim" war eher von nachgestelltem Interesse in meinem Schaffen. Selbst als Wissenschaftler bin ich bewusst ein Rabbiner, ein „Lehrer", geblieben. Lassen Sie mich also als Tam auftreten, als einfacher, fragender Mensch.

Die Haggada beschreibt es als erstrebenswert, den „Tam" anzuhören. Dem „Tam" ist es möglich, die Auslegungen, die den anderen Söhnen gegeben wurden, zu durchdringen und die sachdienliche Frage „mah zot" zu stellen – was tust du, was sind der Kern und das ultimative Ergebnis deiner Überlegungen, gerade für das allgemeine Volk? Und er bekommt eine klare Antwort: „Gott hat uns mit starker Hand aus Ägyptenland geführt", darum feiern wir.

Der Tam beobachtet emotional und reagiert dann intellektuell, indem er die von den Gelehrten erläuterten Theorien mit dem wahren Leben verknüpft. Und aus diesem Grund sollte er im Rat der Weisen gehört werden. Er ist ein wesentlicher Teil der (H)aggada. Dies trifft besonders auf die Haltung des Christentums gegenüber den Juden seit dem Holocaust zu.

Ich sehe mich also in der Rolle, die Reaktion der einfachen Leute vor die Weisen zu bringen. Selbst Hillel scheint ziemlich positiv über die sogenannten einfachen Menschen zu denken (siehe B. Pessahim 66a).

Die Bedeutung des Holocaust aus persönlicher Sicht

Was bedeutet der Holocaust für mich? Ich habe mich schlicht mit einer der Slichot des Jom Kippur beschäftigt, dem Bericht über den Märtyrertod der zehn Rabbiner, die von den Römern unter Kaiser Hadrian hingerichtet wurden. Es tut nichts zur Sache, dass der Bericht einige historische Ungenauigkeiten aufweist. Geschrieben von einem mittelalterlichen Dichter, der die Auslöschung der Juden während der Kreuzzüge selbst erlebt hat, verbindet seine Chronik die Vergangenheit mit der Gegenwart.

Er öffnet mit den Worten: „Rabbiner Jishmael reinigte sich selbst und verkündete ehrfürchtig den Namen [Gottes], und fuhr auf in den Himmel und fragte den in Leinen gewickelten Mann [Engel]. Dieser antwortete ihm: ‚Nehmt es auf euch, ihr Zaddikim und Geliebten, denn ich habe von hinter dem Vorhang gehört, dass dies der Weg ist, auf dem ihr scheiden werdet […]'". Für den Schreiber wie für den Leser gibt es keinen Zweifel daran, dass Gott der lebendige Gott ist, sein Schweigen wird nicht hinterfragt, nur das Rätsel über sein Urteil bleibt und, als Reaktion, der Gehorsam in der Heiligung Seines Namens. Es gibt keine Schuld, sie sind Gottes geliebte Kinder. Dieses vielleicht „primitive" Denken ruht auf zwei Elementen:

Meine Mutter ist im Holocaust ermordet worden. Sie war eine Frau tiefster Frömmigkeit und voller Liebe zu Gott, die sich an Mizwot erfreute und sich mit Herz und Seele um ihre Kinder und Familie kümmerte. Es würde mich zerrütten, annehmen zu müssen, dass sie nur zufällig gestorben ist, und ich weiß, dass sie nicht aufgrund irgendeiner Schuld sterben musste. Ich muss aus existenzieller Notwendigkeit heraus annehmen, dass Gott lebt, und dass göttliche Fügung auf einem Plan ruhte und ruht, den wir als Menschen unfähig sind zu erkennen. Die Worte der Slichot haben darauf Antwort gegeben.

Elie Wiesel scheint dieses Gefühl exakt wiederzugeben, indem er schreibt, dass jede theologische Erklärung des Holocaust eine Blasphemie wäre und der Holocaust vielmehr als eine Warnung an die Menschheit dienen und „Rachamim" – Erbarmen – erwecken sollte.

Das zweite Element ist die persönliche Erfahrung. Es war früh am Morgen, um uns herum noch Nacht, und ein Nieselregen fiel auf die stumme Masse der Gefangenen, die aufgereiht auf dem Paradeplatz des Konzentrationslagers

Sachsenhausen standen, um immer wieder aufs Neue durchgezählt zu werden. Scheinwerfer bewegten sich hin und her über die stumme Masse. Dann tauchte der Kommandeur des Lagers auf dem Turm auf, um eine Tirade loszuwerden: „Ihr seid der Abschaum der Erde; ihr seid überhaupt keine Menschen; egal wer von meinen Männern euch umbringt, er hat etwas Gutes gemacht; ihr habt es nicht verdient zu leben [...]". Ich war mir sicher, dass er seinen Truppen, die um uns herum aufgestellt waren, befehlen würde, uns mit ihren Maschinengewehren niederzumähen. Ich sagte „Schma Yisrael". In diesem Moment spürte ich die Gegenwart Gottes. Er selbst war in dem Lager, ertrug freiwillig Gefangenschaft und Folter. Ich sprach zu ihm, „wenn es Dein Wille ist, dass ich mein Leben für Dich hingebe, bin ich darauf vorbereitet und bereit", und ein tiefer, nahezu gelassener Friede legte sich auf mich. Ich wusste, dass Gott genau dort war. Seit diesem Tag bin ich „Tam" geblieben und kann Gott niemals verleugnen oder vom Tod Gottes sprechen. Er war dort. Er lebt.

Daher ist Gott für mich die ultimative Grundlage meines Lebens und Quelle meiner Werte.

Der Holocaust und die Welt

Die Juden sind die Bewahrer der Erinnerung an den Holocaust und müssen als solche gewürdigt werden. Doch der Holocaust war ein Ereignis, das auch in die Erinnerung des Christentums aufgenommen und dort verinnerlicht werden sollte, und das eine Schwerpunktsetzung in der christlichen Theologie und Liturgie erfordert. Als Christen Juden für das „Verbrechen" des Jüdischseins umbrachten, blieb die Welt der Christen still. Bislang, wie es mir erscheint, hat der Holocaust noch nicht wirklich in das Gedächtnis der christlichen Gemeinschaft gefunden. Zwar hat er zu einem Bewusstsein dafür geführt, dass etwas *für* die Juden getan werden müsse, um eine Wiederholung zu verhindern, auch wenn das auf so viele Menschen zutrifft, die in der Welt leiden. Doch der Holocaust bildet noch kein spirituelles Element, seine Opfer werden nicht als Märtyrer begriffen. Er hat nicht zu einer spirituellen Erneuerung der Gläubigen geführt und zu einer Gestaltung des Bewusstseins, die seine Wiederholung verhindert.

Eine der größten Herausforderungen wird es sein, Wege und Mittel zu finden, um durch die Lehren der Kirche einen neuen Geist zur Masse der Gläubigen zu tragen, zum „Tam", zum „Am Haaretz", zu demjenigen, der mit Vorurteilen beladen ist, um eine Erinnerung zu schaffen, die sich überschneidet mit der jüdischen, ohne in irgendeiner Weise die Unterschiede zu verwischen. Und dann die Reaktionen des gemeinen Volkes abzuwarten, um herauszufinden, ob der Holocaust das Christentum tatsächlich berührt hat, jenseits von symbolischen Äußerungen von Trauer und Reue, und ob er die christlichen Gläubigen wirklich dazu gebracht hat, *mit* den Juden für „Tikun Olam" zu arbeiten.

Einige Episoden

Martin Buber sagte mir einmal, einer der besten Wege, Ideen zu vermitteln, sei, sie in Begebenheiten zu veranschaulichen. Ich nehme mir daher die Freiheit, einige Begebenheiten einzuführen.

1. Ich arbeite als jüdischer Kaplan des *Veterans' Home of California*. Auf das Drängen des katholischen Kaplans hin, unterstützt von den Episkopalen, wurde der Magen David permanent an der Frontmauer der Kapelle befestigt. Das Kreuz steht auf dem Altar darunter und wird zu jüdischen Festen entfernt, wenn der Toraschrein benutzt wird. Der katholische Priester musste die Verwaltung und die 1400 Mitglieder des Hauses überzeugen, dass dieser Bezug auf die jüdischen Ursprünge des christlichen Glaubens angemessen und richtig für den christlichen Gottesdienst sei, und dass das Kreuz darunter das Judentum als Quelle des Christentums verdeutlichte.

2. Bei einem Abendessen zu Chanukka stand ein einfacher Jude auf und sagte, „hätten die Makkabäer ihren Kampf verloren, dann gäbe es auch kein Christentum", und der anwesende Priester stimmte zu.

3. Ein Bewohner des Veteranenheims, ein alter, eher orthodoxer (und jüngst verstorbener) jüdischer Mann, für den das Judentum die Kraft des Lebens darstellte, ging regelmäßig zur katholischen Messe, weil er den Priester so mochte. Er nannte ihn in Jiddisch „goldener Mensch". Er meldete sich oft, wenn der Priester während der Messe „zum Gebet für die Gläubigen" einlud. „Ich möchte jetzt ein Lied zu Ehren Gottes singen." Was der alte Mann auf Jiddisch oder Hebräisch sang und der Gemeinde übersetzte, passte in den Gottesdienst. Der Priester und die Gemeinde dankten ihm jedes Mal.

So etwas wurde nicht erlaubt und wird auch in Zukunft niemals erlaubt werden, wenn jemand eine Agenda hätte, sagen wir, Unterschiede im Gottesdienst und die absolute Hingabe der jeweiligen Mitglieder verschiedener Glaubensrichtungen zu kompromittieren oder auszuhöhlen sucht.

4. Mich hat es sehr bewegt, als die Frau unseres Nachbarn, eine tiefgläubige Katholikin, meiner Frau dabei half, alles für ihren Krankenhausaufenthalt herzurichten, ihren kleinen Koffer vorbereitete, sie beruhigte und sich schließlich darum kümmerte, dass sie auf jeden Fall ihr Gebetsbuch dabei habe.

5. Oberlauringen, der Geburtsort meiner Mutter z'l, ist ein kleiner Ort in Franken. Er hatte einst eine große jüdische Gemeinde. Während meiner Kindheit verbrachten wir alle unsere Sommer dort. Im letzten Sommer veranstalteten wir auf Initiative des Dorfpriesters hin einen überkonfessionellen katholisch-protestantisch-jüdischen Gottesdienst in der Dorfkirche. Als ich in meiner Predigt erklärte, dass es für mich 70 Jahre gedauert habe, um die Distanz zwischen der Synagoge, die einst im Dorf stand, und der Kirche, die hoch oben auf dem Berg lag, zu überwinden, begann der Baron, dessen Vorfahren damals die Ansiedlung der Juden erlaubt hatten, zu weinen.

6. Als Professor für Jüdische Studien an der Universität Mainz, an der ich ein Semester im Jahr unterrichte, war ich tief erschüttert, als ich die Dissertation eines Doktoranden las, die ich als Mitglied des Prüfungsausschusses begutachten musste. Er charakterisierte die Juden als heimatlose Wanderer, die sich mit der Sprache und der Identität ihrer „Gastländer" tarnten. Er behauptete, dass sie keine wahrhaften Werte hätten, da der Talmud alles relativiere und dass ihre Waffe in einem zynischen Humor liege, der alle Werte entwerte. (Seine Dissertation befasste sich mit „Woody Allen in der Jüdischen Tradition".) Der junge Mann war keineswegs ein Judenhasser, er hatte tiefes Mitgefühl für das, was im Holocaust passiert war. Er war der Meinung, dass er mit seiner Dissertation etwas Gutes *für* die Juden tat. Er wusste es schlicht nicht besser. Hier traten die Auswirkungen von jahrhundertelanger Indoktrinierung zutage, die auch durch die Lektionen des Holocaust nicht abgemildert worden waren.

Die Begebenheiten offenbaren mehrere Einstellungen in der Beziehung zwischen Christen und Juden. Die ersten drei sprechen von Dingen, die gemeinsam *mit* den Juden unternommen wurden, die vierte erläutert, was *für* die Juden getan werden kann, im Geiste der Anerkennung und Empathie, die fünfte spricht von *symbolischen* Beziehungen, doch erklärt auch, was *für* die Juden getan werden könne und getan wurde, die sechste zeigt eine Haltung, die sich *über* Juden stellt, die sich aus der jahrhundertelangen Indoktrinierung und aus falschen Lehren ergab.

Mein Ausgangspunkt ist diese sechste Episode. Sie weckte einmal mehr in mir die oft im Verborgenen schlummernde und doch fortwährende Sorge, was die Welt, einschließlich der Kirchen, von uns, den Juden, denke, und wie uns dieses Denken betrifft. Kann ich bestenfalls ein geistiges Tolerieren erwarten? Wird der heilige Glaube, der mich stärkt, wenn auch nicht mehr als Objekt des Spottes, so doch als Objekt der Herablassung fortbestehen? In dem Versuch, gut zu den Juden zu sein und etwas Gutes für sie tun zu wollen, verfing sich der junge Mann in dem, was ihnen über die Jahrhunderte angetan und ihnen nachgesagt wurde, und es war falsch und verletzte mich.

Dennoch haben diese Haltungen in ansteigender Ordnung ihre Bedeutung: vom *Symbolischen* hin zum Tun, getragen vom Denken *über* die Juden, zum Tun *für* die Juden und schließlich *mit* den Juden. Ich habe versucht, ein paar Erklärungen zu finden.

An die Erinnerung anknüpfen

Jede Gemeinschaft wird von ihrer Erinnerung bestimmt. Diese Erinnerung ist selektiv und teils sogar fiktiv. Diejenigen, die die Erinnerung vollständig teilen, bewegen sich „innerhalb" der Gemeinschaft, während diejenigen, die diese nicht teilen, „außerhalb" sind; Gemeinschaften, deren Erinnerungen sich überschneiden, können „miteinander" sein.

Die Nazis stellen ein schreckliches Beispiel einer fiktiven Erinnerung dar. Ihnen gelang es, dem Volk einzureden, dass die Juden keinerlei Erinnerung mit der menschlichen Rasse teilten, sie standen vollkommen „außerhalb" der Gemeinschaft, ihre Auslöschung stellte daher kein ethisches Problem dar.

Als sich dann diese Art von Antisemitismus an der existierenden Flamme der Herablassung und Vorurteile entzündete, breitete sich der Holocaust zu einem Flächenbrand aus, der Christen und Juden umgab, von beiden Opfern erforderte, indem er die Seelen der einen Gemeinschaft zerstörte und die Körper der anderen.

Der Doktorand teilte keine Erinnerung mit den Juden und konnte sie beim besten Willen nicht von innen – aus ihrer eigenen Sicht – sehen, auch wenn er herablassend *über* sie schreiben konnte, so wie er sie von außen sah.

Christen haben ihre Erinnerung und Juden ihre. Unsere Aufgabe, sollte ich richtig liegen, mag dann darin bestehen, die weiten Bereiche zu verdeutlichen, in denen sich beide überschneiden, und die fiktiven Erinnerungen zu beseitigen, damit sie *miteinander* sein können.

Dies soll keineswegs die dauernden Unterschiede in den jeweiligen Erinnerungen der Christen und Juden überspielen. Doch mag dieser Schritt zu einer Empathie und so auf Seiten der Christen zu einem Versuch führen, den Holocaust und die Wiedergeburt des Staates Israel zusammen *mit* den Juden zu verstehen, bzw., soweit es menschlich überhaupt möglich ist, aus der innerjüdischen Sicht. Auf Seiten der Juden mag er den Versuch erlauben, das Christentum von innen heraus zu verstehen.

Herablassung muss endgültig beseitigt und mit der gegenseitigen Anerkennung, der Anerkennung gemeinsamer Elemente in der Tradition und der gemeinsamen Erfahrung ersetzt werden, um letztlich eine einheitliche lebendige Erinnerung zu schaffen.

Versuche auf Seiten der Juden

Ich glaube, dass die Juden einen Versuch unternommen haben. Um ein paar Beispiele zu nennen: Ihrer Lehre nach haben alle Rechtschaffenen der Erde einen Teil an der zukünftigen Welt (Tosefta Sanhedrin 13:21), die Juden haben diese „Rechtschaffenen" als diejenigen definiert, welche die Gebote Noahs befolgen (Gen. Rabb. Noah 34:8), einfache und grundlegende Elemente universeller Ethik und Überzeugungen. Sie haben erklärt, dass derjenige, der dem Götzendienst abschwört, als Jude angesehen werden kann (B. Megillah 15a), und sie erkennen die christliche Gottesvorstellung als Monotheismus an. Salomon ibn Gabirol konnte in „Keter Malkhut" sagen, dass „sie nach demselben Gott streben, auch wenn sie jemand ‚anderen' neben ihm anerkennen". Und Maimonides, obgleich er kritisch war wegen der Leiden und Verletzungen, die im Namen Jesu von den Christen an den Juden begangen wurde, erkannte den Verdienst der Christenheit und des Islam an, die Tora und die messianische Hoffnung zu den entferntesten Inseln getragen zu haben [...]" („Könige", gegen Ende des 11. Kapitels, das von christlicher Seite aus zensiert wurde). Und in bedeutsamer Weise wurde dies auch von Rabbiner Jacob ben Meir, „Rabbenu Tam", ausgedrückt, der im Jahre 1147 selbst ein Opfer grausamer Verfolgung in Frankreich gewesen war (siehe: Tossafot „Assur", B. Sanhedrin 63b).

Buber konnte Jesus seinen Bruder nennen, und Franz Rosenzweig verkündete die Notwendigkeit der Christenheit, die Menschheit zum Vater zu führen.

Die Rabbiner haben stets die Würde aller Menschen sowie ihre Gleichheit betont (Abot 3:18, B. Sanhedrin 4:5). Sie haben den Juden dazu aufgerufen, jeden Hungrigen zu versorgen, jeden Nackten zu kleiden, jeden Trauernden zu trösten, ganz gleich welchen Glauben sie haben „damit der Friede erhalten bleibe" (Jer. D'mai 4:6).

Diese Botschaft muss auch weiterhin unter den Juden verbreitet werden.

Christliche Antworten

Dass diese Sicht in Bezug auf die Juden bis zur Mitte unseres Jahrhunderts nicht von den Christen geteilt wurde, muss hier nicht detailliert geschildert werden. Die Worte von Papst Pius XII – „das Judentum ist unsere Mutter" – das Willkommen von Papst Johannes XXIII für eine jüdische Delegation – „ich bin Joseph, euer Bruder" – und in erster Linie die „Nostra Aetate" und die nachfolgenden Verkündungen der katholischen Kirche sowie der protestantischen Kirchen, können uns einen neuen Weg weisen, wenn sie die Gläubigen wirklich in der Tiefe erreichen.

Einige Gedanken zu den bevorstehenden Aufgaben

Das Judentum hat eine universelle Botschaft und Funktion für die gesamte Menschheit. Daran halten die Juden innig fest, und Hans Küng hat es aus christlicher Sicht in seinem letzten Werk „Die Juden" hervorgehoben. Es könnte im Christentum als lebendige Erinnerung eine Lebenskraft sein, der Gedanke hat sich aber noch nicht allgemein durchgesetzt. Die Erinnerung wurde bislang nicht wachgerufen, wie die Dissertation des jungen Mannes so deutlich offenbart hat. Die Aufgabe, das zu ändern, wird nicht einfach.

Im Neuen Testament werden „die Juden" als Widersacher gegeißelt, sie sind „außen vor" und das christliche Gedächtnis wird diese Beschreibung „des Juden" behalten. Eine Revision des Textes mag schwierig sein, einige überarbeitete Versionen des „Neuen Testamentes" wurden eingeführt, doch alle Bibeln, die künftig gedruckt werden, sollten zumindest Fußnoten aufweisen, die bei jeder Gelegenheit die Aussagen gegen „die Juden" klären.

Ich würde mir wünschen,

dass es verpflichtende Kurse zum Judentum in den Lehrplänen aller theologischen Fakultäten gäbe, die es als einen lebendigen Glauben aus sich selbst heraus darstellen und nicht als einen überkommenen Vorläufer des Christentums,

dass die Geistlichen mit mehr Verständnis lernen, aus den hebräischen Schriften, dem „Alten Testament" zu predigen, und dass der Begriff „Altes Testament" durch „Hebräische Schriften" ersetzt würde,

dass sich Christen bewusst werden, dass „der Gott der Juden" des „Alten Testaments" mitfühlend und gnädig ist und die Erlösung bringt,

dass Christen verstehen lernen, dass Juden die Mizwot nicht als Last ansehen, sondern als ein Geschenk, und dass Juden nicht von ihren „Werken" abhängig sind,

dass Christen die ethische Größe und Besonderheit der Pharisäer gezeigt wird,

dass Christen lernen, den einzelnen Juden und den Staat Israel nach denselben Maßstäben zu bewerten, wie andere Personen und andere Staaten.

Es gibt mehr. Rundum, dass eine Erinnerung, die unterdrückt, vergessen oder verzerrt wurde, wiederhergestellt wird.

Vor einigen Jahren nahm ich an einem deutschen „Kirchentag" in Augsburg teil. Auf einem der Haupttreffen suchten die Theologen, die einen Workshop zu sozialer Gerechtigkeit leiteten, verzweifelt nach der Begründung für diese Pflichten in der Schrift. Während der Fragerunde ging ich zum Mikrofon, doch die Diskussionszeit war abgelaufen, bevor ich es überhaupt erreicht hatte. Ich hätte einfach gesagt: „Fragt die Propheten Israels und ihr werdet eure Grundlage finden". Offensichtlich war das „Alte Testament" in den Hintergrund gerückt und von den Theologen gar nicht berücksichtigt worden.

Kirchenführer und Theologen haben Fortschritte gemacht. Die Frage ist nur, wie weit und wie tief die Gläubigen davon betroffen sind und sich entsprechend verändert haben. Die Beseitigung anti-jüdischer Aussagen und Gebete ist ein großer Schritt vorwärts. Darüber hinaus müssen Juden vielleicht wieder einen Platz im Gedächtnis des Christentums finden. Das Jüdischsein Jesu sollte bekräftigt werden.

Jeder Gottesdienst beinhaltet eine Lesung aus dem „Alten Testament". Könnte es nicht mit den folgenden Worten eingeleitet werden: „Wir bekommen nun Anweisung und Führung aus Gottes Wort, wie es den Juden, unseren Brüdern und Schwestern, offenbart und uns weitergegeben wurde"?

Als eine der Präventivmaßnahmen, die eine lebendige Erinnerung schaffen könnte, halte ich eine breite missionarische Aktivität in den Kirchen der afroamerikanischen und lateinamerikanischen Gemeinden für sinnvoll, denen eine verzerrte Erinnerung über die Juden und das Judentum vermittelt wurde, mit dem Ergebnis, dass sich in großen Teilen dieser Gemeinschaften ein hartnäckiger Antisemitismus entwickelt hat.

Das gleiche gilt für die Völker, die bislang noch keinen Kontakt mit den Juden und dem Judentum oder noch kein Bild von ihnen hatten.

Indem ihnen bewusst wird, dass „was ihr dem geringsten meiner Brüder getan habt, ihr mir getan habt", muss den Gläubigen der Mut und die Hingabe vermittelt werden, immer wieder ohne Furcht gegen die Demagogen und die radikalen Störenfriede vorzugehen, nicht nur, weil diese andere angreifen, sondern auch weil sie das Wort Gottes ausschlagen.

Im Interesse der Kirche sehe ich die Notwendigkeit, jeder Verletzung der Trennung von Kirche und Staat entgegenzutreten. Anderenfalls können am Ende, wie uns die Geschichte so deutlich gezeigt hat, Kirche und Synagoge zu Subjekten des Staates werden.

Als ich das Gymnasium in Deutschland besuchte, wurde zu Beginn jeden Tages ein Gebet gesprochen, und der Religionsunterricht zweimal in der Woche war Pflicht. Das Gebet verkam zu einem Witz und etwas Geringgeschätztem. Weder das Gebet noch der Religionsunterricht hielten irgendjemanden davon ab, ein Nazi zu werden.

Für viele Eltern war „Religion" in der Schule eine Entschuldigung, ihrer eigenen Pflicht, ihr Kind religiös zu erziehen, nicht nachzukommen. Nur diejenigen, die zuhause eine wirklich religiöse Erziehung genossen hatten, waren gegen die Indoktrinierung der Nazis immun, und einige dieser Klassenkameraden sind bis heute meine Freunde geblieben.

Die Trennung der einzelnen Glaubensrichtungen für die Religionskurse verhinderte jede Form von gemeinsamer Erinnerung.

Die Abhängigkeit vom Staat hätte die Kirche daran gehindert, sich der Judenvernichtung durch die Nazis zu widersetzen, auch wenn sie es gewollt hätte. Selbst die „Bekennende Kirche" hatte keine Erinnerung der Juden, die der Wirklichkeit entsprach.

„Religion" in der Schule, wie sie durch den Staat gesteuert wurde, hat vielleicht sogar die Ideologie der Nazis gefördert.

Die Bindung an den Glauben durch die Kirche und das Zuhause scheint mir ein besserer Garant für die religiöse Zukunft unserer Gesellschaft zu sein, als für staatliche Unterstützung für Gebet und religiöse Aktivitäten zu plädieren. Auf dem Staat zu beruhen zeigt Schwäche und öffnet schließlich staatlichen Eingriffen die Tür.

Doch gleichzeitig muss die Kirche ihre Stimme erheben und ihre Kraft einzusetzen, um gegen jegliche Form sozialer Ungerechtigkeit zu kämpfen und für soziale Gerechtigkeit einzustehen. Stünde sie zusammen mit den Juden dafür ein, könnte sie sich gleichzeitig der gemeinsamen Fundamente und Prinzipien sozialer Gerechtigkeit bewusst werden. So würde die gemeinsame Erinnerung gestärkt und das gemeinsame Bemühen effektiver.

Dieser Ruf geht an jedem Jom Kippur an die Juden aus. Der Kern von Religion besteht darin, „die Fesseln, die Menschen zu Unrecht binden, zu lockern, den Unterdrückten zur Freiheit zu verhelfen, jedes Joch zu durchbrechen, das

Brot mit den Hungrigen zu teilen, die Heimatlosen bei sich aufzunehmen, den Nackten zu kleiden, wenn man auf ihn trifft, und sich nicht vom eigenen Fleisch abzuwenden […]" (Jes.58:6ff.). Dies wird, wie wir oben gesehen haben, von den Weisen des Talmuds wiederholt.

„Weise ist der, der die Konsequenzen der Dinge voraussehen kann, die entstanden sind" (Tamid 32a). Und ich füge hinzu: Ich vertraue darauf, dass jeder sie in seiner Weisheit voraussehen kann.

Die Erfahrungen des Holocaust haben für mich ein Licht auf den Ausspruch „Armut gleicht dem Tod" (Nedarim 7b) geworfen, der während meiner Jugend oft zitiert wurde. Damals bedeutete er für mich, dass die Armen wie ein toter Körper herumgestoßen werden können. Im Angesicht des Holocaust bedeutet er für mich heute: „Wenn wir Armut zulassen, töten wir."

„Sorge dich um die Kinder der Armen, denn von ihnen wird die Tora weitergetragen" (Nedarim 81a) – solange wir ihnen ein würdiges Leben und eine gute Ausbildung ermöglichen.

Alle diese Aufgaben werden dann zu unausweichlichen Pflichten einer gemeinsamen Erinnerung im Angesicht des Holocaust.

Der Staat Israel

Gäbe es eine lebendige Erinnerung, dann würden die Kirchenleitungen verstehen, dass, insbesondere nach dem Holocaust, Israel nicht lediglich das Produkt jüdischen „Nationalismus" ist, sondern ein Wunder, in anderen Worten, eine große Tat Gottes, eine lebendige Haggada. Für die Juden ist Israel ein Element des Glaubens, das für die ganze Welt eine große Bedeutung trägt: eine Manifestierung des göttlichen Wortes als etwas Aktives und Lebendiges.

Um es mit den Worten Abraham Heschels auszudrücken, „[…] das Wort [Gottes] wird nicht [effektiv] von Israel ausgehen, solange wir nicht alle – Juden wie nicht-Juden – die intensive Erfahrung gemacht haben, auf das Wort zu warten. Es ist unsere Bürde als Juden und dennoch werden wir nicht und müssen wir nicht allein damit umgehen. Wir alle müssen lernen, wie wir inmitten dieser grausamen Leere in unserem Leben schöpferisch sein können und wie wir uns von einer Hoffnung erhellen lassen, trotz allem Unglück und aller Bestürzung. Die Bibel ist ein unvollendetes Drama. Unsere Anwesenheit in unserem Land ist nur ein Kapitel eines allumfassenden, bedeutungsschweren Dramas. Es umfasst ein Teilen des Bewusstseins der alten biblischen Bewohner des Landes für das Verkünden des biblischen Vermächtnisses. Wie die Jakobsleiter weist es auf Jerusalem in der Höhe […] Der Staat Israel ist nicht die Erfüllung des messianischen Versprechens, sondern begründet vielmehr das messianische Versprechen" (Israel, *An Echo of Eternity*, N. Y. 1967, S. 222ff.).

Wir dürfen nicht über die vergangenen und zukünftigen Fehler Israels und seiner Regierung hinwegsehen, Fehler, wie sie alle Staaten machen. Doch Kirchenvertreter, die ein scharfes Urteil über den Staat Israel fällen – diesem Scheit, das vom Feuer gerettet wurde – anstatt eine liebende und verständnisvolle Kritik anzubieten, haben sicher nicht das Bewusstsein der Juden in ihrer Erinnerung verinnerlicht, dass dieses Drama noch nicht vollendet, das letzte Wort noch nicht gesprochen ist.

Ihr Urteil enthält eine Art Triumphalismus, der aufgrund ihrer Macht und weltweiten Gemeinschaft von Millionen Gläubigen das Recht als gegeben ansieht, über die Überreste Israels zu richten. Und doch ist es nicht die Anzahl, die vor Gott zählt. „Nicht hat euch der Herr angenommen und euch erwählt, weil ihr größer wäret als alle Völker – denn du bist das kleinste unter allen Völkern" (Dtn 7:7).

Gleichzeitig ist jedoch auch das Christentum eine Minderheit in der Welt geworden. Die Christen werden irgendwann von den Juden lernen können, wie eine Minderheit überleben kann. Der Dalai Lama in seinem Exil versteht dies längst und hat daher im Jahre 1990 jüdische Vertreter eingeladen, um ihm Rat und Anleitung für das Überleben seines Volkes zu geben.

Das Judentum als eine Kraft für das Leben der Welt

Das Judentum kann, als eine lebendige Erinnerung im Christentum, eine Kraft im Leben der Menschheit sein. Hermann Cohen glaubte, dass die Juden einst in die Welt gesandt wurden, um als kleine Minderheit, den Geist des „Rachamim", des Erbarmens, in der nicht-jüdischen Mehrheit zu wecken. Die Welt hörte nicht hin.

Heute kann der Staat Israel dienen, um das „Rachamim" der Welt zu wecken. Er ist klein. Er ist belagert. Die Verleumdung des Zionismus als Rassismus wurde endlich ausgelöscht, doch es vergeht kaum eine Sitzung der Generalversammlung der Vereinten Nationen, in der nicht eine anti-israelische Resolution erlassen wird. Israel ist das einzige Mitglied, dem jeglicher künftige Anspruch auf die Präsidentschaft der Versammlung verwehrt ist.

Aus einer gemeinsamen Erinnerung heraus sollte die Kirche ihre Stimme erheben, nicht nur einmal, sondern bei jedem Vorfall, denn es sind nicht nur die Juden, die angegriffen werden, es ist die Kirche selbst, die angegriffen wird.

Kein Christ kann die Ängste und Sorgen und Unsicherheiten fühlen, die seit dem Holocaust die Seele der Juden durchziehen, die bei jedem Ausdruck des Hasses gegen wen auch immer zutage treten. Juden konnten und können mit den Unterdrückten und Verfolgten aller Völker mitfühlen, denn sie sehen in ihrem Leiden ihr eigenes gespiegelt. Sie können *mit* ihnen sein. „Ihr sollte den Fremdling lieben wie Euch selbst, denn ihr wart Fremdlinge in Ägypten" (Lev 19:34). So ist es seit Jahrtausenden in die Erinnerung eingeflossen. Ich bete dafür, dass das Christentum dieselbe Erinnerung erlangen kann.

Christen können Juden helfen

Womöglich können Christen den Juden dabei helfen, sich ihrer inneren Gefühle bewusst zu werden und diese in ihrem Lernen und ihren Gottesdiensten auszudrücken.

Heute sind viele Juden zur Tradition oder gar zu Fundamentalismus zurückgekehrt, wie auch manche Christen diesen Schritt gemacht haben. Nachdem die menschliche Vernunft versagt hat, den Holocaust zu verhindern, sind sich diese Juden bewusst geworden, dass ihre Werte auf Gott ruhen müssen. Doch viele andere sind trotz einer starken Verbundenheit mit ihrem ethnischen Judentum nicht mehr engagiert im religiösen Leben. Sie scheinen noch immer im „modernen Zeitalter" mit einem Vertrauen auf menschliche Vernunft zu leben.

In unserem „postmodernen" Zeitalter kann es jedoch dem Wunsch entspringen, das Leben „in dieser Welt" zu genießen, verbunden mit der Befürchtung, dass die Freude nicht andauert, und womöglich einer tiefsitzenden unterbewussten Hoffnungslosigkeit nach all dem, was passiert ist und dem Schweigen Gottes dazu. Nach dem Holocaust hat Gott kein Recht mehr dazu, Mizwot von uns zu verlangen, sagt der moderne orthodoxe Rabbiner Irving Greenberg.

An dieser Stelle, wie die vierte Episode verdeutlichen soll, können Christen möglicherweise eine große Unterstützung für die Juden bieten. Es war nicht nötig, dass unsere Nachbarin nach dem Gebetbuch meiner Frau suchte, denn es lag schon im Koffer. Doch allein ihre Worte spendeten Trost. Unsere Nachbarin war *mit* uns. Sie wies damit auf Gott hin und auf die göttliche Fügung. Darüber hinaus zeigte sie, dass sie davon überzeugt war, dass Gott die Gebete eines Juden hört. Der jüdische Glaube wurde bestätigt.

Einem Miteinander in diesem Sinne kann sogar die Erkenntnis erwachsen, dass die Wiederherstellung des Staates Israel eine Antwort auf jüdische Gebete war und noch immer ist – ein Wunder, dessen sich diejenigen, die es erlebten, womöglich nicht einmal bewusst waren (siehe B. Nidda 31a).

Das Vorbild des christlichen Glaubens mag es einigen Juden ermöglichen, ihren eigenen Weg zu Gott zu finden und die Schönheit ihres eigenen, jüdischen Glaubens zu erkennen, aus der gefühlten gemeinsamen Erinnerung heraus, dass Gott da ist.

Ein Fazit

Franz Rosenzweig betonte, dass Judentum und Christentum füreinander unzertrennlich seien, denn beide seien nicht „gegründet", also bewusst geschaffen worden, sondern geschahen schlichtweg, das eine durch eine historische Tatsache, das andere durch ein Erlebnis, und beide gingen als „weltliche" Ereignisse hervor, das heißt, sie haben ihren Platz in der Welt menschlicher Ereignisse eingenommen und sind niemals „organisiert" worden (*Das neue Denken*, S. 302). Auch wenn wir Rosenzweigs grundlegender Idee nicht zustimmen, dass

Juden aus dem Geschichtsverlauf ausgetreten sind, können wir seine Worte als einen Aufruf verstehen, eine gemeinsame Erinnerung von Christen und Juden zu schaffen und dann entsprechend zu handeln – in Transzendenz der Geschichte.

Ich kann Bubers Kontrast, den er zwischen dem christlichen „Pistis“ und dem jüdischen „Emuna“ sieht, nicht zustimmen. Dennoch schließe ich mich seinen abschließenden Worten in „Zwei Glaubensweisen“ an, die besonders nach dem Holocaust eine Eindringlichkeit entfalten. Christen und Juden werden „einander etwas bislang Unausgesprochenes zu sagen haben und sich gegenseitig helfen können – etwas, das heute kaum zu erfassen ist“.

Der jüdische-islamische Imperativ

Der Jom-Kippur-Krieg, in dem ägyptische und syrische Truppen Israel am höchsten Feiertag der Juden angegriffen hatten, war noch nicht einmal ein Jahr her, als Trepp diese Reflektion für das amerikanische Magazin ‚The Dialogue‘ schrieb. Man kann sich seine etwas reservierte Beschreibung der arabischen Seite also gut erklären. Und doch hielt er einen Dialog zwischen Juden und Muslimen für unerlässlich. Auch weil er der Überzeugung war, dass die Muslime ihre Haltung den Juden gegenüber ändern müssten, wenn Friedensgespräche im Nahen Osten erfolgreich sein sollten. Denn der herablassenden Haltung, wenn nicht Missachtung, die viele Muslime den Juden (und Christen) entgegen brachten und bringen, und ihre strikte Ablehnung eines jüdischen Staates hatte aus Trepps Sicht auch mit der Interpretation ihrer Religion zu tun. Heute denkt man dabei an die Hasspredigten mancher Imame, für die besonders junge Muslime anfällig sind. Antisemitische Hetztiraden in den Medien und den Straßen arabischer Länder werden mittlerweile als etwas Unveränderbares hingenommen, oft mit dem Hinweis auf den Nahostkonflikt. Als antisemitischen Hassgesänge des ägyptischen Präsidenten publik wurden, nahm die Öffentlichkeit das nur noch mit einem Achselzucken hin. Für einen Dialog der Religionen, zumindest auf dem Boden der Region, scheint es heute keinen fruchtbaren Boden zu geben. Eine Anmerkung: Trepp spricht in einem positiven Ton über den Iran, was unter heutigen Verhältnissen beinahe erschreckt. Doch im Jahr 1974 saß der Schah auf dem Thron, und wenn man seine Herrschaft auch mit Recht als Gewaltregime bezeichnen kann, hatte er zu westlichen Ländern und auch zu Israel freundschaftliche Kontakte.

Unter den Abmachungen, die sich aus der Friedensvereinbarung zwischen Israel und den Arabern entwickeln, sollte es unbedingt die Schaffung eines permanenten Dialogs zwischen Judentum und Islam geben. Der Konflikt zwischen Israel und den Arabern hat eindeutige religiöse Wurzeln auf der arabischen Seite; nur wenn beide Religionen dazu gebracht werden können, sich gegenseitig anzuerkennen und zu respektieren, kann ein dauerhafter Friede erwartet werden. Es ist kein Zufall, dass Oberst Gaddafi in Libyen zu Israels schlimmsten Feinden gehört, in seinem Land herrscht die strikteste Auslegung des islamischen Gesetzes, und er teilt die Menschheit in Freunde und Feinde des Islams. Und es ist kein Zufall, dass König Feisal den Öl-Boykott zu dem erklärten Zweck anführte, Jerusalem wieder unter islamische Souveränität zu stellen. Mohammed hatte erklärt, dass der heilige Ort des Islam niemals in die Hände der Ungläubigen gelangen dürfe; er sprach von Mekka, aber Jerusalem ist die drittheiligste Stadt des Islam. Religionsfreiheit ist nicht das Thema für einen tief gläubigen Muslim, Besitz ist das Thema.

Der Islam bezeichnet sich als die einzig wahre Religion. Der Koran tadelt sowohl Christen als auch Juden für ihre Ketzerei und für ihre Blindheit und ihr Versagen, der einzig wahren Religion zu folgen. Juden werden sogar noch harscher behandelt als Christen. Und doch sah das zehnte Jahrhundert einen freundschaftlichen Austausch zwischen liberalen muslimischen Denkern, den *Kalaam*, sowie den Juden und den Christen, so dass zeitgenössische Beobachter es nur dem Schwinden der Wahrheit zuschreiben konnten. Doch es kann genauso ein tieferes Verständnis für die Vielfältigkeit der Religionen gewesen sein (siehe Altmann Saadya Goan, S. 11).

Und es sollte nicht vergessen werden, dass der Koran es Muslimen erlaubt, in jüdischen Häusern zu essen, die den Kaschrut-Regeln folgen (5. Sure).

Dennoch könnten die Hindernisse für einen Dialog mächtiger sein als die Impulse für ihn, und hierin liegt die Herausforderung. Diese Aufgabe könnte viel schwieriger sein als die Errichtung des Dialogs mit dem Christentum. Das Christentum nimmt in der Bedeutung für viele Christen ab und ist deswegen offener für einen Dialog. Der Islam hat vielerorts eine Vormachtstellung. Das Gewissen des Christentum ist naturgemäß betroffen vom Holocaust, der sich in der Sphäre seiner religiösen Wirkung ereignete. Der Islam trägt keine unmittelbare Schuld an der Auslöschung des europäischen Judentums. Vor allem sieht das Christentum im Leiden, ja sogar im Tod – der Kreuzigung – einen Ausdruck des göttlichen Willens, einen ultimativen Akt des Segens. Der Islam dagegen erkennt Leiden für die von Gott Geliebten nicht als von ihm gewollt an. Denen, die an Ihn glauben, gibt Gott den Sieg. Niederlage ist der Beweis für göttlichen Unmut.

Dies hat zwei Konsequenzen: Es macht es extrem schwer für Muslime, Souveränität über ein Stück Land aufzugeben, welches lange zum islamischen Einflussbereich gehört hat, und das tatsächlich das genaue Zentrum des islamischen Gebiets ausmacht. Und es macht es noch schwieriger, dieses Territorium an die Juden abzugeben, deren starkes Leiden für den frommen Muslim ein Zeichen sein muss, dass Juden in ihrem Gehorsam gegenüber Gott versagt haben und bestraft werden. Die Forderung der palästinensischen Befreiungsorganisationen mag daher nicht so sehr auf der politischen Souveränität aufbauen, sondern darauf, dass das Land den Muslimen einst gehörte und zu ihrem Erbe zählte, nachdem sie es einmal für sich erobert hatten. König Feisals Aussage, dass die Juden

den Lehren Moses nicht treu gewesen und deswegen der Anerkennung unwürdig seien, muss genauso verstanden werden: der Islam schätzt Moses Lehre und hat einen Anspruch auf das Land, das Moses seiner Gemeinde zugesagt hatte.

Ohne einen Sinneswandel mag es der Islam sehr wohl so sehen, dass er, einem göttlichem Gebot verpflichtet, das ganze Israel zurückerobern muss, indem er ihm zuerst seine verteidigungsfähigen Grenzen abspricht, um es dann zu überrennen, wie Hans Morgenthau es finster vorausgesagt hat. Die Sicherheit Israels hängt wesentlich von der Versöhnung der zwei Religionen ab.

Der Koran lobt die Väter, Propheten, und selbst die Rabbiner, warnt aber, dass – mit einigen Ausnahmen – der lebenden Generation von Juden nicht zu trauen sei, besonders da sie, wenn sie Muslimen begegneten, Respekt für den Islam vorgäben, nur um ihn dann herabzuwürdigen, wenn sie unter sich seien. Diese Haltung spiegelt natürlich Mohammeds eigene Enttäuschung – er hatte gehofft, die Juden für sich zu gewinnen und wandte sich erst gegen sie, als sie sich seinem neuen Glauben nicht anschlossen. Aber die Worte des Korans werden als das unveränderliche Wort Gottes angesehen (siehe 3. Sure). Mohammed versicherte seinen Anhängern, dass es die Feinde Gottes niemals schaffen würden, den Auserwählten Gottes zu schaden, und dass sie letztendlich die Flucht ergreifen würden. Der Koran fordert die Gläubigen auf, mit den Ungläubigen Krieg zu führen, bis Allahs Religion über die anderen herrscht. Bestenfalls war ein taktischer Rückzug gestattet (8. Sure). Weiterhin lesen wir dort, dass die Fremden ihren Wohlstand aufwenden, um die Gläubigen in die Irre zu führen; ihre Gebete seien lediglich ein Pfeifen und Händeklatschen (8. Sure). Dies könnte zur Erklärung beitragen, warum die arabischen Führer ihr Volk nicht ins 20. Jahrhundert geführt haben wollten. Anstatt Israel als Unterstützung in der Aufgabe zu sehen, das Los des einfachen Arabers zu verbessern, sahen sie in Israel den Verführer. Dass sie Israel am *Jom Kippur* angegriffen haben, offenbart die Missachtung des Islam für die jüdische Religion.

Zu Mohammeds Zeiten war es den Juden gelungen, die Landwirtschaft im ganzen Land zu optimieren, außerdem galten sie als geschickte Hersteller von Waffen. Doch trotz dieser Beiträge wurden sie abgelehnt und aus dem Land vertrieben. Es sollte also nicht überraschen, dass das heutige Israel von den Arabern einfach als Ausbeutungs-Werkzeug des „westlichen Imperialismus" angesehen werden mag.

Doch unter dem Kalifat erging es den Juden gut, und dies könnte Hoffnung machen. Doch waren die Bedingungen unter dem Kalifat in zwei essentiellen Punkten unterschiedlich. Das Kalifat war nicht in den Händen arabischer Führer. Wir haben heute eine Parallele in der Beziehung zwischen Israel und dem Iran, das ein muslimisches, aber kein arabisches Land ist. Des Weiteren hatten die Juden keine Souveränität, sie wurden toleriert, aber sie konnten nicht völlig frei über ihr eigenes Schicksal bestimmen. Aber es herrschte ein Nebeneinander in Freundschaft, und hier könnte ein pragmatischer Ansatzpunkt für einen Dialog liegen.

Im Jahr 1971, als ich an der Universität Hamburg lehrte, schlug ich eine christlich-islamisch-jüdische Diskussionsrunde vor. Der Vorsitzende des Fachbereichs war enthusiastisch, aber das Projekt ist nie verwirklicht worden. Der islamische Vertreter, ein Professor an der Universität, weigerte sich teilzunehmen. Mir wurde erzählt, er habe behauptet, wir (Juden und Muslime) befänden uns in einem Heiligen Krieg. Es mag einen anderen Grund gegeben haben. Wir wollten Abraham zum zentralen Gegenstand unserer Diskussion machen, da er der Vater der Juden, der spirituelle Vater der Christen und durch Ismael auch Vater der Muslime ist. Gemäß dem Koran allerdings ist Abraham weder Jude noch Christ gewesen (3. Sure). Er war ein Nachfolger Allahs, und die „Völker des Buchs" – als solche sind die Juden und Christen von den Muslimen anerkannt – sind danach seinem Glauben und seinem Beispiel untreu geworden. Deswegen war es den Juden unter islamischer Herrschaft verboten, die Höhle von Machpela, die Grabstätte Abrahams, Issaks, Jakobs und ihrer Frauen, zu betreten. Dies war den Muslimen vorbehalten, den wahren und gläubigen Nachkommen. Erst nachdem Israel im Sechs-Tage-Krieg dieses wichtige Heiligtum der Juden erobert hatte, konnten Juden und Christen wieder an den Gräbern beten. Selbstverständlich haben auch Muslime weiterhin Zugang.

Die Schwierigkeiten, die den Dialog beherrschen, offenbaren nur seine Notwendigkeit. Christen und Juden wurden durch äußeren Zwang der Geschichte zusammengebracht. Nun hat die Geschichte Juden und Muslime wieder zusammengebracht, Islam und Judentum von Angesicht zu Angesicht. Vielleicht eröffnet das die Möglichkeit eines Dialogs.

Es wäre jedoch von meiner Seite aus vermessen, konkrete Vorschläge zu machen, da ich fernab der Zentren des jüdischen Denkens und Handelns stehe. Aber vielleicht können ein paar Ideen als Ausgangspunkt für eine innerjüdische Diskussion fungieren. Wir könnten einen Ruf nach Dialog entwerfen und publizieren, vielleicht bekommen wir eine Antwort vom Islam. Unsere eigenen Rabbiner, die an verschiedenen Universitäten lehren, könnten das Projekt anführen und Seminare einfordern, die gemeinsam von jüdischen und islamischen Gelehrten geleitet würden. Und falls es keine Reaktion von islamischer Seite darauf gibt, vielleicht erst einmal eigenständig Kurse zum Thema anbieten.

Diese Aufgabe ist so wichtig, dass sie es verdient hätte, vom ganzen amerikanischen Judentum durch die Wohlfahrtsorganisationen finanziell unterstützt zu werden. In Wirklichkeit allerdings kämen die Kosten für die Einführung auf das nicht-orthodoxe Rabbinat zu. Das Hebrew Union College wäre ein Zentrum, das sich anbieten würde. Hier könnten jüdische Universitätsprofessoren dafür vorbereitet werden, die Lehre würde gestärkt. Von hier aus könnte die Arbeit auf dem Jerusalem Campus fortgesetzt werden, als Zentrum des Studiums und Dialogs in Israel selbst. Nicht-orthodoxe Rabbiner in Israel könnten die bedeutende Aufgabe erhalten, so gut wie möglich auf lokaler Ebene für den Dialog zu werben. Dies könnte im Gegenzug ein Bewusstsein für den Wert der nicht-orthodoxen rabbinischen Arbeit und Talente unter den Israelis vermitteln.

Das zehnte Jahrhundert könnte erforscht werden, in Verbindung mit den Fundamenten des Islam in seiner Beziehung zum Judentum. Was hat die drei Religionen im zehnten Jahrhundert dazu veranlasst, so frei miteinander umzugehen? Was kann man davon lernen? Martin Buber hat das jüdische Volk einen Brückenbauer zwischen Ost und West genannt. Die Geschichte mag uns nun in die Position gebracht haben, zwischen der westlichen und der arabischen Welt Brücken zu bauen. Das Bauen von Brücken zwischen den Religionen kann den Unterschied zwischen Waffenstillstand und Frieden für Israel ausmachen, zwischen friedlicher Koexistenz und einer anhaltenden Bedrohung für Israels Überleben. Es könnte ein Segen für den Nahen Osten sein und ein Segen für die ganze Welt.

Trialog der Religionen

Trepp war nicht nur an einem Dialog mit dem Islam interessiert, er versuchte mehrmals, ihn zu initiieren. 1981 beschrieb er einen dieser Versuche für das amerikanische Magazin ‚Jewish Spectator'. In seinen Jahren an der Universität Mainz und während seiner Kurse an der Frankfurter Universität fand er Freude an Streitgesprächen mit seinen muslimischen Studenten (die eine gewisse Offenheit dafür mitbrachten, schließlich belegten sie seine Kurse). Mit seiner Kritik und seiner scharfen Verteidigung des Judentums gewann er Respekt. Es gab einen Theaterabend im Jahr 2004 in Berlin mit muslimischen Teilnehmern aus dem Libanon. Nach Äußerungen Trepps schrien sie ihn anfänglich an, um ihm dann zuzuhören und gegen ihn zu argumentieren. Als sie sich in tiefer Nacht voneinander trennten, umarmten sie ihn und versicherten ihn ihrer Freundschaft. Auch für den Islam war für Trepp das wichtige Kriterium, was die Gläubigen daraus machen. Es frustrierte ihn, wie mühsam sich moderate Kräfte im Islam Gehör verschafften mussten. Eine der Fragen, die Trepp im folgenden Beitrag stellt, verstört aus heutiger Sicht beinahe: Für den Fall, dass sich der Islam nicht öffne, wohin würden die jungen Massen sich irgendwann wenden? Heute – nach dem arabischen Frühling – lässt sich diese Frage nicht abschließend beantworten. Doch die meisten dieser Länder scheinen sich für den Weg zu mehr Geschlossenheit als Offenheit entschieden zu haben.

Als ich im Jahre 1971 zum ersten Mal jüdische Wissenschaften an einer deutschen Universität (an der Universität Hamburg) lehrte, hatten der Direktor des Ökumenischen Seminars und ich die Idee, den Dialog zu erweitern, indem wir Repräsentanten des Islam einbezogen. Wir beabsichtigten, *Abraham* in den Mittelpunkt unseres Dialogs zu stellen, den Juden und Muslime als ihren realen Vorfahren sehen, und den Christen als ihren spirituellen Vater wahrnehmen.

Unser Treffen fand nie statt. Der muslimische Vertreter erklärte, dass er sich nicht an einen Tisch setzen könne mit einem Juden, nicht einmal in einem akademischen Umfeld.

Damals empfand ich diese Erklärung als skandalös. Ich sollte eines Besseren belehrt werden.

Wir trafen uns einzeln mit den Studenten, jede Religion stellte ihre Position dar und diskutierte sie mit den Studierenden. Einige erzählten mir, dass der Kern des muslimischen Vortrages darin bestand, Israel zu verurteilen. Als ich nach der jüdischen Position dem Islam gegenüber gefragt wurde, sagte ich den Studierenden, dass der Islam kein theologisches Problem für das Judentum sei, so wie auch das Christentum kein Problem darstelle. Gemäß der jüdischen Lehre sind die anderen Religionen zu respektieren. Auch den Nicht-Juden ist „Errettung" – ein Platz im Himmel – zugesichert. In mancher Weise stellt der muslimische Monotheismus ein geringeres Problem für das Judentum dar als der christliche Dreifaltigkeitsgedanke. Zudem führte der Islam nicht zu einer Verurteilung von Juden, die sie für den Tod Gottes verantwortlich macht, da Jesus für sie keinen göttlichen Charakter hat.

Als ich 1979 mit einem verlängerten Lehrauftrag nach Hamburg zurückkehrte, hatte sich die Situation geändert. Die religiösen Autoritäten des Islam hatten beschlossen, dass der Dialog zwischen Muslimen und Juden und Christen außerhalb der Islamischen Sphäre erlaubt sei.

Meine Anwesenheit an der Universität wurde vom Leiter des Ökumenischen Seminars als Chance gesehen, das Experiment zu wiederholen. Auf die Einladung erfolgte prompt die begeisterte Antwort der muslimischen Wissenschaftler. Als Jude, der theologisch zwischen dem Christentum und dem Islam stand, wurde ich von den muslimischen Teilnehmers als erste Wahl zum Moderator gesehen.

Es wurde deutlich, dass sich diese Wissenschaftler an den westdeutschen Universitäten nach Kontakten sehnten. Bis zu dieser Zeit waren sie von ihrer Furcht vor den Autoritäten zu Hause zurückgehalten worden. Der Mann, der seine Beteiligung bei dem Treffen acht Jahre vorher verweigert hatte, wurde einer der offensten Fragesteller und Diskussionsteilnehmer. Es war offensichtlich, dass er vorher Anordnungen gefolgt war. Ich kann nicht sagen, ob die Erfahrung, eine frühere Teilnahme auf Druck absagen zu müssen, seinen Sinneswandel eingeleitet hatte, doch in der Zwischenzeit war er zum seriösesten Kritiker des Khomeini Regimes geworden, der unverblümte Artikel in deutschen Zeitschriften veröffentlichte.

Diese Männer waren sich sehr wohl bewusst, dass das islamische Recht modernisiert werden muss, um dem Standard unserer Zeit zu entsprechen, besonders im Hinblick auf das Rechtssystem und die Rechte von Frauen. Ihre Sorge hat nicht nur ethische Motive. Sie befürchten, dass früher oder später das moderne Denken auch die Menschen in den islamischen Ländern erreichen und für sich gewinnen könnte. Eine solche Welle könnte, so befürchten sie, auch für den Islam die ernste Gefahr des Kommunismus mit sich bringen.

Die muslimischen Vertreter kamen als Verteidiger des Islam und als Lernende. Manche waren mutig – zumindest während der privaten Zeit unseres Treffens – andere, wie beispielsweise der Imam der lokalen Moschee, waren liebenswürdig, aber zurückhaltend. Insgesamt repräsentierten die Muslime die Einstellung, die einst den christlich-jüdischen Dialog geprägt hatte: „Lasst uns über das ‚Gute' sinnieren, das uns vereint, ohne zu viel Augenmerk auf das zu richten, was uns trennt."

Doch wir hatten uns für einen anderen Ansatz entschieden. Ein Vertreter jeder Gruppe sollte eine Perikope oder einen Teil seiner heiligen Schriften vorstellen. Damit konnten wir gleichzeitig zeigen, wie solche Möglichkeiten zu nutzen sind, um eine positive Einstellung gegenüber anderen Religionen zu schaffen. Ein Sprecher hatte die Perikope der aktuellen Woche in den protestantischen Kirchen gewählt. Es ergab sich, dass diese mehrere Verurteilungen „der Juden" beinhaltete. Es folgte eine heftige Debatte. Die Katholiken betonten, dass die Wahl der zu verlesenden Schriften jedes Jahr den zentralen Autoritäten zustand, und dass diese Autoritäten wiederum von den Erklärungen des II. Vatikanischen Konzils angeleitet seien. Die Protestanten machten geltend, dass der Ablauf feststehe und dass der Pastor in seiner Predigt den Inhalt der Schriften erklären könne. Einige der jüdischen Vertreter waren erbost und verlangten eine Revision des Textes, was natürlich unmöglich ist. Man stimmte darin überein, dass der durchschnittliche Pastor in seiner Predigt wohl keine Erklärung mitliefern würde, wenn ein kontroverses Thema behandelt werde. Zudem wurde eingewandt, dass viele Protestanten die Bibel allein lesen, ohne jede Anleitung. Die Schlussfolgerung war, dass die autorisierten Übersetzungen des Neuen Testaments Fußnoten zu jeder anti-jüdischen Aussage bräuchten, welche die Bedeutung des Textes mit Blick auf wissenschaftliche Erkenntnisse und die „neue Theologie" korrigierten, ganz im Geiste des Dialogs. Die Muslime nahmen an dieser Diskussion nicht teil.

Für meine Präsentation wählte ich den Abschnitt aus Genesis aus, der vom Tod Abrahams berichtet und seiner Beerdigung durch seine zwei Söhne Isaak und Ishmael (Gen 25:8–18). Man kann eine negative Charakterisierung Ishmaels in diesen Auszug der Tora hineininterpretieren. Und dieser negative Ansatz könnte die jüdische Einstellung gegenüber dem Islam beeinflussen. Doch tatsächlich finden wir in der rabbinischen Interpretation der Tora eine sehr positive Haltung zu Ishmael. „Ishmael war ein Zaddik", sagt der Midrasch. Sein Vater besuchte ihn mehrere Male. Er traf ihn zu Hause jedoch nicht an, so ließ er einen Rat für ihn zurück. Der ersten Frau Ishmaels mangelte an Liebe, so dass Abraham Ishmael eine Scheidung von ihr nahelegte. Ishmael gehorchte, und seine Mutter fand eine gute Frau aus Ägypten für ihn (Gen 21:21) – was eine positive jüdische Haltung Ägypten gegenüber ausdrückt. Auch Abraham stimmte dieser Bindung bei einem zweiten Besuch zu.

Jüdische Heilige haben den Namen Ishmaels getragen. Als Ishmael starb „wurde [er] versammelt zu seinen Vätern" (Gen 25:17), ein Ausdruck, der bedeutet, dass er das ewige Leben im Sinne der rabbinischen Interpretation erhalten hatte. Da diese Formulierung nur für die Patriarchen gebraucht wird, zeigt er auf, dass Ishmael als ein Patriarch angesehen wurde. Isaak und Ishmael begruben zusammen ihren Vater, im gemeinsamen, brüderlichen Einvernehmen. Die Rabbiner fragten: „Warum sagt die Tora: ‚Isaak und Ishmael begruben ihn', wo doch Ishmael als Erstgeborener zuerst hätte genannt werden sollen?" Und sie erwidern: „Dies war eine freiwillige Gefälligkeit und Anerkennung, die Ishmael seinem Bruder erwies. Hier war Isaak der Besitzer und Herr über das Land und hatte Vorrang." Es gab keinen territorialen Konflikt, der zwischen den Brüdern stand. Ishmaels Gebiet wurde ihm durch die Tora zugesichert, ein großes Gebiet, über das er der Herrscher war und das von Isaak anerkannt werden musste (Gen 25:18). Und wie Isaaks Sohn Jakob hatte auch Ishmael *zwölf* Söhne, die der vollen namentlichen Erwähnung würdig waren (Gen 25:13–16). Die zwölf Stämme Israels und die zwölf Stämme Ishmaels sind gleichgestellt.

Die Präsentation der Muslime war weniger direkt. Sie zeugte von einem Kampf. Sie bezog sich expliziter auf das Christentum, da die Kontroverse mit dem Christentum heutzutage weniger deutlich hervortritt. Die Referenzen im Koran zum Christentum sind nicht so scharf wie die zu den Juden und dem Judentum. Daneben waren die muslimischen Vertreter sehr bemüht, die grundsätzlichen islamischen Lehren nicht anzutasten. Eine Rede, die 1979 vom Großmufti aus Syrien an der Universität Wien gehalten wurde, diente ihnen als Grundlage. Der Titel der Rede „Die Einheit von Religion und der brüderliche Geist zwischen Christentum und Islam" legte den Fokus auf das Christentum.

Die Ausarbeitung des muslimischen Sprechers bezog sich nicht auf eine Analyse eines bestimmten Textes, sondern setzte sich mit Möglichkeiten auseinander, wie das *Hadith*, die Äußerungen und Praktiken des Propheten Mohammeds, als Instrument für neue Ansätze dienen könne. In der Tat gibt es zahlreiche Stellen im Koran, welche die Einheit der Menschheit betonen. „Menschheit, siehe, Wir schufen dich aus einem Mann und einer Frau, und machten aus dir Nationen und Völker, damit ihr euch gegenseitig kennen lernen könnt; der, der Gott am meisten fürchtet wird als der weiseste unter euch angesehen."

Die Diskussion des muslimischen Teilnehmers wandte sich im Grunde zwei Problemen zu: Einerseits dem grundsätzlichen Problem, dass Judentum und Christentum toleriert werden und nicht als gleichwertig anerkannt werden können. Dies hat schwerwiegende Folgen für die Gegenwart. Andererseits, dass beide Religionen – Judentum und Christentum – die ihnen zu ihrer Zeit von Gott offenbart worden sei, diese göttliche Offenbarung korrumpiert hätten und erst Mohammed sie wieder zu ihrer Reinheit zurückgeführt habe. Aus dieser Haltung heraus ist es einem Muslim erlaubt, eine jüdische oder christliche Frau zu heiraten. Doch gilt dies nicht für einen Nicht-Moslem, der eine muslimische Frau heiraten möchte, da der Mann als Gebieter gilt, der im ersten Fall über eine nicht-muslimische Frau dominieren darf, doch eine Muslima darf sich keinem Nicht-Moslem unterwerfen. Dann kam die Frage nach dem Status der Juden unter muslimischer Herrschaft auf. Sie war im Mittelalter und später nur gut, wenn man sie mit der Behandlung von Juden unter christlicher Herrschaft vergleicht, doch war der Islam die erste Macht, die eine erkennbare Markierung an der Kleidung der Juden verlangte, noch bevor die Laterankonzilien das Tragen des gelben Aufnähers und das Tragen des Judenhutes in christlichen Ländern beschlossen.

Und natürlich diskutierten wir die Frage nach den Rechten der Frau. Die Vorstellung, dass sie durch ihre Behandlung „geschützt" würden, ist nicht mehr tragbar. An diesem Punkt schlug einer der muslimischen Vertreter vor, dass man zwischen den Äußerungen des Koran, die von Mohammed während seiner frühen Jahre in Mekka niedergeschrieben worden waren, und denen aus späteren Jahren des Krieges und der Auseinandersetzung bei Medina unterscheiden müsse. Während die ersteren die ethischen Prinzipien des Islam enthielten und einen ewigen Anspruch hätten, spiegelten die letzteren lediglich die Kontroversen und Zerwürfnisse jener Zeit und sollten nicht als dauerhafte Wahrheiten gesehen werden.

Hier wurde ein wirklich kritischer Durchbruch erzielt, der von einigen Teilnehmern nur mit Vorbehalten angenommen und von einigen der Muslime gänzlich verworfen wurde. Die Aussage war ihnen zu gewagt. Und doch lag hier der Beginn eines kritischen Ansatzes, ähnlich wie die christliche Kritik der Bibel begonnen hatte, aus der – zumindest teilweise – eine Veränderung der christlichen Einstellung hervorging.

Während einer Kaffeepause wurde mir die Frage nach Veränderung gestellt. Derselbe muslimische Wissenschaftler, der sich vor acht Jahren noch geweigert hatte, im Rahmen einer interreligiösen Diskussion mit mir an ein und demselben Tisch zu sitzen, stellte mir die Frage: „Wie ist es möglich, dass in Israel Staat und der Gesellschaft ihren Angelegenheiten in so vieler Weise frei von der Dominanz des Rabbinats nachgehen können – etwas, das uns unmöglich ist, weil wir nicht gegen die Regeln der Mullahs handeln dürfen?" Ich erwiderte, dass ich den Grund in der Existenz der jüdischen Diaspora sähe.

Die Existenz einer jüdischen Diaspora hat einen zweiseitigen Weg geschaffen, mit gegenseitigem Einfluss. Der Islam hat keine Diaspora gehabt. Doch so eine Diaspora entsteht derzeit und mit ihr die Aufgabe: ihren Einfluss geltend zu machen. Darauf erhielt ich zwei Antworten: Selbst wenn sie zensiert wird, werde eine muslimische Meinung, die aus der Diaspora komme, nicht ernstgenommen. Und zweitens: Muslime in der Diaspora seien befangen oder fürchteten sich davor zusammenzukommen, um gemeinsame Debatten, Diskussionen oder Resolutionen zu bestreiten. Vor einiger Zeit, erzählte er mir, hatten die Muslime Leiter und Vertreter des Islam in Deutschland aufgerufen, sich an der Konferenz zu beteiligen, doch niemand war erschienen – niemand hatte es gewagt zu kommen.

Die Frage wurde nach der Pause in runden Tischen wieder aufgegriffen. Die muslimischen Repräsentanten drückten ihre tiefe Besorgnis aus. Der Islam ist eine geschlossene Welt. Er kann aber nicht verschlossen bleiben. Wenn die moderne Welt über sie hinwegfegt, wohin werden dann die Massen strömen? Wird es genug Zeit geben, unter Druck große Veränderungen vorzunehmen? Wird der Kommunismus mit seinem Versprechen, eine bessere Welt für die Massen zu schaffen, den Glauben vereinnahmen? Die Ängste waren real. Es gab keine Antwort.

Das Treffen bestätigte mich in der Überzeugung, dass wir als Juden dem Islam viel zu geben haben, besonders da auch das Judentum Religion und Völkerschaft verbindet.

Die Wissenschaft des Judentums und die deutsche Universität

Dieser Beitrag knüpft im Grunde genommen an die Überlegungen im ersten Teil des Werkes an. Wie kann Judentum sinnvoll gelehrt werden? Die Vermittlung jüdischen Wissens stand im Zentrum des Lebens von Leo Trepp – bis zuletzt. Noch sechs Wochen vor seinem Tod saß er mit der Vizepräsidentin der Johannes-Gutenberg-Universität in Mainz beim Abendessen am Rhein und plante seine Vorträge für das kommende Jahr. Was ihn neben seinem Wissensdrang und dem Bedürfnis antrieb, das Judentum für Juden als wichtig und meinungsvoll zu erhalten, ist das, was jüdische Gelehrte und Forscher neben vielen anderen Motiven über die Jahrhunderte angetrieben hat: Dem Judentum einen eigenen, lebendigen Stand in der Welt zu geben, den Nichtjuden zu vermitteln, dass es eine Religion ist, die nicht von anderen abgelöst wurde, sondern die sich ständig weiterentwickelt und der Welt auch heute noch viel zu geben hat. Dieser Essay ist die überarbeitete Form des Vortrags, den Trepp anlässlich der Verleihung der Würde eines Honorarprofessors am 5. Juli 1988 an der Mainzer Universität gehalten hat. Nur eine Bemerkung: Die erwähnte Mainzer liturgische Musik, von der Trepp damals noch sagte, es gebe sie heute nicht mehr, gibt es dank seiner Mühe und seines Beharrens wieder: Aus seiner Erinnerung heraus sang er die synagogalen Melodien – die Nigune Magenza, die über die Jahrhunderte nie verändert worden waren – sie wurden in Noten transkribiert und dann mit Chor und Kantor aufgenommen.

Professor Dr. Gerson D. Cohen, der frühere Präsident des Jewish Theological Seminary, erklärte, dass eine positive Assimilation an die Umwelt die Juden immer wieder zum Nachdenken über das Wesen ihres eigenen Erbes herausgefordert und ihnen damit immer neue Vitalität verliehen habe.[67]

67 „Der Segen der Assimilation", Ansprache an die Absolventenklasse des Hebräischen Lehrerkollegs im Jahre 1966. In: Francine Klagsbrun: *„Voices of Wisdom"*, New York 1980, S. 369f.; s. auch: Yerushalmi, Yoseph Hayim: *Zakhor, Jewish History and Jewish Memory*, Seattle/London, 1982, S. 85.

Mir wurde diese Idee vor allem durch meine Eltern vermittelt, denen ich tiefsten, lebenslangen Dank schulde. Mein Vater, der hier auf dem jüdischen Friedhof ruht, führte mich in die Tora ein; mit ihm lernte ich von frühester Jugend an. Zugleich aber öffnete er mir die Tore zur Kultur des Westens, zu Latein, zu Kunst, Malerei und Bildhauerei, zur Literatur, zu den deutschen Klassikern und zu Shakespeare, zur Musik, vor allem der Oper, die er leidenschaftlich liebte. Meine Mutter, die von Mainz aus deportiert zur Märtyrerin des Glaubens wurde, war eine Frau tiefster Frömmigkeit. Zugleich aber half sie mir bei meinem Französisch und erzählte mir von Paris, wo sie ein Jahr lang gelebt hatte. Diese Verbindung kam mir zu als Mainzer *in* Mainz, aber ebenfalls *aus* Mainzer Tradition. Dem lateinischen Namen Moguntia, abgekürzt von Moguntiacum, entspricht der hebräische Magenza. Diese Namensverwandtschaft bezeugt bereits die Synthese von jüdischer und westlicher Kultur im Leben der Mainzer Judenschaft.

Moguntia bildete mich durch Schule, Theater, Bibliothek, vor allem aber durch das Gemeinschaftsleben. *Magenza* mit seiner eigenen Tradition und liturgischen Musik, die heute nicht mehr bestehen, gab mir die Verbindung zur jüdischen Vergangenheit in einzigartig örtlich profilierter Form. Das Erbe ist wesentlich fürs Judentum. Die Juden sind ein Geschichtsvolk, das erste, welches der Geschichte Bedeutung zumisst, denn Gott selbst offenbart sich ihm, wie im ersten der Zehn Gebote als Gott der Geschichte. Der Appell „Zachor“, erinnere dich, sei dir deiner Geschichte als gestaltenden Lebenselements bewusst, erscheint 169 Mal in der Heiligen Schrift.[68]

Nach dem Fall des zweiten Tempels begann der Prozess einer Umgestaltung, der mindestens bis ins Fünfte Jahrhundert weiterging. Durch ihn erhielt das Judentum die Gestalt, die es noch heute besitzt. Dabei war das Judentum in der Lage, den Hellenismus vollkommen in das eigene System einzubauen, ohne seinem eigenen Wesen dabei Abbruch zu tun. Der Preis für diese schöpferische Assimilation war allerdings, dass man der Geschichte als Weiterentwicklung entsagte. Man stieg aus der Geschichte aus. Die Geschichte ging bis zum Ende der in der Schrift berichteten Ereignisse, die folgende Entwicklung bis zum Kommen des Messias galt als Wüste, die zu untersuchen keine Notwendigkeit bestand. Rabban Gamaliel I. lebte zur Zeit des jüdischen Historikers Josephus, doch berücksichtigte er das Werk seines Zeitgenossen in keiner Weise, sondern setzte die Zukunft des Judentums auf die Entfaltung der „schriftlichen Tora“ durch die „mündliche Tora“ in Diskussion und Exegese. Diese wurde zur Grundlage der Halacha, des Religionsgesetzes. Geschichtsepochen verloren somit ihre Eigenart; die Geschichte wurde gerafft, so dass die Meister verschiedener Generationen und Jahrhunderte, selbst der Antike, mit denen des Mittelalters ins Gespräch kommen konnten, als man den Talmud mit seinen Kommentaren las, um die Halacha herauszuarbeiten.

68 Yerushalmi, *ebd.*, S. 5–26, 81.

Die Verbundenheit mit der Umwelt blieb jedoch erhalten. So sprachen die deutschen Juden deutsch, das im Osten zu Jiddisch wurde, die französischen sprachen französisch, was aus Raschis Kommentar hervorgeht, der schwierige Wörter auf Französisch wiedergibt. Selbst der Kampf gegen die Anthropomorphismen der Schrift, den Maimonides in seinem „Führer der Verwirrten" führt, mag ein Widerhall der antianthropomorphistischen Ausrichtung des Islams sein. Seine dreizehn Glaubensartikel entsprechen gleichen katechetischen Formulierungen im Christentum wie im Islam. Mit der Emanzipation und der Gleichberechtigung der Juden wurde eine Rückkehr zur Geschichtsbetrachtung im Sinne weltlicher Geschichtsforschung notwendig. Es war eine positive Form jüdischer Assimilation.[69] Die Erforschung der Geschichte in ihrer Entfaltung und in ihrer Einwirkung auf die Tradition wurde darum als wesentlich erkannt, weil sie einmal die Entwicklung des Judentums erklären und somit beeinflussen konnte. Zum anderen sah man in der wissenschaftlichen Erforschung der geschichtlichen Entfaltung des Judentums einen Beitrag, den das Judentum zur westlichen Kultur leisten könne. Dieser Beitrag, so hoffte man, würde dem Judentum als Kultur und den Juden als ihren Trägern in der Umwelt Anerkennung und Ansehen verschaffen.

Leopold Zunz (1794–1886), der Vater der Wissenschaft des Judentums, brachte dies zum Ausdruck. Er sah in der jüdischen Literatur eine organische Entwicklung, die mit der Weltgeschichte in Einklang stand, daher von allgemeinem Interesse war und somit allgemeines Verständnis hervorzurufen vermochte. Diese Literatur, so erklärte er, komme allerdings nicht von den Mächtigen der Erde, sondern von ihren Schwächsten. Da die Welt aber anerkennen muss, dass die Juden einen Beitrag lieferten, so muss sie ihnen und ihrem Wirken die geistige Gleichberechtigung zuerkennen. Dies bedeute, dass die Grundlagen dieser Wissenschaft zum Allgemeingut werden, das heißt, als Lehrstühle an Universitäten vertreten sein müssen. Zunz war der Überzeugung, dass dann der Gleichberechtigung des Judentums im akademischen Studium die Gleichberechtigung der Juden in der Gesellschaft folgen müsse.[70] Die Hoffnung, die Zunz hegte, man werde Lehrstühle für die Wissenschaft des Judentums errichten, wurde später unter anderen von Abraham Geiger, dem großen Führer des liberalen Judentums, und schließlich von Hermann Cohen, dem Begründer der neukantianischen Schule zu Marburg, ausgesprochen. Sie hat sich nicht erfüllt. Cohen schrieb: „Es muss daher unser Bestreben werden, die Wissenschaft des Judentums an den Universitäten einzubürgern. Wir wissen, dass der Staat in seiner jetzigen Lage sich nicht dazu entschließen wird, unserem Verlangen zu entsprechen. Er wird es umso weniger tun, als wir darauf bestehen müssen, dass nur Juden die Wissenschaft des Judentums lehren. Das Judentum ist unsere lebendige Religion, nicht ein Gebiet der Altertumswissenschaft schlechthin, noch auch

69 Yerushalmi, *ebd.*, S. 85.

70 Zunz: *Zur Geschichte und Literatur*, Berlin 1845, S. 21; S. auch: Ismar Schorsch. *Thoughts from 3080*, New York, 1987, S. 27f.8

der christlichen Theologie, noch nur der Religionsgeschichte oder der Religionsphilosophie, sofern beide das Judentum als Vorstufe des Christentums betrachten. Ein Andersgläubiger kann nicht die Wissenschaft einer lebendigen Religion, unserer Religion, vortragen. Eine lebendige Religion kann nur von demjenigen wissenschaftlich vertreten werden, der ihr mit seiner innerlichen Religiosität angehört [...]"[71]

Ich selbst habe in meinen Ausführungen zwischen wissenschaftlicher Forschung und lebensbezogener Darstellung unterschieden. Die erstere kann meines Erachtens von Christen unternommen werden, solange sie das Judentum nicht als Vorläufer des Christentums und damit als überholt ansehen, sondern als eine lebendige Religion anerkennen. Das letztere benötigt einen Juden. Da beide Forschungen und Darstellungen notwendig sind, so ist zumindest die Mitarbeit eines Juden notwendig, um dem Judentum und seinen Ansprüchen und gerecht zu werden.

Die Tatsache, dass es keine Lehrstühle für das Judentum gab, bedeutete jedoch nicht, dass man sich nicht mit ihm beschäftigte, allerdings ohne es wirklich zu kennen. So sagte Immanuel Kant (1724–1804), das Judentum sei lediglich eine Gesetzesreligion mit dem Ziel der Gründung und Erhaltung eines Staates, wobei er sich sowohl auf Paulus wie auf Spinoza berufen konnte, vielleicht auch auf Moses Mendelssohn, der ihn ja besucht hatte. Mendelssohn vertrat nämlich die Ansicht, das Judentum sei lediglich offenbartes Gesetz, da die Ethik jedem Menschen bereits durch die Vernunft eingepflanzt sei. Kant verstand aber das Judentum nicht und konnte somit behaupten, dass ein solches Judentum der Definition der ethischen Verpflichtung nicht entspreche, wie er sie sah. Nach Kant schafft der autonome Mensch das ethische Gesetz aus seinem eigenen Willen heraus, während die Juden in bloßer Abhängigkeit von einem gebietenden Herrscher unter einem heteronomen Gesetz stünden. Hätte er das Judentum besser gekannt, so hätte er gewusst, dass es keineswegs eine bloße Abhängigkeit von einem Herrscher bedingt. Soweit das autonome Gesetz in Frage kommt, so hatte er ja selbst nicht gesagt, dass der Mensch das Gesetz aus seinem Willen schaffen, sondern dass er es sich so aneignen muss, als ob es dem eigenen Willen entspränge.[72] Ein wahres Verständnis des Judentums hätte ihn erkennen lassen, dass die Juden aus ihrem Bundesverhältnis mit Gott sich sowohl Gottes Gegenwart wie auch das Gottesgebot so angeeignet hatten, dass es wirklich ihrem autonomen Willen entsprang.

Hermann Cohens Kritik dazu finden wir in seinem Aufsatz „Innere Beziehungen der Kant'schen Philosophie zum Judentum".[73] Cohen weist unter anderem darauf hin, dass nach Kant Gott das „Oberhaupt im Reiche der Sitten" ist. Daraus ergibt sich nach Cohens Interpretation, dass „die Selbstgesetzgebung der

71 Hermann Cohen: *Jüdische Schriften*, Berlin 1924, Band II, S. 139 ff.

72 Immanuel Kant: *Religion innerhalb der Grenzen der bloßen Vernunft*, Ausgabe Hartenstein Bd. VI, S. 224.

73 *Jüdische Schriften*, Bd. I, S. 284–305.

menschlichen Vernunft keineswegs die Bedeutung oder gar die Befugnis (hat), dieses Oberhaupt abzusetzen". Dies bedeutet, dass selbst nach Kant der Wille nicht autonom das ethische Gesetz schafft. Außerdem weist Cohen auf den Widerspruch bei Kant hin, den Kant aus dem Geist seiner Zeit übernahm, nämlich, dass Gott der „Austeiler der Glückseligkeit" ist. So beruht die Ethik auf einer Erwartung eines Lohnes. Cohen sucht nun zu zeigen, dass das Prinzip einer von Gott stammenden Ethik, wie sie das Judentum kennt, mit dem der Autonomie des menschlichen Willens in Einklang steht. Nach Cohen ist der Monotheismus im Judentum nur der Monotheismus der Idee. „Das Wesen Gottes ist die Sittlichkeit und nur die Sittlichkeit. Sie ist die Natur Gottes. Die Übersinnlichkeit Gottes ist die Vorbedingung für eine sittliche Wirksamkeit, nämlich als Grundlage zu dienen für die sittlichen Verhältnisse des Menschengeschlechts und der Weltgeschichte. *Aus der Einheit des Menschenherzens*, die der Einheit Gottes entspricht, entspringt die Ethik, aber Gott ist und bleibt der Urheber und Bürge des Sittengesetzes, (das heißt, autonom)". (Hervorhebung von Trepp.)

Die Messiasidee, verbunden mit dem Glauben an die Reinheit der Seele, die die Freiheit verbürgt, gibt dann den Juden die Gewissheit, dass die Sittlichkeit in der Weltgeschichte verwirklicht werden wird. „Wer an den ewigen Frieden glaubt, glaubt an den Messias; nicht an einen, der gekommen wäre, sondern an den, der kommen soll und kommen wird."[74] Der Ritualismus, an dem Kant Anstoß nahm, gehört nicht der Religionsphilosophie, sondern der Religionsgeschichte an, er dient der Abwehr und dem Selbstschutz. Er ist daher vom ewigen Wesen der jüdischen Religion zu unterscheiden. „Auf der Richtigkeit unserer sittlichen Ideen beruht unser Recht und unsre Kulturmacht." Cohen hofft, dass das neue Weltalter, das mit der französischen Revolution begann, der Sittlichkeit nachstreben werde, und schließt mit der Mahnung an seine Juden: „Verlieren wir nur unsern angestammten, unsern messianischen Optimismus nicht." Seine Hoffnung, die bösen Geister würden wieder verschwinden, hat sich leider nicht erfüllt.

Nach Emil Fackenheim ist dem gläubigen Menschen Gottes Gegenwart Urtatsache.[75] Sie geht jeder Aussage über das göttliche Wirken voraus, wie zum Beispiel „Gott liebt den Menschen". Die Gegenwart Gottes ist da, bevor sein Befehl ergeht. Sie geht seinem Befehl, das heißt, seiner Gesetzgebung, voraus. Gottes Gegenwart setzt jedoch alle bisherigen Grundlagen und Normen der Gesetzgebung, zum Beispiel das Gewissen, außer Kraft. Einzige Grundlage ist die befehlende Gegenwart Gottes. Diese befehlende Stimme Gottes erfordert die menschliche Freiheit, nämlich zur Annahme oder zur Ablehnung. Nimmt der Mensch die befehlende Gegenwart Gottes an, so übernimmt er den Willen Gottes als seinen eigenen. So macht er in der Erfüllung des Gebots der Menschenliebe klar, dass der Nächste von absolutem Wert ist, dass er selbst, als der Erfüllende, von

74 Cohen, S. 302.
75 Fackenheim kann Cohen nicht folgen, da er Gott als Idee ablehnt.

absolutem Wert ist, aber er macht auch klar, dass dies der Fall ist, weil Gottes befehlende Gegenwart ihm dies enthüllt hat. Der Mensch verinnerlicht das Gottesgebot und tritt Gott als dem Offenbarer des Gebotes gegenüber. Die Erfüllung des Gebots ist Anerkennung der gebietenden Gegenwart Gottes. Das Judentum steht in Wirklichkeit außerhalb sowohl der autonomen wie der heteronomen Moralität.

Georg Wilhelm Friedrich Hegel (1770–1831) ist schon darum für uns von Bedeutung, weil er für die bürgerliche Gleichberechtigung der Juden eintrat. In seinem Werk beschäftigte er sich mit dem Judentum ernsthaft und aufmerksam, so dass jüdische Denker sich mit ihm auseinanderzusetzen hatten. Allerdings fehlte ihm der Zugang dazu, wie das Judentum sich selbst sah. Im Zusammenhang unserer Betrachtung können seine Gedanken nur im Abriss dargestellt werden:

Judentum als These: Für Hegel ist das Judentum eine notwendige Phase in der dialektischen Entwicklung der Religion. Es ist die These in einer Triade: Jerusalem-Athen-Christentum. Es ist das Verdienst des Judentums, die Welt entgöttlicht zu haben. Gott allein ist Schöpfer und Erhalter der endlichen Welt. Eine absolute Trennung besteht zwischen Gott und Welt, einschließlich der Menschheit. Gott hat absolute Macht über seine Schöpfung. Der Mensch erkennt die Güte wie die Gerechtigkeit Gottes an. Er ist sich bewusst, dass er als geschaffenes Wesen dem Schöpfer gegenüber keinerlei Anspruch besitzt. Er muss seine eigene Selbstständigkeit negieren. Zugleich aber muss er diese Negation negieren, und sein Selbst bestätigen, um vor Gott wandeln und zu ihm beten zu können. Gott antwortet gerade darum, weil dieser betende Mensch sich in seiner Geschöpflichkeit an den unendlichen Gott wendet. Hegel sieht diese Gewissheit des Judentums, dass Gott den rechtschaffenen Menschen segnet, als einen grundsätzlichen und bewundernswerten Wesenszug des jüdischen Volkes an. Die Standhaftigkeit oder Starrköpfigkeit der Juden ist ebenfalls ein guter Wesenszug. Gott ist Herr, sie sind seine Sklaven. Daraus entstehen Konsequenzen. Gott ist für die Juden Herr der ganzen Welt, zugleich aber glauben sie, dass dieser Gott sein Wirken auf nur eine Familie innerhalb der Menschheit, nämlich Israel, begrenzt. Darum gab er ihnen sein Gesetz, das ihnen von Moses verkündet wurde. Dieses Gesetz des Schöpfers ist unwandelbar, besitzt absolute Autorität und entzieht sich jeder auf menschlicher Vernunft beruhenden Kritik. Als Gottes Sklaven schulden die Juden diesem Gesetz bis zur kleinsten Verordnung für alle Zeiten absoluten Gehorsam. Jede Änderung am Gesetz Gottes wäre Abfall. Der Dualismus zwischen dem Geist und dem Buchstaben des Gesetzes ist daher Grundlage des Judentums. Der Jude dient Gott in Furcht, und dieser Dienst steht an der Stelle des versöhnenden Einklangs und der Erlösung. Das Judentum ist eine Religion der Abhängigkeit von Gott. An diesem Glauben mit seinen Kontrasten müssen die Juden festhalten, um Zeugnis dafür abzulegen, dass das Göttliche in seiner Universalität und das Menschliche in seiner Partikularität für immer unvereinbar sind. Das jüdische Volk muss sich in einem Standhalten bewahren, das zugleich „Halsstarrigkeit“ ist. Es muss außerhalb der Geschichtsentwicklung stehen. Wahre Religion bedingt göttlich-menschliche Nichtvereinigung. Ohne diese Nichtvereinigung des Göttlichen mit dem Endlich-Menschlichen wird das Unendliche zu einem Endlichen, und dies ist Götzendienst. Dies hat das Judentum verkündet, und darin besteht seine Bedeutung. Wahre Religion bedingt jedoch ebenfalls die göttlich-menschliche Vereinigung. Diese finden wir im Griechentum, Athen, welches somit die Antithese zum Judentum, Jerusalem, darstellt.

Das Griechentum als Antithese: In den Naturreligionen, aber auch im Griechentum ist die Welt von Göttern erfüllt. Hier fühlt sich der Mensch in Welt und Natur zu Hause. Im Griechentum sind Natur und Welt selbst göttlich, die Götter sind vermenschlicht. Der Unterschied zwischen Gott und Welt verschwindet. Der Gottesdienst der Griechen in seiner Schönheit und die Schönheit seiner Statuen sind etwas Göttliches. Die Gesetze der Griechen entstammen zwar dem Geiste eines Lykurgos und Solon, doch gelten sie den Griechen als göttlich. Die griechische Philosophie erhebt sich zum Göttlichen im Reich des Denkens. Das Göttliche wohnt in der Welt wie auch im Verhältnis des Menschen zur Welt. Im Vergleich mit dem Griechentum ist das Judentum in seiner Abhängigkeit vom Gottesgesetz, in der Negation eines menschlichen Gesetzes, das dennoch göttlich sein kann, unfrei. In der griechischen Philosophie sind Göttliches und Menschliches verbunden; daher ist das Griechentum die Antithese des Judentums. Es besteht eine Dialektik. Das Griechentum verkündet die Unfreiheit des Judentums in dessen göttlich-menschlicher Trennung. Das Judentum hingegen verkündet die Begrenztheit des Griechentums in seiner Vereinigung des Göttlichen und Menschlichen, denn die Standbilder sind zwar schön, aber nicht göttlich. In der Philosophie ist die Einheit erreicht, sie verkündet daher ihren Gegensatz zum Judentum. Da die Griechen das Göttliche als immanent ansehen, so können sie das Göttliche entwickeln und in der Geschichte leben. Das Griechentum ist einer historischen, dialektischen Selbstentfaltung fähig, das Judentum ist es nicht. Durch die Philosophie werden die Götter gedanklich entgöttlicht. Das römische Reich überträgt diese Entgöttlichung aufs Leben. Doch kam es im Griechentum und in Rom zu einem weltlosen Gott, wie der Neuplatonismus zeigt. In Rom kam es zu einer gottlosen Welt. Alle Götter, bis auf den Gott der Juden, werden ins Pantheon aufgenommen. Der Jude bleibt unbewegt innerhalb der Welt Gottes, der der Herr dieser Welt ist. Jerusalem und Athen stehen in dauerndem dialektischen Gegensatz, ohne dass eine Weltanschauung die andere überwinden kann.

Christentum als Synthese: Das Christentum hat beide überwunden. Hier verbindet sich der transzendente Gott mit dem immanenten. War im Judentum keiner frei, waren im Griechentum nur einige frei, so sind jetzt alle frei. In seiner Partikularität wird das Christentum universalistisch. Im Christentum wird die Synthese geschaffen. Gott und Mensch sind in Einklang gebracht. Dies macht Erlösung möglich. Der transzendente Gott der Juden tritt in eine Immanenz hinein, die diejenige der griechisch-römischen Götter übersteigt. Das Göttliche und Menschliche sind in vollkommenen Einklang gebracht. Einerseits erniedrigt sich das Göttliche, indem Gott Fleisch geworden ist, zum anderen erhebt es den Menschen über seine Endlichkeit durch den Heiligen Geist, durch die Überwindung des Todes. All dies wird offenbar in Tod und Auferstehung Christi. Nun werden alle Menschen frei aufgrund dessen, was sie sind, während im Griechentum nur einige frei waren aufgrund ihres Tuns. Das Christentum bringt wahre Versöhnung und Erlösung, während in Jerusalem das Gesetz die *Stelle* der Versöhnung und Erlösung einnahm. Nach Hegel bedarf eine Theorie der Realisierung im Leben. Daher bleibt die Verwirklichung des Christentums, die Freiheit, die das Neue Testament verbürgt, unvollkommen, solange sie nicht die ganze Welt umgestaltet hat. Das beweist das Mittelalter. Die Trennung zwischen heiligem Himmel und ungeheiligter Erde blieb bestehen. Die Kreuzzüge bezeugen, dass die Menschen sich zwar auf den Weg machten, um einem heiligen Zweck zu dienen, aber in dessen Verlauf in schwerste Ausschweifungen und Sünden versanken. Erst im Protestantismus erfüllt sich diese Freiheit. Auf alle Fälle sind Judentum und Griechentum anachronistisch geworden; sie haben ihre Aufgabe erfüllt und sind durch das Christentum überwunden. Wie die alten Griechen verschwanden, nachdem ihre Aufgabe im Sinne der Entfaltung des Geistes erfüllt war, so hätten auch die Juden nach dem Fall des Zweiten Tempels ihr Ende finden müssen, denn sie hatten ebenfalls keine Funktion mehr. Das Überleben der Juden trotz Heimatlosigkeit, Verfolgung und Unterdrückung blieb für Hegel ein Rätsel.

Dazu ist kritisch anzumerken: Hätte Hegel das Judentum besser gekannt, so hätte er gewusst, dass das Verhältnis zwischen Gott und Israel nicht auf einer Herr-Sklave-Beziehung, sondern auf einem Bund, einem Liebesverhältnis beruht, in welchem sich Gott dem Volke in immer-neuer Offenbarung seiner selbst zuneigt und ihm Antwort steht. Dies wird bereits im „Hadern“ Abrahams mit Gott um das Schicksal Sodoms (Gen 18:20–33) sowie vor allem bei Hiob erkenntlich, der sich gegen Gott aufbäumt. Es hatte ihm bereits aus der Bibel bekannt sein müssen, dass Israel ein Geschichtsvolk mit immer neuen Erfahrungen Gottes ist. Israel sah und sieht sich als Verkünder des Gottesgebotes an alle Menschen an, wie dies in den sieben noachitischen Geboten zum Ausdruck kommt.[76] Den Talmud berücksichtigt Hegel überhaupt nicht. Das Grundprinzip, welches diesem zugrunde liegt, ist die „mündliche Lehre“, das heißt, eine dem Menschen gegebene und der „schriftlichen Lehre“ ebenbürtige und von ihm auf der Grundlage der schriftlichen Tora weiter zu entwickelnde Tradition. „Sie (die Tora) ist nicht im Himmel sie ist uns (zur Weiterbildung) gegeben“, erklären

76 Nach jüdischer Tradition wurden diese sieben Gebote Noah gegeben. Sie begründen den Bund Gottes mit der ganzen Menschheit. Im einzelnen lauten sie: 1. Verbot des Götzendienstes, 2. Verbot inzestuöser Verbindungen, 3. Verbot des Blutvergießens, 4. Verbot der Entweihung des göttlichen Namens, 5. Gebot, gerechte Gerichtshöfe einzusetzen und gerecht zu richten, 6. Verbot des Raubes, 7. Schonung aller lebendigen Wesen. (Gen. Rabba 34,8).

die jüdischen Weisen.[77] So schufen die Rabbinen nach dem Fall des Tempels ein neues Judentum, das mit dem biblischen nicht identisch ist. Versöhnung kommt aus der Gnade Gottes. Der transzendente Gott ist daher zugänglich. Die These-Antithese, Jerusalem-Athen, bestand in Wirklichkeit gar nicht. Seit der Makkabäerzeit finden wir eine Auseinandersetzung mit dem Hellenismus. Gegenüber einer Führerschaft, die bereit war, dem Hellenismus Konzessionen zu machen, erhob sich die Partei der „Frommen" im Kampf für den Glauben. Sie siegten. Dann aber wurde Athen, nämlich der Hellenismus, vom Judentum absorbiert. Es war den Makkabäern möglich, ein neues Fest, Chanukka, im Namen Gottes einzuführen.[78] Dies folgte einmal dem Brauch der Griechen, neue Feste einzuführen, und war erlaubt, solange es in die Struktur des Judentums eingefügt werden konnte. Darüber hinaus bedeutete es nichts weniger als die Erkenntnis, dass Gott der Interpretation seiner Tora durch Menschen, gemäß den Umständen sich wandelnder Zeiten, seine Zustimmung gibt. Menschliche Verordnungen, wie die der Rabbinen, wurden „göttlich". So konnten auch die verschiedenen Riten im Judentum entstehen. Beim Anzünden der Chanukkalichter wird der Segen gesprochen: „Gesegnet seist Du, Herr, unser Gott, Herrscher der Welt, der du uns durch deine Gebote geheiligt hast und uns befohlen hast, das Chanukkalicht zu entzünden." Obwohl die Anordnung, wie das Chanukkafest selbst, von den Rabbinen kommt, wird Gott dennoch als Urheber des Gebotes gesegnet.

Die Einflüsse griechischen Denkens im Einzelnen darzustellen, überschreitet den Rahmen unserer Ausführungen. Denken wir nur daran, dass die Tora ins Griechische übersetzt wurde, dass jahrhundertelang das Werk des frommen Ben Sira nur in der griechischen Übersetzung seines Enkels erhalten war, bis im 19. Jahrhundert die hebräische Fassung in der Genisa einer Synagoge zu Alt-Kairo wiederentdeckt wurde. Viele fromme Juden sprachen eben nur griechisch und konnten kein hebräisch mehr. Darum wurde im Gottesdienst die Schrift sofort in die Umgangssprache des Volkes übersetzt. Gebete konnten auf Hebräisch, wie in der Landessprache, also oftmals griechisch, gesprochen werden. Jüdische Denker wie Philon, aus griechischer Philosophie lernend, schrieben ihre Werke auf Griechisch. Gleichzeitig lebten sie jedoch als treue, die Halacha befolgende Juden. Wir finden führende Rabbinen mit griechischen Namen. Griechische Logik liegt rabbinischen Diskussionen zugrunde. Sogar die Einführung des allgemeinen Schulsystems mag auf einer Verbindung des Toragebots der Kindererziehung durch den Vater (Dtn 6:7) mit der platonischen Forderung einer staatlichen Schulung aller Kinder beruhen.

77 B.T. Baba Mesia 59b.

78 1 Makk 4:59; Fackenheim, Emil L.: *Encounters Between Judaism and Modern Philosophy: A Preface to Future Jewish Thought*, Philadelphia 1973. Ich habe Fackenheims kritischen Ausführungen über Kant und Hegel weitgehend zu Rate gezogen und meinen Ausführungen zugrunde gelegt.

Der Prozess der Veränderung durch menschliche Überlegungen und Verordnungen ist noch nicht zu Ende gekommen, er gibt dem Judentum seine Lebendigkeit. So schreibt Solomon Schechter, dem das Jewish Theological Seminary zu New York seine Rolle als eine führende Lehr- und Forschungsstatte verdankt: „[...] Da die Interpretation der Schrift [...] im Wesentlichen das Produkt historischer Einflüsse ist, die sich ändern, so folgt daraus, dass das Zentrum der Autorität in Wirklichkeit von der Bibel entfernt wurde und in einen „Lebendigen Körper" gelegt wurde, welcher, da er mit den idealen Aspirationen und den religiösen Bedürfnissen der Zeit verbunden ist, am besten in der Lage ist, die Natur des Sinnes zu bestimmen. Dieser lebendige Körper wird nicht durch eine Gruppe des Volkes vertreten oder eine Priesterschaft oder Rabbinerschaft, sondern durch das kollektive Gewissen eines allumfassenden (er gebraucht das Wort „katholischen" im Sinne von ‚allumfassend') Judentums. Wir dürfen daher ruhig sagen, dass die Synagoge erneut ihr göttliches Recht fordern kann, die Bibel zu beurteilen, wenn immer sie sich berufen fühlt, dieses heilige Amt auszuüben. Gottes Wahl stimmt unweigerlich mit den Wünschen Israels überein. Er tut all die Dinge, über die sich die Ratsversammlungen Israels, die in der Zuversicht der göttlichen Gegenwart und in Kommunion mit ihm zusammentreten, geeinigt haben [...]."[79]

Das Judentum überlebte die Götter Griechenlands und Roms, denn im Judentum war jeder frei. Im Mittelalter und darüber hinaus hatte Hegel das Judentum als Kontrast zur bisher unzulänglichen Entfaltung des Geistes im Christentum sehen können. Die Funktion des Judentums war aber nicht zu Ende. Das Judentum glaubt an den kommenden Messias, d. h. die Welt ist noch nicht erlöst, aber erlösbar. Dies der Menschheit vor Augen zu halten, um damit Geschichte überhaupt möglich zu machen, ist seine Funktion geblieben.

Geschichte wird ja erst dann, wenn die Entwicklung, der Menschheit einem Ziel zustrebt. Da Hegel behauptet, dass eine Theorie der Bestätigung im Leben bedarf, so widerlegt das Judentum in seinem Leben Hegels Theorie. Wir wollen es bei diesen beiden Beispielen dafür belassen, dass es Denker gab, die zu Fehlurteilen über das Judentum kamen, weil sie es nicht wirklich kannten und darum nur im Licht der eigenen wie der gesellschaftlichen Vorurteile verstehen konnten. Hätte es einen Lehrstuhl für Judaistik an wenigstens einer Universität gegeben, so hätte von dort autoritative Aufklärung kommen können. Wir wollen nicht von denjenigen sprechen, die sich aus Judenhass gegen die Juden stellten. Es gab viele Verleumder: Friedrich Delitzsch, der in seinem Werk „Bibel und Babel" die Juden beschuldigte, ihre Ideen von den Babyloniern abgeschrieben zu haben, das heißt, ihnen jede intellektuelle Kraft und Originalität absprach. Wir haben Richard Wagner, Eugen Dühring, den Hofprediger Adolf Stöcker und andere. Allen diesen Männern hätte man selbst mit der Autorität eines Universitätslehrstuhls nicht entgegentreten können. Die Juden nahmen allerdings derar-

79 Norman Bentwich (ed.): *Selected Writings of Solomon Schechter*, Oxford, 1946, S. 335f.

tige Erklärungen als Herausforderung an. Sie schrieben nicht nur apologetisch, in Verteidigung des Judentums, sondern betonten den Wert und die Notwendigkeit des Judentums für die Welt und ihren ethischen und religiösen Fortschritt.

Von großem Einfluss unter den Judenhassern war der im 19. Jahrhundert weithin anerkannte Historiker Heinrich von Treitschke (1834–1896). Er beschrieb das Judentum in seiner Schrift „Ein Wort Über unser Judentum" als „die Nationalreligion eines fremden Stammes", als undeutsch, wertlos und daher zu verwerfen. Er prägte auch das Wort: „Die Juden sind unser Unglück".[80] Ihm trat Hermann Cohen entgegen.[81] Zwar war er Philosoph, doch sah er sich als solcher als einen berufenen wissenschaftlichen Vertreter des Judentums an. Es gab ja niemanden in der offiziellen Position eines Professors für Judaistik, der mit der Autorität eines Lehrstuhlinhabers den Verleumdern hatte Widerpart bieten können.

Hermann Cohen (1842–1918), der als junger Mann so assimiliert war, dass er die Feier des Schabbats auf den Sonntag zu verlegen vorschlug, fand seinen Weg zum Judentum zurück gerade dank Treitschkes Attacken. Am Ende seines Lebens schrieb er sein großes Werk „Religion der Vernunft aus den Quellen des Judentums". Es heißt nicht „*Die* Religion der Vernunft", sondern „Religion der Vernunft". Denn das Judentum ist für ihn eine Religion, nicht die einzige, die als Quelle einer universalen Vernunftreligion dienen kann. Die Kraft des Judentums und seine ewige Funktion in der Geschichte liegen für Cohen in der Idee des kommenden Messias als ewige Hoffnung, durch die die Menschheit zum sozialen Fortschritt angespornt wird. Wir dürfen hier eine Antwort auf Hegels verwunderte Frage sehen, warum das Judentum eigentlich noch existiere. Es existiert, weil es eine Aufgabe hat.[82]

Leo Baeck (1873–1956) schrieb sein Werk „Das Wesen des Judentums" als Antwort auf Harnacks „Das Wesen des Christentums". In der Ausgabe von 1905 war es apologetisch, weniger in der Auflage von 1922. Der Geist der Baeckschen Apologetik war aber nicht „Entschuldigung". Er folgte dem Geist Jehuda Halevis (1086- ca. 1141), des spanisch-jüdischen Dichters und Philosophen, der seinem Werk „Kusari" den Untertitel „Ein Buch zur Verteidigung einer verachteten Religion" gab, nämlich des Judentums, dessen wahres Wesen „als Herz im Körper der Völkergemeinschaft" er darstellen wollte. Baeck überlebte das Getto

80 „Ein Wort über unser Judentum" ist die Sammlung von Treitschkes antijüdischen Aufsätzen, die ursprünglich in den Jahren 1879 und 1880 in seinen *Preußischen Jahrbüchern* erschienen und vor allem auf Studenten großen Einfluss ausübten.

81 Hermann Cohens Antwort unter dem Titel *Ein Bekenntnis zur Judenfrage* und Einzelheiten über die vorausgegangene Korrespondenz Cohens mit Treitschke und die dem Artikel folgende Kontroverse finden sich in Hermann Cohen: *Jüdische Schriften*, Bd. II, Berlin 1924, S. 73–94. 95–100 und in den Anmerkungen S. 470–472. Zur Entstehungsgeschichte s. Bd. I. S. XXVI ff., wo auch Treitschkes Äußerungen über das Judentum zitiert sind.

82 „Messiasidee ist die Hoffnung auf die Zukunft der Menschheit". [...] Die Messiasidee erkennen wir sonach wie als Höhepunkt, so als Prüfstein der Religion [...]" Hermann Cohen: *Jüdische Schriften*, Bd. I, „Die Messiasidee", S. 124, hier: 116 und 122.

und Konzentrationslager Theresienstadt, dem er hätte entgehen können, hatte er es nicht als seine Pflicht empfunden, bei seinen deutschen Juden als Führer und Tröster in schwerster Zeit auszuharren. Leben und Lernen brachten ihn zu einer neuen Erkenntnis. Das Judentum kann nicht in einer Darstellung des „Wesens" erfasst werden, denn es ist mehr. „Dieses Volk" ist ein lebendiges Sein.[83]

Franz Rosenzweig (1886–1929), erwog ernsthaft seinen Übertritt zum Christentum. Seine Entscheidung gegen diesen Schritt kam ihm letztlich aus der Erkenntnis, dass er ihn erst nach einer, wahren Kenntnis des Judentums unternehmen konnte, das heißt, nur als Jude Christ werden könne. Sein Weg führte ihn dann von der äußersten Peripherie zum Kern des Judentums. Statt sich zu habilitieren, wurde er Leiter des jüdischen Lehrhauses, um den Juden zu dienen. In Rosenzweig begegnet uns eine Rückkehr zur jüdischen Geschichtslosigkeit, ein Heraustreten aus der Geschichte, wie wir es unter der Führung Rabban Gamaliels fanden. Da Rosenzweig Hegelianer ist, so ist er wohl auch von Hegels Deutung des Judentums als außergeschichtlich und starr beeinflusst. Aber gleichzeitig widerlegt er Hegel, indem er statt eines Herr- Sklave- Verhältnisses die Liebe Gottes und sein dauerndes Liebesgespräch mit seinem Volk als Grundidee des Judentums deutet und das Hohe Lied zum höchsten Ausdruck dieses Verhältnisses zwischen Gott und Juden erklärt, es damit zum Zentralpunkt der Schrift machend.[84] Für Rosenzweig lebt das Judentum außerhalb der Geschichte, nur sich selbst im ewigen Kreis des liturgischen Jahres. In der Halacha lebend ist es beim Vater. Aber gerade darum ist das Judentum kein Anachronismus, sondern lebendig und vor allem dem Christentum unentbehrlich. Das Christentum hat die Aufgabe, die Welt durch den Sohn zum Vater zu bringen. Aber nur durch das Judentum kann es wissen, dass der Weg zum Vater offen ist und das Ziel gefunden werden kann, denn die Juden haben das Ziel schon erreicht. Judentum und Christentum sind daher einander notwendig, beide von Gott geschaffen und berufen.[85] In seinem Denken, das die Juden aus der Geschichte herausrief, ging Rosenzweig fehl. Die Juden stehen ganz in der Geschichte. Aber selbst das geschichtslose Judentum Rosenzweigs enthält eine Herausforderung an das Christentum. Das Judentum ruft das Christentum auf, die Menschen durch den Sohn zum Vater zu bringen und gleichzeitig zu erkennen, dass dies des Christentums grundsätzliche Aufgabe ist im Gegensatz zum Streben· nach Macht und weltlichem Einfluss, mit Hegels Worten den „Ausschweifungen", von denen die Geschichte so viel berichtet.[86] Die ganze Entwicklung des neuzeitlichen

83 Baecks letztes Werk tragt den Titel *Dieses Volk: Jüdische Existenz,* 2 Bde., Frankfurt a.M. 1955, S. 57.

84 Franz Rosenzweig: *Der Stern der Erlösung*, Frankfurt a.M. ²1930, 2. Teil, S. 143–151.

85 Franz Rosenzweig: *Briefe*, Berlin 1935, S. 71ff. In diesem Brief erklärt Rosenzweig auch, warum ihm der Übertritt zum Christentum „nicht mehr notwendig und daher nicht mehr möglich war".

86 Über die Gefahren, denen das Christentum ausgesetzt ist, Spiritualisierung des Gottes-, Vergöttlichung des Menschen-, Pantheisierung des Weltbegriffes, und die Gefahren, denen

jüdischen Denkens steht unter der Erkenntnis, dass das Judentum der gesamten Welt etwas Unverzichtbares zu sagen hat.

So schreibt Martin Buber (1878–1965) sein „Ich und Du" zwar als allgemeine Philosophie für die ganze Welt. Er schöpft die Idee jedoch in hohem Maß aus dem chassidischen Lebensstil des osteuropäischen Judentums. Das Ich und Du zwischen Mensch und Mensch ist zugleich ein Ich und Du zwischen Gott und Mensch. Dies muss die Menschheit vom Judentum lernen. Weil Buber auf sein jüdisches Erbe stolz ist, kann er dann auch von Jesus als „Jesus mein Bruder" reden.[87] Nur dann, wenn der Jude ganz fest auf seinen eigenen Fundamenten steht, ist es ihm möglich, dem Christentum liebend zu begegnen. Nur wenn das Christentum dieser Liebe entsprechen kann, werden, wie Buber sagt, beide einander noch bisher Ungeahntes zu sagen haben.

Abraham Joshua Heschel (1907–1972), Nachkomme einer der bedeutendsten chassidischen Rabbinerdynastien, östlich wie westlich gebildet, beiden Welten offen, wird nun gerade als Jude zum Lehrer unser aller. *Gott sucht den Menschen, jeden Menschen*, ist nach Heschel die Grundlehre des Judentums. Gott hat Pathos, das heißt, er ist von jedes Menschen Lebenslage ergriffen, um den Menschen immerwährend besorgt und antwortet ihm helfend in jeder Situation. Gerade in seiner Geschöpflichkeit ruft der Mensch das göttliche Mitgefühl hervor. Geschöpflichkeit macht daher den Menschen nicht zu Gottes Sklaven, wie Hegel glaubte, sondern bewirkt Gottes helfende Antwort. In seiner „Tiefentheologie" spricht Heschel von dem urgründlichen Religiösen in jedem Menschen. Er spricht vom Staunen angesichts der Schöpfung, das uns zur Erkenntnis des göttlichen Mysteriums führt.[88] Die Bibel ist die wertvollste Gabe, die Juden und Christen der Welt gegeben haben. Das Land Israel und sein lebendiges Volk sind das Echo der Ewigkeit. Gott spricht in vielen Sprachen, daher gibt es viele gleichwertige Wege zu Gott, das heißt, Religionen, die nicht Selbstzweck sind, sondern Wege zu Gott. Als Selbstzweck waren alle Götzendienst. Zusammenwirken in Treue zu Gott ist darum die gemeinsame Aufgabe, denn „keine Religion ist eine Insel". Zugleich betont Heschel, dass ohne das lebendige Judentum sowohl das Christentum als auch der Islam verdorren würden. Sein Einsatz für andere Glaubensweisen befähigte ihn, Sprecher für die Juden beim zweiten Vatikanischen Konzil zu sein und die Anerkennung des Judentums zu fordern. Er war ein Freund und Berater von Kardinal Bea und maßgeblich an den die Juden betreffenden Beschlüssen des Konzils beteiligt. Aus den Quellen der jüdischen Tradition schöpfend betont Heschel die ethische Tat, die notwendig ist, und widerspricht Kant, nach welchem der Wille den Ausschlag gibt. Darum blieb Heschel nicht lediglich Lehrer im akademischen Raum der Universität, sondern, angetrieben vom ethischen Imperativ der Prophetenbotschaft, wurde er zum en-

das Judentum ausgesetzt ist, Weltverleugnung, Weltverachtung, Weltabtötung, s. Stern, 3. Teil, S. 183f., 189.

87 Martin Buber: *Zwei Glaubensweisen*.

88 Abraham Joshua Heschel: *Gott sucht den Menschen*.

gagierten Führer im Kampf der Schwarzen um die Gleichberechtigung, der sich Arm in Arm mit Dr. Martin Luther King an Protestmarschen beteiligte. Hier bezeugte er die Bedeutung des Judentums und seiner Lehre für die Welt. Heschel war ein Mensch von überragender Größe. Das Judentum war im Leitstern, denn er kannte es in allen seinen Aspekten, seinen Lehren, wie in seinen Lebensformen. Zugleich war er mit der Gesamtkultur der Menschheit außergewöhnlich vertraut. Darum ist Heschel gerade als Jude zum Lehrer aller geworden.

Emil Fackenheim (geboren 1916) war selbst Häftling in Sachsenhausen. Er kam nach Toronto, Kanada, an dessen Universität er bis zu seiner Emeritierung als Philosophieprofessor wirkte. Seitdem lebt er in Israel. Das Judentum ist für ihn Lebensaufgabe. Als Philosoph wendet er sich kritisch gegen die Vorurteile der modernen Philosophie gegenüber dem Judentum. Zugleich ist er Theologe. Man kann ihn als den grundlegenden jüdischen Holocaust-Theologen ansehen, denn sein ganzes Denken steht unter dem Einfluss dieses schrecklichen Ereignisses. Fackenheim betont den Bundescharakter des Judentums. Seine Zukunft beruht auf seiner Rückkehr zum lebendigen Gott und seiner befehlenden Gegenwart. Vor allem nach Ausschwitz ist dies unausweichlich. Auschwitz ist das Skandalon ohnegleichen in der Geschichte. Es entzieht sich zwar jeder Deutung, aber eine befehlende Stimme geht von ihm aus, ein 614. Gebot nach den 613 der Tora: Juden müssen überleben, um Hitler keinen posthumen Triumph zu gewähren. Sie dürfen weder am Menschen noch an der Welt verzweifeln, sonst unterwürfen sie diese der Macht von Auschwitz. Sie dürfen nicht am Gott Israels zweifeln, sonst ginge das Judentum zugrunde. Fackenheim mahnt Juden und Christen, dass es beiden untersagt ist, Hitler einen posthumen Triumph zuteilwerden zu lassen.[89] Juden und Christen müssen darum miteinander sprechen. Gemeinsam müssen beide zum „Tikun“, zur „Heilung-Wiederherstellung“ der Welt, beitragen, um nach dem Gottesreich zu streben.

Dieses Streben kam bereits in der Nazizeit ins Leben. Im Judentum bezeugen dies die Widerstandskämpfer und die Gefangenen in den Lagern, die durch ihre Treue zu ihrem Glauben der von den Nazis gewollten Entmenschlichung widerstanden. Im Christentum begann der Tikun durch Menschen wie den Berliner Dompropst Bernhard Lichtenberg, der aus seinem Verständnis christlicher Pflicht heraus täglich im öffentlichen Gottesdienst für die Juden betete, bis er selbst nach Dachau verschleppt wurde und auf dem Wege starb.[90] Tikun kam durch Menschen wie Professor Kurt Huber, die Geschwister Scholl und andere Mitglieder der Widerstandsorganisation „Weiße Rose“, die ihr Leben für die Ideale menschlicher Ethik opferten.[91] Im Dialog des Wortes und des Tuns wird der Weg zum Tikun weitergeführt. Unsere Darstellung ist unvollständig, denn

89 Emil Fackenheim: *Quest for Past and Future*, Boston, 1968, S. 125, 143 f., 244 ff., *God's Presence in History*, New York, 1970, S. 84 ff.

90 Emil Fackenheim: *To Mend the World: Foundations of Future Jewish Thought*, New York, 1982, S. 278–294.

91 *Ebd.*: S. 317–331.

wir könnten noch viele andere Denker erwähnen. Außerdem konnten ihre Ideen nur sehr kurz skizziert werden. Doch lassen diese Beispiele uns bereits erkennen, dass die jüdischen Denker der Gegenwart sich nicht damit begnügen, das Judentum der Umwelt als ebenbürtig darzustellen. Sie betonen, dass das Judentum und sein Beitrag zur Welt einzigartig und notwendig sind. Sie sind allerdings auch bereit, das Judentum der Kritik der Philosophie auszusetzen.

Im Wandel der Zeit und durch das Wirken jüdischer wie christlicher Denker erfüllte sich tatsachlich jene Hoffnung, die Zunz, Geiger und Cohen beseelt hatte, nämlich die Hoffnung auf die Errichtung von Lehrstühlen für Judaistik an jeder größeren Universität, allerdings nicht in Deutschland, sondern, vor allem, in Amerika. Die Errichtung von Lehrstühlen für Judaistik in Deutschland ist heute, nach dem Kriege, nicht so sehr eine Notwendigkeit für die Juden, sie ist eine Notwendigkeit für das Prestige und die geistige Gestaltung der Deutschen. Das Judentum, wie jede Gemeinschaft, kann auf zwei Weisen erforscht werden: Erstens kann man von seinen Ideen und seinen Lehren sprechen. Und zweitens kann man von der Volksgemeinschaft und ihrer Lebensform sprechen, die die Lehre im Leben bestätigt, um aus dieser Lebensform Erfahrungen zu gewinnen. Das erstere ist die historisch-kritische Forschung, das letztere ist die darstellende Erkenntnis der übergeschichtlichen lebendigen Gesamterscheinung des Judentums.

Das erstere ist uns in Deutschland möglich. So haben wir [...] hervorragenden Hebraisten. Die anderen Kollegen in unserem Fachbereich befassen sich mit dem Judentum, soweit es in ihr Gebiet hineingreift, positiv und lernend. Dies bedeutet, dass sie es als eine lebendige Religion, die sich weiterentwickelt, anerkennen und darstellen und nicht lediglich als eine vom Christentum bereits überholte. Das letztere ist ohne weiteres kaum mehr möglich. Neben der wissenschaftlichen Erforschung des Judentums ist uns die Aufgabe gestellt, die Verbindung mit den Lebensformen der Gemeinschaft, wiederaufzunehmen, also die Vergangenheit aus der Geschichte herauszuholen und mit ihr einen lebendigen Dialog so zu führen, als sei sie noch gegenwärtig. Dies gilt vor allem für das jüdische Leben in Mainz, Magenza, dem Raum, wo jüdisches Sein von Rabbenu Gerschom bis hin zu den Rabbinern Saalfeld und Levi, Lehmann, Bondi und Moses Bamberger zur Einheit verschmolz. Dies in einem gewissen Sinn zumindest symbolisch zu verwirklichen, wird nun meine spezifische Aufgabe sein. Auf Grund des Geschehens, welches uns der lebendigen Gemeinschaft beraubte, wird es nur in begrenztem Maß möglich sein, aber es ist das Beste, dessen wir fähig sind. So werden mir einmal die wissenschaftliche Forschung am Judentum und dazu seine Darstellung zur Verpflichtung. Hinzu kommt als zusätzliche Aufgabe, aus der Erinnerung an eigenes Erleben, das Wesen des einstmaligen jüdischen Lebens zu vergegenwärtigen. So hat, wie es mir scheint, unsere Universität etwas Großes und Einzigartiges getan, das dem Geist Mainzer Geschichte entspricht und aus den Formen jüdischer Überlebensmethoden schöpft. Wir haben, soweit es unsere Gegenwart erlaubt, Forschung im Sinne der Wissenschaft des Judentums mit Lebensüberprüfung im Sinne einer übergeschichtlichen Aussprache mit den Generationen der Vergangenheit und ihrer Halacha, das heißt, ihrem Lebensweg, verbunden.

Wir haben Magenza und Moguntia vereint.

Ich möchte mit einem Wort der Heiligen Schrift schließen:
Gedenke der Tage der Urwelt,
erforschet die Jahre von Geschlecht zu Geschlecht;
deinen Vater frage, der dir's erkläre,
deine Alten, sie sprechen dir zu (Dtn 32:7).

Gedenke der Tage der Urwelt: Hier ist der Ruf an den Juden. Aus dem Gedenken, der Tradition, kommt das Gebot zur verpflichtenden Tat.

Erforschet die Jahre: Die Erforschung der Geschichte, wie sie sich von Geschlecht zu Geschlecht entfaltete, ist die Aufgabe der Wissenschaft.

Deinen Vater frage: In jüdischer Tradition heißt der Lehrer gleichfalls Vater. „*Wejaggedcha*" – Er wird zum Interpreten, zum Übermittler der *Haggada*, indem er die Aussagen der Schrift mit ihren ethischen Forderungen an unsere Zeit und Gesellschaft erhellt.
In dieser Funktion verbindet sich meine Aufgabe mit der meiner Kollegen.

Deine Alten, dass sie sprechen: Zu berichten von dem, was war, wie ich es erlebte, wird dann wohl meine spezielle Verpflichtung sein. Dies, so will es mir scheinen, ist, im Sinne der Schrift, die Synthese, die wir erstreben. Diese Berufung ist für mich eine Bestätigung und Anerkennung meiner Erziehung, der Erziehung eines bewussten Juden im neuzeitlichen Deutschland. Sie beruhte auf einer Verbindung westlicher Kultur mit jüdischer Tradition.

Glossar

Aggada אגדה
„Erzählung“, „Sage“, rabbinische Schriftauslegung soweit sie sich auf nichtgesetzliche Schriftpassagen bezieht.

Akeda עקדה
„Bindung“, 1. das Binden eines Tieres bei seiner Opferung auf dem Altar, 2. die Opferung Isaaks (Genesis 22), 3. Name von *Pijutim*, die die Bindung Isaaks und die Bereitschaft zum Martyrium beinhalten.

Ame Haaretz עמי הארץ
„Das Volk des Landes“, 1. biblische Bezeichnung für das gemeine Volk, 2. Gruppe von Personen, die nur unzureichend in der Ausübung der religiösen Praxis ausgebildet sind.

Amida עמידה
„Stehen“, Bezeichnung für das Achtzehnbittengebet שמנה עשרה, welches im Stehen beim Morgengebet שחרית, Nachmittagsgebet מנחה und Abendgebet מעריב rezitiert wird.

Awera עברה
„Übertretung“, jedes absichtliche oder versehentliche Vergehen gegen die Ge- und Verbote der Tora.

Awoda עבודה
„Dienst“, 1. Opferdienst am Jerusalemer Tempel, 2. Synagogengottesdienst, 3. die Lebensführung als Gottesdienst bei den *Chassidim*, 4. Bestandteil der Gebete am Versöhnungstag.

Baal Teschuwa בעל תשובה
„Herr der Umkehr“, ein Reue Zeigender, der zum Judentum zurückgekehrt ist.

Bima בימה
„Erhöhter Ort“, ein mit Stufen zugängliches und mit Tisch versehenes Podium in der Synagoge, von welchem aus die Tora verlesen wird.

Beracha ברכה
„Segen“, Wunsch der wohlwollenden und heilsamen Zuwendung Gottes.

Derascha דרשה
„Predigt“, die *halachische* bzw. *aggadisch* ausgerichtete Schriftauslegung.

Emuna אמונה
„Vertrauen“, ein sich Verlassen auf Gott, welches nicht nach Beweisen fragt.

Galut גלות
„Wegführung ins Exil“, 1. die historische Faktizität der Vertreibung des jüdischen Volkes aus Palästina, 2. die Gesamtheit der im Exil lebenden Juden, 3. Begriff für sämtliche Orte der jüdischen Diaspora.

Gemara גמרא
„Vervollständigung", die von den *Amoräern* in den Schulen Palästinas und Babyloniens zusammengetragenen Diskussionen und Erläuterungen zur *Mischna*.

Gezerot גזרות
„Beschlüsse", 1. Verordnungen der Rabbinen, 2. judenfeindliche Erlasse.

Hadith
„Mitteilung", „Erzählung", 1. Gesamtheit der als heilig angesehenen Überlieferungen des Islam, 2. Berichte über die Aussprüche und Taten Mohammeds, seiner Freunde und seiner Verwandten.

Haggada הגדה
Die Erzählung vom Auszug aus Ägypten, wie sie zu Pessach am *Seder*-Abend in der Familie erzählt wird.

Halacha הלכה
„Wandel", 1. die das jüdische Leben bestimmenden und gestaltenden Vorschriften in ihrer Gesamtheit, 2. die einzelne Vorschrift.

Hallel הלל
„Lob", 1. im Morgengebet eingefügte Gruppe von Psalmen (145–150), 2. der Psalm 136 als Bestandteil des Morgengebets am *Sabbat* und an Feiertagen sowie als Teil der Liturgie der *Haggada* und 3. die Psalmen 113–118, benannt ägyptisches *Hallel*, die während des Pessachfestes und als Bestandteil der Gebete an 18 verschiedenen Feiertagen rezitiert werden.

Hazkarat Neschamot הזכרת נשמות
„Gedenken an die Seelen", Gebet für das Heil der Verstorbenen.

Hidduschim חדושים
„Merkwürdigkeiten", „neue Interpretationen", detaillierte Erläuterungen zu schwierigen Talmudpassagen.

Jischuw ישוב
„Ansiedlung", die in Palästina vor der zionistischen Bewegung lebende jüdische Bevölkerung (*alter Jischuw*) einerseits und die durch den Zionismus motivierten jüdischen Neuniederlassungen (*neuer Jischuw*) andererseits.

Jom Kippur יום כיפור
„Versöhnungstag", höchster jüdischer Feiertag am 10. *Tischri* (September/Oktober), an welchem fastend in ernstlicher Reue die Vergebung der individuellen und kollektiven Schuld und die Versöhnung mit Gott erbeten werden.

Kawana כוונה
„zielgerichtete Absicht", die Ausrichtung des Willens und der Gedanken im Kontext von Gebeten und religiösen Handlungen.

Keduscha קדושה
„Heiligung", 1. aus den Schriftpassagen Jesaja 6,3; Ezechiel 3,12b; Psalm 146,10; *Mussaf*; Deuteronomium 6,4 und Num 15,41 zusammengesetztes Stück der dritten Benediktion des Achtzehnbittengebetes (*Keduscha schel Amida* קדושה של עמידה), 2. besagte Jesaja- und Ezechielpassage des *Jozer* sind so benannte, 3. schließlich aus den beiden Prophetenversen, Exodus 15,18

und den *Targum*passagen zu allen drei Stellen gebildetes Gebetsstück (*Keduscha desidra* קדושה דסדרא).

Kehille
„Kultusgemeinde".

Keter Malkut כתר מלכות
„Königskrone", ein von Salomo ben Juda ibn Gabirol geschriebener Hymnus, der darin unter Einfluss von *Kabbala*, Neuplatonismus und arabischer Astronomie ein theosophisches Weltbild darstellt.

Kina (Plural Kinot) קינה, קינות
„Klagelied", 1. die Bezeichnung für die Klagelieder Jeremias (Baba Batra 14b), 2. die am 9. *Av* in der Synagoge rezitierten Klagegedichte, welche die Trauer über die Zerstörung des Tempels und Jerusalems sowie den Verlust des Landes beinhalten.

Kol Nidre כל נדרי
Aram. „Alle Gelübde", am Vorabend des Versöhnungstages gegebene Erklärung, daß alle selbstauferlegten Verpflichtungen fortan als nichtig anzusehen sind.

Makkabäer
Die Führer des jüdischen Aufstandes (167–164 v. u. Z.) gegen den seleukidischen Herrscher Antiochus IV. und seine Herrschaft über Israel.

Massora מסרה
„Überlieferung", die den Textgehalt der hebräischen Bibel sichernde Tradition.

Melammedim מלמדים
„Lehrer", 1. im Mittelalter bzw. Neuzeit in einer *Talmud-Tora-* oder Elementarschule unterrichtende Lehrkräfte.

Midrasch מדרש
„Schriftauslegung", Bezeichnung der von der Antike bis zum Mittelalter entstandenen Auslegungswerke zur hebräischen Bibel mit einem entweder exegetischen, homiletischen oder narrativen Schwerpunkt.

Mischna משנה
„Lehre", 1. umfassender Begriff für *Midrasch*, *Halacha* und *Aggada* (Kidduschin 49a), 2. einzelner Lehrsatz, 3. Lehre eines *Tannaiten*, 4. schließlich die um 200 n. u. Z. abgeschlossene normative Gesetzessammlung des R. Jehuda ha'Nasi, die sich in 6 Ordnungen und 63 Traktate gliedert.

Mizwa (Plural Mizwot) מצוה, מצוות
„Gebot", „religiöse Pflicht". Zählung von 613 Ge- und Verboten seit der Spätantike gebräuchlich. Infolge der *Schoa* um ein weiteres, das Gebot des Überlebens, erweitert.

Mizwat Anashim Melumeda מצות אנשים מלומדה
„Angelerntes Menschengebot" (nach Jes. 29:13), bezeichnet die mechanische Ausführung religiöser Handlungen, bei welcher die Ausrichtung des Herzens auf die Handlung und damit auf Gott fehlt.

Mohel מוהל
„Der Beschneidende“, Bezeichnung der die Beschneidung vollziehenden Person, welche den Ritus zudem mit Gebet und Segen begleitet.

Mussaf מוסף
„Zusatz“, ein zusätzlich der Liturgie beigefügtes Gebet.

Nedarim נדרים
„Gelübde“, Name eines Traktats der *Mischna*, der *Tosefta* und der beiden *Talmudim*, der sich mit freiwillig auferlegten Verpflichtungen befaßt.

Olim עולים
„Hinaufsteigende“, die nach Palästina einwandernden Juden.

Pijutim פיוטים
„Dichtungen“, Gesamtheit der synagogalen Dichtung.

Pilpul פלפול
„Kritische Untersuchung“, scharfsinniger Ansatz zum *Talmud*studium, bei welchem durch das Abwägen des Für und Wider Verständnisvertiefung und Harmonisierung beabsichtigt wird.

Pistis πίστις
„Glaube“, nach christlichem Verständnis die Annahme der Christusbotschaft und das auf Gott und Christus gerichtete Vertrauen in ihre heilvolle und rettende Zuwendung in Zeit und Ewigkeit.

Pizmon פזמון
Ist vom griechischen Psalmos abgeleitet und wird ursprünglich synonym zu *Pijut* gebraucht. Ferner ist damit eine mit Refrain gedichtete *Selicha* benannt.

El Male Rachamim אל מלא רחמים
„Gott, voller Erbarmen“, die Nennung der Namen Verstorbener durch den Vorbeter.

Schalosch Regalim שלוש רגלים
„die drei Wallfahrten“, *Pessach*-, Wochen- und Laubhüttenfest, an denen man vor der Tempelzerstörung an das Heiligtum in Jerusalem zu pilgern pflegte.

Schaß ש"ס
Abkürzung für ששה סדרים *Schischa Sedarim* „sechs Ordnungen (der *Mischna*)“. Bezeichnet auch den gesamten babylonischen *Talmud*.

Schulchan Aruch שלחן ערוך
„Gedeckter Tisch“, von Josef Karo im 16. Jh. verfasster Rechtskodex, der die geltende *Halacha* für den täglichen Gebrauch beinhaltet.

Slicha (Plural *Slichot*) סליחה, סליחות
„Verzeihung“, Bußgebete an den dem Versöhnungstag vorausgehenden Tagen.

Talmud תלמוד
„Lehre“, „Studium“, 1. aus der Bibel entnommene Belehrung, 2. die gesamte schriftlich fixierte Lehre, die durch die Auslegung der *Mischna* von den *Amoräern* Palästinas (*Talmud Jeruschalmi*) und Babyloniens (*Talmud Bavli*) zusammengestellt wurde.

Tanach תנ"ך
Abbreviation für die drei Kanonteile der hebräischen Bibel (תורה „Weisung“, נביאים „Propheten“ und כתובים „Schriften“) und damit Bezeichnung für die Schrift als Ganzes.

Tannaim תנאים
Gelehrte aus der Zeit der *Mischna*.

Tefila תפילה
„Gebet“, an Gott gerichtete Bitt- oder Dankäußerung.

Teschuwa תשובה
„Umkehr“, ist die Rückkehr des Menschen auf den von Gott gewiesenen Weg. Dieser aus eigener Kraft gewirkte Akt der Reue ist der Grund für Gottes Erbarmen und Vergebung.

Tikun Olam תיקון עולם
„Erhaltung der Weltordnung“, „Wiederherstellung der Welt“, 1. in der Mischna und dem Talmud bezeugtes Konzept, wonach eine nicht durch die Tora gebotene Verordnung eingehalten werden soll, um die geordneten Verhältnisse im gemeinschaftlichen Zusammenleben zu bewahren, 2. eine sich über die Mystik mit dem Wortpaar verbindende Vorstellung, welche die Heilung der Welt nach ihrem Absturz in die Unmenschlichkeit während der *Schoa* zum Inhalt hat.

Tischa B'Aw תשעה באב
„9. Tag des Monats *Av*“, vom Fasten begleiteter Volkstrauertag, an welchem der Zerstörung des ersten und zweiten Tempels und anderer Katastrophen in der Geschichte des jüdischen Volkes gedacht wird.

Targum תרגום
„Übersetzung“, aramäische Wiedergabe der Schriften der hebräischen Bibel.

Zaddik צדיק
„Frommer“, „Gerechter“, bezeichnet den Führer einer *chassidischen* Gemeinschaft, der zwischen Gott und Volk steht und seinen Einfluß durch Segen und Fluch ausübt.

Bibliographie

Albright, William F., *From the Stone Age to Christianity*, Garden City, N.Y., 1957
Altmann, Alexander (Übers.): Saadya Gaon: *The Book of Doctrines and Beliefs*, New York, 1985.
Arnsberg, Paul: *Die jüdischen Gemeinden in Hessen*, Frankfurt, 1971.
Baeck, Leo: *Wege im Judentum*, Berlin, 1933.
Baeck, Leo: *Dieses Volk: Jüdische Existenz*, Frankfurt a.M., 1955.
Bentwich, Norman (ed.): *Selected Writings of Solomon Schechter.* Oxford, 1946.
Buber, Martin: *Der Glaube der Propheten*, 2. Auflage, Lambert Schneider, 1973.
Buber, Martin: *Zwei Glaubensweisen*, Gütersloh, 1994.
Busch, Isidor: *Jahrbuch für Israeliten*, 1848.
Cohen, Gerson D.: „Der Segen der Assimilation (Ansprache an die Absolventenklasse des Hebräischen Lehrerkollegs, 1966)", in: Francine Klagsbrun: *Voices of Wisdom*, New York, 1980.
Cohen, Hermann: *Jüdische Schriften*, zweiter und dritter Band, Berlin, 1924.
Cohen, Hermann: *Gesammelte Schriften*, Band 2, 1907.
Creizenach, Michael: *Schulchan Aruch oder enzyklopädische Darstellung des mosaischen Gesetzes wie es durch die rabbinischen Satzungen sich ausgebildet hat, mit Hinweisung auf die Reformen, welche durch die Zeit nützlich und möglich geworden sind*, Frankfurt am Main, 1833.
Encyclopädia Judaica, III, Berlin, 1929.
Fackenheim, Emil: *Quest for Past and Future*, Boston, 1968.
Fackenheim, Emil: *God's Presence in History*, New York, 1970.
Fackenheim, Emil: *Encounters Between Judaism and Modern Philosophy: A Preface to Future Jewish Thought*, Philadelphia, 1973.
Fackenheim, Emil: *To Mend the World: Foundations of Future Jewish Thought*, New York, 1982.
Foot Moore, George: *Judaism in the First Centuries of the Christian Era*, Cambridge, 1927–1930, Vol. I- III.
Geiger, Ludwig (Hg.): *Abraham Geigers Leben in Briefe*, Berlin, 1878.
Glatzer, Nahum N.: „The Dynamics of Emancipation", in Leopold Zunz: *Die gottesdienstlichen Vorträge der Juden*, Berlin, 1832.
Heer, Friedrich: *The Intellectual History of Modern Europe*, 2 Vols., New York, 1968.
Heschel, Abraham Joshua: *Israel, an Echo of Eternity*, New York, 1967.
Heschel, Abraham Joshua: *Gott sucht den Menschen* (neu bearb. von Ruth Olmesdahl), Berlin, 2000.
Heinemann, Joseph: *Prayer in the Talmud* (Studia Judaica 9), Berlin, 1977.
Hirsch, Samson Raphael: *Neunzehn Briefe über Judenthum*, Altona, 1836.
Hirsch, Samson Raphael: *Gesammelte Schriften*, Frankfurt, 1922.
Kant, Immanuel: *Religion innerhalb der Grenzen der bloßen Vernunft*, Leipzig, 1867.
Kaplan, Mordecai: „Palestinian Educators in Search of Religion", in: *The Reconstructionist*, Vol. IX, No. 11.
Kaplan, Mordecai: *The Future of the American Jew*, N.Y., 1948.
Maimonides: „Epistle to Yemen", in: Isadore Twersky: *A Maimonides Reader*, New York, 1972.

Marcus, Jacob Rader: *The Jew in the Medieval World: A Source Book*, 315–1791 (rev. M. Saperstein), Cincinatti, 1990.

Montefiore, C. G. und H. Loewe: *A Rabbinic Anthology, The Jewish Publication Society of America*, Philadelphia, 1960.

Neusner, Jacob: *There We Sat Down – The Story of Classical Judaism in the Period in which it was taking Shape*, Nashville and New York, 1972.

Parkes, James: *The Conflict of the Church and the Synagogue*, N.Y. Meridian, 1961.

Rosenzweig, Franz: *Briefe*, Berlin, 1935.

Rosenzweig, Franz: *Kleinere Schriften*, Berlin, 1937.

Rosenzweig, Franz: *Der Stern der Erlösung*, 2. Auflage, Frankfurt a.M., 1930.

Simon, Ernst: *Brücken*, Heidelberg, 1965.

Schorsch, Ismar: *Thoughts from 3080*, Jewish Theological Seminary of America, New York, 1987.

Schorsch, Ismar: „The Myth of Sephardic supremacy“, in: *LBI-YB XXXIV*, London, 1989.

Spiegel, Shalom: *The Last Trial*, New York, 1967.

Trepp, Leo: *Die Oldenburger Judenschaft*, Oldenburg, 1973.

Wiener, Max: *Abraham Geiger and Liberal Judaism: The challenge of the nineteenth century*, New York, 1962.

Yerushalmi, Yoseph Hayim: *Zakhor, Jewish History and Jewish Memory*, Seattle/London, 1982.

Zunz, Leopold: *Zur Geschichte und Literatur*, Berlin, 1845.

Zunz, Leopold: *Literaturgeschichte der synagogalen Poesie*, Berlin, 1865.

Zunz, Leopold: *Die gottesdienstlichen Vorträge der Juden*, Berlin, 1832.